Maneirismo na Literatura

Coleção Debates
Dirigida por J. Guinsburg

Equipe de Realização – Tradução: Fernando de Moraes Barros; Edição de Texto: Marcio Honorio de Godoy; Revisão: Iracema A. Oliveira; Produção: Ricardo W. Neves, Sergio Kon e Raquel Fernandes Abranches.

gustav r. hocke
MANEIRISMO NA LITERATURA

ALQUIMIA LINGUÍSTICA E ARTE COMBINATÓRIA ESOTÉRICA

Contribuições à história da literatura comparada europeia

Título do original alemão
Manierismus in der Literatur: Sprach Alchimie und esoterische Kombinationskunst

©2005 by Hocke Estate and AVA International GmbH, Germany

Dados Internacionais de Catalogação na Publicação (CIP)
(Câmara Brasileira do Livro, SP, Brasil)

Hocke, Gustav René, 1908-1985.
 Maneirismo na literatura: alquimia linguística e arte combinatória esotérica: contribuições à história da literatura comparada europeia / Gustav René Hocke; [tradução Fernando de Moraes Barros]. – São Paulo: Perspectiva, 2011. – (Debates; 315 / dirigida por J. Guinsburg)

 Título original: Manierismus in der Literatur.
 Bibliografia.
 ISBN 978-85-273-0824-3

 1. Estilo literário 2. Literatura moderna – História e crítica I. Guinsburg, J. II. Título. III. Série.

08-04944   CDD-809

Índices para catálogo sistemático:

1. Ensaios : Literatura moderna : Século 20 :
 História e crítica 809

Direitos reservados em língua portuguesa à

EDITORA PERSPECTIVA S.A.

Av. Brigadeiro Luís Antônio, 3025
01401-000 São Paulo SP Brasil
Telefax: (11) 3885-8388
www.editoraperspectiva.com.br

2011

SUMÁRIO

MANEIRISMO NA LITERATURA EUROPEIA 13

Primeira Parte:
A LETRA MÁGICA
  Nota Preliminar: Sobre a Tradição do Irregular 23
  1. Campos de Tensão Ocultos da Europa 27
  2. Dupla Vida da Linguagem 51
  3. Poesia Irregular 69
  4. *Ars Combinatoria* 85
  5. *Sophismes Magiques* 99

Segunda Parte:
O MUNDO EM IMAGENS
  6. Metaforismo 111

7. Excomunhão do Demoníaco 121
8. Gongorismo, Marinismo e Preciosismo 129
9. Deformações de Shakespeare 147
10. Chiste Imagético 159
11. Arte-Razão Alemã 175

Terceira Parte:
PARARRETÓRICA E *CONCETTISMO*
12. Alquimia e Feitiçaria de Palavras 193
13. As Ilusões Conscientes 207
14. Mecânica do Efeito 219
15. Fórmulas da Beleza 233
16. Programadores Maneiristas 249
17. Emblemática enquanto Arte do Enigma 265

Quarta Parte:
O HOMEM ENQUANTO FICÇÃO ARTÍSTICA
18. Musicismo 279
19. De Gesualdo da Venosa a Stravínski 295
20. Cabalística Musical 301
21. Dédalo e Dioniso 313
22. O Teatro Maneirista 327
23. O Romance Labiríntico 343
24. Monstros Épicos 349

Conclusão:
O HOMEM ENQUANTO TEMA MANEIRISTA
25. O Lado Noturno da Divindade 357
26. Mística Branca e Negra 369
27. Casuística e Laxismo 379
28. O Inventor de Deus 395
29. *Signum Crucis* 413

Anexo
CONCETTI EUROPEUS:
Uma Antologia Miniaturizada 421

Indicações Bibliográficas 463

Dedicado a Paul Ludwig Landsberg

O fogo é a falta de saciedade.
HERÁCLITO

Na história nos é indicado que uma nova luz se nos revela. Pouco a pouco, conhecemos o privilégio regenerador de termos importantes antepassados, os quais, de lá para cá, continuam a atuar. Na medida em que levamos algo a efeito, ocorre-nos a certeza de que também devemos atuar no futuro, e assim nos tranqüilizamos num sereno entendimento.
GOETHE

Conceito de filologia: sentido à vida e à individualidade de uma medida para as letras. Adivinhação a partir de cifras, augúrio de caracteres.
NOVALIS

Sentei-me à beira da costa, pescando com a árida planície às minhas costas.
T. S. ELIOT

MANEIRISMO NA LITERATURA EUROPEIA*

Na literatura europeia, o maneirismo remonta ao estilo "asiaticista" da Antiguidade. Quando tal maneirismo é considerado como um "gesto expressivo", que não se reduz apenas ao período maneirista limitadamente circunscrito entre 1520 e 1620, então o que temos em mãos é uma constante anticlássica e antinaturalística da história europeia do espírito. Esse estilo, que prefere o irregular ao harmônico, não se deixa atestar tão somente na inteira história europeia da literatura. Ele domina igualmente períodos consoantes à arte plástica, que vão do helenismo às diferentes tendências atuais à "deformação". Ele também vem à tona na história da música de maneira periódica, presente desde o despertar

---

* Este texto aparece no fim da edição original. Dada a *mise en pont* que o autor efetua aqui, sob o *status* geral do maneirismo na literatura europeia, parece-nos que, para a boa informação do nosso leitor em língua portuguesa, esta apresentação deveria acompanhar o segundo volume, *Cultivo Maneirista nas Letras da Europa*.(N. da E.)

da Idade Média, dos trovadores e madrigalistas dos séculos XVI e XVII até a atualidade. Há maneirismo em culturas pré-clássicas e pós-clássicas. Ele se torna visível em períodos clássicos inclusive – enquanto uma dialética particularmente intensa. Manifestando-se sempre em poesias, obras de arte e composições específicas. É na literatura, porém, que a continuidade do maneirismo se deixa atestar de modo singularmente claro.

Pode-se reconhecer o maneirismo literário, sobretudo, em suas propriedades *formais*. Elas são ricas e multifárias. Podem enfeitiçar ou chocar, incitar ou desagradar. A recorrente tendência ao des-contentamento conduz a uma mecânica do efeito. Esta também pode, pois, causar tédio. O efeito de toda arte maneirista acha-se entre o impactante e o entediante. Quando se trata de uma "estupefação" demasiadamente recorrente, há apenas um passo entre a emoção e o tédio – bem como entre a sublimidade clássica e o cômico.

A literatura maneirista manifesta as seguintes tendências fundamentais: superelevação afetada ou redução gélida da expressão, encobrimento e superexposição, enigma e evocação, cifração e "revelação" irritante. Todavia, isso tudo decorre não de uma antítese meramente polêmica face ao classicismo, ou, respectivamente, ao aticismo bem mais antigo. As formas expressivas artificiais, intencionais, impactantes, sobreelevadas ou atenuadas estão ligadas a uma relação *problemática* com o eu singular, bem como com a sociedade e com as tradições filosóficas e religiosas dos *bien-pensants* convencionalmente reflexivos. É desde cedo que ocorre uma tendência ao irregular na cultura europeia. Desde logo, dá-se uma transmissão antitradicionalista do desarmônico, isto é, bem antes do nascimento de Cristo. Forma-se, pois, imediatamente, um *culto do desarmônico*, que, aos poucos, também se insurge enquanto a maneira legal e bem regrada de se relacionar do anticonformismo. Esse culto, a liturgia do maneirismo de todas as épocas, não é interessante apenas historicamente, mas também do ponto de vista psicológico e existencial, já que também se apresenta como a forma de aparência estética da *estrutura psíquica do homem problemático*, do homem que passa a duvidar dos tradicionais parâmetros de medida para si, em torno de si e sobre si, e, por isso, não raro se des-espera de uma maneira "positiva", num sentido igualmente frutífero, quer dizer, teológica e anticlassicamente.

Daí a espeleologia do maneirismo literário servir e auxiliar muito mais enquanto um saber moderno acerca do homem, do que como uma estética ultrapassada e erroneamente abstrata. Esse estudo histórico-espitiual de cavernas sempre nos faz deparar com um tipo humano determinado. Nele, unem-se, de modo imediato, vitalidade e intelecto. Nele, faltam, de maneira variada, outras forças e potências compensadoras. Ou, dito imageticamente: ou ele possui demasiado cérebro, demasiado coração ou sangue em demasia, ou, então, muito pouco de tudo isso. Nesses seus excessos parciais ou aparências deficitárias, ele reage através de artes unificadoras essencialmente físicas, compostas por um entendimento altamente desenvolvido e por poderosos afetos. Disso resultam, não raro, *desarmonias exemplares*. Pode-se avaliar esse tipo como se bem entender. Trata-se dos mais frutíferos e vivificantes estimulantes, isto é, dos melhores agentes de nosso círculo cultural europeu. Sem sua força catalisadora, iríamos congelar sob a forma grotesca de marionetes da cultura. Também a esse respeito os maneiristas e os problemáticos possuem uma *ordem mítica* inteiramente própria. Eles encontram sua imagem mítica de origem num ser "maldito" que fora vitimado, simultaneamente, pelas mais iluminadas e obscuras forças do destino, no arquétipo de todos os *poètes* e *peintres damnés*, no *ingénieur damné par excellence*, o mesmo é dizer, em Dédalo, no construtor do labirinto de Creta, uma réplica maneirista do mais "insano" e multívago labirinto do Antigo Egito. Mais ainda: Dédalo deu contornos a um culto dançante mítico-maneirista. Ele adquiriu uma importância decisiva para a história europeia do teatro. Nele, um dos princípios primordiais do maneirismo transformou-se em acontecimento: *o misto de afeto e cálculo*. Mas justamente isso prova que o maneirismo, também ele, esforça-se para alcançar uma ordem de tipo próprio. Ele vê as contradições da experiência mundana também como uma unidade "absurda" do fundamento do mundo, que, em princípio, é igualmente cindido. E conta torná-las visíveis – ambas as contradições – numa unidade mais levada por meio das artes maneiristas, almejando, com isso, superá-las em sua cisão.

Por isso, do ponto de vista histórico-espiritual, o maneirismo resvala em antigas e novas experiências da magia, alquimia e cabala. Os multifários maneirismos formais também foram influenciados por esse esoterismo asiático e europeu. Heterodoxia dos conteúdos do pensamento e formas irregulares se inter-relacionam tensamente. Interpretação do mundo e forma literária são, em geral, resultados de uma assim chamada Grande Arte combinatória, ainda que os mais fortes afetos tenham a precedência. Dá-se então na e para a poesia europeia a "arte-razão" (gongorismo, marinismo, eufuísmo, preciosismo, cultura chistosa "engenhosa"). Ela encontra sua primeira forma de expressão moderna nos *arrabaldes* intelectuais localizados entre o Renascimento e o Barroco. Penetrando no romantismo europeu, ela chega a abarcar nossos atuais "modernos".

A partir desse sistema nervoso-sanguíneo mais ou menos subterrâneo da história asiático-europeia do espírito, esboçam-se, em conexão com a assim chamada psicologia profunda atual, fundamentações de uma *estética profunda* equivalente. Contudo, a Europa do absurdo, problemático, irregular e desarmônico só pode ser entendida por meio do saber exato acerca dos maneirismos *formais*. Somente assim compreendemos a duração e a consistência do maneirismo, isto é, suas leis fundamentais, mas também suas transmutações nas respectivas situações nacionais, sociológicas e individuais. Apenas assim podemos, igualmente, dar a devida atenção à grandeza e à singularidade de uma dada obra de arte, de um artista ou de uma época. Tão só assim nos protegemos de esquematismos e sínteses abreviadoras. Através da confirmação e verificação de tais "automatismos" – também na história subterrânea do espírito europeu –, pode-se situar o ducto, ou seja, o modo de expressão do maneirismo num contexto orgânico, assim como o tradicional patrimônio de formas do classicismo, que, por ser exageradamente consciente sob vários aspectos, é também, em geral, demasiado "automático".

A extrema artificialidade do fenômeno irá incitar ou desencorajar de acordo com o temperamento, o grau de formação, a maturidade e a disposição moral de cada um. Apenas através de uma tolerância atenta e apaixonante poderemos legitimá-lo. Colocamo-nos sempre diante de situações *extremas*. Deparamo-nos incessante e simultaneamente com tórridos desertos e montanhas de gelo, profundezas oceânicas e cumes áridos, fraqueza e amor humanos visceral, ânsia de ultrapassar todas as fronteiras e desejo de atingir um porto seguro, sonho com uma fórmula universal matemático-religiosa e medo perante a ira visível e perceptível do Deus vivo. Disso decorrem as relações de tensão na literatura maneirista: cuidado artístico da sagacidade logística e impulso demoníaco-vital à expressão; busca intelectual esgotante, demasiado esgotante e delírio nervoso em metafóricas cadeias associativas; cálculo e alucinação, subjetivismo e oportunismo frente às convenções (anticlássicas); beleza delicada e extravagância assustadora; fascinação embriagadora e evocação quase oracional; propensão à estupefação e onirismo histérico; castidade idílica e sexualidade brutal; crendice grotesca e santa devoção. Essas tensões se tornam visíveis em toda arte maneirista, e, em especial, em suas formas e motivos básicos. Apenas quando estes últimos são compreensíveis e acessíveis revelam-se os panos de fundo espirituais a partir dos quais eles nasceram e através dos quais eles se modificaram – desde o sincretismo da antiga Alexandria até a civilização de massas de nossas atuais metrópoles.

Uma análise do maneirismo literário conduz-nos, de saída, a um *conhecimento das formas do "irregular"*. Ele tem início com uma *poesia alfabetica* da Europa e da Ásia originariamente mítico-religiosa, com formas engenhosas e retóricas de jogos e estupefações, com sofismas sofísticos. De modo variado, eles também se colocam – já no período helênico – a serviço de uma arte "asiaticista" das *phantasiai*, apartando-se, já naquela época, da ainda mítica arte da "mimese" objetiva. Dessa poesia "maneirista-asiaticista" atuante já na Antiguidade e na Idade Média, e de natureza mais "formal", desenvolve-se, então, a poesia pararretórica, emblemática e *concettista* da Renascença tardia. Esta obtém êxito através do ressurgimento não apenas da antiga cultura greco-romana, mas também por meio de uma recepção consciente das culturas mágicas e esotéricas da Ásia – detentor de um significado hermético-espiritual gnóstico e metafísico, que transcende o mero divertimento e bem-estar. Vem à luz uma *imagem "heterodoxa" do mundo*. Aquisições formais do *concettismo* conservam-se no barroco, mas o mundo do barroco "reintegra" sistemas de ordenações decaídos, seguindo, de início, apenas tendências restaurativas e contrarreformistas de uma nova ortodoxia política e religiosa. Esses sistemas formais, bem como outros motivos fundamentais de "conteúdo", continuam existindo apenas no romantismo "intelectual" e na atual "modernidade" europeia – cada qual sob sua forma epocal ou individualmente alterada. Com isso, gera-se uma tradição acadêmica do antiacadêmico. As formas basilares e os motivos fundamentais do maneirismo na lírica, no épico e na dramaturgia afinam-se, como já foi dito, com aquelas formas do maneirismo atuantes na arte e na música. Elas formam, a ser assim, um estilo unitário *sui generis* na história europeia do espírito.

A estética do irregular, do desarmônico, permite, sobretudo, que lancemos uma nova luz sobre as estruturas psicológicas do homem "problemático", isto é, do assim chamado homem "moderno". Artes maneiristas de todas as espécies – em palavras, imagens ou sons – também têm a ver, antes de mais nada, com as *forças humanas de tensão*.

Elas devem tornar-se particularmente visíveis justamente no que há de exagerado, na deformação ou no enigma. Com isso, no entanto, ainda não se presta a devida consideração à extensão histórica do "maneirismo". O próprio homem – para além de todas as características estéticas – pode tornar-se tema do maneirismo, seu objeto inclusive. Maneirismo na literatura também significa, consequentemente, maneirismo na psicologia, sociologia, filosofia e teologia. Em todos os âmbitos, cada maneirismo acha-se, porém, constantemente no fio da navalha, quer dizer, encontra-se entre uma relevante e reveladora força evocativa e uma fraqueza não menos estimulante ínsita ao declínio. Artificialidade extrema e mera jocsidade associativa são sintomas disso, mas também a união valorativa casuísta e o insubstancial pensamento probabilista enquanto expressão de um estranhamento face ao "absoluto" convencional. Mas, a partir dos ápices maneiristas presentes na obra de personalidades perturbadas, detentoras de uma existência subjetivamente profunda e singular, a história europeia do espírito evidencia não apenas a beleza altamente específica e a força expressiva das excelentes obras de arte "anticlássicas". De maneira múltipla, ela também revela *aspectos transcendentais* surpreendentemente estimulantes, e, com isso, também alude a imagens particulares da divindade, ou, por assim dizer, ao lado noturno da divindade. Assim, num sistema valorativo dialético da Europa, o maneirismo "constante" não possui apenas uma função legítima. Ele constitui um *polo oposto* indispensável ao mundo sentimental e reflexivo em raras ordenações culturais harmônicas, e, mais do que nunca, em ideologias sociais acadêmico-convencionais e pseudoestéticas – que, infelizmente, são cada vez mais comuns. Todo pensar harmônico prematuro poderia, pois, driblar a petrificação por meio do encontro inteligente com as irregularidades do "problemático".

Desde seu surgimento, todo maneirismo depara-se sempre com a tarefa da *reintegration*, da harmonização de tendências subjetivas mutuamente conflitantes, ou, com frequência, meramente subjetivistas. A primeira re-integração historicamente relevante de um dos maiores períodos culturais maneiristas – de 1520 a 1660 – foi levada a bom termo por Blaise Pascal. Trata-se de uma reintegração religiosa com os mais rígidos prenúncios espirituais. Nossa época ainda não resolveu essa tarefa. Hoje, ela parece ser insolúvel com meios exclusivamente tradicionais. Na moderna técnica, a engenhosidade maneirista começa a livrar-se de seu vínculo humano e torna-se "autônoma". O "classicismo" perdeu muito de sua magia enquanto força ordenadora unificante, porque, não raro, fora modernamente profanado como um sistema ideológico-decorativo de ditaduras de todas as cores. Os perigos nos quais nos encontramos serão por nós conscientizados, justamente através de um preocupante reflexo de de-cadências e de-sarmonias maneiristas. Elas nos conduzem aos *abismos espirituais* da humanidade. Porque não são apenas abismos "teóricos", apreendemos melhor do que nossos antepassados, os nossos atuais encontros com um total mundo do absurdo. A tarefa de nossa geração consiste em despender suas energias espirituais não somente num mero trabalho cognitivo. Aqui, o encontro com a inteira tradição do irregular pode indicar *novos caminhos*. O que só é possível mediante a superação do preconceito contra aquele que procura sua liberdade à sua maneira. Conquanto essa liberdade permaneça sempre ligada à irredutível verdade e esteja somente a serviço do amor ao próximo. Não há outros elementos para as hodiernas tarefas de reintegração. Decerto são – num sentido absoluto – as mais difíceis.

G. R. H.

Primeira Parte:
A LETRA MÁGICA

NOTA PRELIMINAR:
SOBRE A TRADIÇÃO DO IRREGULAR

Esta apresentação sobre o *Maneirismo na Literatura* dá continuidade aos nossos estudos acerca do "maneirismo na arte", que publicamos sob o título *Die Welt als Labyrinth**. Ambas as partes formam uma unidade, embora permaneçam, no que diz respeito à matéria, independentes uma da outra. A unidade resulta de nosso tema fundamental: "a problemática do homem moderno". Assim como na primeira contribuição não se tratava apenas da história da arte, tampouco nesta se trata tão somente da história da literatura. Procura-se tornar visível, fenomenologicamente e com base em monumentos literários da linguagem, os traços essenciais de um tipo de homem numa história do espírito específica do *homo europeus*, numa determinada tradição da Europa "irregular".

* Trad. bras., *Maneirismo: O Mundo como Labirinto*. 3. ed. São Paulo: Perspectiva, 2005. (N. da E.)

O método exigiu, antes de mais nada, decifração por meio de confrontação. Como o enigma problemático do *homo absconditus* se deixa mostrar com *clareza* na história, a partir da história que advém do enigma primordial e que a este conduz? Foi preciso procurar por exemplos, documentos e testemunhos imediatos, sendo que estes, por sua vez, precisam ser interpretados. Ao menos alguns documentos musicais não poderiam faltar. Eles serão tratados numa parte específica. Em alguns poucos casos, exemplos literários precisaram ser fornecidos na língua original. Nesses casos, uma tradução teria apenas um significado superficial. O leitor tampouco deveria ficar impaciente quando dele é preciso exigir, algumas vezes, uma leitura lenta e, noutras, igualmente enérgica. Estamos convencidos de que, ao fim e ao cabo, ele irá dispor da "chave". Enquanto fio de Ariadne, visando a uma orientação mais atualizada, citaremos frequentemente Novalis.

Fala-se de um renascimento da consciência histórica. Isso seria um importante sintoma do ressurgimento da Europa em seu novo esforço de união. No que tange à expansão de consciência do espírito europeu, a tradição "oculta" em sua história irá desempenhar um papel decisório, caso se queira superar uma retórica europeia exclusivamente classicista. No entanto, ao cético andarilho europeu não irão bastar trilhas isoladas nos abismos da Europa problemática, irregular e abstrusa. Hoje, aquele que deseja penetrar em territórios ainda pouco explorados da história do espírito europeu, carece, em certas circunstâncias, de um mapa geral. Não existe um tal mapa. Esforçamo-nos, todavia, para desenhar nossos mapas da Europa abstrusa tão precisamente quanto nos foi possível, daí haver, ocasionalmente, repetições inevitáveis. Com isso, estamos cientes de que o leitor se sentirá, nos locais "em branco", ávido por mais aventuras. Por isso, através de pormenorizadas, de indicações bibliográficas, oferecemos a tais leitores ideais a possibilidade de equiparem-se, ao menos basicamente, para suas próprias expedições. Tais aventureiros irão comprovar, pois, por si próprios, quão singular e inesgotável é a Europa.

Retiramos nossos exemplos literários sobretudo da lírica. Não é de se admirar que assim o seja. A linguagem do irregular acha-se, assim como a linguagem do harmônico, no poema e no poema chistoso, sua suprema expressão. Tais exemplos da poesia *concettista* – reunidos num ramo europeu – encontram-se no fim da quarta parte. Alguns deles foram por nós transcritos pela primeira vez, sem pretender à perfeição. Transcrição não é nada senão ajudar a ultrapassar as dificuldades da linguagem. Quem visa à perfeição tem de ler o texto original.

Pode a Europa criar forças regeneradoras a partir da tradição do irregular? Não residem também no desarmônico as origens vivas do espírito europeu? De qualquer modo, nosso amor pela Europa tornar-se-á mais profundo se, por um instante, defrontarmo-nos igualmente com sua face noturna, rodeada de mistérios e demônios, em suas *phantasiai*, seus vícios de pensamento, suas temerárias figuras de linguagem. Por certo, tornar-nos-emos europeus soberanos somente quando não renunciarmos ao trato intenso com as paisagens culturais, primordialmente maternas, da África e da Ásia. Uma das forças primordiais da Europa está numa capacidade de mutação especificamente engenhosa a partir daquilo que é problemático, e, por vezes, infame. Agora, porém, precisamos descerrar a cortina maneirista... com vistas a um breve prólogo espeleológico. Depois começaremos, de saída, com o ABC da Europa irregular.

1. CAMPOS DE TENSÃO OCULTOS DA EUROPA

Do Mundus Subterraneus *da História do Espírito*

Na imagem refletida do europeu "moderno" se escondem remotos campos de tensão. Eles possuem um magnetismo de espécie própria. Podem efetivar-se por meio de resplandecentes sinais de fogo, ou, então, do rápido e exclusivamente noturno florescimento de flores venenosas que vêm à luz. A partir de um horizonte de tensão unicamente horizontal e exclusivamente hodierno, a problemática do homem moderno só pode ser apreendida de maneira imperfeita. Há também camadas de tensão da história. Aquele que nelas penetra depara-se com estruturas geológico-espirituais verticais do que é problemático. Nas suas superfícies de contato, sedimentadas umas sobre as outras, precisamente nas camadas periféricas, fervem e soltam fumaça os processos químicos, alquímicos, esotéricos e hermenêuticos da transição, da crise, das camadas limítrofes da mudança, vivenciadas especialmente a partir do que é "problemático", bem como das peripécias histórico-mundiais do espírito, e não só do homem sofredor e injuriado. É justamente esse encobrimento, esse mundo ínsito ao caráter "subterrâneo" do espírito europeu que começamos a encadear progressivamente. Parece pertencer à tarefa de nossa geração trazer à plena luz do dia o *mundus subterraneus* na história do espírito europeu por meio de expedientes crítico-empíricos. Esse mundo escondido, frequentemente consciente, é decerto fascinante. Ele é pródigo em grutas, caminhos intrincados, fósseis, sombrios bichos-de-toca, peixes cegos, morcegos hipersensíveis, estalactites que crescem de cima para baixo e estalagmites que se elevam de baixo para cima. Mais ainda: nessa gruta de estalactites e estalagmites de nosso legado espiritual, encontramo-nos cercados por uma gélida escuridão, ou, se tivermos sorte, por sinais verde-azuis de rochedos, "hieróglifos" estranhamente estilizados, mensagens de nossos antepassados, aos quais a natureza era pura e simplesmente demoníaca, mas que, em compensação, encontraram a verdade, verdade tão-somente na própria fantasia, uma reprodução *interior* das coisas, e que, por isso, menosprezavam e desdenhavam a mera reprodução da natureza.

Exotérico e Esotérico

Hoje, o espírito europeu não pretende mais compreender-se apenas a partir de suas paisagens exteriores, exotéricas. Ele desejaria, antes, penetrar no labirinto interior, esotérico, de suas razões de ser. Ele pretenderia conhecer mais acerca de seu *mundus subterraneus*. Essa expressão provém de Athanasius Kircher, do "abstruso" poli-historiador do século XVII. A seu ver, o "interior" de nosso planeta não seria senão um labirinto que nunca fora deslindado. Que sentido há em penetrar não só no labirinto do interior da Terra, mas também no labirinto "esotérico" do organismo cultural europeu? Pode-se entender e entender-se-á: o homem "moderno" esforça-se não só por uma análise psicologista, mas também por uma análise técnico-formal de cada um dos elementos da cultura europeia, que há muito tornou visível a "problemática" de sua essência (na história). Ele procura por arquétipos psíquicos não apenas em termos clínicos, psicológicos. Ele pretende compreender aquilo que lhe é – precisamente hoje – tão estranha e penetrantemente problemático em toda assim chamada "cultura", a partir do que geralmente foi qualificado como "estética", como doutrina do "belo".

Principalmente o moderno e inteligente homem europeu, contanto que não tenha naufragado no turbilhão da tecnicizada sociedade de massas, talvez termine por se tornar num representante novo e totalmente criador de seu universo espiritual, na medida em que busca o conhecimento sobre o absoluto e a redenção da problemática neurótica nas *obras* do artista, do poeta e do músico. Que mudança! Ninguém pode passar ao largo de que nos encontramos novamente em meio a uma nova gnose alexandrina, numa gnose que gostaria de encontrar a "verdade primordial", o encontro com um absoluto, sobretudo na arte, na literatura e na música, e, a ser assim, num âmbito "pré-religioso". Para nós, isso pode valer como um sinal de esperança. O perigo de neuroses perturbadoras é igualmente evidente, sintomas das atuais tendências políticas autodestrutivas. Nossa estética não está à altura de nossos progressos psicológicos, ao menos naquilo que diz respeito a elementos fundamentais. Nós dispomos de uma profunda psicologia. Já é tempo de escavarmos em busca de elementos de uma estética profunda.

Morfologia do Irregular

A gnose adquirida tão-só a partir do encontro com a arte, literatura e música, pode exercer um efeito destruidor na formação psíquica de uma personalidade, quando, justamente naquilo que diz respeito ao caráter "problemático", uma tecnicidade formal elementar está em falta ou é deficitária.

Expõe-se ao perigo aquele que busca redenção no âmbito estético sem conhecer as estruturas da estética irregular do problemático. Sem saber, ele se acomoda aos processos simplificadores da atual sociedade tecnicizada de massas. Torna-se vítima de uma "moda", assim como, em amplas camadas, vítima das respectivas ideologias totalitárias. Mais até: ele já não entende seu ideal irregular tal como, em seu íntimo, gostaria de fazê-lo, no sincero teste de consciência, nas horas silenciosas.

A todo aquele que deseja entender a Europa problemática e o problemático em si mesmo sem ilusões, o "inconsciente" na história subterrânea do espírito da Europa transformou-se, até aqui, num acontecimento, num caminho para e em direção à liberdade pessoal... a um diálogo muito mais imediato com irredutíveis entidades numinosas, a um manter-se em pé frente a Deus.

Espeleologia Histórico-Espiritual

Daí resulta a necessidade de praticar, numa época de crise, uma espeleologia histórico-espiritual, uma investigação sistemática e cultural de cavernas. Ela não deve enganar nem desenganar. Ela deve servir como um fio de Ariadne apto a proporcionar, no mínimo, *uma* saída num labirinto de autoengano. Quem não estiver satisfeito com isso – ao término de nosso percurso – deve buscar para si outras saídas. Aquele que se movimenta para cima e para baixo nessas profundezas sabe que se dispõe a uma aventura, mas ele deverá, em caminhos há muito não trilhados, ter esperanças – no sentido da *Theologia Cordis*, do *Intelletto d'Amore* – de topar com aqueles sinais secretos dos quais se constituía, já, o discurso. No entanto, poderia ocorrer que, uma vez trazidos novamente à tona, tais construtos apresentem uma reação demasiado "traumática" à plena luz do dia. Assim, tal como peixes de águas profundas mantidos sob a luz do sol – sob o sentir e o julgar do leitor –, eles poderiam não apenas morrer, mas desfazer-se fulminantemente em poeira, o que também ocorre, como se sabe, com alguns achados arqueológicos. Contudo, tentaremos proporcionar a tais sinais – sedimentações de gestos primordiais – uma durabilidade que seja, ao menos, passível de documentação. Num espelho espeleológico do espírito europeu, eles poderiam manter-se conservados letra por letra, palavra por palavra, sentença por sentença.

"Natural" e "Artificial"

Dois gestos expressivos irão, em primeiro lugar, sublinhar esse espelho do homem: um "natural" e um "artificial", para utilizar, aqui, termos elementares. E esta mesma dualidade irá assinalar tal espelho, tendo em vista, igualmente, o ducto primordial da escrita. Se se trata de contrapor o tipo rebuscado e "des-floreado"[1] de comunicar ao modo "sucinto" e estilizado, mas decerto "enfloreado", então se pode dizer que o maneirismo literário (enquanto forma de expressão do homem problemático) é tão antigo quanto a própria literatura. Já à época de Platão tinha-se consciência de tal oposição. A polêmica entre aticistas (classicistas) e asiáticos (maneiristas) pertence às tensões arcaicas do espírito europeu[2]. Em nosso vocabulário, a palavra "clássico" constitui um fruto tardio. Na Roma antiga era, primeiramente, uma expressão atinente ao direito fiscal. Um *classicus* pertencia à classe de imposto mais alta[3].

Aticismo e Asiaticismo

Na retórica antiga, aticista significa: concludente, concentrado, conciso, engenhoso e essencial. Asiaticista refere-se ao

---

1. G. P. Harsdörffer sugere a expressão "descrição floreada", *Poetischer Trichter*, v. III, p. 12.
2. E. Norden, *Die antike Kunstprosa*, p. 18, 126 e s, 325 e s, 587 e s, 807 e s.
3. Cf. E. R. Curtius, *Europäische Literatur und Lateinisches Mittelalter*, p. 251 e s.

extremo oposto, apontando para o excesso, a ambiguidade, empreendimentos afetados com o não essencial e o envolvimento astucioso e verborrágico com a essência, apresentações subjetivas, consciente e perspectivisticamente "enganadoras". Eduard Norden denominou o estilo aticista conservador e o asiaticista moderno[4]. A ser assim, podemos ampliar nossos polos conceituais: clássico = aticista, harmonizador, conservador. Maneirista = asiaticista, helênico, desarmonizador, moderno. O estilo aticista possui o ideal da regularidade que normaliza; o estilo asiaticista, aquele que pertence igualmente às *phantasiai*, o do irregular pleno de tensão[5].

Por que tal estilo se chama "asiaticista"? Ele nasceu na Ásia Menor grega – já no século v a.C. Por meio do contato da pátria grega com as antigas culturas orientais, ele adquiriu impulsos cruciais. Entre seus mais antigos ancestrais vigoram Górgias de Leontini, Empédocles e, em especial, o "obscuro" Heráclito, "antepassado primordial do surrealismo" (Breton), com suas antíteses enigmáticas, metáforas e jogos de palavra. Descrições do então conflito travado entre esses dois estilos, podem ser encontradas nos tratados retóricos de Cícero e no compêndio de retórica de Quintiliano. "A suprema lei do asiaticismo assenta-se na arbitrariedade" (Norden), mas, como iremos ver, trata-se aqui de uma arbitrariedade que é, não raro, bem ponderada, até mesmo calculada.

Mímesis e Phantasia

Dispomo-nos, porém, a tentar concatenar a oposição entre aticismo e asiaticismo a partir de uma outra relação dialética com o nosso problema do maneirismo. Já no século II a.C., o

---

4. Cf. também F. Altheim, *Klassik und Barock in der römischen Geschichte*, em E. Castelli (ed.), *Atti del III Congresso Internazionale di Studi Umanistici*, p. 15. "Enquanto forma, o asiaticismo era um tanto como o barroco. Aticismo e asiaticismo – uma oposição de importância histórico-mundial", p. 23.

5. Quintiliano, *De Institutione Oratoria*. VI, 2, 29; X, 7, 15; XII, 10, 6.

aticismo designa um "estilo" que remonta aos antigos modelos áticos, "classicamente puros" e "sadios" (Cícero), consoantes aos séculos v e iv a.c., referindo-se, em especial, a autores exemplares tais como Tucídides, Lísias e Demóstenes. O ideal destes consistia na "mímesis", na imitação da natureza e, respectivamente, na "apresentação de ações e feitos humanos, em cujo perímetro o próprio homem permanecia trancafiado, tal como no âmbito do destino ou da ordenação original"[6]. Até então, o estilo asiaticista era geralmente caracterizado tão só enquanto o polêmico conceito de seu opositor aticista (sobretudo com Cícero e Quintiliano). Esses critérios estilísticos, exclusivamente negativos, carecem da mesma correção que Ernesto Grassi ofereceu ao conceito de "mímesis". Trataremos de completar tal questão ao longo desta exposição. Não obstante, esperamos confrontar já, preliminarmente, a *phantasia* asiaticista-maneirista à "mímesis" clássico-aticista. Para tanto, reportamo-nos a três passagens da retórica de Quintiliano (fim do século i d. C.).

A fim de caracterizar as grandes oposições estilísticas de seu tempo, Quintiliano alude à arte plástica. Nesse contexto, ele cita, por exemplo, Teão de Samos, que se destacou por meio de uma vívida apreensão de representações, através das *phantasiai* (xii, 10, 6). Noutra passagem, ele escreve a esse respeito:

> Os gregos denominavam *phantasiai* – diríamos aqui, todavia, "visiones" – forças da alma graças às quais nos tornamos aptos a representar a nós mesmos imagens tão vivas das coisas que nos estão ausentes, que chegamos a acreditar que as abarcamos com os olhos e as possuímos corporeamente a nossa frente. Aquele que alcança tais *representações* com vivacidade, tornar-se-á muito forte no ânimo [...]. Tais imagens surgem, não raro, no tédio e nas ilusões *patológicas* [...]. Por que não empregar tal vício da alma [*animi vitium*] com finalidade prática?[7] (vi, 2, 29).

---

6. Cf. E. Grassi, *Kunst und Mythos*, v. 36, p. 118. Utilizamos, pois, o conceito "mímesis" nesse sentido novo, diferenciado.
7. Adolf Trendelenburg, que, movido por tais passagens de Quintiliano, procura examinar a antiga arte plástica grega – bem como aquela de Teão

Por fim, Quintiliano denomina as *phantasiai*: "cópias das coisas".

Se Quintiliano distingue os artistas etruscos (asiaticistas) dos artistas aticistas, assim como os oradores aticistas dos asiaticistas, se ele compara Péricles com a "simplicidade" do orador aticista Lísias, então podemos optar, enquanto um conceito de gênero para marcas estilísticas asiaticistas, pela expressão *phantasiai*. Ao menos como princípio heurístico, pode-se opor o *phantastikon* asiaticista-maneirista-moderno à mímesis clássico-aticista-conservadora, e, com isso, temos espeleologicamente diante de nós, como iremos mostrar com mais precisão, a raiz literária da doutrina subjetivista da Ideia, do *disegno fantastico*, da *imitazione fantastica* dos tratadistas maneiristas das décadas anteriores e posteriores a Shakespeare, bem como dos atuais "modernos"[8]. No ano de 1650, Matteo Peregrini, um dos italianos programáticos do maneirismo então vigente, escreve em seu livro *Fonti del Ingegno* (Bolonha 1650) que as "ideias das coisas" estariam "em nosso peito". Ali estariam elas guardadas tais como numa feira de amostras, ou, então, nos estojos de caracteres das tipografias. Poder-se-ia igualmente denominá-las, por isso, *immagini* ou *fantasmi*[9]. Quanto a isso, lê-se em Shakespeare: "E, como formas prenhes de imaginação, propagadas por coisas desconhecidas, a pena do poeta confere-lhes forma, nomeando o nada aéreo e dando-lhe uma habitação segura"[10].

---

de Samos e outros – com base nas *phantasiai* (em escrito de mesmo título, Berlim, 1910), omite essas expressões, isto é, "ilusões patológicas" e "vício da alma". Na estética idealista, tais conceitos eram mais que suspeitos, ao passo que o aticista Quintiliano as utilizava sem qualquer inibição, de sorte que, enquanto orador, poder-se-ia empregar tais *phantasiai* "patológicas" de fio a pavio, em maior ou menor quantidade de acordo com a oportunidade.

8. Cf. G. R. Hocke, *Maneirismo: O Mundo como Labirinto*, p. 61 e s. (citado, doravante, como MML).
9. *Fonti del Ingegno*, p. 3. Vide, a esse respeito, infra p. 253.
10. *Sonho de Uma Noite de Verão*, Ato V, Cena I.

Retórica Antiga e Nova

À mímesis pertence a doutrina de ordenação harmônica da *archaia retoriké*, da antiga forma de discurso; ao *phantastikon* pertence a *nea retoriké*, a nova forma discursiva. A mímesis apresenta o homem e seu destino numa harmonização circular; o *phantastikon*, em "imagens da fantasia". Os artistas das *phantasiai* não conhecem e tampouco carecem da correção da "natureza". O mundo de imagens da fantasia possibilita transmudar tudo em tudo, desprezando os estados elementares de agregação. Aquilo que se converte em acontecimento artístico não é o mundo da natureza, mas o mundo da representação.

Origens Helênicas da Estética da Phantasia

Pode-se localizar a origem de nossa revolução artístico-literária contemporânea no período helênico? Visando a orientações iniciais, devemos recorrer a especialistas da Antiguidade tais como, por exemplo, Bernhard Schweitzer[11]. Resumamos os resultados de sua pesquisa acerca do conceito de *phantasia*. A *phantasia*, imagem representada, já fora associada à arte por Aristóteles. Desse conceito mais psicológico decorre, na filosofia estóica, um conceito cosmológico. Por meio da *phantasia*, apreende-se o fundamento do mundo. A *phantasia* converte-se num "ponto de passagem entre a vontade divina e a realização humana". Pouco a pouco, a ordenação mística do mundo, própria da "mímesis", começa a sair dos trilhos. Tem lugar, então, "o nascimento da personalidade revolucionária" – depois da vivência do estar-aí singular da *phantasia*[12]. Esse sujeito, que se sente livre num sentido inovador, "não quer

---

11. Sobre a oposição entre mímesis e *phantasia*, ver Der bildende Künstler und der Begriff des Küntlerischen in der Antike, em *Neuen Heildelberger Jahrbüchen*, p. 95 e s.
12. Idem, p. 99.

mais dobrar-se ao que está por vir e tampouco juntar, num sentido artesanal, pedra por pedra um mundo coletivo e mortal, bem como uma imagem coletiva do mundo". Ele exige "seu próprio mundo". O objetivismo místico da "mímesis" é, desde agora, suplantado pelo subjetivismo místico atinente à gnose da *phantasia*. Tem início o "caráter autorreferencial de todo sentir e pensar". Disso resultam "novas fontes de força". Agora, o artista recebe sua "lei do interior"[13]. Vem à tona "uma nova consciência de formas criativas e individuais". A imagem representada do artista, a *phantasia*, torna-se "idêntica com o ponto nodal da inteira vida espiritual e psíquica". Essa ruptura teve lugar, pois, na primeira fase do helenismo (nos séculos IV e III a.C.).

Marcas das Primeiras Transformações

Não é a ordem, a comunidade ou a harmonia que se convertem no alvo e no meio da arte e da poesia, senão os afetos e a tragédia individual, "a observação do aparecimento de impulsos patológicos". "O objetivo já não consistia na exatidão objetiva, mas no efeito subjetivo da apresentação"[14]. A oposição entre mímesis e *phantasia* se fortalece mais e mais. À época, tratava-se, pois, da "hora da morte do idealismo clássico e do momento de nascimento do idealismo". A ideia de arte-*phantasia* entra em cena "sob forma pura à época da segunda sofística e é sistematizada por Plotino". Essa estética neoplatônica da *phantasia* repercute até hoje – como sabemos[15] – no maneirismo europeu enquanto um todo. "À cópia real do concreto opõe-se a simpatia apriorística e fundada em Deus entre a natureza e o artista"[16]. Filostrato escreve – cerca de 250 a.C.: "A *phantasia* – uma artista mais sábia que a imitação (mímesis). A imitação forma aquilo

---

13. Idem, p. 100.
14. Idem, p. 104.
15. Cf. MML, p. 61 e s.
16. B. Schweitzer, op. cit., p. 110.

que vê; a *phantasia*, contudo, *também aquilo que não vê*"[17]. O valor da imagem irreal composta por meio da *phantasia* sempre excede o valor do modelo real; o vínculo que ligava o efeito artístico com o mundo dos sentidos se tornou cada vez mais frágil". Sêneca, um dos autores prediletos dos abalizados maneiristas europeus, capta essa mudança com as seguintes palavras: "É algo inteiramente insignificante se o artista possui seu modelo fora dele, ao qual dirige seu olhar, mas, antes, no interior"[18].

A essa hipóstase da *phantasia* associa-se, então, um novo emprego – mais estético-psicológico – da doutrina platônica da *mania*. Assim, interferem aqui não apenas asiaticismo e maneirismo, mas também *phantasia* e mana[19]. Não podemos esquecer, porém, que, no neoplatonismo helênico, tudo isso permanecia sob o abrigo de um fundamento místico primordial. Plotino escreve uma das mais profundas fórmulas da estética da Antiguidade: "A falseada efetividade terrena anseia pelo acabamento numa *bela* imagem, de sorte que possa aparecer não só como algo belo, mas também, e sobretudo, sê-lo"[20]. A secularização hipersubjetivística seguiu-se somente depois.

Imagens "Malsãs"

Quando escreveu sobre determinadas *phantasiai* enquanto "vícios da alma", Quintiliano (35 a 86 d. C.) revelou nitidamente ter consciência do perigo de absolutizar os conteúdos

---

17. Leben des Apollonius von Tyana VI. 19, p. 256, apud B. Schweitzer, op. cit., p. 110. Cf., a esse respeito, uma observação de G. P. Harsdörffer, o mais importante tratadista do maneirismo alemão no século XVII: "O poeta trata de cada uma das coisas que se lhe insurgem, assim como o pintor reproduz tudo o que vê; até mesmo aquilo que ele nunca viu, tal como em seus pródigos pensamentos", *Poetischer Trichter*, p. 3; ver também p. 166.
18. Citado por B. Schweitzer, op. cit., p. 114.
19. Acerca da interferência da maneira e da mania, cf. MML, p. 217-219.
20. *As Enéadas*, 8, 9, apud B. Schweitzer, op. cit., p. 124.

da *phantasia*[21]. A absolutização demiúrgica do mundo interno da fantasia deve, pois, ter apresentado-se a Baudelaire como um prenúncio de seus *Paraísos Artificiais*[22]. Algo é certo: da excelente obra de arte criativamente irregular da fantasia até as incontáveis manifestações artísticas e maneiristas da fantasia, enquanto "vício da alma", depreende-se uma infindável escala de possibilidades individuais de desdobramento. Veremos que esses novos aspectos de um conhecimento maneirista dos gestos permitem evitar um esquematismo rígido. O *phantastikon* pode ser irracional, mas, num sentido particular e tipicamente maneirista, pode ser também muito "engenhoso", estando fortemente sujeito ao controle – no sentido de Dédalos, o construtor de labirinto – de uma técnica *calculada* do intelectual e fantástico engenheiro da arte.

Continuidade no Irregular

Devemos então caracterizar o asiaticismo com o conceito geral de uma arte das *phantasiai* antinaturalista? Há uma continuidade europeia do anti-harmônico, do irregular? Desejamos proceder passo a passo. O arqueólogo Reinhard Herbig transpôs a antiga oposição (literária) entre aticistas e asiaticistas para a arte plástica, por ocasião de uma dissertação acerca dos antigos afrescos em Pompeia e Boscoreale. Os afrescos (aticistas) da moradia de mistérios em Pompeia são: claros, simples, elementares, inalteráveis, serenos, sem acentos supérfluos. Os afrescos (asiaticistas) de Boscoreale são exagerados, a riqueza *formal* sobrepõe-se inteiramente ao conteúdo. Essa arte persuade, exagera, excede, mas precisamente com meios escolhidos, calculados. Na arte "maneirista" da Grécia antiga (como, por exemplo, na arte plástica pergamena) "nenhum contorno ocorre sem múltiplas e trêmulas

---

21. Essa crítica de Quintiliano às *phantasiai* não é levada em consideração por Schweitzer.
22. Cf. infra p. 359-360.

refrações, sem apresentar contínua curva e recurva". Em parte alguma se depara com "grandes e inalteráveis deslocamentos de direção". "As transições dão-se numa ruptura abrupta"[23]. Tal como Quintiliano, há aproximadamente 1900 anos, Baltasar Gracián também apontou para esse dualismo de um estilo natural ("lacônico") e artificial ("asiático") há trezentos anos – 36 anos depois da morte de Shakespeare – em seu tratado sobre *Agudeza y Arte de Ingenio* (Agudeza e Arte de Engenho), decisivo para o maneirismo poético da época.

Artista da Escrita

A fim de compreender o maneirismo literário também como uma constante da história do espírito europeu e, em nosso sentido, como expressão de uma estrutura de impulsos, cumpre começar com a letra, com o alfabeto. Na literatura, o maneirismo não se inicia na palavra, na sentença, no período. A letra, já, estimula o impulso à simbolização, ao enriquecimento, à ornamentação, ao obscurecimento, ao tornar enigmático, à combinação de fantasia e artificialidade calculista. A letra não apresenta apenas um som. Ela própria é um sinal pictórico, que, sobretudo nas primeiras culturas do Oriente Próximo, possuía um valor simbólico mágico ou místico-religioso. Se as letras forem tomadas, de imediato, por "imagens", criar-se-á então, de modo visivelmente apreensível – depois de termos investigado alguns elementos do maneirismo na arte[24] –, uma transposição para uma apresentação do maneirismo na literatura.

Um sinal "clássico", aticista, atribuído a uma letra pode ser encontrado na apresentação da letra "M" na "Relação pormenorizada das antigas letras latinas" (cerca de 1540) do artista da escrita alemã Johann Neudörffer. Esse sinal promove o conhecer claro e a beleza, que permite irradiar

---

23. Cf. R. Herbig, Zwei Strömungen späthellenistischer Malerei, em *Die Antike*; cf. também, A. von Salis, Maneirismus, *Die Kunst der Griechen*.
24. Cf. MML

o significar imediato. Pressente-se a estrutura ática dos templos antigos. Se a isso for comparada uma outra letra da época de Shakespeare, a inicial "W" do livro de versais de Paul Franck, "Câmara de Tesouros" (1601), deparar-se-á então com o outro mundo, o asiático. Tal como o sentido de uma obra de arte ou poema maneirista surge obscurecido, perde-se aqui também a recognição do sinal elementar de comunicação. Prevalece o subjetivismo. A fantasia desatada torna-se anticlássica. "Uma excessiva natureza arabesca faz balouçar... o estático esquema de regras da Renascença". Curvas incomensuráveis formam "enigmas pictóricos"[25]. "O princípio da mudança e da transmutação, um princípio legitimamente maneirista, triunfa nas letras maiúsculas da atualidade". A comunicação é deformada. Surge um lineamento cifrado. Tudo pode ser trocado entre si.

No entanto, esse procedimento não se perde, em absoluto, numa exaltação ilimitada. O maneirismo também possui sua ordenação, sua estrutura metafísica ideal. Seu símbolo é o labirinto. À época do maneirismo romano e florentino, é possível encontrar *labirintos* de letras e palavras. No *Neu*

25. Cf. W. Doede, *Schönschreiben, eine Kunst. Johann Neudörffer und seine Schule im 16. u. 17. Jahrhunderte. Die deutschen Schreibmeister von Neudörffer bis 1800.* Ambas são obras fundamentais da escrita pictórica e sobre as "construções lineares" da época, precursoras das composições abstratas contemporâneas.

Fundamentbuch (Novo Livro de Fundamentos), de Urban Weyss e Christoffel Schweytzer, pode-se ler na seguinte construção engenhosa: "Aquele que deseja experimentar a essência do mundo cabe ler estas rimas, pois nelas descobrirá, num segundo, quão cego se tornou o inteiro mundo" etc. No maneirismo literário, o encobrimento do valor funcional da letra e da palavra começa, já, na redação dos sinais de escrita. Seria precipitado taxar e depreciar isso como uma pomposa natureza "barroca". A arte de escrita maneirista também constitui uma tentativa de unir, por meio de um cômputo, a calculabilidade da artificialidade com a incalculabilidade do *phantastikon*. Também na escrita artística de sinais prenhes de sentido trata-se, originalmente, de uma arte alquímica de combinação, da expressão particularizada de uma primeva "Alchimie du Verbe" (Alquimia do Verbo). A decadência não se faz esperar por muito tempo.

Gesto e Ductus

Antes de seguirmos adiante, cumpre-nos aqui indicar, sob os auspícios de nossos dois modelos de escrita, um importante meio de conhecimento. Se o maneirismo constitui um gesto expressivo de um determinado impulso de expressão[26], pode-se então reconhecer muito bem sua gestualidade (*gestus orationis* de Cícero)[27] nos abstratos lineamentos dos mestres da escrita maneirista de Nurembergue. Tem-se aqui, de pronto, o material grafológico necessário à interpretação das precondições psíquicas do maneirismo, os elementos para um conhecimento expressivo maneirista. (Gesto remonta a *gerere* = trazer, mas também a "mostrar", a um modo de mostrar algo, *se gerere* = mostrar-se) Ao

---

26. Cf. MML, p. 28.
27. A partir de Aristóteles, Quintiliano fornece, em sua retórica, uma minuciosa doutrina dos gestos, op. cit., XI, 3. Demóstenes ensaiava seus gestos diante de um espelho. Ele criticava os gestos exageradamente executados como *magis proprietates*, como propriedades dos magos.

gestus maneirista corresponde um *ductus* maneirista. A maneira pela qual se traça uma letra revela o *ductus* de um gesto. Vemos concretamente o *gestus* e *ductus* maneiristas se observamos uma vez mais a mencionada letra "W" e a ela compararmos a "clássica" letra "M". Uma de nossas principais leis decorre igualmente dessa confrontação. A apresentação maneirista acrescenta, enriquece, eleva. Por meio das *phantasiai* ela fortalece, ofusca e excede. O mundo não parece nem simples nem é apresentado de um modo simples. Daí o *ductus* do gesto maneirista reconduzir sempre ao labirinto, a uma ordenação artificial do (aparente) encrespar, desordenar, do que está encoberto e daquilo que é, de maneira impenetrável, rico em relações, e isso tanto na arte como na poesia, na música como no pensamento e no estilo de vida.

Preferimos aqui renunciar, porém, à busca por outras manifestações de um tal "conhecimento expressivo". Propusemo-nos a tarefa de apresentar um desenvolvimento histórico e recobrir, a partir de exemplos, uma constante maneirista na literatura europeia[28]. Optamos por esse procedimento empírico, porque, com ele, colocamo-nos a salvo da abstração, o mesmo é dizer, do pecado mortal de algumas "ciências literárias". Iremos operar, antes do mais, com a antítese aticismo/asiaticismo na esperança de que, ao fim e ao cabo, possamos expor uma integração convincente.

Labirinto Poético

Voltemos ao nosso alfabeto – agora, como literatura. Se o mundo enquanto labirinto se revela ao homem problemático e se Dédalos, como iremos ver, pode ser concebido enquanto

---

28. Aquele que deseja investigar os fenômenos maneiristas a partir dos métodos do "conhecimento expressivo" pode encontrar, na obra de L. Klage, *Ausdrucksbewegung und Gestaltungskraft*, alguns úteis pressupostos conceituais. Além disso, sugere-se: H. Strehle, *Mienen, Gesten und Gebärden*; T. Piderit, *Mimik und Physiognomik*; L. Binswanger, *Drei Formen missglückten Daseins*; e, sobretudo, R. Klassner, *Physiognomik*.

primitiva imagem mítica da ordenação *artificial* e labiríntica, então combinações de números e letras podem e devem surgir como meios elementares, para superar a irracionalidade da natureza através da racionalidade do cálculo. Em tais ordenações artificiais, porém, o encantamento do irredutivelmente contraditório deve permanecer, ao mesmo tempo, conservado! Eis aqui, uma vez mais, um dramático traço essencial do maneirismo, que pode ser, ao menos, pressentido no mero e desprendido ato de jogar com combinações de letras. Lançamos uma âncora no mar da história, que brada ao nosso redor, e procuramos por uma primeira orientação. Em 1651, o padre jesuíta alemão Eusebius Nieremberg publicou, na cidade de Madri e em língua espanhola, uma obra notável. Ela se intitula *Occulta Philosophia de la Sympatia y Antipatia* (Filosofia Oculta da Simpatia e da Antipatia). Trata-se de uma cosmologia mística cuja influência se estendeu até o século XIX. A interpretação de Joseph Scheeben dos mistérios católicos foi por ela influenciada[29]. Nessa obra de Nieremberg, contemporâneo de Tesauro e Gracián[30], encontramos o mundo caracterizado como "labirinto poético"[31]. A deslumbrante construção da natureza aparece como uma cópia da arte. O mundo é "feito" por Deus de um modo "artificial", segundo fórmulas aritméticas e artísticas, de acordo com regras primordiais de simpatia e antipatia.

Mas, a fim de esclarecer o procedimento divino com maior precisão, Nieremberg recorre – nessa fase do maneirismo tardio – aos labirintos de letras de um poeta romano

---

29. Cf. *Die Mysterien des Christentums,* organizada por Josef Höfer. Mathias Joseph Scheeben (1835-1888) – o mais importante dogmático escolástico do século XIX, professor de seminário em Colônia – traduziu para o alemão a obra de Nieremberg, *Aprecio y Estima de la divina Gratia.* Na nova edição dos textos completos, por Josef Höfer, são acentuadas as "metáforas paralógicas" e a ingenuidade com a qual a linguagem imagética dos padres e a linguagem dos teólogos "maneiristas" do período pós-tridentino foram compreendidas.
30. Cf. MML, p. 23
31. Livro II, cap. XI, p. 412 (edição de 1652); e M. Praz, *Studi sul concettismo,* p. 12 e s.

atinente ao período constantiniano, a saber, Optatianus Porfyrius. Os labirintos "elevadamente artificiais" de Porfyrius – construídos à "maneira" da série de letras – parecem-lhe *ingeniosissimi*, extremamente engenhoso. Em milhares de *maneras* labirínticas, uma harmonia divina é, pois, criada, uma ordenação enigmática (labiríntica) do caótico. Interessa-nos, sobretudo, o fato de que, para explicar essa estrutura misteriosa, Nieremberg alude às antigas tecnografias, quer dizer, aos poemas figurados da Antiguidade. Com isso, deparamo-nos, no maneirismo do século XVII, com um maneirismo formal inaugural que remonta à Antiguidade. Esses antigos "labirintos poéticos", que remetem às culturas mais antigas, em especial, às do Egito e da China, deram estímulo, na literatura contemporânea, a um simbolismo frequentemente indeslindável. Mallarmé, um de seus precursores, intitulou sua obra lírica: "um labirinto adornado com flores". Os contos do argentino Jorge Luís Borges possuem o significativo título *Aleph*, designação hebraica da letra "A"[32]. Esses escritos em prosa – alexandrinos em todo sentido – são gongoristas, estilizados propositadamente a partir dos modelos do século XVII. Escrever labirintos significa produzir relações aparentemente indeslindáveis, conduzir o leitor, de maneira arrebatadora, a mundos "mágicos"[33]. Em Borges, um labirinto simbólico converte-se num "labirinto invisível do tempo". O imaginário transforma-se num "labirinto dos labirintos, num labirinto retorcido, que se dilata continuamente, englobando o passado e o futuro e incluindo em si o mundo das estrelas"[34].

Tais tecnografias remontam à Alexandria, ao primeiro e grande ponto de concentração do maneirismo asiaticista, o mundo oposto do aticismo. Elas deitam raízes no neoplatonismo alexandrino. As origens assentam-se, porém, na mística alfabética e numérica das primeiras culturas semitas do Oriente. Esse princípio *combinatório* também

---

32. Cf. parte dele sob o título de Der Garden der verschlungenen Pfade, em *Markur*.
33. Cf. J. L. Borges, *El Aleph* e *Ficciones*.
34. Cf. Der Garden der..., op. cit.

influenciou a arte do período constantiniano[35]. Na literatura maneirista da Roma tardia ele se transformou em moda[36], mas, no maneirista do século XVII, numa representação obrigatória. Na poesia "barroca" alemã pululam artifícios tipográficos desse tipo.

Cubos Literários

Regularidade labiríntica! Estimulado pela atuação dos alunos de Marino, Hofmannswaldau e Lohehstein, Joh. Christoph Männling publicou, em 1704, *Der Europäischen Helikon* (O Hélicon Europeu), um compêndio da poética. Männling descreve ambos aqueles como seus "fios de Ariadne". Assim como Mallarmé, Valéry e Benn, ele remonta à significação primordial da palavra grega *poietes*; ela advém de *fazer*. A mais sublime arte do fazer "poiético" manifesta-se na produção de um "poema desconcertante", de um *cubus*, isto é, de um *carmen labyrintheum*,

que conduz a um labirinto e pode ser lido da esquerda para a direita, de baixo para cima, na transversal, em amplitude e longitude. A inteira composição artística é, porém, constituída pela letra mais central, sobriamente parada, a partir da qual se ramificam todas as outras nas demais linhas, tal como pode ficar patente, aqui, à guisa de exemplo, ao tomarmos deliberadamente as seguintes palavras: Deus é o meu consolo. No G central dá-se início, pois, à leitura, sendo que a composição pode ser lida mais de quarenta vezes[37].

Em Oviedo (Astúrias), encontra-se uma igreja de São Salvador construída pelo príncipe Silo. A pedra sepulcral de seu construtor traz uma inscrição que se assemelha a um código secreto. No centro que se segue às quatro extremidades t, t, t e t, a frase "Silo princeps fecit" deixa-se ler de

---

35. Cf. E. Stommel, *Beiträge zur Ikonographie der konstantinischen Sarkophagenplastik*.
36. Cf. E. Kluge, *Gedichte von Porfyrius*.
37. *Der Europäischen Helikon*, p.130.

45.760 maneiras diferentes. O mais misterioso "quadrado mágico", que conjuga anagrama e palíndromo, consiste na famosa fórmula Sator-Arepo[38]:

S	A	T	O	R
A	R	E	P	O
T	E	N	E	T
O	P	E	R	A
R	O	T	A	S

Alguns breves esclarecimentos a respeito: o camponês (Sämann) Arepo (nome próprio) conduz com seu (trabalho) manual as (rodas) do arado. Interpretação religiosa: Deus (*Sator*) domina (*tenet*) a criação (*rotas*), as obras dos homens (*opera*) e os produtos da Terra (*arepo* = arado). As palavras deixam-se ler, de imediato, quatro vezes na horizontal e na vertical. A partir das poucas letras foi possível formar 13 sentenças anagramáticas (em latim). A conjunção das duas palavras "tenet" forma um cruzamento no centro. Por meio de saltos, originam-se as palavras "Pater noster" e A O = o monograma "Christi" etc. Desde então, o quadrado passou a valer enquanto sinal mágico.

Com o acréscimo do alfa e do ômega (em caracteres latinos) resulta então:

38. M. Bouisson, *La Magie*, p. 147 e s.

Virtusismo Pangramático

Há maneirismos formais antiquíssimos. Também eles remetem à Antiguidade greco-oriental. Podemos vislumbrá-los enquanto formas maneiristas básicas, como que uma pequena tábua das fortes relações de tensão entre a natureza e o espírito. No que diz respeito às combinações de letras, os maneirismos mais antigos são os "lipogramáticos" (como, por exemplo, os poemas sem a letra "s", ou, então, algo semelhante) e artifícios "pangramáticos" (como, por exemplo, o máximo possível de palavras sucessivas com as mesmas letras). Uma das composições artísticas pangramáticas mais famosas provém de Ennius. Ela diz: "O Tite, tute, Tati, tibi tanta, tyranne, tulisti". Além desses dois maneirismos formais e dos poemas figurados ou de letras, Ernst Robert Curtius localiza mais quatro "tipos principais". São eles: 1. a *logodaedalia*, isto é, a utilização exclusiva de palavras monossilábicas nos versos; ou, então, casos em que cada verso começa e termina com uma monossílaba por meio da qual a última palavra de cada verso volta a ser a palavra inicial do verso seguinte; 2. o assíndeto versificado, quer dizer, a frequência de palavras no verso; 3. os *versus rapportati*, isto é,

múltiplas enumerações cruzadas nas quais os nomes, verbos, adjetivos e determinações adverbiais existentes – trissilábicos, em sua maioria – podem ser reconhecidos em seu co-pertencimento mútuo tão só por meio da decomposição da combinação do verso, ao passo que a estrutura audível da sentença induz a uma falsa representação, desandando e precisando ser, antes do mais, desdobrada ao olho.

Um exemplo de Opitz: "O sol, a flecha, o vento, queima, fere, sopra / com fogo, afiamento, ímpeto, meus olhos, coração e sentido". Decompondo: o sol queima com fogo meus olhos etc; 4. o esquema da somatória, ou seja, a soma de todos os motivos poéticos no verso final[39].

39. Cf. E. R. Curtius, op. cit., p. 284 e s., e G. von Wilpert, *Sachwörterbuch der literatur*. Vide também W. Kayser, *Das sprachliche Kunstwerk*, p. 100 e s. O exemplo de Ennius é citado, já, por Quintiliano, op. cit.

O Petrus – Proteus

Todos esses maneirismos formais derivam da literatura antiga. Eles tipificam, em especial, o caráter exclusivamente retórico dos "maneirismos" da literatura latina da Idade Média. Eles ressurgem, porém, em todos os períodos maneiristas posteriores, dos quais decerto resultam, como veremos, uma transmutação progressiva e, ao fim e ao cabo, uma transmissão das difundidas e aticistas receitas retóricas. Rastrear e justificar isso concerne às mais importantes e instigantes tarefas de uma fenomenologia e de uma história do maneirismo literário. A lista de maneirismos formais tornar-se-á, forçosamente, mais longa.

O esforço maneirista para causar efeito e perplexidade, a *meraviglia* de Marino, conduz, pois, a um primeiro e elementar "manejo" com as letras. Eis aqui tão só alguns exemplos da língua latina, particularmente apropriada para tanto! Paranomásia: *amans – amens* = apaixonado = enlouquecido. Homofonia em durações vocálicas e significado diferentes: *malo malo malo malo* (Eu preferia ser uma macieira a um homem malfadado na infelicidade). Introdução e supressão de uma dada letra: *amore, more, ore, re coluntur amicitiae.* (As amizades são cultivadas por meio do amor, do costume, da palavra e da ação) Anagramas: a partir de "Roma" é possível formar, mediante a troca das letras, diferentes palavras, *Roma amor armo maro mora oram ramo.* De "Berolinum" (Berlim) obtém-se *lumen orbi.* Com base no cumprimento inglês foram feitos, por meio de anagramas, 1.200 hinos a Maria. Do oscilante *O Petrus* fez-se *Proteus.* Célebre foi o verso de Bernard von Banhuysen: "Tot tibi sunt dates, Virgo, quot sidera caelo". Calculou-se que esse verso podia ser transcrito e recombinado mais de 1.022 vezes, cifra esta que correspondia, à época, ao número de estrelas conhecidas. Em virtude disso, ele se chamava "O prodígio homérico".

Surge, porém, mais uma tendência: o obscurecimento intencional, o esforço por um misterioso sistema de cifras, com vistas ao significar oculto. Novalis: "Sabedoria enigmática ou a arte de ocultar a substância sob seus atributos". Em seu já mencionado tratado, Baltasar Gracián elogia a técnica de "deturpação" de letras e palavras. Desse modo, constrói-se "labirintos" de palavras[40]. Poder-se-ia, de tal modo, trocar as letras e as sílabas que uma "Nueva y misteriosa significación" viria à baila[41]. Anagramas e outros recursos semelhantes não promovem apenas o jogo, o divertimento, o chiste unicamente banal.

---

40. *Agudeza y Arte de Ingenio*, p. 72.
41. Idem, p. 219

2. DUPLA VIDA DA LINGUAGEM

Dissimulação Honesta

Artifícios desse tipo promovem um esoterismo dissimulado, exatamente como o hieróglifo e o emblemático, à época tão estimados. Nas diferentes formas do maneirismo literário na Europa do século XVII (na Espanha, o *conceptualismo, cultismo* e *gongorismo*; na Inglaterra, o *eufuismo*; na Itália, o *marinismo*; na França, a *Préciosité*; na Alemanha, a "arte-razão")[1], combinações de letras também acabam por se tornar em método, a fim de gerar uma dupla camada linguística, um duplo sentido linguístico, uma dis-simulação (*Ver--Stellung*) linguística. Ao estilo de vida da época, pertencia a frequentemente apregoada dissimulação da conduta pessoal. Vive-se, aqui, em dois planos: o que se refere ao íntimo-pessoal e o que diz respeito ao público-social. Esse esoterismo

1. Cf. G. P. Harsdörffer, *Poetischer Trichter*, v. I, p. 94.

51

e esse exoterismo, igualmente caracterizadores, formam um tema fundamental no oráculo de mão de Gracián. Um poeta italiano, Torquato Accetto, redigiu, em 1641, o escrito *Della Dissimulazione Onesta* (A Dissimulação Honesta). Aqui, o que passa a ser elogiado é a *arte* da dissimulação. Cumpre ser "enigmático" e "obscuro". Com efeito, segundo Torquatto Accetto, a beleza não é senão uma "dissimulação gentil": "tutto il bello non è altro che uma gentil dissimulazione"[2]. Gracián reconhece Góngora como mestre – que também se nos apresenta, ao lado de Shakespeare e John Donne, enquanto o maior poeta lírico do século XVII –, porque ele, "*con mudar alguna letra*" (com a inversão de algumas letras), obtinha o mais alto efeito[3]. Por meio da dissimulação de palavras, podia-se produzir, sobretudo, *correspondências*, equivalências enigmáticas. Inclusive mistérios teológicos nos teriam sido, dessa maneira, descerrados. Assim é que *Dios* (Deus) termina por se converter em *Di os* (Dê-nos) – como, por exemplo, a luz, o ser etc.[4]. Surgem, desse modo *equivocos ingeniosos*[5]. Os labirintos de palavras constituem, a ser assim, não só a expressão de uma sutileza mais elevada. Eles também promovem um desvendamento do mundo.

Mensagens Secretas

Nas tragédias e comédias de Shakespeare pululam não apenas jogos de palavras. Por meio de combinações de letras e misteriosas correspondências de palavras, "mensagens secretas" completas devem, ali, ter ocasião. Há muitos anos que são despendidos esforços com sua decifração. Desde 1950, centenas de livros a esse respeito vieram a lume. A partir de tais cifras, pretendeu-se depreender, sobretudo, que Francis Bacon se dá a conhecer como o autor de algumas peças. Há

2. *Della Dissimulazione onesta*, p. 37.
3. *Agudeza y Arte de Ingenio*, p. 216
4. Idem, p. 220; cf. também Zuccari, citado em MML, p. 83-84.
5. Idem, p. 221.

pouco, publicou-se um novo e fino trabalho acerca dessas secretas mensagens cifradas na obra de Shakespeare[6].

Há, à margem da literatura, uma criptologia e uma enigmatologia europeias, mas cuja influência sobre a literatura é mais forte do que o não adepto acredita[7]. Os escritos "secretos" adquirem o ápice de seu florescimento, em especial, nos séculos XVI e XVII. Também aqui Leonardo é o inigualável predecessor. Reuchlin esboçou um escrito secreto. Galileu escreveu a Kepler cartas cifradas sobre suas descobertas. Existe uma "Polygraphia" de Trittenheim com *clavis*. Tratam-se, em grande parte, de criptogramas de letras, quer dizer, cada letra pode ser trocada por outra. O sistema de cifras mais famoso foi desenvolvido por Lord Francis Bacon[8]. Dele faz parte, inclusive, um "alfabeto com duas letras". Bacon esclarece seu sistema com as seguintes palavras: "A cifra possui a qualidade segundo a qual alguma coisa pode, por meio dela, ser descrita como alguma outra coisa". Aqui é possível encontrar, ao menos, uma chave para a mentalidade de *Hamlet*, para a permutabilidade entre vida e jogo, sonho e efetividade... no "ponto de intersecção" da "fantasia". Athanasus Kircher criou o primeiro escrito de códigos praticamente utilizável em sua *Polygraphia nova et universalis* (1663), um dos livros atualmente mais procurados desse incansável jesuíta alemão. Gaspar Schott, um outro jesuíta alemão, escreveu um compêndio de criptografia, a *Schola Stenographica* (1665).

Pergunta Novalis: "devem [...] as forças dos verbos [...] constituir uma arte de decifração?"[9]. No século XX, Karl Jaspers projeta sua filosofia enquanto um sistema destinado à leitura da "escrita metafísica cifrada"[10]. Há muito que a leitura de poesia se converteu numa arte de decifração. A tendência da ocultação e do encobrimento pode, em casos

---

6. W. E; S. Friedman, *The Shakespearian Ciphers Examined*.
7. T. Rastrelli, *Storia dell' Enigmistica*; G. Carbonelli, *Sulle Fonti Storiche della Chimica dell' Alchimia*; Fulcanelli, *Le Mystère des Cathédrales*.
8. *Of the Advancement of Learning* e *De Augmentis Scientiarum*.
9. *Schriften, Fragmente* II, v. III, p. 191.
10. *Metaphysik*, v. II, p. 128 e s.

extremos de escárnio, levar à "poesia" de adivinhação inclusive, tal como nos *Sonetti figurati*, de G. B. Palatino[11].

Feiticeiro das Letras

Arthur Rimbaud escreveu uma "Alchimie du verbe" (Alquimia do Verbo) e, no poema chamado "Voyelles" (Vogais), caracterizou as vogais por meio de cores (como, por exemplo, A *negro*, E *branco* etc.). Em "Alquimia do Verbo", ele escreve: "Eu escrevi o inexprimível". "Esclareci meus sofismas mágicos com a alucinação das palavras"[12]. Mallarmé denominou o poeta um "feiticeiro das letras" e, numa carta, caracterizou os "alquimistas" como "precursores"[13]. Em antigas seitas tibetanas é possível encontrar, já, caracterizações de letras por meio das cores. Ao lado de muitos outros autores contemporâneos, Jünger e Benn também escreveram sobre a magia das letras. "No futuro, quando vos deparais com um poema", sugere Gottfried Benn, "apanhais um lápis tal como se estivésseis diante de palavras cruzadas". O poeta "detém um fio de Ariadne". Cada homem possui um sensório particular, "trata-se das cifras, de suas imagens impressas, *dos caracteres negros, deles tão somente*"[14]. O inventor do hodierno "Lettrisme", Isidore Isoù (nascido em 1925 na Romênia), escreve num tratado: "A ideia central do letrismo parte da premissa de que, no espírito, não há nada que não seja letra ou que nesta não possa converter-se"[15].

Os tratadistas do maneirismo literário do século XVII recomendam expressamente, como uma "maneira" particularmente eficaz, a junção artificial de letras e palavras. Em seu tratado *Delle acutezze* (1639), Matteo Peregrini

---

11. Sobre o significado da poesia de adivinhação nas culturas primitivas, ver J. Huizinga, *Homo Ludens*, p. 108 s. (trad. bras., p. 121 s.).
12. *Oeuvres complètes*, p. 199-201.
13. Cf. H. Friedrich, *Die Struktur der modernen Lyrik*, v. 25, p. 102.
14. Cf. Gottfried Benn, *Probleme der Lyrik*, p. 17, 19 e 24.
15. Qu'est-ce que le lettrisme, Bilan lettriste, *Fontaine*, n. 62.

escreve que nada pode ser simples, mas é preciso atentar para o "grandemente raro", para o altamente incomum[16]. Escrever de maneira *concettista* significa dispor de "maniere di legamento"[17]. "Fazem-se belas coisas". Gottfried Benn escreve: "Faz-se um poema". Poetizar de modo maneirista significa possuir o domínio soberano de uma arte de ligação linguística, um poetizar cônscio e espiritualmente determinado. Por isso, a arte da poesia converte-se, para Paul Valéry, numa "fête de l'intellect" (festa do intelecto).

No século XVII, o poetizar não tem muito mais a ver, sob múltiplos aspectos, com a comunicação (*Mit-teilen*) clássica. Poetizar significa, antes de mais nada, atuar esteticamente por meio de combinações linguísticas. Essa é mais uma identificação decisiva do maneirismo europeu em geral, que abrange desde as "*phantasiai* asiaticistas", a literatura latina tardia, a extemporânea poesia medieval durante o período de Góngora, Marino, Donne, Shakespeare, Harsdörffer, as duas escolas poéticas silesianas até o primeiro romantismo alemão e romântico, da lírica "anticlássica" e "anti-idílica" de 1880 aos nossos dias[18]. O meio de comunicação, a linguagem, a letra, a palavra, a metáfora, a sentença, a frase, a figura de sentido lírica (*concetto*) tornam-se autônomas. Seu valor funcional original é denegado. Novalis: "A força é a vogal infinita, a matéria da consoante". "Podem advir instantes em que abecedários [...] se nos pareçam poéticos".

No que tange ao manejo consciente com combinações de letras "puramente exteriores", já o encontramos no ímpeto à codificação, ao obscurecimento, à dissimulação. Achamos, aqui, uma tendência fundamental: o poetizar consciente, cônscio, "elaborado". Deparamo-nos, precisamente no fim dessa cadeia de motivos, com elementos ulteriores.

---

16. *Delle acutezze*, p. 30.
17. Idem, p. 36.
18. Poetas do romantismo europeu e do primeiro romantismo alemão recorrem à tradição da combinação cifrada de palavras, em especial, àquela do século XVII. Tais como Friedrich Schlegel, Clemens von Brentano, Victor Hugo e Richard Wagner.

Virtuosidade e Extremismo

Manejo consciente? Codificação intencional! Há também uma outra "maniera", uma "manía" artificial das relações sonoras no âmbito linguístico. À criptografia corresponde um tipo lírico-desconcertante de fono-grafia. Um de nossos abalizados teóricos da literatura do século XVII, Emanuele Tesauro, escreveu, em seu *Il cannocchiale aristotelico* (Telescópio Aristotélico)[19], uma autêntica estética da letra, um instrumentário fonético para virtuoses maneiristas[20]. A qualidade sonora de todas as vogais e consoantes é precisamente caracterizada, efeitos sonoramente pictóricos – isto é, "simpatias" e "antipatias" que há entre os sons – são descritos, "concordâncias sonoras" eficazes e "dissonâncias" são indicadas. Ao longo das páginas, todas as *maniere* imagináveis são apresentadas. Chega-se, aqui, a um extremismo onomatopaico de uma pura lírica de letras, ou, por assim dizer, de um "lettrisme avant la lettre". Assim é que Tesauro elogia as "notas métricas" de seu contemporâneo Mario Bettini, cujo poema "rouxinol" já não nos permite saber se tal pássaro é um poeta, ou, então, se o poeta é, aqui, um *rosignuolo*. Os versos de Bettini citados por Tesauro dizem:

> Quitó, quitó, quitó, quitó
> Quitó, quitó, quitó, quitó
> Zízízízízízízízí
> Quoror tiú zquá pipiquè[21].

Trata-se de um extremismo amável, de um virtuoso jogo de roda, frequentemente imitado pelos pastores de Pegnitz de Nurembergue, que também conheciam todas as outras artes pangramaticais[22]. Eles as adotaram sobretudo da Itália, e, em especial, da obra de Marino, o autor exemplar de

19. Cf. MML, p. 23-24, ver também infra p. 205-206.
20. *Il cannocchiale aristotelico*, p. 101.
21. Idem, p. 104. Cf. um exemplo a esse respeito em Aristóteles, *As Aves*, Ato I.
22. Cf. W. Kayser, *Die Klangmalerei bei Harsdörffer*.

Tesauro[23]. Eis aqui um exemplo retirado da ópera pastoril de Harsdörffer "Eternalma": "Tempo revelador da atmosfera mundial. Odores nebulosos de guerra, ferro de brilho assassínio, carência ardentemente defumadora, fragmentos lançados como raios, ares que correm a retalhos". Tais intrépidas composições foram caracteristicamente denominadas por Harsdörffer resultados de uma "Arte-razão"[24].

Leporismo

Por meio do âmbito vocálico da linguagem se obteve, na Itália, efeitos mais intensos e combinações mais engenhosas. Já no início do revigorado maneirismo antigo e medieval acha-se Luigi Groto (1541-1581) com sua *Rime*. Ele pertence aos primeiros e mais ousados engenheiros de letras e palavras do século XVI italiano – Marino admirava-o. Sua proeza consiste num soneto com 52 rimas. Paul Valéry, que valorizava a rima leonina e multissilábica, deve ter incorporado Groto em seu panteão tanto mais quando este explicou claramente que o tema de um poema é totalmente indiferente. Eis aqui apenas a primeira estrofe de tal famoso soneto:

> A um tempo temo, e ardisco et ardo et agghiaccio
> Quando a l'aspetto del mio amor mi fermo
> E stando al suo cospetto, a l'hor poi fermo
> Godo, gemo, languisco, guardo e tacio[25]*

---

23. Em *Frauenzimmer-Gerprächsspiele* de Harsdörffer (por volta de 1620) encontram-se, dentre os 849 livros citados, 210 autores italianos, 250 alemães, 124 franceses, 101 holandeses, 85 espanhóis, 19 ingleses e 60 da Antiguidade. (A partir de W. Kayser, op. cit.). Sobre Marino na Alemanha, vide *Rivista di Lett. Tedesca*, ano IV, n. 1-6.
24. Publicação comemorativa do jubileu (250 anos) da Ordem das Flores de Pegnitz. Nurembergue, 1894.
25. *Rime*, p. 63.
* "Temo, queimo, ardo e arrepio-me a um só tempo / Quando me detenho na aparência do meu amor / E, estando em sua presença, detenho-me mais e mais / deleitando-me, gemendo, embrandecendo, observando e calando-me" (N. da T.).

Igualmente dignos de nota são as aliterações e, no quarto verso, o esquema de somatória. Um exemplo lapidar de uma versificação maneirista.

Mais audazes, engenhosas e dedálicas – no sentido de um "fabbricare" de versos – parecem ser as produções do lírico italiano Lodovico Leporeo, que vieram a lume em Roma no ano de 1634. Sua principal obra, circunscrita à "extravagância" poética, chama-se *Decadario Trimetro*, e traz à memória as palavras de Gracián segundo as quais "todo talento [*ingenio*] contém um grau de loucura"[26], ou, então, a sentença de Tesauro de acordo com a qual, no fundo, cabe especialmente aos loucos a tarefa de fazer belos (paralógicos) versos[27]. Leporeo autodenominava-se um "inventor da *poesia alfabética*". Aquilo que, em Harsdörffer, consistia numa "Arte-razão", converte-se, em Leporeo, por meio de uma confluência entre virtuosismo e extremismo, num automatismo verbal quase "moderno".

Num prefácio à sua intrincada obra, o autor esclarece manifestamente que ele se propôs a "dar forma à lírica italiana de maneira complicada". O obscurecimento intencional talvez tenha sido declarado tão abertamente somente por Mallarmé: "ajouter un peu d'obscurité" (acrescentar um pouco de obscuridade). Leporeo espera formar 110 "dezenas" em 1100 versos, a fim de obter 3300 "correspondências". A sonoridade vocálica é "central", ao passo que o conteúdo é secundário; pode-se assumir temas convencionais; decisório é o efeito linguístico. Seguindo uma "deca-tredeca-sillaba". Ela deve ter encantado o jovem Hugo Ball, quando este ainda era dadaísta e apaixonado pelos "vocábulos magicamente ligados". A composição deve ser apreendida, sobretudo, com os ouvidos e com os olhos, pois o jogo com os sons não se deixa traduzir. O conteúdo é, todavia, banal.

> Sudo ignudo, egro, e negro, entro uma cella
> Cufa stufa, ove piove il grano e spilla,

26. Op. cit., p. 371.
27. Op. cit, p. 57; ver também MML, p. 119.

Mentre il ventre, ivi, a rivi, il sangue stilla,
Grido e strido, asmo, spasmo, e muio in quella.

Apollinaire, que amava as hipérboles de palavras (em *Alcools*), teria certamente encontrado satisfação nos seguintes versos de nosso virtuose da *poesia alfabetica*:

Non Bárbaro Reobárbaro, Barbárico
Può guarire il mártir mio mio misenterico
Se non mi sfoio, muoio Climaterico,
Ne mi risána il male ána d'Agárico.

Enquanto um apaixonado "anticlássico", Leporeo era, em sua época, membro da "Accademia dei Fantastici". Como fundador da "nova poesia", do "leporismo", ele foi igualmente admirado e odiado[28]. A antiga estética da *phantasia* repete-se numa paisagem singular.

Ainda que num sentido mais nobre, o leporismo pode ser encontrado na obra de um dos maiores poetas ingleses "modernos", isto é, em alguns poemas de Gerard Manley Hopkins (1844-1889). Há que se admitir que, (enquanto jesuíta), Hopkins conheceu a obra de Gracián. Seu conceito de *inscape* corresponde ao *disegno interno* de Zuccaris. O melhor amigo de Hopkins, Robert Bridges, criticou o "maneirismo" desse único precursor da nova poesia "moderna" da Inglaterra. Hopkins qualificou tal maneirismo de "linguagem parnasiana". "No que tange à grande criação, todas as escolas maneiristas são parnasianas". Não se trata, porém, de "poesia no sentido mais elevado". Fala-se "no e sobre o plano intelectual de um poeta, não a partir da inspiração". Todos os grandes poetas teriam o seu próprio "dialeto parnasiano". Aí estaria seu "maneirismo". Haveria, no entanto, um tipo mais elevado de maneirismo parnasiano. Hopkins denomina a poesia dessa espécie "castaliana". A poesia "délfica"

---

28. Cf. também a obra de Leporeo, *Centena distica, dactylica, hexametrica, rithmica, alphabetica, vocálica, consonantialia,* em latim. Artes das letras enquanto expressão de uma *"linguae libertas"*.

assume a posição mais sublime, com sua linguagem da "esfera sagrada"[29]. Haja vista que há uma primorosa tradução da obra de Hopkins, parece pertinente trazer à baila, ao menos, dois breves exemplos de seu "leporismo" maneirista (parnasiano):

> Deixai a vida extinguir-se, oh, deixai-a falecer
> Enrolando sua multiplicidade outrora desgrenhada e veiada
> Inteiramente em dois rolos; separai, empurrai, encurralai
> Seu Todo em dois rebanhos, dois cercados – preto-e-branco;
> Justo, injusto; apenas ponderai, considerai apenas,
> Pensai tão só
>   Sobre estes dois; notai um mundo no qual contam somente
>   estes dois,
>   Um repelindo o outro; um vaivém de martírio,
>   No qual pensamentos rangem contra pensamentos num gemido
>   surdo,
>   Já de si sinuosos e por si mesmos amarrados, desembainhados
>   e desprotegidos.

E que se leia ainda o último verso na língua inglesa, já que, desse modo, a combinação de sílabas e letras (bem mais do que simples aliteração) torna-se reconhecível mais intensamente: "Where, selfwrung, selfstrung, sheate-and-shelterless thoughts against thoughts in groans grind"[30].

Seu poema sobre a "Cotovia do Bosque" aproxima-o ainda mais de Leporeo ou Bettini – que, por seu turno, também era jesuíta. Eis aqui as primeiras quatro linhas somente em inglês:

> Teevo, cheevo cheevio chee:
> O where, what can that be?
> Weedio-weedio: there again
> So tiny a trickle of song-strain.

E, no meio do poema, os seguintes versos:

---

29. G. M. Hopkins, *Gedichte, Schriften, Briefe*, p. 13, p. 235, p. 661 e s.
30. De Spelt from Sibyl's Leaves, G. M. Hopkins, op. cit., p. 140.

The ear in milk, lush the sash,
And crush-silk poppies aflash,
The blood-gush blade-gash
Flame-rash rudred
Bud shelling or broad-shed
Tatter-tassel-tangled and dingle-a-dangled
Dandy-hung dainty head.

Na tradução, lê-se:

A espiga ao leite, a suculenta faixa,
E papoulas sedosas esmagadas relampejam,
Tal como jorro de sangue, corte de espada
Rápidas flamas rubras
O botão irrompendo ou vastamente derramado
Cabeça graciosa finamente dependurada
Esfarrapada-apendoada-emaranhada e
Bamboleando num vaivém*

Pode-se ainda conferir, na *Art Poétique* (1555) de J. Peletier (1517-1582), uma outra imitação "parnasiana" do canto de pássaro:

Déclique un li clictis
Tretis petit fétis
Du pli qu'il multiplie
Il siffle au floc flori
Du buisson, favorit
D'Eco qui le replie[31].

Por fim, alguns versos do célebre poema da cotovia de Giullaume du Barta (1544-1590): "La gentile alouette avec son tirelire / Tire l'ire à l'ire e tire lirant tire / Vers la voute du ciel / Puis son vol vers ce lieu / Vire, et désire adieu

---

* "Die Ähre milchreif, saftig die Schärpe, / und knitter-seidiger Mohn aufblitzend, / Das wie spritzendes Blut, klaffender Schwerthieb / Flammen-rasch hochrot / Die Knospe sprengende oder breit-gespreitete / Fetzig-quastig-verwirrt und hin – und herbaumelnd/ Stutzerhaft hängende zierliche Haupt". Trad. para o alemão por Ursula Clemen (N. da T.).

31. Hopkins possui diversos versos ecoantes, como, por exemplo, nas p. 88 e 176 da obra citada. Hopkins é, praticamente para todos os maneirismos formais, uma fonte fundamental.

61

Dieu, adieu Dieu"[32] E, no *Pequeno Bestiário* de Johann Klaj (1616-1656)[33], lê-se ademais:

> A cotovia trila seu trilado,
> Aqui os tentilhões unem os amantes
> Os sapos coaxam e crescem em gargalhadas
> Engrandecem, e, dilatando-se, fazem troça
> Geme e choraminga o jovem rouxinol
> Ele assovia e solfeja com um sopro especioso*.

Cabala Simplex

Johann Christoph Männling, o já mencionado teórico da literatura pertencente à segunda escola poética silesiana, exalta, de sua parte: "composição artística cabalística"[34]. Ele discorre sobre "uma nova graciosidade, que se institui conforme à aritmética do ABC e, em concordância com esta última, calcula uma sentença elementar ou uma máxima". Trata-se de uma *Cabala simplex* e *comunis*, ou, ainda, de uma *Poesia artificialis*. Männling sabe, pois, que se afastou muito da cabala mística, cujos pormenores ainda hão de ser tratados. *Cabala simplex*"! Männling oferece uma tabela com sequências de números e letras destinada à criação de uma poesia de máximas e nomes. Desse modo, ele próprio elabora uma poesia e denomina o todo um "espelho" que "nos mostra a bem-aventurança e a vida verdadeira"[35]. Lembra-nos o autorretrato de Parmigianino no espelho convexo, no início do maneirismo moderno.

---

32. *La Semaine*. A partir dos 25 séculos de poesia maneirista, poder-se-ia compor um volumoso livro com exemplos desse tipo.
33. *Deutsche Barock-Lyrik*, p. 33.
* "Die Lerch trierieret ihr Tiretilier,/ es binken die Finken den Buhlen allhier./ Die Frösche coaxen und wachsen in Lachen,/ rekrecken, mit Strecken sich lustiger machen,/ es kimmert und wimmert de Nachtigall Kind,/ sie pfeifet und schleifet mit künstlichem Wind" (N. da T.).
34. *Europäische Helikon*, p. 140.
35. Idem, p. 143

Männling elogia igualmente outras "Paragrammata", como, por exemplo, palíndromos, "inversões", frases que podem ser lidas de trás para frente. Elas voltaram à moda entre 1910 e 1920 no contexto do "construtivismo" literário, em especial, na Rússia. Tais "inversões" são difíceis na língua alemã. Männling dá um exemplo: "Gewiss sie rette, reiss sie weg". Na lingua inglesa: "Madam, I'm Adam". Ou, então: "Was it a cat I saw". Um outro exemplo fornecido por Schopenhauer diz: "Ein Neger mit Gazelle zagt im Regen nie". Na poesia francesa moderna e contemporânea, poemas inteiros foram compostos sob a forma de inversões. Que se considere, a esse respeito, apenas um exemplo, a saber, "Adam" – em três momentos: "Um Nu / Né de l'Eden / Noble, bel, bon"[36].

Em seu período dadaísta, Hugo Ball caracterizava uma arte desse tipo, puramente "associativa", como "obra ofuscante e diabólica". "Uma antítese puramente figurativa da natureza e dos acontecimentos não deve ser mantida"[37].

Lidamos aqui, uma vez mais, com "literaturas sem sentido"[38], com aqueles tipos grotescos que nos dão a conhecer a partir da história do maneirismo. Hoje, o grotesco é tido, pelas ciências literárias, como um "gênero" contínuo na história da literatura europeia[39]. Desde a Antiguidade, ele faz parte de um dos mais populares meios de expressão do maneirismo. A engenhosa irregularidade do asiaticismo contrapõe-se à engenhosidade do aticismo! "O chiste (*ingenio*) é o anagrama jocoso da natureza", escreve Jean Paul em *Vorschule Ästhetik* (Escola Elementar da Estética), "a fantasia é o próprio alfabeto hieroglífico". Phanta-"siai"! "o verdadeiro estímulo do jogo de palavras" consiste, segundo Jean Paul,

---

36. *Bizarre*, n. VIII.
37. *Die Flucht aus der Zeit*.
38. Cf. H. Friedrich, op. cit.
39. Cf. as instrutivas investigações de W. Kayser, *Das Groteske. Seine Gestaltung in Malerei und Dichtung* (*O Grotesco: Configuração na Pintura e na Literatura*). Como complemento a esse motivo no maneirismo, cf. as pesquisas de Schneegan sobre o "mingau linguístico" da sátira renascentista. Cf. também, a esse respeito, a obstinada obra de Théophile Gautier, *Les Grotesques*.

"no *espanto* diante do acaso que atravessa o mundo, jogando com sons e partes do mundo", a "reluzente liberdade do espírito apta a dirigir o olhar das coisas contra os seus sinais"[40]. Num sentido puramente formal, estruturas elementares desse tipo sobrevivem a modas estilísticas transitórias e periódicas, bem como a situações históricas variadas.

De z a A e de A a z

Neorretórico parece ser, por exemplo, o poema "pangramático" de um dos mais relevantes líricos italianos contemporâneos, Edoardo Cacciatore, em sua coletânea de poemas *La Restituzione*. A primeira letra da primeira palavra é "Z"; cada letra inicial da primeira palavra da linha subsequente acompanha a série alfabética até a letra A. Além disso, cada verso dispõe de intensas aliterações. Elas são sonoramente determinadas pela respectiva primeira letra da primeira palavra. Que se tome, a seguir, os primeiros quatros versos como exemplo – a serem considerados enquanto "música" lírica de letras:

> Zampilla uno zodiaco da ogni zero
> Vieni vieni verso la via che va al vero
> Unisci l'udito all'unanime universo
> Tempera alla tastiera un tuo tema terso etc.

Quirinus Kuhlmann (1651-1689) escreve uma *Vida Dourada –ABC da Sexta-feira*. Ele decerto vai de A a z, e não de z a A. O maneirismo formal permanece, pois, o mesmo, mas nossos "modernos" o irracionalizam, tal como veremos ainda mais claramente; eles o colocam de ponta-cabeça. Assim é que defensores da vanguarda russa do século vinte escreveram "inversões", versos que, como sabemos, podem ser lidos de trás para frente, e pintaram

---

40. *Vorschule Ästhetik*, p. 196.

imagens que, colocadas de ponta-cabeça, fornecem um "sentido" tão válido quanto em posição normal.

Os últimos quatro versos do poema de Quirinus Kuhlmann dizem:

> Verdadeiro como ele é, do qual tu,
> Homem, fostes,
> Igual ao x que arranca a
> ordem da Cruz,
> Semelhante ao Y, Três em um, formoso na imagem de Deus,
> Desprovido de tempo no seio de Jesus, que és Teu
> A e Z*[41]

Palavras sem Continuidade

Na França contemporânea, a lírica das letras foi entusiasticamente retomada, mas, em geral, como um meio agressivo contra a estética classicista, tão somente contra o romantismo sentimental e a prática acadêmica. As "ilógicas" associações silábicas do dadaísmo exortam a uma poesia "nonsense", que se encerrou, por fim, no "lettrisme" – cujos traços específicos também iremos, à guisa de diferenciação, conhecer. Num poema de Paul Eluard (1895-1952), "O Ofício do Poeta", diz-se saudosamente: "Chega-se bem depressa / às palavras equânimes / às palavras sem peso / Mais até / às palavras sem continuidade"[42]. No entanto, Eluard – que, assim como Apollinaire, conhecia a tradição hermenêutica – voltava-se sempre aos elegantes modelos do preciosismo, aos preciosistas do século XVII[43]. Muitos de seus mais belos versos ultrapassam, por isso, tudo o que há de "fortuito" na escrita automática, próprio do costume literário dos surrealistas.

---

* "Wahrhaftig wie der ist, von dem du,/ Mensch, bist worden,/ x gleichend, dem das x entreisst de/ Kreuzesorden,/ Y ähnlich, Drei in eins, im Gottesbilde nett,/ Zeitleer na Jesus Brust, der sei Dein". (N. da T.)
41. *Deutsche Barock-Lyrik*, p. 123.
42. Cf. C. Bo (org.), *Nuova poesia francese*, p. 238.
43. Cf. R. Bray, *La Préciosité et les précieux*.

Uma maneira duplamente "artificial" desse tipo é inconfundível em versos tais como:

> Mas, a água doce bole
> Para aquele que a bolina,
> Para o peixe, o nadador e o barco
> Àquele que ela traz consigo
> E àquele que, consigo, ela conduz[44].

Antonin Artaud (1896-1948) torna visível o processo de desintegração "letrista" numa estrofe típica e singular. Nota-se como a linguagem e a combinação sonora se decompõem. Mantém-se o princípio do simples efeito sonoro, todavia, abdica-se da estrutura de versos interligada. E, por fim, do próprio corpo da palavra:

> Tout vrai langage / est incompréhensible, / comme la claque / du claque dents; / ou le claque (bordel) / du fémur à dents, (en sang) / faux / de la douleur sciée de l'os. Dakantala / dakis ketel / to redaba / ta redabel / de stra muntils / o ept enis / e ept astra.[45]

A Cola de Relógios

O lírico alemão Hans Magnus Enzensberger (nascido em 1929), um dos mais surpreendentes alquimistas da linguagem da nova geração na Alemanha, escreve um poema: "Jornal de Imagens". Vê-se, aqui, "selo de ponto e cola de relógios", bem como "manidatilógrafo-estenocure"[46]. O francês Jacques Prévert (nascido em 1900) fez poemas inteiros a partir de tal princípio. Como, por exemplo: "Um idoso em ouro e um relógio na tristeza", "um professor de porcelana como um remendador de filosofia"; "um segundo-sargento na espuma com um apito reformado" etc.[47] Morgenstern,

---

44. Cf. C. Bo (org.), op. cit., p. 213
45. Idem, p. 253.
46. Cf. H. M. Enzensberger. *Verteidigung der Wölfe*, p. 80.
47. J. Rousselot, *Panorama critique des nouveaux poètes français*, p. 76.

Apollinaire e Hans Arp são, porém, igualmente mestres nisso. Morgenstern queria, também ele, "despedaçar a linguagem". Parecia-lhe que o homem estava "preso num cárcere de espelho". Morgenstern inventou *phantasiai* de palavras: "Uma bota perambula e seu descalçador de vértice ondulado se requebra". Com frequência, exemplos semelhantes são encontrados em sua obra. Hans Arp chega a falar de "Kakadu-Kakasie" e "vento de neve e granizo"; pois, pretende dizer: "tais preocupações explicam o sem-número de cabeças cindidas"[48]. Em *Alcools* de Apollinaire encontram-se inúmeros jogos de letras e palavras. Naquilo que diz respeito ao brilho melancólico e ao ímpeto inovador, Apollinaire (nascido em Roma, de origem judaico-polonesa e francês por opção) tem ares de um arquinapolitano da época de Marino e Lubrano. Ele observa manifestamente: "A surpresa (*surprise*) e o inesperado fazem parte dos mais importantes impulsos da poesia atual"[49]. Marino havia recomendado *stupore* e a *bizzarria della novità*[50].

---

48. Cf. W. Kayser, *Das Groteske*, p. 65, p. 77.
49. L'Esprit nouveaux et les poètes. *Mercure de France*, n. 491. Rimbaud escreveu: "Exijamos novidade dos poetas". Laforgue exorta: "Novidade, sempre novidade". O aticismo censurava, já, essa tendência ao exclusivamente novo ao... asiaticismo.
50. Cf. MML, p. 24.

3. POESIA IRREGULAR

Os "Heteróclitos"

Do ponto de vista histórico-literário, pode-se caracterizar formalmente tal "poesia" como um leporismo desintegrado. Artaud e outros letristas franceses têm, com efeito, modelos no próprio país. Os *poeti bizarri* da Itália (como Groto, Leporeo e muitos outros) eram chamados, na França, de *poetes hétéroclytes* (desigual, irregular). Cabe a Raymond Queneau o mérito de ter descoberto, em número especial de uma revista, esquecidos antepassados dos atuais "heteróclitos", bem como o de ter apresentado uma galeria inteira de partidários, até então desconhecidos, dessa des-lo(u)cante (*ver-rückenden*) arte de dissimulação de palavras[1]. Um desses predecessores franceses do "irregular" chama-se Louis de Neufgermain. Ele viveu – como era de se esperar – no século XVII. Em 1630 ele

1. *Bizarre*, n. IV.

publicou, em Paris, um livro intitulado *Poésie et rencontres*. Encontramos, nele, poemas de letras, combinações de letras e sílabas, produtos do já conhecido leporismo e também do maneirismo que, à época, era estimado em Paris. A um certo Senhor Lope, ele escreve um poema "bizarro", do qual citamos aqui apenas os últimos três versos:

> Vous lipus, liplopants, qui liplopez, liplope,
> Langage liploplier par les syllabes lope,
> Lope est un nom d'héros, et cet héros est Lope.

Até mesmo Rabelais oferece tais monstruosidades, que podem ser encontradas na literatura satírica que vai desde Johann Fischart até Cyrano de Bergerac. Conhecemos paralelos nas artes plásticas, como, por exemplo, a "bizzarrie" de Bracelli, a ornamentação grotesca e a "epidemia de adereços" da gravura ornamental no século XVII[2].

Para tudo há um "sistema", para o abstruso inclusive. Os poetas paralógicos da *poesia alfabetica* no século XVII moviam-se – também como "extremistas" – num sistema estético – ainda que irregular. A desintegração – sobre a qual se dirá muito mais – atinge o ponto limite com o dadaísmo e seus reprodutores. No entanto, essa total irracionalidade também incita a uma explicação metódica, a uma "compreensão" sistemática. Como se sabe, no maneirismo também se procura, repetidamente, uma ordenação, mas uma ordenação de espécie bem particular.

Jogo dos Homônimos

Enquanto precursor do *letrismo* contemporâneo, um filólogo francês, o professor Jean Pierre Brisset, acreditou ter descoberto, inclusive, uma nova ordenação do mundo a

---

2. Sobre o "mingau linguístico" na sátira do século XVI, cf. H. Schneegans, *Geschichte der grotesken Satire*. Ver-se-á, mais tarde, pormenores a esse respeito.

partir de combinações de letras – e isso, diga-se a propósito, muitos anos antes do dadaísmo. Seu sistema de explicação do mundo por meio da combinação de letras e sílabas estimulou, de acordo com Breton, a "patafísica" verbalista de Alfred Jarry, a "crítica paranóica" de Salvador Dalí, a lírica de Raymond Roussel, de Robert Desnos e de Marcel Duchamp. Evoca-se, sobretudo, o nome de James Joyce, cuja obra decerto apresenta o ápice da *alquimia do verbo* europeia[3].

Brisset encontra secretas "correspondências" metafísicas quando desloca (*dislocation*) palavras da seguinte maneira:

> Les dents, la bouche.
> Les dents, la bouchent,
> L'aidant la bouche.
> L'aide en la bouche.
> Laid dans la bouche.
> Lait dans la bouche.
> L'est dam á bouche.
> Les dents – la bouche*.

"Je sais que c'est bien" converte-se em ("je") ou "jeu sexe est bien".

Para lançar mão de antigos conceitos retóricos, trata-se de redes de palavras homônimas (palavras que se assemelham nominalmente e que possuem sonoridades iguais ou semelhantes, com significado e procedência etimológica totalmente diferentes e um modo de escrita similar ou divergente). Precisamente no francês tais palavras são numerosas (*saint, sain, sein, cinq*). Além disso, vêm à baila: "diáfora", isto é, combinações com os diferentes significados e modos de emprego de uma palavra, repetição com variação de sentido;

---

3. Cf. A. Breton, *Anthologie d'Humour Noir*, p. 189 e s.; e *Bizzare*, n. IV, p. 80 s.

* "Os dentes, a boca/.Os dentes tapam-na/ Ajudando-a./ O suporte na boca/ Ameaçador em seu interior./ Leite dentro da boca/ É-lhe danoso/ Os dentes – a boca". (N. da T.)

anfibologia, quer dizer, duplo sentido, ambiguidade ou equivocidade da declaração lógica de uma sentença; paronomásia, composição de palavras semelhantes ou homofônicas de significados diferentes ou contraditórios (traço-troço / greta-grita / trapo-tripa). Obtemos, assim, uma série de outros maneirismos *formais*. Enquanto eles promoviam, em literaturas mais antigas, uma "declaração" de maneira múltipla (jogo de palavras), as atuais redes de palavras "sem fundamento" devem despertar tipos semelhantes de atmosferas líricas, conduzir a um outro irreal. James Joyce, em cujas últimas obras fundam-se longas passagens com grandiosa capacidade e conhecimento linguístico, ao menos no que tange a aspectos elementares, no procedimento de tais combinações, alcança efeitos admiráveis, sobretudo quando ele também mescla as mais diferentes linguagens. Ele criou para si sua própria linguagem artística[4].

Redes de Palavra

James Joyce constitui um caso à parte, mediante singular força linguística, poder artístico e sutil desvario pessoal. Todavia, na lírica contemporânea de toda Europa, a antiga lírica de letras transformou-se – manuseada por espíritos menos talentosos –, numa "maneira", que corresponde à antiga "epidemia de adereços" do estilo ornamental sob uma forma nova e literariamente "sem fundamento". Há uma linha que vai do dadaísmo "metapoético" de um Altagor na França até o "imaginismo" de Iêssenin e os poemas de letras transmentais de Khlébnikov, na lírica russa vanguardista entre 1920 e 1925. Atravessando o século XVII, ela reconduz ao

---

[4]. Somente no capítulo 7 de *Ulisses* computou-se 96 figuras transmitidas. Cf. Jean Paris, *James Joyce par lui même*, p. 124. Vide, sobretudo, os jogos de palavras "fantástico" – dedálicos em *Anna Lívia Plurabelle* (1931) e em *Finnegans Wake* (1939). Cf. também a esse respeito: R. Ghil, *Traité du verbe*. Neste último, trata-se sobretudo do *instrumentisme* linguístico. Cf., a propósito, infra p. 282.

período alexandrino. Somente à Alexandria? Aguardemos! Perguntemo-nos, aqui, em primeiro lugar: pode-se avaliar apenas negativamente um tal fenômeno histórico-universal? Trata-se, em todos os casos, de ilusão ou epigonismo? A própria obra tardia de James Joyce, irredutivelmente insondável, já mostra o contrário. Durante os primeiros anos da revolução, alguns paladinos da poesia russa plenamente "comovidos" no mais legítimo sentido do termo – num período, portanto, em que um rigorismo político-partidário não havia ainda colocado o espírito a serviço do "realismo socialista" –, também provam que, aqui, não se trata apenas de lidar com o medo burguês ou com um jargão irracional de um grito desesperado num mundo em transição.

O espírito russo permaneceu sempre mais próximo de Alexandria e Bizâncio do que de Atenas. Vielimir Wladimirovitsch Khlébnikov (1885-1922) pretendia, por exemplo, reconstruir uma linguagem primordial universal – tal como Jakob Böhme, de sua parte, uma linguagem adâmica. Ela deveria ser formada a partir do significado simbólico que cada palavra teria, a partir de um mítico alfabeto de cifras, portanto. Uma magia de palavras desta espécie alimentava, pois, sua riqueza de metáforas.

Também na literatura alemã mais recente é possível encontrar vários exemplos de combinações de letras, tal como os poemas de Weinheber sem *e* ou sem *s* etc. ("Eis aqui a palavra"). No *Concerto de Palavras Pára-lama em Linguagem Cantada* de Brock, lê-se: "Construção espectral O B A F G K M R N / O Be A Fine Girl Kiss Me Right Now"[5]. Num de seus mais belos poemas, Karl Krolow descreve o sentido da "efetividade na vogais":

Palavras

Simplicidade de palavras inventadas,
Que são ditas atrás das portas,

5. *Kotflügel. 80 junge Papierschnitzel oder die Entwicklung eines Wortkonzerts in durchgeführter Sprache*, p. 30.

Das janelas e contra os muros,
Rabiscadas com paciente luz.

Efetividade dos vocábulos
De duas ou três sílabas:
Ceifados do enigma do céu
De uma veia na pedra

Decifração de faces desconhecidas
Com fulgor sob a pele,
Com barbas em que o vento se detém
Por meio de um som sussurrante.

Vogais – pequenos insetos
Invisíveis ao vento,
Caem como cinzas
E permanecem com cheiro de marmelo[6]*.

Assim como na arte maneirista, em nosso alfabeto preliminar nos deparamos sempre com a seguinte contraposição: por um lado, o esforço em direção a uma gnose apta a descerrar sentidos, e, por outro, o esforço rumo a uma virtuosidade livre de sentidos, ou, quiçá, desprovida de todo sentido. Mencionamos que, em seu período de juventude em Zurique, Hugo Ball praticou um culto com os "vocábulos magicamente interligados" e escreveu, ele próprio, poemas letristas. Mais tarde, ele condenou isto tudo. "A metáfora, a imaginação e a própria magia, que não se fundam na revelação e na tradição, abreviam e asseguram tão só os caminhos rumo ao nada. Elas constituem uma obra ofuscante e diabólica. A inteira arte associativa talvez seja um autoengano"[7].

6. Worte, em W. Höllerer (ed.), *Transit: Lyrikbuch der Jahrundertmitte*, p. 28.
* "Einfalt erfundener Worte,/ Die man hinter Türen spricht,/ Aus Fernstern und gegen die Mauern,/ Gekalkt mit geduldigem Licht.// Wirklichkeit von Vokabeln,/ Von zwei Silben oder von drei'n:/ Aus den Rätseln des Himmels geschnitten,/ Aus einer Ader im Stein.// Entzifferung fremder Gesichter/ Mit Blitzen unter der Haut,/ Mit Bärten, in denen der Wind steht,/ Durch einen geflüsterten Laut,// Vokale, – geringe Insekten,/ Unsichtbar über der Luft,/ Fallen als Asche nieder,/ Bleiben als Quittenduft" (N. da T.).
7. *Die Flucht aus der Zeit*.

O Manto Linguístico de Deus

Tais contrastes exprimem, na história do espírito europeu, tensões latentes e primordiais. Elas irrompem apenas raramente – nas caóticas revoluções estilísticas e nas penetrantes reações contrárias. Precisamente nos últimos trezentos anos da literatura europeia a dialética agravou-se mais e mais. Ela terminou por adquirir, como iremos ver com maior clareza, um caráter igualmente dramático e tragicômico. Os autores maneiristas, cumpre-nos sempre repetir, encontram seus modelos primordiais não na Antiguidade "clássica", aticista, mas naquela oriental, semita, ou seja, na Antiguidade "asiaticista" das *phantasiai*. Os simbolismos egípcio, caldeu e hebraico (*Bíblia*, exegese de textos, *Talmud*, a Cabala tardia, a literatura alquímica) decerto influenciaram o neoplatonismo de Alexandria e o renovado neoplatonismo de Florença, à época de Marsílio Ficinos[8]. É sabido que o neoplatonismo alexandrino promoveu o "asiaticismo", quer dizer, aquela vertente estilística hiperbólica e extremista que o aticismo desprezava. Na história da arte maneirista, o "subjetivismo" atinente à doutrina da Ideia anticlássica (Zuccari) foi incentivado por meio do neoplatonismo florentino e da "alquimia" cabalista. O poeta Marino, líder e ídolo de todos marinistas no século XVII, também se refere à doutrina da Ideia e enaltece Ficino chamando-lhe de "camareiro secreto de Deus".

Tendo em vista, porém, que os classicistas lançam mão dos mitos "clássicos" sem a presença de seu sentido integral, Apolo e Deméter entram em cena e põem-se a falar tal como se fossem marionetes, de sorte que, já à época do tardio asiaticismo clássico, o conhecimento acerca do igualmente profundo e rico pano de fundo mítico da mística de letras hebraica se esvaece. Os filhos tardios procuram agarrar o manto linguístico de Deus com braços demasiadamente curtos.

---

8. G. Scholem, *Die jüdische Mystik in ihren Hauptströmungen* (trad. bras., *As Grandes Correntes da Mística Judaica*).

Mística de Letras

Para os egípcios, cada hieróglifo era a imagem de uma palavra de Deus. Para os judeus, a letra e a escrita possuíam não apenas uma origem divina. Elas reconduziam a Deus – simbólica e combinatoriamente. A letra *aleph*, por exemplo, significava Deus de maneira totalmente *imagética*[9]. Na literatura oriental e greco-oriental da Antiguidade pululam teologias, cosmogonias, angelologias e antropologias baseadas em combinações de letras dos mais diversos tipos. Para os alquimistas de Zózimo, as letras possuíam propriedades, sendo que elas distribuíam estas últimas. A mística de letras esotérica da mais primeva Antiguidade oriental (tal como a chinesa) é, antes de mais nada, teognóstica. Ela constituía elementos da mística, da magia – tanto a curativa como a amplamente difundida, mas também a magia sonora, evocativa, destinada a invocar Deus. Enfeitiçar tão só através do simples sons das palavras? "No Egito, os sacerdotes chegavam a louvar os deuses por meio das sete vogais, entoando-as sequencialmente, e, em vez do *aulo* e da cítara, ouvia-se o som de tais letras em virtude de seu caráter bem-sonante"[10].

Nesta criptografia teológica foram esboçados sistemas inteiros de símbolos de letras. No insondável livro da cabala judaica, o *Sefer Ietzirá*, Elohim formou seu universo com as três letras: *Sefer* (a escrita), *Sofer* (o número) e *Sifur* (a palavra). A ser assim: universo, tempo, corpo. A partir dos *Sefirot* criados por Elohim, o "espírito dos espíritos" "talhou 22 letras e inscreveu-lhes em pedra": estas 22 letras constituem os fundamentos das três mães, dos sete duplos e dos doze simples. O mundo inteiro é formado a partir deles. *O alfabeto converte-se num sistema de cifras cósmico*[11].

---

9. Clemens Brentano chega a interpretar a unidade tripartite presente no *aleph*. Cf. F. Dornseiff, *Das Alphabet in Mystik und Magie*; e K. Seligmann, *Le Miroir de la magie*, p. 257, 256, 273 –275.

10. F. Dornseiff, op. cit., p. 52.

11. M. Menéndez Pelayo, *Historia de las Ideas Esteticas en España*, v. I, p. 363. Incorporado ao Zohar cabalista do século XIII. A partir daí (na Espanha), as influências sobre Nieremberg, Gracián e também Tesauro.

Permutações letristas também possuíam, no simples *ressoar* de letras e grupos de letras, um sentido transcendental. Por volta de 1150 a.C., fez-se no Egito a "descoberta" de que a configuração mais eficaz do nome do deus primordial consistia na reunião absolutamente sem sentido de letras. Até mesmo o "falar da língua" produzia, pois, um sentido *mítico*. Deste modo, acreditava-se deter uma "pura divindade química". A posterior designação cabalista *Ziruf* para troca de palavras também significava "fundição". Por meio de permutações de palavras, fundia-se, de certo modo, a essência primordial.

Para tanto, havia determinadas técnicas, tais como os já mencionados palíndromos, as inversões ou palavras-caranguejo, as *Kaimata* (palavras escritas umas com as outras de sorte que, a cada ocorrência, uma letra é abandonada, como, por exemplo, no já citado *Amore, more, ore, re*)[12] e as analogias. Assim é que o fundador de mosteiros S. Sabas estabelece, em seu escrito "Os Mistérios das Letras Gregas", as seguintes relações com os modelos hebraicos: as 22 letras do alfabeto hebraico com as 22 obras da criação de Deus, os 22 livros do Antigo Testamento, os 22 mil bois de Salomão, as 22 *aretai* (virtudes) de Cristo[13]. Assim como há sete vogais, há sete planetas, sete esferas, sete cordas de lira, sete notas musicais numa oitava, sete tonalidades.

Isopsefia

Uma outra técnica das antigas "aritmomântica" e "gemantria" semitas e greco-orientais consiste na assim chamada "isopsefia", isto é, a fabricação de relações ocultas nas

---

12. Na antiga magia judaica, o demônio era assim evocado: "Schabriri, briri, riri, ri". Cf. Blau, *Das altjüdische Zauberwesen*, apud F. Dornseiff, op. cit.
13. Cf. S. Sabas, Die Mysterien der griechischen Buchstaben, *Muséon*, n. 1, p. 112-120. Acerca de outras "técnicas" de tipo semelhante, cf. M. Bouisson, *La Magie*, p. 109 e s. e p. 206 e s.

palavras mediante combinações de letras e números, um dos métodos mais apreciados nos escritos do *Talmud*, na Cabala, na alquimia, bem como na antiga lírica hebraica. Assim é que, para os atuais intérpretes dos segredos consoantes a Shakespeare, resulta "aditivamente" – a partir do sistema a = 1, b = 2 etc., até y = 23, z = 24 – da palavra--monstro presente em *Trabalhos de Amor Perdidos*: "honorificabilitudinitatibus" (valor numérico = 287), "Hi ludi, tuiti sibi, Fr. Bacono nati"[14].

A busca pelo "psefos", pela correspondência, levou, porém, já na Antiguidade, a uma "psefomania", a uma onomatomântica mágico-popular, a um precioso e maneirista oráculo de palavras para o mercado e o povo. Ao lado da "isopsefia" e do "*Ziruf*" (transposição de palavras) encontramos, por fim, a "temura", a transferência de palavras[15].

Tudo isso continua a atuar na Cabala e na alquimia, e, em especial, na *Sefer Ietzirá* cabalista, na simbologia mágica dos alquimistas e na literatura de feitiçaria árabe. Pode-se achar acrósticos, inclusive, nas lamentações de Jeremias, nos provérbios de Salomão e nos *Salmos*. Eles são empregados na lírica judaica atinente aos séculos VI-XIII tão só enquanto recursos estéticos. Junto às primeiras rimas, encontram-se também em tais poemas inumeráveis anagramas[16]. Na liturgia consoante à Sexta-feira Santa da Igreja Católica, isto é, nas *Lamentações*, conservaram-se os salmos acrósticos hebraicos, sobretudo, o salmo 118 (oito versos começam com *aleph*, e mais outros 8 com *beth* e assim por diante). Depara-se com "cadeias" inteiras de acrósticos no abecedário do culto à Maria, bem como na poesia litúrgica greco-bizantina. AEIOU – esta fórmula vigorava como "nome" de Deus.

---

14. Cf. também Louvier, *Chiffre und Kabbla in Goethes Faust*, bem como O. Fischer-Döbeln, *Orientalische und griechische Zahlensymbolik*.
15. Cf. uma lista a esse respeito em A. Kircher, *Oedipus Aegyptiacus*, p. 249.
16. Cf. M. Wallenstein, *Some Unpublished Piyyutim*, p. 56.

Almas das Palavras

Após ter sobrevivido na Idade Média de diferentes maneiras com um feitio "mágico"-religioso, tudo isso ressurge sob uma nova forma, como iremos ver, entre o Renascimento e o auge do período Barroco. Pico della Mirandola, Agrippa von Nettesheim, Athanasius Kircher e outros tantos utilizam o antigo e mítico alfabeto maneirista a serviço de novas construções, com vistas a procedimentos metódicos de uma "ciência" da natureza mágica, que também se deixa depreender, variegadamente, da astrologia. Às estrelas eram atribuídas letras. Cogita-se, inclusive, que a sequência de letras do alfabeto possui uma origem astrológica[17]. Uma manifestação desta crença pode ser encontrada no *Hyperion* de Hölderlin: "Tais são apenas estrelas, Hyperion, somente palavras com as quais os nomes dos livros de heróis são escritos no firmamento"[18].

Sobretudo Novalis obteve conhecimento de tal tradição e especulou frequentemente sobre uma "mística gramatical"[19]. Escritores tardios, assevera ele, teriam "apreendido essa antiga *Maneira* do instinto romântico e moderno", essa "antiga Mania" do "misticismo egípcio e oriental"[20]. "Quanto maior o mago, mais arbitrário o seu procedimento, seu método". "O feiticeiro é um poeta", "um artista da loucura"[21], sendo que o poeta sabe da simpatia (mágica) do sinal para com o assinalado. (Uma das ideias fundamentais da cabalística)[22]. Também aqui Novalis encontra uma de suas mais surpreendentes fórmulas: "A alma é um corpo consonante. Para os hebreus, as vogais significavam as almas das palavras"[23].

Com efeito, essa arte de palavras religiosamente integrada pode ser encontrada nos séculos XVI e XVII. John Dee

17. Cf. E. Stücken, *Der Ursprung des Alphabets und die Mondstationen*.
18. Cf. F. Dornseiff, op. cit.
19. *Schriften, Fragmente*, II, v. III p. 350, 356.
20. Idem, p. 314.
21. Idem, p. 311.
22. Idem, p. 200 e s.
23. Idem, p. 211.

(nascido em 1527) constrói símbolos fantásticos de letras e números, mas ainda procura, por meio deles, ligar-se aos anjos, a Deus – exatamente como A. Kircher, na metade do século XVII[24].

Nas *Wunderlichen wahrhaftigen Gesichtern Philanders von Sittewald* (Excêntricas e Verdadeiras Faces de Philander de Sittwald, 1665) de Moscherosch, lê-se, a esse respeito, a sátira: "Quando me levanto pela manhã, disse Gschwebbt – um croata –, declamo um ABC inteiro, nele estão incluídas todas as preces, de sorte que nosso senhor Deus pode, depois, ler ele próprio as letras em conjunto e elaborar, a partir delas, a oração do modo que ele desejar. Eu não posso fazê-lo tão bem quanto ele o pode"[25].

Monte de Cacos Europeu

Na época de Shakespeare sucede a ruptura, a "secularização". Num sentido *mítico*, o teatro de Shakespeare pode ser caracterizado como "teatro alquímico"[26], ainda que – como iremos ver – Shakespeare também utilize, com frequência, maneirismos formais de um modo que se assemelha à posterior técnica da perplexidade de Leporeo e companhia. "Quase nenhuma outra obra nos instrui tão bem acerca do sistema (esotérico) de crenças no século XVI quanto a obra de Shakespeare"[27]. A nova pesquisa penetra cada vez mais fundo nos elementos hermético-alquímicos da obra de Shakespeare. Quase que simultaneamente – sobretudo numa aparição tão multifacetada e ambígua como a de Marino –, entra em cena justamente aquela "secularização", a utilização exclusivamente artística de determinados

---

24. Cf. G. Heym, Le Système magique de John Dee, *La Tour Saint--Jacques*, n. 11-12, p. 81 e s.
25. Apud F. Dornseiff, op. cit., p. 78.
26. Cf. J. Paris, *W. Shakespeare in Selbstzeugnissen und Bilddokumenten*, v. 2, p. 79 e s.
27. Idem, p. 81.

"maneirismos" formais originalmente religiosos. Ouviremos mais a esse propósito nos próximos capítulos, sobretudo, a respeito do efeito posterior exercido pelas tradições asiático-semítico-orientais[28].

De qualquer modo, até este momento já compreendemos que, no classicismo, "opera-se" tão só com simples "figuras" divinas, ao passo que, no maneirismo, com meros "sinais" numa literatura estetizante. Pouco a pouco, a crença e, a ser assim, o saber acerca do valor simbólico de tais sinais desaparecem. No *letrismo* contemporâneo, não se invocam mais forças divinas por meio de evocações lírico-musicais, mas, quando muito, atmosferas "transcendentais". Busca-se o choque e a "determinabilidade". Da antiga mística de letras surge a magia exclusivamente estética de uma tardia *alquimia do verbo*. Não é de modo algum acidental o fato de que alguns dos modernos e contemporâneos líricos "asiaticistas" de cifras também encontrem sua procedência no *Pueri hebraeorum*. Muitos deles (Apollinaire, Max Jacob, Eluard etc.) comungam, porém, o destino de uma época secularizada, desmitificada. Enquanto maneiristas, eles manipulam "cifras" tão somente a título de resíduos de mitos. Assim como nossos classicistas "aticistas" lançam mão de deuses e ideias apenas enquanto cenário, assim também muitos dos atuais símbolos "asiaticistas" do maneirismo tardio são usados tão só enquanto instrumentos para a "evocação" do nada, do zero, do tédio, para invocar uma situação, em parte irritante e em parte sugestivamente encantatória, semelhante ao sonhar acordado do adormecimento estético, uma "erótica" problemática considerada como a última e simples mediadora de impulsos vitais e tensão espiritual. A partir do cálculo hermético e da arte de evocação esotérica da Antiguidade oriental surge, no maneirismo europeu desde o tempo de Shakespeare – para utilizar aqui um termo de Goethe –, uma "beletrística" obscurantista[29].

28. Cf. também L. Chodod, *Histoire de la magie et de ses dogmes*.
29. Sobre o problema "Arte e Mito", vide o livro de Ernesto Grassi, *Kunst und Mythos*. Eis aqui um de seus resultados: "Importa-nos compreender

Fragmentarismo

Por conseguinte, o atual *homo europeu* depara-se tanto com um monte de cacos "classicista" quanto "maneirista". A partir de dez mil fragmentos deve-se, por meio da adição evocativa e da associação combinatória, "transmitir" algo ao leitor paciente-impaciente na era do átomo. O que? Um mágico segredo primordial? Então os "neotonantes"[30] sabem que tais cacos – hoje utilizados – são restos de templos? Desejamos assumir que, com frequência, nossos melhores "maneiristas" atuais deixam entrever – contanto que apareçam agraciadamente enquanto poetas – um sopro de segredo primordial com seu panteísmo de letras. Mas, em sua maioria, eles são arqueólogos amadores – e isso nem sempre é culpa sua, mas sim o signo de sua época. A partir de diversos fragmentos, eles *tentam* reconstruir aquilo que outrora fora uma unidade, tal como hoje ainda o é nas línguas secretas dos nativos. Vivemos então numa época de decadência maneirista e classicista? Ela decerto teria, no mínimo, iniciado aflitivamente Alexandria.

Sem dúvida, desde o século XVII, o laicismo, o liberalismo, o racionalismo, o sociologismo, o psicologismo, o historicismo, o existencialismo ampliaram nosso horizonte noutras direções. Nossa experiência histórica foi enriquecida, nossa consciência direta e alarmantemente preenchida. Vem à luz uma multidão, uma afluência de conteúdos de consciência. Esta assustadora acumulação tem suas vantagens e desvantagens. Por meio dela, a diferenciação "evocativa" hoje se tornou maior, o conhecimento de variegadas e ricas experiências tornou-se mais aguçado, o saber estético (multiplamente) mais sutil, a autocrítica (multi-

---

essa mudança do sacro ao profano em todo seu alcance. Sons e ritmos, tidos até agora apenas como expressão natural do humano, ou, então, firmemente atados à sua ordenação divina, transformam-se, pois, em elementos artísticos e entram para 'história'" (p. 103). Donde a mimesis no mundo mítico. Mundo –*phantasia* = primeiro passo rumo à desmitificação.

30. Expressão do século XVII.

plamente) mais penetrante, o refinamento mais indireto, a comunicação mais complexa. Em contrapartida, porém, a força espontaneamente coordenadora da consciência e sua capacidade de evocar configurações tornaram-se mais fracas. Precisamente por isso nos movemos num campo arqueológico de ruínas de mitos, num *necrotério* de deuses. Mas, em compensação, o que há de mais grandioso no espetáculo maneirista de nossa época é também a tendência à re-construção (*Wieder-Herstellung*). Aqui são empregadas ferramentas afiadas e impassíveis. Esperamos ver mais detidamente de que modo isso, como que animado pelos abismos da história, ocorre, ou, então, termina por ocorrer de outra forma... tão só com letras miticamente abandonadas. Por ora, conhecemos o alfabeto. Temos diante de nós um longo trajeto até chegarmos ao exame final maneirista. Em *Anos Labirínticos* (1954) – tal como se intitula uma coletânea de poemas de H. E. Holthusen –, movemo-nos novamente para frente e para trás.

4. ARS COMBINATORIA

Contra a Verbosidade Sentimental

O poeta francês Stéphane Mallarmé (1842-1898), que pode ser caracterizado como o patrono de um tipo particularmente cifrado da contemporânea lírica "hermética" da Europa, também começa a ser melhor compreendido por uma geração mais nova na Alemanha do que por George e por aqueles que, à época, constituíam seu círculo. Trata-se de afirmar, aqui, uma desconfiança frente à "lírica do sentimento ou da inspiração". Lembremo-nos da sentença de Nietzsche:

> Esse mosaico [horaciano] de palavras, no qual cada uma delas, como sonoridade, como lugar, como conceito, emana sua força à esquerda e à direita, bem como sobre o conjunto, esse *minimun* na amplitude e no número sinais, esse *maximun*, assim atingido, na energia dos sinais – tudo isso é romano e, se quiserem acreditar

em mim, *aristocrático par excellence*. Frente a ele, todo o restante da poesia se converte em algo demasiado popular – numa mera verbosidade sentimental[1].

Não nos esqueçamos que, para o "romântico" Novalis, "o entendimento" consistia "na quintessência de todos os talentos". "O poeta lida apenas com conceitos":

> Estou convencido de que se chega mais depressa à verdadeira revelação por meio do entendimento frio e técnico, bem como do sentido sereno e moral, do que através da fantasia, que parece conduzir-nos rumo ao mero âmbito dos fantasmas, estes antípodas do verdadeiro céu[2].

Tais indicações nos servem para acentuar uma das maiores figuras da nova literatura europeia, a saber, Stéphane Mallarmé, o arqui-inimigo de tudo que é apenas acaso na lírica, mas também o extremista "a sangrar pelo seu ideal de pensamento", o "sacerdote" que, com bondade e paciência praticamente inapreensíveis, rejeitou, repreendeu a autoilusão e culto de massas.

Com razão, acentua-se reiteradamente na história da arte o elemento intelectual – dedálico, diríamos nós[3] – do maneirismo, uma frieza quase científica da criação junto às emoções mais fortes, uma consciência assustadora para alguns. Se qualidades maneiristas desta espécie também podem ser positivamente avaliadas, então o mesmo deveria se dar no caso de Mallarmé. Valéry uma vez disse que o processo de criação poética é mais interessante que a obra de arte poética e que a moderna lírica tem na produção da poesia seu principal objeto. Se isso é válido para Mallarmé, então um olhar sobre o seu processo de criação deve ceder terreno a paisagens inteiras de procedimento maneirista na literatura[4].

---

1. Cf. F. Nietzsche, Was ich den Alten verdanke, *Götzendämmerung*, § 1.
2. *Schrifter, Fragmente* II, v. III, p. 63.
3. Cf. infra p. 309-310.
4. Cf. H. Friedrich, *Die Struktur der modernen Lyrik*, p. 72 e s.

O Superlivro

Um alvo nos atrai: a exploração de um dos maiores montes de cacos europeus. Com isso, deparamo-nos com um novo segredo labiríntico. Um número – que encontramos acidentalmente – conduz-nos a um novo fio de Ariadne. Numa nova publicação de apontamentos póstumos de Mallarmé, terminamos por encontrar o seguinte número: 3.628.800[5]. Lembramo-nos que isto representa uma soma de combinações da *Ars Magna Sciendi sive Combinatoria* de Athanasius Kircher. Este último, por sua vez, obteve seus estímulos a partir da *Ars Compendiosa* de Raimundo Lúlio (1223-1316). Atestamos que Mallarmé estudou, ao menos, alguns escritos de Lúlio, deste filósofo e poeta da Alta Idade Média, que é igualmente multifacetado e controverso, deste transmissor de antigos métodos de conhecimento e sabedorias orientais[6]. Que se note, porém, em primeiro lugar, um pouco da concepção de Mallarmé acerca de um superlivro universal, de um livro que deveria esgotar todas as possibilidades da linguagem.

Um pequeno resto do espólio de Mallarmé foi, como dissemos, apenas recentemente publicado e interpretado[7]. Trata-se de esboços de uma "obra monumental" denominada, de imediato, *Le Livre* (O Livro) e que expõe "a íntima relação entre a poesia e o universo", mas segundo a qual a poesia, para ser pura, "deve livrar-se de seu caráter onírico e acidental" (conforme diz o próprio Mallarmé numa de suas cartas)[8]. O "livro" deve espelhar a "beleza". Deve conter "alegorias reluzentes" do absoluto, ainda que tal absoluto deva ser o "nada". Mallarmé compara esse esforço em direção a um livro poético do mundo com a busca alquímica pelo absoluto. Como modelo exemplar, ele também cita Leonardo da Vinci. A esse respeito, encontramos nos fragmentos de Novalis o

5. Cf. J. Scherer, *Le Livre de Mallarmé*. Préface de H. Mondor.
6. Cf. K. Wais, *Mallarmé*.
7. Cf. J. Scherer, op. cit.
8. Idem, p. xi.

imperativo misterioso em si mesmo: "Tarefa: encontrar o universo num livro"[9]. Além disso: "Da composição da poesia transcendental espera-se um trópico que compreenda as leis da construção simbólica do mundo transcendental"[10]. Mallarmé considera o enfraquecimento da crença religiosa após a Revolução Francesa como uma tragédia de graves consequências. Ele julgava ser especialmente difícil para um poeta de sua época transmitir o sentimento religioso com imagens e expedientes da religião revelada. Enquanto algo verdadeiro e último, sobrava-lhe tão somente a estrutura lógica do universal. Isto evoca o ceticismo metafísico e o instrumentalismo lógico-universal de Wittgenstein, que, como se sabe, também exerceu – e não apenas na Inglaterra – uma influência sobre a literatura. Para Mallarmé, o verdadeiro equivale ao lógico. Ele se torna reconhecível, porém, apenas numa imagem (Wittgenstein: "A sentença declara algo tão só na medida em que ela constitui uma imagem")[11].

Pouca coisa restou dos esboços de Mallarmé: rascunhos que se assemelham a apontamentos geométricos e algébricos de um arquiteto, grupos de palavras aparentemente sem sentido, ligados entre si através de traços, interseções e parênteses. Eles fornecem uma surpreendente visão acerca do mais secreto ângulo de criação de um poeta que, como Valéry, sente-se tal como o engenheiro Dédalos. Trata-se de uma estenografia secreta que deveria abarcar "tudo" com meios combinatórios. O dito de Mallarmé é famoso: "Tout au monde existe, pour aboutir à un livre" ("No mundo, tudo existe para desaguar num livro"). Este livro do mundo deveria ser órfico. Através de um procedimento determinado, Mallarmé pretendia reunir um saber órfico universal, mas, no entanto, em "linguagem matemática". A título de incentivadores, os fragmentos romântico-maneiristas de Novalis

---

9. *Schriften, Fragmente* II, v. III, p. 13.
10. Idem, p. 178.
11. Os principais escritos de Wittgenstein: *Tractatus lógico-philosophico* (1922), *Philosophische Untersuchung* (1956), *Bemerkungen über die Grundlage der Mathematik* (1956).

e a ideia de Wagner de uma união de todas as artes podem ter colaborado para tanto. O livro, que deveria conter dez partes, fora concebido como um livro de preleção. Ele deveria ser veiculado numa série de "audições" solenes. Cumpre-nos poupar, aqui, dos detalhes. O que nos interessa neste contexto é um outro maneirismo formal: o emprego da *ars combinatoria* linguística no cálculo lírico, no "fazer" da lírica, a produção lógico-linguística de uma "pura totalidade de relações de tudo com tudo" – como escreveu Mallarmé –, de uma "elevada harmonia"[12]. O livro primordial, o "livro de todos os livros" de Mallarmé jamais foi concluído. O afetuoso professor ginasial, o "príncipe dos poetas" (*Prince des poetes*) – que se sentia, ele próprio, como o "novo Hamlet" – não conseguiu encerrar esta gigantesca luta contra o "acaso" da mera inspiração em prol de um "elevado" sistema lírico universal, em proveito de um livro sem pessoas, ações e afirmações imediatas. A morte pôs fim a este sonho literário e único de um livro, das mais secretas relações entre letras e palavras, que ele chamava de arabescos.

3.628.800

Em suas diferentes partes, o livro primordial de Mallarmé deveria começar, pois, com uma letra, uma palavra e uma sentença. Destas seriam derivados, então, sistemas de relações justamente com aquele método combinatório de Raimundo Lúlio, cuja "tábua de combinações" produz (a partir de letras simbólicas) um sistema ontoteológico universal. Este método combinatório de Lúlio vigorava, já no século XVI, como uma "arte hebraica" inventada por Adão. Ele também foi qualificado como "arte alquímica". Em livros sobre Lúlio, suas tábuas de combinação também foram denominadas *Ars clavigera, Liber secreti secretorum,*

---

12. Cf. J. Scherer, op. cit., p. XX, XXIII.

Alphabetum divinum e *Testamento Secreto dos Anjos*[13]. No período do Renascimento, Lúlio foi igualmente caracterizado como um mestre da *alquimia de la palabra*[14].

Numa carta, Mallarmé confessou: "Aqui reside o segredo todo: produzir relações ocultas" por meio de permutações lógico-linguísticas. Isto é, por certo, apenas insinuado, e aqui reside, como veremos, o mais profundo segredo do "engenheiro"-lírico, pois, assim produzidas, as relações não deveriam ser objetivamente nomeadas, senão "sugeridas". Mas, por ora, permaneçamos no método tradicional.

O "engenheiro" ou "operador" – Mallarmé sentia-se como tal – agora dispõe de um mecanismo. Através de procedimentos de derivação decorrem grupos de sequência de palavras. Um grupo de palavras pode, respectivamente, ser interpretado e permutado de diferentes modos. Para cada verso resultam, por conseguinte, diversos campos linguísticos fronteiriços e periféricos, bem como múltiplas significações correspondentes. Surgem, assim, apenas composições combinatórias singulares. Estas, por sua vez, são agrupadas em fascículos. Com o auxílio do operador, a linguagem segue combinando diretamente de modo espontâneo. Também as frases podem ser permutadas de maneira variada, como, por exemplo, através da inversão. Mallarmé desejava, pois, efetuar uma seleção, mas o livro primordial também teria abrangido, no mínimo, vinte espessos volumes com 480.000 partes. Mallarmé chegou a calcular, inclusive, os custos de uma subvenção estatal. As "audições" deveriam durar cinco anos.

---

13. Cf. C. Ottaviano, *L'Ars Compendiosa di R. Lulle*.
14. Acerca da assim chamada *cabala cristiana* de Lúlio e da influência de sua combinatória sobre a retórica medieval, cf. M. Menéndez Pelayo, *História de las Ideas Esteticas en España*, p. 400 e s. A retórica enquanto *alchymia verborum*! A *arbol de la ciéncia*, de Lúlio, já havia sido utilizada na Idade Média como fundamento para um sistema cósmico de decifração. Mediante a retórica e a lógica, acreditava-se que a história mundial poderia ser convertida em fórmulas universais. Falaremos mais a esse respeito infra p. 354-355.

Chave do Mundo

Mais uma vez, somos conduzidos a "leis" específicas do maneirismo europeu, isto é, a automatismos formais da tradição maneirista. Cumpre-nos, porém, fazer duas afirmações: Mallarmé adotou tal "lulianismo" sob uma forma "alquímica" e magicamente modificada, que lhe foi dada a partir das antigas tradições cabalísticas no período áureo da literatura atinente ao maneirismo europeu. Ele o adotou sob a forma da supramencionada) *Ars Magna* do jesuíta Athanasius Kircher, cujo nome já tivemos a chance de conhecer quando da história da arte do maneirismo[15]. Em virtude de seus elementos "mágicos", este lulianismo cabalista de Kircher é, com razão, um motivo de aborrecimento para os lulianistas rigorosos. Tal filiação histórica nos é, porém, importante por diversas razões. Em Lúlio, o número fundamental das letras simbolicamente derivadas é, ao menos desde 1290, "nove", ao passo que, em Kircher, ele é, de qualquer modo, "nove", mas, noutra sequência, também é "dez". Nele é possível encontrar, pois, a série de permutação de dez com o número 3.628.800 nas letras K – tanto nele como em Mallarmé. Em sua *Ars Magna Sciendi sive Combinatoria*, Kircher pretende oferecer uma linguagem *própria* e, sobretudo, uma combinatória ontológica, um método para a compreensão ampliada do fundamento primordial e divino do mundo por meio de combinações de números e palavras. Isto vai desde uma *Alphabetum Artis* até uma correspondente arte retórica de combinação. Kircher oferece-nos *sua* "chave do mundo".

A combinação de todas as letras do alfabeto com permutações de números oferece mais possibilidades do que tão só as nove letras simbólicas de Lúlio: B, C, D, E, F, G, H, I, K = *Bonitas, Magnitudo, Duratio, Potentia, Cognitio, Voluntas, Virtus, Veritas, Gloria*. Em Lúlio, estes são os "principia absoluta". A isto se acrescenta os "principia relativa":

---

15. Cf. MML, p. 195 e s. Essa obra de Kircher veio a lume em 1669, em Amsterdã.

Differentia, Concordantia, Contrarietas, Principium, Medium, Finis, Majoritas, Aequalitas, Minoritas. Todas as formas do ser podem ser reduzidas à combinatória de tais elementos fundamentais (principia primitiva). Por isso, eles se chamam "Absoluta". Isto se completa por meio das "regras" fundamentais de uma antiquíssima doutrina de composição estilística – conhecida a partir da lição segunda: *An, Quid, Cur, Quantum, Qui, Quale, Ubi, Quando, Quibuscum.* Correspondentemente, há "símbolos" para a arte – no sistema combinatório universal de Kircher: *Deus, Angelus, Coelum, Elementa, Homo, Animalia, Plantae, Mineralia, Materialia.* O princípio diz: não há nada no ser que não possa ser reduzido a outro ser. Uma única tábua, uma "tabula alphabetorum artis nostrae" – tal como Kircher denomina sua exposição –, pode conter, pois, uma ontologia alfabética primordial, ou, por assim dizer, a estrutura ontológica de superlivro primordial. A partir deste último, "tudo o que é possível pode ser derivado por meio do simples "commutare", da mera troca (reversibilidade!). A máquina do mundo noética é perfeita[16]. O decisivo aqui é: com uma combinatória desta espécie tudo pode igualmente ser derivado. Este é um problema de Kircher. Trata-se de um problema fundamental do maneirismo literário.

A outra série – a série decimal – possui, em Kircher, traços pitagórico-neoplatônicos. Assim como sua inteira obra, ela remete, antes, a Ficino, aos cultos secretos em Alexandria e à alquimia cabalista da palavra – e, portanto, a Lúlio. A criptografia de Kircher é "asiaticista" e não "aticista". Sabe-se que Kircher se ocupou anos a fio com o conhecimento linguístico semita e com o hieróglifo, tal como já o fizeram Marsílio Ficino e Pico della Mirandola. Seu insólito neolulianismo decerto contém elementos platônico-aristotélicos basilares. Estes últimos, porém, são complementados sincreticamente – uma forma maneirista de pensamento – com a sabedoria salomônica, o conheci-

---

16. Cf. As Máquinas, em *MML*, p. 191-194.

mento talmúdico, a cabala e o neoplatonismo. Tal como sabemos a partir do número 3.628.800, Mallarmé apropriou-se deste neolulianismo como base metódica para o seu correspondente sistema lírico-cifrado universal de uma combinatória onicompetente. A partir de assimilações posteriores desses materiais na França da Terceira República, na qual a "magia" era particularmente apreciada, Mallarmé, que valorizava tais leituras, deve ter travado conhecimento com tais procedimentos combinatórios em termos de sua utilização "mágica", pois nada garante que ele próprio tenha conhecido a obra do "grande jesuíta alemão" – Kircher –, ainda que ela fosse frequentemente popularizada. Pode-se encontrar tábuas de combinação desse tipo, porém, na obra de seu amigo e arquemágico Papus[17]. Não precisamos, porém, movimentar-nos através de campos tais como este se quisermos propiciar aos nossos leitores um fio de Ariadne que vá até o presente, pois nada seria mais errôneo do que supor que nos movemos, aqui, sobre abismos da história há muito esquecidos. Uma vez mais, cabe a Novalis arrastar até nós esse fio de Ariadne. Seus *Fragmentos* a propósito da arte combinatória são mais que meros apontamentos. São sinais que nos auxiliam a transpor épocas. Eis aqui algumas de suas visões temporalmente abrangentes: "A análise consiste na arte divinatória ou de invenção transposta em regras". "Todas as ideias são aparentadas. Denomina-se o 'air de famille' analogia". "Clãs de pensamentos". "Meu livro deverá tornar-se uma bíblia científica, um modelo ideal e real, bem como um embrião para todos os outros livros". "Permite-se pensar também numa perspectiva e numa múltipla projeção tabelar de ideias que prometem um ganho enorme". "Pode-se pressupor aqui uma arquitetônica visível e uma física experimental do espírito, uma arte de invenção de importantes instrumentos de palavras e sinais"[18].

17. Cf. Papus. *Traité elémentaire de science occulte*, p. 233 e s.
18. Cf. Novalis, *Fragmente*, v. II, p. 178, 179; v. III, p. 323, 334.

Tradições maneiristas... na combinatória inclusive! A arte combinatória de invenção era conhecida na literatura antiga e medieval, bem como no próprio ensino escolar. Coletâneas do vocabulário formado a partir de grupos de conceitos podem ser encontradas, sobretudo, em Alexandria; também lá elas eram vinculadas a cosmogonias mágicas. Já no esoterismo lírico do círculo de Calímaco buscava-se, para matizar a expressão, empregos "cíclicos"[19]. Na Idade Média, esse método correspondia, sobretudo, ao silogismo escolástico. "Máquinas" de palavras são conhecidas pelos místicos e cabalistas da Renascença – desde Agrippa von Nettesheim até Giordano Bruno – e, em especial, pelo maneirismo do pós-renascimemto[20].

19. Cf. F. Dornseiff, *Der deutsche Wortschatz nach Sachgruppen*, p. 8 e s.
20. Em 1615, William Bathe (Bateus) publicou seu *Janua linguarum*. Nele, as palavras e as formas de discurso – a serem aprendidas – estavam reunidas de tal forma sob rubricas funcionais que se podia fornecer, ao mesmo tempo, algo semelhante a um espelho do mundo. Em sua *Janua linguarum reserata* (1631), Amos Komensky (Comenius) apresentou as coisas do mundo em cerca de 1.200 sentenças práticas. Bacon esforçou-se para levar a cabo um catálogo universal das línguas internacionais (*Descriptio globi intellectualis*, 1623). Leibniz manteve correspondência com Kircher a propósito de sua *Ars Magna*. "Para a compreensão dos poemas", assevera Dornseiff, "que, por meio de variações sempre novas, suspendem e elevam um vocabulário relativamente fechado, tais como [...] os gongoristas, os marinistas, eufuísta, preciosistas, os silesianos do século XVII, alguns românticos e simbolistas; seria manifestamente necessário construir um vocabulário conforme os devidos assuntos: as passagens se explicam reciprocamente de uma maneira que é, não raro, assustadora". A poesia seria, a ser assim, "a última e suprema elevação do impulso aos sinônimos". Ouviremos ainda algo acerca dos impulsos aos homônimos. Procedimentos linguísticos de derivação desta espécie remontam ao famoso hebreu Porfírio de Tiros (232-304), à sua *Introdução às Categorias de Aristóteles* (*Eisagogē*). Através deste discípulo de Plotino, o aristotelismo é misturado com o neoplatonismo. O conceptualismo de Porfírio deu lugar à querela dos universais entre os nominalistas e os realistas. Conforme o conceptualismo nominalista, os conceitos são operadores puramente *subjetivos*, privados, portanto, de qualquer efetividade objetiva. De pronto, a precedência do *concetto* no século XVII deve ser explicada a partir de tais contextos, assim como a superacentuação da poesia enquanto "linguagem pura". Já na Idade Média o nominalismo foi caracterizado como *via moderna*. Os realistas seguiam a *via antiqua*. Vide Freund, Modernus und andere Zeitbegriffe des Mittelaters, em *Münsterische Beiträge zur Geschichtsforschung*, v. 4.

"Segredo dos Segredos"

Máquinas de palavra? Conceitos também acabam por se tornar em *phantasiai*! A arte combinatória maneirista também significa arte combinatória com *phantasiai* conceituais. Tal como no nominalismo, os conceitos tornam-se operadores subjetivos e fantásticos através dos quais não se pode deixar de perceber que "a função do nominalismo corresponde exatamente ao papel que a sofística desempenhou na história da arte e da cultura antigas. Ambas pertencem às típicas doutrinas filosóficas das épocas marcadas pelo pensar antitradicional e intencionalmente liberais"[21]. Essa *via moderna* atinge um novo ápice no século XVII, mas, no entanto, temos de estabelecer aqui uma outra diferença essencial. A arte de invenção combinatória passa a ser apreciada enquanto meio de composição de *metáforas abstrusas*. Estas últimas deixam-se "associar", como iremos ver mais tarde, aos "paralogismos" sofísticos no Concetto. Em seu *Cannocchiale aristotelico*, Emanuele Tesauro organiza um "índex categorial". Trata-se aqui, escreve ele, do "segredo dos segredos", de uma fonte inesgotável de metáforas, símbolos e figuras de sentido lírico-paralógicas (*concetti*). Com o auxílio das categorias de Aristóteles, Tesauro mostra como é possível colocar em funcionamento plenas fábricas de palavras. Tais séries de derivação deixam-se combinar. De acordo com ele, esta é a melhor *maniera* de engendrar "bosques de metáforas"[22]. Joh. Christoph Männling também sugere tabelas de derivação[23]. Estes são tão somente dois exemplos dentre muitos outros. Aproxima-se aqui o momento da diferença estabelecida em nosso horizonte.

---

21. Cf. A. Hauser, *Sozialgeschichte der mittelalterlichen Kunst*, p. 108.
22. E. Tesauro, *Il cannocchiale aristotelico*, p. 68. H. Decimator publica em 1606 um *Sylvae vocabularum*.
23. *Tabula Programmatum*, em *Der Europäische Helikon*, p. 141.

O Engenho Anfíbio

O maneirismo literário serve-se da arte combinatória não apenas em prol da invenção, ou, então, de derivações lógico-linguísticas. Ele a coloca a serviço de uma paralógica estética, do *phantastikon*, isto é, ele não utiliza as cadeias de derivação a fim de assegurar ligações racionais de palavras, mas irracionais, metáforas "insólitas" e "incomuns", bem como símbolos "causadores de espanto". Tesauro combina, por exemplo, com o conceito "pequeno": nadir com átomo, pupila com grãos de mostarda, camafeu com extrato, ferrão de abelha com sopa de peixe etc. A arte combinatória auxilia, pois, o "paralógico" *accoppiare circonstanze piu lontane*, a eficaz união do mais distante, e não, portanto, do (logicamente) mais próximo[24]. Surge uma "pararretórica"[25]. Nos tratadistas do século XVII – sobretudo na Itália, Espanha e Inglaterra –, pode-se afirmar e evidenciar um primeiro afastamento da retórica clássica[26].

Opera-se então com meios lógico-silogísticos, mas para gerar o antilógico. "Busca-se" *argomenti urbanatamente fallaci*, argumentos agradavelmente "falaciosos", surpreendentes *topoi fallaci*, isto é, *paralogismi*[27]. Nessa medida, poetizar bem significa bem "mentir" – com um método silogístico-dialético. Tesauro: "As mentiras dos poetas nada são senão paralogismos"[28]. Novalis: "Símbolos são mistificações"[29]. Defrontamo-nos aqui uma vez mais com um elemento maneirista fundamental, igualmente conhecido nas artes plásticas, a saber, o principio de reversibilidade[30].

---

24. Tesauro, op. cit., p. 51. cf., a esse respeito, E. A. Poe: "Prefiro começar com a consideração de um efeito", em *Selected Poems*, p. 364.
25. Cf. mais pormenores na segunda parte, "O Mundo em Imagens", infra p. 103-184.
26. Cf. mais pormenores na terceira parte, "Pararretórica e *Concettismo*", infra p. 185-272.
27. Tesauro, op. cit., p. 295.
28. Idem, p. 296.
29. Novalis, op. cit.; cf. também O. Wilde, *Escritos Críticos*.
30. Cf. MML.

Tudo pode ser trocado, in-vertido em algo contrário. *Da arte combinatória enquanto um instrumento a serviço do conhecimento de contextos racionais faz-se um instrumento a serviço da formação de contextos irracionais.*
"Busca-se" o abstruso metodicamente. Desse modo, produz-se sistematicamente o obscurecimento, o enigmático, a *meraviglia*, o *stupore*, a *novità*[31]. "Nas locuções demasiadamente claras", escreve Tesauro, "a sagacidade perde sua luz, tal como as estrelas empalidecem sob a luz da manhã". Tal como as estrelas, a legítima poesia brilha no escuro[32].

Já no maneirismo do século XVII sucede, pois, uma deformação da *ars combinatoria*. No tratado de Gracián sobre a literatura maneirista – chamado por Menéndez Pelayo de "um código do intelectualismo poético"[33] –, a *correspondencia recóndita*, a relação "oculta" é louvada – e justamente em virtude de Góngora[34]. Gracián sugere que se deva "concordar los extremos repugnantes", o mesmo é dizer, "unir os extremos repulsivos"[35]. A dificuldade e a ocultação não podem ser grandes o bastante. A ambiguidade engendra profundidade e segredo[36]. Louva-se o "engenho anfíbio", apto a mover-se num mundo duplo do apreensível e do inapreensível[37]. Seguremo-nos uma vez mais em nosso fio de Ariadne, isto é, em Novalis. O "aparente caminhar do limitado ao ilimitado engendra uma ontologia poética, pseudológica". "Caracteres mágicos" fornecem a Novalis a receita alquímica para seus "esquemas mágicos do futuro".

O que impeliu os maneiristas à arte combinatória foi, pois, o que nela há de labiríntico, isto é, o incalculável calculável. O mundo combinatório passa ser sentido como um

---

31. Cf. Tesauro, op. cit., p. 154.
32. Cf. idem, p. 15.
33. *Historia de las Ideas Estéticas en España*, v. II, p. 354-358.
34. Idem, p. 25.
35. Idem, p. 60.
36. Idem, p. 221.
37. Idem, p. 350.

"labirinto de pensamentos abstratos"[38]. A *ars combinatoria* lógica também vale como um "alfabeto dos pensamentos"[39]. "Esse método nos proporciona um fio de Ariadne através do labirinto do mundo"[40]. Aquele que dominava a *ars magna*, uma *mathesis universalis*, chamava-se *artista*. No entanto, aquilo que agrilhoa o poeta maneirista a isto é a *reversibilidade* da "procura". Com este sistema, não se pretende deslindar o labiríntico, mas emaranhá-lo mais e mais ao infinito.

---

38. Cf. J. M. Bochénski, *Geschichte der Logik*, p. 98.
39. Idem, p.322.
40. Idem, p. 321.

5. SOPHISMES MAGIQUES

Sofismas Líricos

Aquele que problematiza tende à combinatória "irracional"... e ao sofisma! A técnica da transposição de palavras e letras era chamada pelos sofistas, por exemplo, de *logogrifo* (de *logos*= palavra e *griphos*= rede, enigma). Redes de palavras labirínticas, verdadeiras e ilusórias (*fallaci*), podem ser construídas. Redes de palavras irracionais conduzem à invenção de metáforas, ao *concetto* (paralogismo mais metáfora opositora) e ao simbolismo. No entanto, os sofistas não se servem apenas de figuras retóricas "ilusórias", tais como da homonímia (troca intencional dos diferentes significados da mesma palavra), da anfibolia (ambiguidade da frase) e da disposição astutamente dissimulada (*fallacia consequentis*). Por meio de tais recursos linguísticos intencionalmente deformadores, eles criam não apenas um tipo de pararretórica maneirista. Eles também operam, justamente, com paralogismos, com *sofismas* – denominados igualmente *sophismata*. Eles deturpam a premissa argumentativa, alteram o pomo da discórdia, deixam o argumento na incerteza (*fallacia falsi medii*), transformam a premissa no argumento (prova circular), ou, então, "saltam" para a conclusão etc. Tesauro enaltece tais *fallacia*, tais *paralogismi*, precisamente como o *ápice* do engenho poético. Já no "asiaticismo" da Antiguidade a poesia maneirista era caracterizada por meio de tais artifícios artísticos. Invariavelmente decisivo é aquilo que Unamuno, no que tange ao conceptualismo espanhol, designa como "estupro" – deturpação, reversão (reversibilidade), diríamos nós – "da lógica por meio da lógica". Harsdörffer, o líder dos preciosistas de Nurembergue, denominava isto "arte da razão", Friedrich von Schlegel chamava de "poesia da razão"[1]. "A autêntica fonte da combinatória assenta-se na poesia; portanto, dever-se-ia decerto iniciar com os hieróglifos"[2].

Rimbaud cunhou a expressão: "sofismas mágicos".

Como surge, pois, um *concetto* maneirista a partir de um paralogismo "fabricado" através de metáforas opositoras? Partamos do *paralogismo*: "Ainda possuímos aquilo que não perdemos. Você não perdeu Hörner. Você possui Hörner [cornetas], portanto". A propósito desse paralogismo, "ornado" com metáforas opositoras – no sentido do *delectare* com *phantasiai* –, contamos dar dois exemplos joviais por nós mesmos "combinados", um do tipo precioso-francês e outro do tipo barroco-alemão: 1. "No espelho, tu vês sempre tua face / Mas, por pre-visão, falta-te o olho / Como tu não podes perder / aquilo que ainda tens / bem, tens ainda, então, o mais amado / tua fidelidade, porém, perdestes há muito"; 2. "É imperdível o que não se pode perder / O im-perdível próprio à propriedade permanente / A corneta secreta é primorosa / Está longe de ser uma simples troça / A corneta que se assopra e a corneta que ornamenta; / a corneta ruidosa frequentemente dá à luz em silêncio". Tesauro fornece

---

1. Cf. a resenha de Schlegel acerca de *Vorschule der Äesthetik*, de Jean Paul, editada pela primeira vez por Ernst Behler na *Neue Rundschau*, n. 4, 1957.
2. Cf. F. Schlegel, *Schriften und Fragmente*, p. 132.

uma lista inteira de *maniere* a esse processo de "reflexões enigáticas", e, nomeadamente, ao seguinte tema: "A abelha no marfim". Como, por exemplo (a título de possibilidades de combinação de paralogismos): *Hic iacet; non iacet; in lapide; non lapide; clausa, non clausa; volucris, non volucris; rapta, dum rapit* etc[3,*]. A esse respeito, um verso de nossa época de Hans Magnus Enzensberger: "A vespa treme no âmbar / sob o uivo dos aparelhos"[4].

Com isso, aproximamo-nos mais da reversão maneirista da *ars combinatoria*, mas, no entanto, precisamos ainda justificar, antes, sua importância para a poesia contemporânea. A história da retórica associada à história da lógica ainda constitui "um campo não investigado"[5]. Para a nova literatura francesa, espanhola, italiana e inglesa, a retórica conservou sua importância enquanto instrumentário de artifícios artísticos, e não, portanto, como aquilo que popularmente se entende sob o título de "oratória". Paul Valéry, por exemplo, condena os críticos contemporâneos pelo fato de estes terem negligenciado a relevância dos *topoi* retóricos. "Essas figuras", escreve ele,

desempenham um papel regulador na lírica consciente e figurada, e, portanto, também naquela poesia continuamente ativa que revolve nosso vocabulário solidificado, que alarga ou estreita o significado das palavras, que opera por meio de simetrias ou transmutações.

De modo imperceptível, ela transmuda continuamente a linguagem. Se se trata de compreender a lírica, há que se partir da retórica[6].

Valéry pronuncia-se sobre a arte combinatória de maneira analogamente positiva. "A forma deste mundo é parte

---

3. Tesauro, *Il cannocchiale aristotelico*, p. 342;e acerca das metáforas opositoras, cf. exemplos infra p. 155-156.
* "Aqui jaz, não jaz; no túmulo, fora do túmulo; enterrada, desenterrada; efêmera, não efêmera, presa enquanto permanece presa etc." (N. da T.)
4. Spur der Zukunft, em *Jahresring 1958/59*, p. 203.
5. De uma carta de Bochénski ao autor.
6. Questions de Poésie, *Variété*, III, p. 8.

de uma família de figuras das quais possuímos, sem que o saibamos, todos os elementos de grupos infinitos. Este é o segredo dos inventores"[7]. "A lógica", "uma lógica mística, cultivada", "fornece-nos mais combinação interna do que necessitamos para viver". Ela parte de "um pequeno grupo de sinais e símbolos". Podem ser "combinações mecânicas", "como no sonho". Trata-se de "onomatopoesias psíquicas", "simetrias e contrastes elementares". "A obra de arte adquire o caráter de um mecanismo". O poetizar converte-se, a ser assim, num "procedimento indutivo". A arte significa: permutação construtiva[8]. A Ceia de Leonardo constitui um sistema de "combinações misteriosas"[9].

Apollinaire almeja a "poesia sintética". A poesia é uma "alquimia lírico-primordial".

Há que se precaver contra o equívoco de tomar tal procedimento da lírica moderna como um substituto para as forças criativas. Deve-se atentar, antes do mais, para o fato de que as reflexões intelectuais conduzem a linguagem à vitória lírica precisamente lá onde ela precisa dominar um material complicado e oniricamente flutuante[10].

Também para Stravínski é o artista um *homo faber*, e a poética, por seu turno, uma "ontologia". O compositor constitui, em última análise, um "inventor". *Dédalos!*[11].

Teriam sido, porém, totalmente esquecidas tais "antiquíssimas formas intelectuais de comunicação linguística" na Alemanha – mesmo depois do século XVII? De modo algum. Sobretudo no romantismo alemão. Escutemos Novalis uma vez mais: "A retórica [...] encerra totalmente em si a dinâmica aplicada ou psicológica, bem como a doutrina humana aplicada, particular. Doutrina humana técnica"[12].

---

7. Cf. *Méthod de Léonard de Vinci*, p. 65.
8. Idem, p. 82 e s.
9. Idem, p. 91.
10. H. Friedrich, *Die Struktur der Modernen Lyrik*, p. 112, 118 s.
11. *Poétique musicale*, p. 37.
12. Cf. também K. Wais, *Mallarmé*, p. 351.

Acaso Intencional

Possuímos, então, elementos suficientes para compreender a metodologia "misteriosa" que fascinou Mallarmé quando este elaborou os esboços para o seu superlivro. Enquanto cifras do mistério do mundo, as coisas estão aí; não precisamos criá-las, mas tão só compreender sua relação. Mallarmé "leu todos os livros". A linguagem resulta da linguagem, a poesia da poesia, tal como em Zuccari; para o tratadista da arte maneirista, a arte advém da arte.

Mallarmé queria produzir "as identidades secretas", sendo que ele empreende isto com o auxílio de uma arte combinatória paralógica e alógica. Tal como os maneiristas do século XVII, ele une a combinatória com aqueles artifícios artísticos retóricos, que Aristóteles caracterizou como sendo algo incorreto para a oratória, mas permitido para a poesia. E, como se sabe, Tesauro – nosso enciclopedista maneirista do século XVII – chegou a sugerir isto igualmente[13].

Mallarmé escolhe uma palavra e elabora, então, respectivamente, as redes de imagens e palavras[14]. Mas, ao fazê-lo, ele sempre evita o óbvio[15]. A partir dos apontamentos consoantes ao seu superlivro, descobre-se que ele pretendia derivar todos os contextos de importantes acontecimentos humanos a partir de três palavras basilares – *chasse*, *yacht* e *guerre*: enterro, batizado, casamento[16]. Assim, combinatória e paralogicamente – alogicamente –, o superlivro como que cria para si o seu conteúdo. O acaso é aniquilado. Não nos enganemos, todavia. Veremos detidamente como este aniquilamento do acaso… dá-se através de "acasos" intencionais. Na extrema artificiosidade, revela-se uma vez mais uma ordenação primordial natural, a ordenação ontológica, alógica e combinada do maneirismo.

---

13. Cf. MML, p. 23.
14. J. Scherer, *Le Livre de Mallarmé*, p. 128.
15. H. Friedrich, op. cit., p. 98, interpretação do poema *Ses pures ongles*.
16. J. Scherer, op. cit., p. 129.

No entanto, seria um erro tomar essa *fabrication* no sentido da palavra grega "poeio" = eu faço, eu crio valeria tão só para as literaturas românicas. Na Inglaterra, a ligação entre poesia, lógica e retórica permaneceu conservada também no século XX. Os maneirismos formais dos "poetas metafísicos" (*metaphysical poets*) do século XVII permaneceram, na Inglaterra, bem como na América, igualmente exemplares para os mais importantes líricos do século XX – e isto justamente num sentido lúcido e consciente. T. S. Eliot analisou os "poetas metafísicos" com maestria, descreveu brilhantemente a procurada associação do dissemelhante, a "far-fetched association of dissimilar"[17]. O *concettismo* permaneceu vivo na Inglaterra unicamente por meio da tradição shakespeariana. Aqui, poesia e agudeza (*acutezza*) nunca foram sentidas com contrastes – salvo por alguns *outsiders*. O silogismo intensifica a possibilidade da "imagem radical".

A Torre Babilônica

No que tange à Alemanha, a compreensão dos contextos maneiristas na assim chamada lírica barroca cresce numa proporção progressiva – sem que tal lírica seja avaliada negativamente[18]. Os elementos maneiristas na poesia do romantismo alemão – não apenas em Heine – também passam a ser reconhecidos de modo cada vez mais evidente lá onde eles são explícitos e populares. Tal como foi mencionado, Novalis demonstrou, em seus fragmentos, que sabia muito acerca da

---

17. Cf. Donne in Our Time, em T. Spencer (ed.), *A Garland for John Donne* e The Metaphysical Poets, *Selected Essays*. Para uma rica literatura sobre este tema, vide bibliografia na obra de S. Raiziss, *The Metaphysical Passion*. Cf., além disso, *La poesia metafísica inglese del seicento*, 1945; C. Brooks, *Modern Poetry and the Tradition*. No que tange ao esclarecimento desses contextos, cabe à crítica inglesa contemporânea a mais alta fama. Os ingleses possuem a vantagem de poderem orientar-se sem o conceito de "barroco".
18. Cf. R. Stamm (ed.), *Die Kunstformen des Barock-Zeitalters*.

"analise combinatória". Para tanto, ele fora incitado pelas leituras de Leibniz, tal como este o fora por Kircher e este último, em contrapartida, por Lúlio. A "arte de composição numérica" na poesia, bem como na música, fascinou diretamente Novalis. A "análise combinatória, enquanto álgebra crítica", impeliu-o ao dito de graves consequências: "O poeta é o analista orictognóstico no sentido matemático, que encontra o desconhecido a partir daquilo que se conhece"[19].

De graves consequências? Quanto a isto, o estudo de um dos mais talentosos poetas da nova geração na Alemanha, o trabalho de Hans Magnus Enzensberger – *Über das dischterische Verfahren in Clemens Brentanos lyrischem Werke* –, oferece um instrutivo material. Lemos, ali, sobre "choque sintático enquanto meio de desfiguração", sobre "a destruição" de "materiais" tradicionais "para a obtenção de novas possibilidades linguísticas", sobre uma "poética desfiguradora", sobre o rompimento calculista de cadeia de palavras familiares, sobre o obscurecimento metódico em vez de precisão, sobre "sedento sonho labiríntico", sobre influências do século XVII. O próprio Brentano escreve sobre "maneiras bizarras" da "inversão", da "desfiguração".

Com vistas ao "labiríntico", lembraremos aqui do dito de Friedrich Schlegel: "O começo de toda poesia [consiste] em elevar o caminho e as leis da razão bem pensante, transplantando-nos uma vez mais para a bela confusão da fantasia, para o caos originário da natureza humana". Mais uma vez, um dizer de Novalis é, aqui, central: "O poeta utiliza as coisas e as palavras como teclas, sendo que a inteira poesia se refere a uma efetiva associação de ideias, a uma *produção do acaso* idealmente *intencional, automática*".

O método para se atingir algo tão paradoxal como "produção intencional do acaso" nos é conhecido. Como foi dito por nós, o acaso "absoluto" é aniquilado por meio do acaso intencional. Mistério labiríntico! Uma vez mais, lou…

---

19. *Fragmente*, p. 19 (ver também Conclusão). Orictognose = mineralogia classificatória.

cura saturnina. Luta por ordenação a partir de ordenações reversíveis. Antiordenação artística enquanto emblema de ordenação oculta. *Phantasiai* dedálica!

O Poema Montado

Naquilo que diz respeito à lírica alemã, Gottfried Benn também a aproximou – isto é, a poesia tal como ele a concebia – a tais contextos. Com sua verve particular, ele enalteceu igualmente a arte combinatória de invenção:

> Palavras, palavras – substantivos! Eles precisam apenas de asas para abrir e milênios para esquecer seu voo. Botânica e geograficamente, povos de todas as terras, todos os mundos histórica e sistematicamente perdidos têm aqui sua florescência, seu sonho – toda leviandade, melancolia e desesperança do espírito tornam-se palpáveis a partir das *camadas de um corte transversal do conceito*[20].

Com esta "grande arte combinatória" *tudo* se torna efetivamente derivável! "A palavra possui uma existência latente. A mim parece-me que este é o último mistério". Surge, a ser assim, o "fascinante poema montado". A propósito do poema "Combinação XI" de Helmut Heissenbüttel, Walter Höllerer assevera: "A 'fluorescência' na qual o significado é múltiplo dá à palavra a possibilidade de se colocar junto a novas vizinhanças"[21]. O próprio Heissenbüttel compõe: "A poesia começa onde termina o conteúdo". "A poesia é um modelo molecular de vocábulos"[22].

Campos Imperceptíveis

Acreditamos que não se trata aqui, como diz Benn, de "niilismo e lascívia". No entanto, ele próprio sabe: "Eles

20. *Probleme der Lyrik*, p. 26 e s.
21. Cf. *Transit: Lyrikbuche der Jahrundertmitte*, p. 148.
22. Idem, p. 151.

abandonam a religião, eles abandonam a coletividade e transpõem-se para campos imperceptíveis". A combinatória lírico-linguística conduz a um ficcionalismo metafórico e, ao fim e ao cabo, a um panteísmo da palavra. Ela se transforma num estimulante substituto da palavra enquanto portadora de um simbolismo metafísico, enquanto sinal revelador do *logos*. A combinatória secularizada leva ao hieróglifo de palavras sem fundamento próprio ao nosso século[23].

É digno de nota que, nos últimos tempos, se tenha recomendado a combinatória também para a produção de romances cósmicos, o mesmo é dizer, de "ficção científica". Por meio de derivações, pode-se movimentar todos os planetas com inventividade combinatória. Também aqui nos deparamos com um jogo de rébus combinatório-cosmogônico aparentemente novo. Não foi Julio Verne, mas Athanasius Kircher quem escreveu a primeira viagem cósmica, o desembarque em Marte e Saturno[24]. A fenomenologia da composição pode ser ilimitada. Apesar disso, não se deve ignorar de que modo uma coreografia abstrata de metáforas pode conduzir a uma nova mecânica "acidental" da sequência de imagens e, desse modo, a uma paisagem de rébus linguisticamente paralisada. O efeito é uma lírica de pensamentos sem pensamentos, uma poesia sem homens, um discurso sem interlocutor. Decorre então uma liturgia esotérica da poesia sem "existência autêntica". Tal literatura converte-se num substituto da religião. Na ilimitabilidade da arte de invenção maneirista assenta-se não apenas sua obscuridade, mas também seu destino noturno, seu abismo profundo, sua insaciável e quimérica procriação da frase com a frase, da palavra com a palavra, da letra com a letra. A imagem da torre de Babel surge diante de nós, o símbolo primordial da *hybris* construtivista. A maneira pela qual sua construção foi interrompida através da desordem linguística pertence às assustadoras verdades de todos

---

23. Cf. J. Brock, *Kotflügel-Wortkonzert in durchgeführter Sprache*.
24. Cf. A. Kircher. *Iter extaticum*.

os mitos. Compreende-se que, justamente no século XVII, Jakob Böhme tentou reencontrar a "língua adâmica", isto é, a linguagem natural primordial que decaiu em função do pecado original e ocasionou, com isso, a desordem linguística babilônica.

Fracasso

O maneirismo é sempre um resultado de fortes tensões polares do numioso, da sociedade, do eu particular[25]. "O ingênuo", admite Novalis, "não é polarizado. O sentimental o é (sentimental no sentido do *Sentimentalisch* de Schiller)"[26]. No entanto, há também uma polaridade estética – em especial, no maneirismo: aquela da perfeição artística e aquela do fracasso. O "maneirista" irá convencer artisticamente quando se tratar de uma personalidade trágica, saturnina... em fracasso. O maneirista irá, pois, fracassar em sua arte quando, nele, a tensão do fracasso for meramente artificial. Ele irá igualmente fracassar quando copiar não só "maneirismos", mas, além disso, ao imitar a imagem de vida externa e demoníaca de maneiristas efetivamente criativos. Em contrapartida, disto resulta: a simples imitação da "natureza" no sentido de uma mímesis secularizada é possível, antes do mais, na *aurea mediocritas* de aticistas trivializados. No âmbito saturnino dos maneiristas, a imitação calculadora de *phantasiai* subjetivamente determinadas, ou, então, que ainda se acham misticamente associadas, conduz imediatamente à *clownerie* mais extrema: à *clownerie* diante do espelho[27]. Não é a torre babilônica também um símbolo do fracasso?

---

25. Sobre a "polaridade" do numioso, cf. L. Ziegler, *Überlieferung*. Sobre a polaridade da sociedade, cf. A. Gehlen, *Soziologischer Kommentar zur modernen Malerei*, "Mercúrio". Sobre a polaridade psíquica, cf. H. Schulz-Hencke, *Der gehemmte Mensch*; M. Wieser, *Der sentimentale Mensch*.
26. Op. cit., v. III, p. 285.
27. Sobre *clownerie*, ver infra p. 169.

Segunda Parte:
O MUNDO EM IMAGENS

6. METAFORISMO

Rainha Metáfora

O maneirismo sempre é, pois, um resultado de tensões polares do espírito, da sociedade, do eu particular. Com isto, ele se converte justamente na expressão legítima de tal problemática, isto é, no tenso modo de expressão da problemática atinente ao assim chamado homem "moderno", ao contrário do tipo de expressão desentesado do homem conservador no melhor sentido do termo, que ainda se acha tradicionalmente associado e, mesmo depois das mais violentas comoções, volta-se sempre para a certeza do ser. Nas crises histórico-mundiais, a vivência de qualquer tipo de perda do ser intensifica precisamente no problemático, no melancólico, em sua sensibilidade muito específica, o sentimento de possibilidade e capacidade de transformação de todas as coisas. Quando o mundo objetivo já não parece oferecer nada que seja concreto ou univocamente válido, o mundo das relações subjetivas começa a mostrar o seu poder. Devido a isso, a metáfora, a transposição de uma coisa noutra, conserva, no maneirismo, o caráter de um meio de comunicação altamente apropriado para tal mundo desestruturado, um meio mágico inclusive. O infinito jogo de transformação possibilitado pela metáfora, um ousado círculo de metáforas abstrusas, adquire, no maneirismo elevado, o significado de um espelho do mundo. Nele, o caos dos fenômenos aparece através de um engenhoso balé de metáforas artificialmente ordenado. O metafórico oferece a certeza aparente de um mundo artificialmente harmonizado. Ao fazê-lo, ele também traz consigo imagens habituais de um mundo ordenado demasiadamente otimista a ser destruído, mas, ao mesmo tempo, na forma de paradoxos da mais alta artificialidade, um mundo mágico de unidade encantatória super-relativa a ser construído. Neste ponto, a metáfora conquista para cada maneirismo um poder demoníaco, seja para aquele atinente ao helenismo, que ainda se acha miticamente ligado, seja para aquele que, secularizado, é próprio da modernidade.

Por isso, cumpre aqui diferenciar com precisão. Para o maneirismo que, presente em todo subjetivismo, ainda se acha miticamente ligado, decorre a seguinte equação: "metáfora = Deus"; isto significa que a força de transformação de Deus se reflete na metáfora, sendo esta uma expressão de Tesauro, isto é, do maneirista do século XVII. Para o maneirismo secularizado, a metáfora converte-se na seguinte equação: "metáfora = homem", sendo esta uma fórmula de Novalis, quer dizer, do romântico do século XIX. Por fim, na literatura tardia das grandes metrópoles europeias e americanas do século XX, a metáfora converte-se ainda noutra equação: metáfora = enigma, expressão, pois, da derradeira "efetividade" sem rosto e sem nome. Conforme André Breton, o surrealista no século XX.

Tais são as fórmulas essenciais do metaforismo maneirista. Através de transposições (do grego *metaphora* = transposição)[1], ele pretende, porém, em cada época, e da mesma maneira *formal*, veicular em imagens as coisas últimas e insondáveis. A assim chamada metáfora órfica possui origem mítica, podendo conservar este caráter numa época de civilização de massa inclusive. Ao mesmo tempo, porém, nas antigas culturas efetua-se, já, o manejo puramente engenhoso de metáforas, o encobridor jogo de transformação, a formação de metáforas cadencial e vazia de sentido, o estilo literário ornamental.

O desmembramento de palavras constitui, já, um ensejo para a metáfora. Da palavra "onix" pode resultar "oh, nix" (neve), e, disto, "oh, nix flamma mea" (oh, neve, minha flama)[2]. "Onix" = "neve" = "flama" – o contraditório é unido por meio de uma engenhosa associação de palavras, um dos mais caros expedientes estilísticos maneiristas. Uma metáfora gera inúmeras outras. Surgem cadeias de associação de "imagens", seja no caso de metáforas, parábolas, comparações, símbolos, emblemas, catacreses (utilização de uma palavra num sentido impróprio, como, por exemplo, a "barba de uma chave"), alegorias e personificações, seja no caso de oximoros (associação coerente e arguta de conceitos mutuamente excludentes) tais como, por exemplo, "flama gélida".

Nesse sentido particular, a metáfora é, para o poeta maneirista – tal como se denomina, já, no século XVII –, a "rainha das figuras de palavra", a "mais espirituosa" e a "mais sagaz", a "mais maravilhosa" e "mais frutífera"[3]. É a mais espirituosa porque reúne aquilo que está mais distante, construindo correspondências do que está mais afastado (Gracián). É sagaz porque "emparelha o abstruso"[4]. Desse modo, ela gera o maravilhoso (*meraviglioso*), e nós sabemos que Tesauro e André Breton, os teóricos do atual surrealismo, enalteciam o "maravilhoso" como "belo", "independentemente

1. E. Tesauro, *Il cannocchiale aristotelico*, p. 37.
2. B. Gracián, *Agudeza y Arte de Ingenio*, p. 16.
3. E. Tesauro, op. cit., p. 164.
4. Idem, ibidem.

de qual maravilhoso; aliás, apenas o maravilhoso é belo"[5]. A meta mais elevada da poesia é definida por André Breton do mesmo modo que Tesauro a define: "Comparar duas coisas que se encontram o mais distante possível entre si, ou, então – segundo um método totalmente diferente –, contrapô-las numa maneira surpreendente"[6]. A unificação daquilo que é incompatível produz "stupore" (surpresa). Por meio da novidade, diz-nos Tesauro, o espírito é "surpreendido", e, desta forma, "ele goza". Lidamos aqui com uma técnica elementar de apreensão das *phantasiai*. O próprio Heráclito escreveu: "O contrário é convergente; dos divergentes nasce a mais bela harmonia"[7].

Palavras heterogêneas, exóticas, raras, artificialmente montadas decerto podem produzir tal efeito[8]. Baudelaire afirma: "O irregular, isto é, o inesperado, a surpresa, o espanto representam um elemento essencial do belo". Tal como a metáfora alógica, a escolha de palavras raras e "formadas" causa "raridade" e "novidade". Desde Góngora até Mallarmé e T. S. Eliot[9], o *cultismo* mistura uma metafórica abstrusa com materiais imagéticos remotos. "Coisas raras são imortais", escreve Gracián[10]. Para tanto, há diversas "maneiras"[11]. Mas Gracián emprega as líricas e sagazes figuras de efeito (*conceptos*) muito mais que a metáfora. Para Tesauro, em contrapartida, ela permanece a "rainha da poesia". A metáfora paralógica, planejada, possui a vantagem de gerar o "enigmático". Ela fala "claro de modo obscuro". Ela impele o leitor "a uma arte de interpretação própria". O orador deve ter cautela com os exageros; o poeta deve deles se servir[12].

---

5. A. Breton, em *Manifesto do Surrealismo*. Cf. MML, p. 24.
6. Cf. *Les Vases communicants*, p. 129.
7. Cf. W. Nestle, *Die Vorsokratiker*, p. 109.
8. Tesauro, op. cit., p. 154.
9. O próprio comentário de T. S. Eliot sobre *Waste Land* revela não apenas "cultismo". Trata-se mais exatamente de um "cultismo" precioso. Cf. *Collected Poems*, p. 91 e s.
10. Op. cit., p. 155.
11. Idem, p. 248.
12. Tesauro, op. cit. 168 e s.

Tesauro oferece-nos uma completa doutrina estilística de metáforas. Também aqui se demonstra como se pode formar metáforas artificialmente. Tesauro indica oito "maniere"[13]. Elogia-se, sobretudo, a metáfora de "oposição". Tal como: "A tartaruga é uma lira sem cordas", "o órgão é um rouxinol sem penas". Com frequência, Marino é citado enquanto autor exemplar. Tesauro incita a "fazer" metáforas especialmente desconcertantes a partir dessas oito "maniere". Elas deveriam servir, pois, de material para a figura maneirista central, para o *concetto*, para uma combinação imagética de ideias, para um paralogismo lírico-metafórico.

Metaforeggiare

Com o neologismo *metaforeggiare*, Tesauro assinala um modo cujo exagero até mesmo ele tem de criticar. Gracián utiliza o verbo "conceptuar" a fim de caracterizar o "moderno escribir"[14]. Poetizar significa, para Tesauro, "construir um teatro de palavras". A arte metafórica é a raiz de todas as outras[15]. A metáfora opositora, isto é, aquela que unifica a oposição, constitui o melhor produto da sagacidade, pois – e isto é relevante – "os retóricos não a conhecem"[16]. Para obtê-la, há que se servir da arte combinatória. Não é de se admirar quando Tesauro elogia o poeta "engenhoso" como sendo aquele que "pode transmudar tudo em tudo, uma cidade numa águia, um homem num leão, uma aduladora num sol". Homens que levam isto a efeito deveriam ser comparados a anjos. Gracián equipara *concettistas* capazes a querubins. Por isso, Góngora é "cisne, águia, fênix – na sonoridade, na sagacidade, no extremismo"[17].

13. Idem, p. 174 e s.
14. Op. cit., p. 45.
15. E. Tesauro, op. cit., p. 172.
16. Idem, p. 269.
17. Idem, p. 13.

A loucura converte-se em sinônimo de metáfora. Para Tesauro, poetas, matemáticos e loucos têm algo em comum. "Nas metáforas", escreve Tesauro, "os fantasmas são confundidos"[18]. Ao final de seu romance *Nadja*, André Breton escreve: "A beleza tornar-se-á 'convulsiva', ou, então, nada há de tornar-se". Numa outra obra, Breton fornece-nos uma profusa definição: "A beleza convulsiva tornar-se-á erótico-velada, inflexível-explosiva, mágico-acidental, ou, então, nada será"[19]. Isto é neoasiaticismo em quintessência surrealista – com a vontade de *destruir* a efetividade "clássica" e "burguesa", respectivamente. Ele pertence, porém, à primeira fase do surrealismo. Numa fase posterior, procura-se fazer renascer um novo mundo numa nova poesia – em especial, na obra de Eluard.

Ferramenta de Criação

A Espanha é um país de metaforistas, que, há séculos, se acha estreitamente ligada ao "asiaticismo", bem como à cultura árabe tardia. Como Sêneca, Lucano e Marcial – autores exemplares para Gracián –, Raimundo Lúlio é espanhol. Tais relações ainda estão atuantes quando Ortega y Gasset diz que a metáfora é "o maior poder que o homem possui. Ela se aproxima da magia e se assemelha a uma ferramenta de criação que Deus esqueceu no interior de suas criaturas, tal como o cirurgião distraído deixa um instrumento no corpo daquele que está sendo operado"[20]. Este é o modo de fala nascido na América do Sul, de Gracián e de Lautréamont, mas também aquele próprio a Tesauro e Peregrini. Escreveu-se muito a respeito daquela que seria a terra originária do

---

18. Idem, p. 57. Aqui temos novamente misturados platonismo e aristotelismo. Cf. MML, p. 217-219.
19. Cf. *L'Amour fou*.
20. Cf. H. Friedrich, *Die Struktur der Modernen Lyrik*, p. 151.

concettismo europeu no século XVII[21]. Oscilava-se, aqui, entre Itália, Inglaterra e Espanha. Certo é que o assim chamado eufuísmo é mais antigo que o gongorismo e o marinismo. Os maneirismos formais e também "conteudistas" em Tasso, em Petrarca e no próprio Dante são, em compensação, mais antigos. A origem do maneirismo na literatura europeia é temporalmente mais penetrante e está espacialmente mais afastada, assentando-se, cabe-nos repetir uma vez mais, no "asiaticismo". Na Itália, o moderno metaforismo e o *concettismo* desenvolveram-se, sem dúvida – ainda que em seus princípios –, depois do *trobar clus* provençal e dos maneirismos formais médio-latinos[22]. Por mais rico que seja seu tesouro, o italiano Tesauro está longe de ser, contudo, tão sagaz quanto Gracián, não sendo, em absoluto, um escritor tão bom quanto este último. Além disso, Góngora (assim como Donne) é um poeta de renome, ao passo que Marino é tão só um talentoso engenheiro literário. Mas, enquanto primeiro país europeu, a Itália decerto delineou – a partir das escolas epigônicas de Petrarca e Tasso – as modernas teorias da poesia "alógica". Isto nos leva a uma outra testemunha da metafórica "maneirista", isto é, a Matteo Peregrini (1595--1652) com sua obra *Delle acutezze*, publicada em 1639 – antes, pois, dos tratados maneiristas de Tesauro e Gracián[23].

Sete Fontes

As sete fontes da sagacidade lírica são, conforme Matteo Peregrini, "o inacreditável, o ambíguo, o antagonismo (enganoso), a metáfora obscura, a alusão, a sagacidade, o sofisma"[24]. A arte da transposição (a metafórica) consiste na "união dos

---

21. Cf., entre outros, A. Meozzi, *Il Secentismo Europeo*; e C. Calcaterra, *Il Parnaso in Rivolta*.
22. Cf. U. Leo, *Torquato Tasso*.
23. Para maiores detalhes sobre os tratadistas, ver em especial a primeira parte do livro de Gracián, 1642, edição completa, 1649.
24. *Delle acutezze*, cap. 6, p. 90 e s.

contrários"[25]. Isto pode dar-se de múltiplas "maniere". Enaltece-se o dito de Corydon, quando lhe levaram pão preto: "Não me tragas mais, senão tu tornarás noite!"[26]. Para construir boas metáforas há que se afastar do "comum" e buscar o "raro"[27]. Para encontrar raras metáforas cabe servir-se das tábuas de combinação. Com isso, obtém-se inúmeras possibilidades. No entanto, cumpre precaver-se contra os exageros. Caso contrário, reedita-se os erros dos "oradores asiatistas"[28]. Os "asiatistas" não pecaram pelo fato de terem adotado a sagacidade jocosa, mas porque não lhe asseguraram nenhuma medida[29].

No entanto, Matteo Peregrini era tido pelos maneiristas de seu tempo, como retrógrado por causa de seu demasiado brando programa revolucionário[30]. Justamente os "exageros" asiaticistas – contra os quais Cícero combatera em prol do estilo aticista – eram considerados exemplares pelos arquimaneiristas do século XVII. Quando Cícero censura os asiaticistas pela alteração de palavras, pelas argutas e quase incompreensíveis figuras de sentidos (*concetti*), pela riqueza de metáforas, pela sobrecarga do estilo, pela ênfase, pelo obscurantismo, pela afetação e pelo rebuscamento, ele está, pois, defendendo um novo aticismo latino, um estilo lacônico próprio a um republicanismo "saudável"[31]. Matteo Peregrini, que tipifica um período de transição, permanece

25. Idem, p. 95.
26. Idem, p. 122.
27. Idem, p. 123.
28. Idem, p. 153.
29. Idem, p. 154.
30. Cf. Conclusão.
31. Cf. G. Perrota, *Disegno storico della letteratura greca*. Cícero tornou-se o porta-voz de uma autoestilização literária de Roma, e, por certo, uma condizente imagem ideal da Ática, contrária aos "estrangeiros" de Roma, bem como aos poetas, escritores e oradores da África e da Ásia. Contra Hegesias da Lídia (nascido em 240 a.C.), Cícero propõe a "salubritas" e a "sanitas" do ateniense Lísias (nascido em 445 a.C.). Durante a latinidade tardia e prateada, seguindo as novas correntes intelectuais asiaticistas, Sêneca ressurgirá contra Cícero, Lucano contra Virgílio e Juvenal contra Statius. Complexidade, sutilidade, preciosidade e metaforismo transformam-se, uma vez mais, em moda – contra a latinidade ciceroniana. Alexandria obtém vitória sobre Atenas novamente, a fantasia sobre a "mímesis", assim

meio ciceroniano. Por isso, reconhecemos, em sua obra, de maneira cristalina, a ruptura – e precisamente com clara referência ao "asiaticismo" – diante da qual, à diferença de Gracián, ele previne, ainda que timidamente, a vitória geral da nova moda antiga.

"A forma de linguagem imprópria mais importante é a metáfora"[32]. O emprego da metáfora não é maneirista, mas sim o metaforismo, isto é, o encadeamento de metáforas e a utilização especial da metáfora "opositora". Aqui, pode-se diferenciar facilmente os resultados de um tal *metaforeggiare* nas obras de arte literárias individuais dos diferentes poetas e épocas. Não pretendemos passar ao largo dessa diferenciação, ainda que tenhamos de indicar maneirismos *formais* preponderante e temporalmente contínuos. Wolfgang Kayser compara, por exemplo, versos de Trakl com produções dos poetas "barrocos". Com razão, ele assevera que, no caso mais antigo,

> dois elementos autônomos eram, por meio do entendimento, ligados numa combinação, ao passo que, [em Trakl] na corrente fervorosa do sentimento ou das visões, surgia uma ligação que suprime a autonomia dos elementos e deles faz surgir algo novo, um terceiro elemento.

De acordo com as interpretações de Kayser, um cotejo entre os poemas metafóricos de Hofmannswaldau e Hofmannsthal é capaz de tornar isto ainda mais evidente.

No que diz respeito aos princípios de *forma* maneiristas, cabe-nos, desde logo, afirmar: a arte combinatória maneirista, bem como o metaforismo maneirista de todas as épocas – no sentido de um gesto primordial intencional –, estão a serviço de uma gestualidade "para-lógica" da forma linguística imprópria. É compreensível que Goethe (no seu período "clássico") tenha renunciado à escrita

---

como contra o posterior e imperial classicismo de corte. Cf. também R. Pichon, *Histoire de la littérature latine*, p. 433 e s.

32. Cf. W. Kayser, *Das sprachliche Kunstwerk*, p. 119 e s.

metafórica, bem como à hipérbole[33]. Assim também determinadas forças sentimentais ou impulsos "visionários" em situações históricas distintas, em diferentes contextos nacionais, ou, então, em disposições individuais valorativamente diferentes sempre dão cumprimento ao seu impulso de expressão constitutivo, sendo que nenhum poeta escapa à correspondente gestualidade, de Calímaco a Eluard e Gottfried Benn.

A gestualidade maneirista da fala imprópria foi, na maioria dos casos, julgada apenas negativamente. Ignorou-se repedidas vezes que, mesmo no excessivo, no grotesco delírio de imagens – quando se trata de poesia elevada –, as ramagens imagéticas também deitam suas raízes num "espírito metafórico" (Herder) elementar, advindo de um impulso expressivo completamente originário. De maneira semelhante, o estilo ornamental grotesco na arte corresponde ao encanto da fertilidade das primitivas divindades da vegetação, das quais descendem as "deusas de ramos" da história da arte[34]. Elas são a expressão de uma "ideia ornamental mitológica"[35]. Tais motivos podem pulular, botando absurdamente tal como, se for permitido aqui utilizar a expressão, uma infrutífera erva daninha mítica. Como isto se dá na história da arte maneirista – até o estilo novo e o surrealismo –, eis algo que já sabemos[36].

---

33. W. Kayser, op. cit., p. 124.
34. Cf. L. Curtius, Die Rankengöttin, *Torso*, p. 192 e s.
35. Idem, p. 196.
36. Cf. MML.

7. EXCOMUNHÃO DO DEMONÍACO

Elogio do Ambíguo

Em tempos indefesos, em tempos de crise, em tempos de toda sorte de reviravolta dramática, incluindo aí também os períodos altamente civilizados, como, por exemplo, em Alexandria, na época de Hadrian, na alta Idade Média, no século xv borgonhês, na Florença de Ficino e na Roma de Michelangelo, nas décadas anteriores e posteriores a Shakespeare, no romantismo europeu e no século 1850-1950, os "desabrigados" refugiaram-se das faces poderosas "pondo-se a salvo nas imagens construídas"[1]. "Visto deste modo, o criar do artista é a resposta imagética à provocação, através da aparência do poderoso e conceitualmente inapreensível abismo da existência". A essência da imagem é – sem levar em consi-

---

1. Cf. W. Weischedel, Abschied vom Bild, *Erziehung zur Menschlichkeit*.

deração situações históricas excepcionais – "a devoração do próximo e do distante"².

Justamente, a busca dos maneiristas por correspondências encontra, aqui, um esclarecimento profundo. "A essência da imagem é a ambiguidade interior". Conhecemos o elogio do ambíguo a partir do século XVII, uma das épocas mais arriscadas da história europeia. "À ambiguidade da imagem corresponde (em geral) a ambiguidade da coisa nela representada"³. O resultado de uma apresentação do mundo enquanto um mundo de imagens: "O homem cobiça a aparência, porque ele não suporta nem o ser nem o não ser, porque ele próprio é um ente da aparência". "A verdade aparece, mas, ao aparecer, ela se esconde simultaneamente em seu aparecer"⁴.

Abrigo e Desabrigo

"Na totalidade do ser, o mistério está sempre mesclado sob a clareza"⁵. Se nos ocuparmos desta relação ontológico-dialética fundamental, poderemos assegurar então: aticismo e asiaticismo, bem como, respectivamente, classicismo e maneirismo, são dois modos legítimos e autóctones do entendimento do ser. Em ambos ocorrem, cada qual de modo diferente, claridade e ocultação. Para a compreensão clássico-aticista da existência, o ser aclara-se a partir de uma de suas faces, ocultando, porém, aquela face que é acessível tão só à compreensão asiaticista-maneirista da existência, e vice-versa. De acordo com Weischedel, pode-se falar aqui, sem inflação especulativa de sínteses, e, justamente no que tange à literatura, não apenas numa relação "quiasmática" entre o clássico e o maneirismo. Agora, reconhecer-se-á mais distintamente o tipo de diferença de ambos os posiciona-

2. Idem, p. 622.
3. Idem, ibidem.
4. Idem, p. 623.
5. Idem, ibidem. Ver também MML, p. 316.

mentos em toda ordenação ontológica: no clássico, o ser revela-se enquanto o acolhedor, o ordenador, o fundante, o doador de sentido, e, no maneirismo, enquanto o ameaçador, o causador de espanto, o despedaçador, aquilo que nega abrigo.

Contudo, o maneirismo possui sua forma específica de fracasso, assim como o clássico possui a sua: aqui, a concentração na maneira, lá, o classicismo. No maneirismo pensante, o fracasso começa, já, com a absolutização de um recurso, de um meio para apreender o ser, e, em geral, com a frenética supervalorização da imagem. Weischedel cita uma passagem de Fichte que se assemelha assustadoramente à redução do ser aos automatismos imagéticos por parte do surrealismo.

> Não há ser... imagens, eis a única coisa que existe... imagens... que se relacionam com imagem por meio de imagens... eu mesmo sou uma dessas imagens; sim, eu próprio não sou este, mas tão somente uma imagem confusa das imagens. Toda realidade se transforma num sonho maravilhoso sem uma vida que fosse sonhada e sem um espírito que a sonhasse; num sonho que se relaciona consigo mesmo num sonho[6].

O filósofo do idealismo romântico vivencia a si mesmo como uma associação alógica de metáforas! Por isso, àquele que busca a verdade, a metafórica deverá ser sempre questionável, ainda que ele – temporalmente ligado, tal como se encontrará a cada vez – pretenda buscar o obscuro com meios lógicos ou alógicos, com frieza intelectual ou fervor visionário. O que poderia mostrar-se, porém, para além das imagens: o nada, a "irreconhecibilidade da divindade oculta"[7].

Num novo sentido, a comparação conveniente entre os dois gestos primordiais apenas começou. Historicamente relevante é o fato de que o aticismo aplaina "racionalmente"

---

6. Idem, ibidem.
7. Meister Eckhart, apud L. Weischedel, op. cit., p. 625.

a "mensagem assustadora" – em especial, aquela que é própria ao pensamento mítico dos povos naturais –, ao passo que o asiaticismo (sobretudo, em época historiadas)... redescobre o primitivo, "cifrando" suas míticas imagens demoníacas uma vez mais[8].

Medo e Mentira

Por meio de uma breve referência às formas pré-lógicas de existência da humanidade, a elementaridade mítica do metaforismo torna-se ainda mais evidente. Encontramo-nos aqui em tempos nos quais linguagem, imagem e gesto diferenciavam-se pouco entre si. A linguagem imagética (do modo como ela sempre consistiu) remete, pois, a impulsos primordiais, a estruturas pulsionais originais[9]. Pode-se determinar se a abundância imagética, ou, então, a escassez de imagens acha-se mais próxima da origem, do absoluto? O fato é que as metáforas correspondem a uma "necessidade de abstração". Prova disso é que, em situações de "crise", cada forma de medo do mundo engendra um excesso, uma inflação de metáforas. Períodos de transição perigosos conduzem a uma metafórica de coação. No medo, pode-se "rastejar as mais ocultas semelhanças entre as aparências circundantes"[10]. Desse modo, surge – nos assim chamados primitivos – o pensamento mágico. Em épocas altamente civilizadas, o "magismo" linguístico também é, por isso, expressão de um medo do mundo reprimido. A metáfora, em especial, converte-se numa forma de aparência de um gesto primordial de medo do mundo, bem como numa correspondente fuga da existência. Se a metáfora é "mentira", os especialistas em povos naturais sabem, então, que o "medo obstaculizador" "conduz ao surgimento da mentira". "Sobretudo lá, onde um alijamento espiritual se

---

8. Ver a esse respeito no capítulo sobre Pascal, infra p. 391-407.
9. Cf. H. Werner, *Die Ursprünge der Metapher*.
10. Idem, ibidem.

torna atuante, a possibilidade do desenvolvimento da mentira está dada". Nos "primitivos" cosmicamente acossados pelo medo, "a metáfora sempre contém um determinado elemento mentiroso"[11]. A matéria para a ampliação da metáfora advém da visão de mundo do pneumatismo. Em virtude disso, os povos primitivos destroçavam as palavras e os contextos gramaticais em pedaços mágico-irracionais. Surgem letras, palavras e metáforas secretas – e isto já nos povos naturais. Os assim chamados primitivos possuem "linguagens secretas mágicas", cifradas. Despontam metáforas mágicas. O crocodilo converte-se em tronco; o olho do rei em pedra preciosa; sua língua numa folha; sua figura num pinheiro; sua casa numa nuvem do céu. O pênis transforma-se em cobra, a vulva em fruta, o ato sexual em comida, a fecundação numa "sombra que caiu no mar". Nas canções dos povos naturais, é possível encontrar metáforas "alógicas" tais como estas: "Teu olho se parece com o joelho de uma cabra", "Teus lábios se parecem com uma bolha de peixe"[12]. Um homem célebre é "uma grande árvore", um homem abastado, um "olho grande". Parentes são "acendedores de fogo"[13].

A investigação da linguagem imagética nos primitivos desemboca no seguinte resultado: "Na fora primordial, a metáfora constitui uma autoproteção *intelectual* do indivíduo". Ainda mais decisivo é o resultado da pesquisa: "A metáfora é o produto de *duas* tendências: da tendência a reprimir uma representação ou um pensamento cuja expressão constitui um tabu no sentido do pecado ou do perigo, e, por outro lado, da tendência a viabilizar, por meio da escolha linguística, a comunicação"[14]. Igualmente em virtude dos meios de expressão dos povos naturais, resultam, uma vez mais, dois estilos elementares.

---

11. Idem, ibidem.
12. Idem, ibidem.
13. Cf. também J. Winthuis, *Das Zweigeschlechter-Wesen*.
14. H. Werner, op. cit.

Intelectualização

A "intelectualização" da metáfora tem sua origem na *Poética* de Aristóteles. A metáfora resulta da ação de transpor a uma coisa um nome que pertence à outra coisa. Essa transposição se dá entre gênero e espécie, entre espécies, ou, então, por meio de analogia (*Poética* XXI). Segue-se então uma doutrina combinatória sob o auxílio de letras que, como sabemos, exerceu uma enorme influência sobre o "fazer" poético de Lúlio a Kircher, e, em especial, nas épocas maneiristas. Não por acaso, Tesauro denomina sua estética literária maneirista *Cannocchiale aristotelico* (Telescópio Aristotélico). A linguagem rica em metáforas é chamada de "enigmática" por Aristóteles (*Poética* XXII). O enigma surge através da "união" de coisas impossíveis. Aristóteles censura os críticos que pretendem corrigir os poetas quando estes lançam mão de tais expedientes estilísticos (XXII), mas exige a "justa medida". Enaltece-se a metáfora "as praias rugem" (em vez de "as praias barulhentas"). As metáforas e palavras raras bem escolhidas (*Cultismo!*), bem como todas essas "maniere" da escrita, enobrecem o estilo; não se pode *encontrá-las* na linguagem dos homens comuns. A produção de metáforas é prova de espírito, já que, com ela, manifesta-se o reconhecimento da "semelhança sob as coisas". No terceiro livro de sua *Retórica* (que é, para os maneiristas, uma espécie de bíblia), Aristóteles esclarece expressamente, inclusive: "Também na filosofia manifesta-se uma sagacidade invulgar, quando se vê uma semelhança entre coisas amplamente distantes entre si" (Livro III, 11). Eis aqui o modelo para a *correspondencia* de Gracián e para o *accoppiare* de Tesauro.

Na seção 11, acham-se ainda outras inumeráveis indicações práticas para um estilo "invulgar". Além da metáfora, recomenda-se a troca de letras e inversões de palavras como "meio para despertar o espanto", assim como a homonímia, elipses, hipérboles etc. Como já foi indicado, Aristóteles faz valer para o poeta aquilo que, para o orador, seria um equívoco[15]. Mas, justamente isto – as supremas licenças para os poetas e os elementos errôneos para os oradores – se convertem, para os maneiristas do século XVII, como já foi acentuado, num meio estilístico anticlássico. No que tange à história do teatro, Aristóteles, o legislador do clássico rigoroso, transforma-se no mestre exemplar de alguns dos mais importantes maneirismos formais na história da assim chamada lírica intelectual da Europa. No entanto, essa "maneira" do artificial interfere com uma "mania" do artificial. "Maniera" vem de "manus" (mão): "manu" vem de mão humana, "da mão", "por meio da arte". Mania é derivada do grego "mania" = "fúria, raiva". O conceito de "mania" corresponde ao que Giordano Bruno quis dizer com "furore" em seu diálogo anticlassicista *Degli eroici furori* (1585)[16]; o verdadeiro poeta despreza as "regras", ele é "inspirado", encontrando tudo somente em si mesmo, quando se acha em estado de "fúria". Essa estética da "manía" remonta ao "entusiasmo" de Platão e conduz a uma recusa da estética aristotélica – com exceção dos *topoi* retóricos "artificiais". Sob o plátano no rio Ilisso à beira da "loucura", o aristotelismo é misturado com a doutrina de Platão. Eis aqui uma raiz para um outro característico ducto do gesto primordial maneirista, para o fantástico e o grotesco! Da maneira metafórica faz-se uma mania metafórica[17].

Observemos, porém, agora, algumas vitrines com metáforas maneiristas – oriundas de paisagens europeias, no passado e no presente.

---

15. E. Tesauro, *Il cannocchiale aristotelico*, p. 169 e s.
16. Edição alemã, *Heroische Leidenschaften und individuelles Leben*.
17. Cf. MML, p. 217 e s.

8. GONGORISMO, MARINISMO E PRECIOSISMO

Confusões "Coerentes"

A deformação da metáfora clássica normal converte-se, no gongorismo espanhol, num artistismo da mais alta engenhosidade. A propósito da literatura espanhola no "romântico *Siglo d'oro*", a propósito de Calderón e Cervantes, Friedrich Schlegel falava sobre a "enorme artificialidade, profundidade, intencionalidade", "sobre um labirinto de confusões coerentes e encantamentos fantásticos, que, no exuberante esplendor de cores, fazia crescer as mais nobres e formosas flores que a poesia romântica já produziu"[1]. Isso vale, sobretudo, para Luis de Góngora (1561-1627) e, até hoje, para os seus sucessores. Além de todos os poetas

---

1. De uma preleção publicada em *Hochland*, n. v, p. 451 e s.

129

maneiristas de sua época, como Shakespeare e John Donne, Góngora destacou-se por uma imponente força poética.

Neve Vermelha

Nele, pode-se encontrar – muito antes que a "A Terra é azul tal como uma laranja"[2] de Paul Eluard – a seguinte metáfora "absurda": "Oh, nevada púrpura, oh, neve vermelha" (*Polifemo*). "Fontes" transformam-se em "serpentes de pérolas" (*Soledades*)[3], "garças" descrevem "o papel translúcido do céu" "com as penas de seu próprio movimento voante" (*Soledades*). E aqui apenas dois exemplos da profusão de metáforas de Calderón: "O silêncio me apedreja". Semiramis, a luz extinguindo-se: "Tal como eu, uma assassina à plena luz, eclipso-me a mim mesma, a escuridão poetiza"[4]. Acerca de uma garota, Góngora escreve que ela poderia "ressecar a Noruega" com seus dois "sóis" (olhos), e, "com suas duas mãos, desbotar a Etiópia" (*Soledades*). "Nos campos de Safira pastoreiam estrelas" (*Soledades*). E, a esse propósito, vale citar Marino: "Os cavalos de sol alimentam-se de pasto celeste no estábulo do céu" (*Adônis*). Góngora: pássaros são "cítaras emplumadas" (Marino: "pinheiros voadores" ou "violinos voadores"). Para Góngora, a armada é uma "floresta agitada" (navios são feitos de madeira). Uma garota que dorme é um "cristal adormecido". O choupo possui "cabelo verde grisalho"; "a manhã cumprimenta o cisne corredor marrom"; "o amieiro revela segredos à aldeia"; "hinos soam com dois topázios no portal do Oriente". Há uma "fênix negra da memória". "Envolto em mármore, o espanto nos fita". O "peito de relva da Terra" converte-se no "duro colo ondulado da queda". O rio é uma "borboleta" que "deseja morrer na luz brilhante do mar". O oceano, "mestre poderoso de todos os rios, coroado com espuma verdejante e algas embranquecidas, movimenta-se

---

2. Cf. C. Bo (org.), *Nuova poesia francese*, p. 220.
3. Este e os exemplos subsequentes são de *Soledades*.
4. *La Hija del Aire*.

na docilidade obstinada do movimento para trás". Redes são "labirintos de nós feitos com cordas" e o mar é um "campo de ondas". Uma ilha é uma "tartaruga", "ela já nada há milhões de horas e não pode alcançar a margem da correnteza"[5].

Compreendemos, agora, que os poetas contemporâneos espanhóis consideram Góngora um precursor. García Lorca escreveu um famoso ensaio sobre Góngora. Nele, pode-se ler que Góngora desejava "enraizar a beleza de sua obra na pura metáfora de uma realidade que efetivamente comovesse, numa metáfora que fosse criada com o espírito de um escultor e trasladada a uma esfera irreal". Mas, a metáfora "une dois mundos opostos por meio de um ousado salto a cavalo, que realiza a fantasia". Novalis escreve: "Nada é mais poético que todas as transições e misturas poéticas", "os contrastes são semelhanças invertidas"[6].

Chave Brilhante

Em 1615, Góngora compôs um soneto sobre Greco[7]. Uma chave de áspero pórfiro (pedra sepulcral), conforme o significado, trancafia ao mundo o homem que transmitir à natureza a arte, à arte o conhecimento, a *Iris* a cor, a *Febo* os raios e a *Morfeu* as sombras. Jean Cocteau traduziu esse soneto. Na versão francesa, Góngora (e Cocteau) aproxima-se de Mallarmé. Eis apenas os dois primeiros versos no texto francês:

> Ce bloc solennel, ô toi qui passes,
> Cette clef brillante de porphyre...[8]

---

5. Em nosso contexto, cf. a respeito de Góngora: E. Brockhaus, *Góngoras Sonettendichtung*; L. P. Thomas, Étude sur Góngora et le gongorisme consideres dans leurs rapports avec la marinisme, em *Mémoires de L'Ac. Roy. De Belgique*, tomo VII; *Le lyrisme et la précisiosité cultiste em Espagne*. Anexos do Caderno de Filologia Românica; D. Alonso, *Góngora y la literatura contemporânea*; e *La lengua poetica de Góngora*. G. Ungaretti, Góngora al lume d'oggi, em *Panorama dell'Arte Italiana*, p. 291 e s.
6. *Schriften, Fragmente* II, v. III, p. 14 e 37.
7. Cf. *Obras Completas*, p. 502.
8. J. Cocteau, *Poèmes*, p. 215.

Além disso, Cocteau publicou (1953) um longo poema sobre o "grande filho de Córdoba". A homenagem levou a um gongorismo conscientemente praticado. As metáforas formam as mesmas "correspondências" que aquelas do "inusitado estrangeiro" da Espanha. Assim é que se lê: "A noite despedaçou as pombas do dia", "orgulhosa recusa dos humores da areia", "a clareza mentiu, a fim de permanecer incompreensível"[9]. Através dos séculos, o preciosismo francês e o cultismo espanhol estendem a tocha não de Lucrécio, mas de Hegesias e Calímaco. Góngora morreu em estado de insanidade mental. Seu espírito, que tornava o claro escuro, submergiu, ainda em seu período de vida, no enigma secreto. Ele possuía uma natureza saturnina, tal como Pontormo, um dos mais melancólicos realistas dentre os maneiristas da Europa, um mestre da forma como Calímaco, um grande poeta cujo destino notável consiste no fato de que, talvez, apenas os poetas possam compreendê-lo. A ele se aplica aquilo que Jean Cocteau escreveu num poema sobre Greco: "Profundamente, numa obscura mistura de missas, ele arrancou o enxofre das asas dos anjos"[10].

O Paganini da "Lírica"

Góngora viveu de 1561 a 1627, Shakespeare de 1564 a 1616, John Donne de 1573 a 1631 e Marino de 1569 a 1625. Ainda que por uma pequena diferença de anos, Góngora é o mais velho. Aprofundar-se na obra de Marino significa adentrar num outro mundo, mesmo que se depare, aqui, uma vez mais, com os mesmos "maneirismos" formais. Aquilo que em Góngora há de intensidade, agudeza, concentração e destilação, converte-se, em Marino, o então vanguardista europeu *par excellence*, em exigência, em *Commedia dell'Arte* lírica, em virtuosidade.

---

9. Idem, p. 212.
10. Idem, p. 220. Digno de nota é o que diz Lautréamont: "O gongorismo metafísico dos autoparodistas de meu tempo heróico-burlesco", *Oeuvres complètes*, p. 379.

Marino é o Paganini da lírica italiana. Ele foi subestimado por muito tempo, sobretudo na própria Itália. Benedetto Croce arruinou o derradeiro e ínfimo resíduo de sua fama europeia. Hoje já não se lê o arque-napolitano, porque consta nas histórias da literatura que sua obra é um mero tilintar de palavras, que ele não tem moral, religião e tampouco posicionamento político, que ele é, enfim, um dos muitos gaiatos poéticos da Europa, mas privado da força vivencial e da verdadeira verve de Villon[11]. Isso tudo é tão verdadeiro como falso. Marino enriqueceu a língua italiana. Num certo sentido, ele salvou a "Antiguidade". Enquanto no humanismo tardio essa servia, não raro, de autojustificação para uma pedante insipidez, ele a redirecionou literalmente, levando a cabo uma legítima "reversão" histórica"(reversibilidade!). Marino não possui, por certo, uma natureza aristofânica. Mas ele descobriu, no que diz respeito ao período entre a Renascença e o barroco, que a "Antiguidade" não significa apenas dignidade, seriedade e grandeza. Ele reavivou o desenfreado impulso lúdico dos gregos e o autoescárnio dos romanos, e isso justamente com uma arrebatadora capacidade literária – ainda que nem tudo que ele escreveu satisfaça altíssimas exigências. Isso corresponde àquilo que se pode chamar de uma típica "situação vanguardista". Marino possui ainda mais um mérito. Ele contribuiu para que a Europa não decaísse num farisaísmo pseudomoralista. Quando Croce e seus seguidores criticam Marino repetidamente pelo "sensualismo" panerótico, eles evidentemente não perceberam que, com isso, ele também constitui a expressão de uma mudança dos

---

11. Em 1598, Marino foi condenado à prisão. Ele seduziu a filha de um rico comerciante. Ela veio a falecer num aborto. Mais tarde, porém, ele terminou por se tornar um membro da anticlássica Accademia degli Umoristi. Em 1603, ele passa a servir o cardeal Aldobrandini. Em 1611 – por calúnia e casos amorosos –, ele retorna à prisão. Em 1615 – em virtude de sua crescente fama –, ele é convidado a ir para Paris por Maria de Medici, viúva de Henrique IV. Favorito de Ludwig XIII, ele deixa – já afamado – a capital francesa em 1623. Roma preparou-lhe uma recepção triunfal. Mudança para Nápoles, sua terra natal. É então grandemente honrado. Em 1625, morre em Nápoles, neste que é considerado o grande ponto de intersecção helênico das culturas antiga, espanhola e italiana.

tempos, que, num sentido específico, ele viveu tanto o passado como o presente: ele superou o entorpecimento do ascetismo medieval e zombou, de antemão, do enrijecimento das formas sociais barrocas. Numa carta ao poeta Girolamo Prato, Marino escreveu: "Eu afirmo conhecer melhor as regras do que todos os pedantes, mas a verdadeira regra consiste em poder, no momento oportuno, infringir as regras, aproximando-se, pois, do gosto da época, do gosto do século"[12]. A seguir, exemplos de sua arte combinatória metafórica.

Átomo Sonoro

Giambattista Marino escreve: "descanso fatigado", "ilusão voluntária", "utilidade nociva", "medo audaz". Pode-se encontrar grandes círculos de oximoros tais como estes. Metáforas: Marino chama a rosa de "olho de abril", ou, então, "cálice de rubi", "sorriso do amor sorrido no céu". Sobre o rouxinol, lê-se: "Ele derrama sua trêmula e terna alma, o feiticeiro das florestas; pergunta-se como pode essa criatura minúscula armazenar tanta força nas veias e nos ossos". Ele é um "átomo sonoro". Acerca de uma espessa floresta, Marino diz: "nela, as sombras apodrecem". O sol é descrito de um modo particularmente "convulsivo". Ele é o "carrasco que degola as sombras com foices de raios de luz"[13].

Apreendemos mais um traço: *sonorità*. É evidente que isso corresponde ao novo *colorismo* na arte maneirista, que Marino adorava. "Com rouco latido, a onda mordeu a margem". Vagalhões são "alpes espumantes". Rosa = "esplendor da família perfumada", ou, então, "vestido da aurora". Uma virtuosa combinação de versos sobre o apreciado tema de Narciso: ela namorado, ele namorada, gelo e brasa, flecha e alvo simultaneamente, arco e arqueiro. O pavão "empena

12. Cf. *Lettere del G. B. Marino*, p. 32.
13. Cf. *Opere scelte di G. B. Marino e dei Marinisti*; e *Marino e i Marinisti*, a cura di G. C. Ferrero. Todos os exemplos que se seguem são traduções próprias (aproximadas) de *Adônis*, em *Marino e i Marinisti*.

atrás de si um jardim". O amor é um "monstro moderno". No amor, o poema é uma "doce isca" e o falo uma "espingarda". "Satisfação amorosa" é "roçar o último alvo" e "entrada portuária da madeira". "Chave apaixonada abre o portal". "O beijo apaga-se numa cova de sombrio rubi"[14].

Há ainda exemplos "líricos": "O rouxinol, sereia das florestas, transforma uma língua em milhares de sons". O rouxinol é um "sopro emplumado". A propósito de uma fonte com diferentes taças, lê-se: "A água dividida ressoava a sede"[15]. E que se note de passagem: pode-se encontrar, em *Adônis* (xv, 11), três oitavas que, de maneira visível – ainda que no sentido de um exíguo "esquematismo" –, se assemelham ao "Passeio de Páscoa" de Goethe no *Fausto*.

O Poeta como "Saltimbanco"

Marino aprecia metáforas de saltimbanco. Ele compara o saltimbanco a um Dédalos que se abalança de uma torre a outra no espaço desconcertante. ("Qual Dedalo novel da torre a torre"). Compreende-se: Marino considerava a si próprio como um saltimbanco lírico. Ele amava dança e literatura. Para ele, ambas eram uma *geometria meravigliosa*. Saltimbanco e explorador de labirinto! Também aqui temos uma "conceción de los extremos", tal como B. Gracián deveria escrever dezenove anos mais tarde em seu tratado – aqui tão frequentemente citado[16].

---

14. A propósito dos oximoros de Marino sobre o amor, ver MML p. 287.
15. C. F. Meyer serviu-se das oitavas de Marino como modelo para o seu poema sobre as fontes romanas. A propósito do "maneirismo" em C. F. Meyer, vide Robert Mühler, *Dichtung in der krise*, Münche/Wien, 1951. Em especial, os ensaios: C. F. Meyer und der Manierismus; Narziss und der phantastische Realismus. Investigações que vão ao encontro de nossos exames sobre o *continuum* temporal e academicamente ilimitado do exercício artístico maneirista.
16. Op. cit., p. 43. As outras passagens citadas de *Adônis*, em *Marino e i Maristi*, na seguinte sequência: p. 50, 68 e s., 76, 94, 172, 174 e s., 226, 112, 114, 203, 292, 302.

Marino fez escola – tal como James Joyce e Apollinaire. Os então vanguardistas e tratadistas da Europa enxergavam nele pura e simplesmente o "poeta" (tanto Tesauro como Gracián). Rapidamente, os seguidores se intitularam "marinistas". Com muita injustiça, eles hoje estão esquecidos. Eis aqui alguns nomes: Macedônio, Murtola, Balducci, Achillini, Preti, Basso, Artale e Lubrano[17].

Sua metafórica conserva traços paranóicos. O poema converte-se numa associação turbulenta de todas as oito espécies de metáforas, num turbilhão "maníaco" de imagens e hipérboles.

Para Giacomo Lubrano (1619-1693), os óculos são "uma hipérbole dos olhos"[18]. Os vaga-lumes transformam-se em "desafiadores das sombras", eles fazem do "voo um raio de luz", deixam "florescer a escuridão". São "tochas desvairadas"[19]. Cedros viram "desvarios campestres", "delírios perfumados"[20]. A "arraia-elétrica" é "uma síncope viva", ela "expira frias epilepsias".

A natureza converte-se numa vertigem imagética, sendo que, com seus sonetos "extremistas", Lubrano se assemelha justamente a expressionismos modernos. Em seu compatriotismo napolitano, o vitalismo de Marino é, sob todo ponto de vista, "asiaticamente" supervalorizado, dissolvido no fantástico. Um exemplo grandioso é o seu poema sobre os "reflexos do ar diante da Sicília"[21]. Na medida em que faltam os conectores (para os marinistas, o "como" era, já, um horror), as imagens terminam por se tornar, aqui, ousadamente "alógicas". Lubrano estremecia entre Escila e Caribdis. Visões históricas, cidades afundadas, fragmentos da história castigam-no. Nesse estreito vaticinante, ocorre-lhe uma "magia paratáctica". Um ponto alto do maneirismo italiano na literatura – tal como

---

17. Cf. *Marino e i Marinisti*.
18. Idem, p. 10 e 34.
19. Idem, p. 1036.
20. Idem, p. 416.
21. Idem, p. 420.

Desiderio Monsù na história da arte[22]. "Magia paratáctica"? Parataxe é o mesmo que "acróstico" (do grego): a ponta do verso, a primeira letra de um verso (poemas nos quais as letras iniciais de cada verso ou estrofe resultam, alinhadamente, numa palavra, num nome ou numa frase). O recurso artístico do acróstico (parataxe) era frequentemente utilizado nos oráculos gregos[23]. Na visão de Lubrano perante Escila e Caribdis, a história mundial encadeia-se tal como num acróstico. O "sopro disforme" do "Proteu multiforme" reúne "turbulentamente" o passado. Uma "cosmopeia" do espantoso revela-se numa nuvem: "pântanos" dançam numa "clara inconstância". "Barcas douradas penduram-se nas margens do Peru", "feixes de meteoros estáticos" dançam nas costas de Anfitrite, a rainha do mar. Diante de Escila, tudo "se transforma" através de Circe na "úmida tirania" de "água e nuvem", e, de pronto, a maré tirrena, rica em palmeiras, "encarcera" "com grilhões apócrifos de prata silenciosa". Um dos mais belos poemas do maneirismo! Isso coloca Lubrano ao lado de Rimbaud!

O Cavaleiro Sanguinário

Precisamos tomar distância das paisagens literárias de Lubrano. Outros querem tomar a palavra. Guiseppe Artale! Um poeta e "cavaleiro", um herói de donzelas e um fazedor de escândalos, um beberrão e arruaceiro, que, na Alemanha, ao praticar sua desordem por lá, era chamado de "cavaleiro sanguinário" (nascido em 1628). Artale lembra Cyrano de Bergerac – exceto pelo nariz. Ele exprime, porém, menos frenesi retórico do que uma melancolia avidamente metafórica. Também ele escreveu um poema que merece ser arrancado do esquecimento. Sobre a "namorada no jogo de dados". Os dados convertem-se em "ossos" que, "com notas negras", "gritam com estridência". Ela, a namorada, "perde

---

22. Cf. MML, p. 257 e s.
23. Acerca da mística de palavras nas fórmulas oraculares délficas, ver E. Tesauro, *Il cannocchiale aristotelico*.

diariamente", "vive por horas e morre num instante". E o que é, pois, *Cleópatra*? "Uma serpente roubou uma águia". Há um verso de Artale que relembra Pontormo: "E cosí va a chi le sue mete eccede / Sol col formar chimerizzando un ente" (Tal caminho termina por exceder sua meta apenas quando pretende formar um ser fantasiosamente). Assim ocorre, pois, com os melhores poetas maneiristas. Os melhores dentre eles são filhos de *Saturno*. "Qui fra quelli che sono, io non sono io" (Dentre os que são, eu não sou eu). Artale conhece a perda de identidade do poeta "moderno". Ele se resigna no "notturno dí", no "dia noturno"[24].

No Espelho do Século xx

"Parapeito de vento refrescante", "a vida – um penhasco cheio de gritos", tais imagens podem ser encontradas na obra do poeta italiano contemporâneo G. Ungaretti, que traduziu Góngora e Shakespeare. Na obra lírica de Gabriele d'Annunzio pululam metáforas preciosistas e cultistas. D'Annunzio também é um mestre em trocas de palavras e em desconcertantes jogos de palavras. Muito "moderno", ele é um dos poetas mais talentosos da atual Itália, como já citou Edoardo Cacciatore. Eis aqui, ao menos, alguns exemplos de sua *La Restituzione*,

---

24. A história da literatura pormenorizada do "Seicento" italiano acha--se em *Il Seicento* de Antonio Belloni. Os ensaios magistrais de Benedetto Croce sobre a literatura italiana do século xvii, minas da olvidada poesia europeia, continuam sempre materialmente estimulantes. No entanto, no que diz respeito ao "barroco", seus critérios são quase sempre negativos – em virtude de sua estética racional do "buon senso". Sua obra modelo: *Storia dell'età Barocca in Italia*; e *Saggi sulla Letteratura Italiana del Seicento*. Vide também A. Meozzi, *Il Secentismo Europeo*, Menéndez Pidal cita: "O *Culteranismo* existiu em todas as épocas e em todas as literaturas" (p. 42). Seus critérios correspondem à escola de Croce. Em investigações instigantes, C. Calcaterra mostra-se acessível em *Il Parnaso in Rivolta* e em *I Lirici del Seicento*. Uma rica bibliografia acerca do "Seicento" encontra-se, sobretudo, na obra de Belloni e em F. Baldensperger, *Bibliography of Comparative Literature*, p. 394-448, p. 728 e s. A esse propósito, cf. sempre a já citada obra de Mario Praz sobre o "Seicento". Cf., também, mml e as partes seguintes.

que é tão singular quanto profunda: "a efetividade liquefaz-
-se tal como cera líquida", "o telefone na parede – o último
membro amputado", "as mãos são um fórum", "a morte um
quiromante", "o céu tem coágulos sanguíneos".

Preciosismo

É possível ser justo com a magia da poesia maneirista de
nações particulares, na ubiquidade de artifícios formais
e, com mais razão ainda, na riqueza em individualidades
que não se prestam, em absoluto, a reduções? Quando se
pretende afirmar o conjunto e, ao mesmo tempo, ser justo
com o particular, isto implica um árduo empreendimento.
Contudo, acreditamos que, mesmo esse perfume ímpar, o
mistério da intransferível pessoalidade também deveria
ser perceptível, em conexão com a coletividade literária,
precisamente no que diz respeito aos "maneiristas", quando
se lê metáforas, em vez de teorias.

Os "preciosistas"! Imediatamente antes de seu classicismo mundialmente dominante, a França não dispunha de nenhum Góngora, mas tinha uma série de *poetae minores*, cujo valor somente agora começa a ser, gradativamente, percebido[25]. Numa análise magistral, René Bray reuniu o "preciosismo" francês da Idade Média até Mallarmé e o presente[26]. O fato é que uma tradição da poesia francesa – de Maurice de Scève a Du Bartas, Philippe Desportes e o Hôtel de Rambouillet a Verlaine, de Valéry até o surrealismo – foi compreendida enquanto "preciosista" no sentido maneirista, sendo que, neste ponto – na arte –, nós teremos que pensar igualmente no maneirismo específico da Escola de Fontainebleau, mas também no grotesco de Callot.

---

25. J. Rousset, *La Littérature de l'âge baroque en France*.
26. R. Bray, *La Préciosité et les Précieux*, ver também V. L. Tapié, *Baroque et Cassicisme*.

Conselheiro da Graça

A metafórica, finamente domada, também é a marca distintiva do preciosismo francês. A metáfora está a serviço tanto da ocultação quanto da sutileza, em especial, entre as décadas de 1580 e 1630. A metáfora preciosista – que, com frequência, teve sua importância subestimada – não perde, em absoluto, o seu caráter demoníaco até mesmo na diversão. O esforço pela elegância, pela graça, é um modo específico da engenhosa reconstrução do mundo em épocas de crise. A metafórica árcade ou a artificialidade dos salões maneiristas é, inclusive, um dos modos mais fascinantes de superação do horror. A desdemonização do mundo efetua-se, aqui, com uma demonização metafórica sublime e jocosa. Também a esse respeito, eis alguns exemplos.

Pode-se encontrar soma maneirista (metáfora analógica) em Langier de Porchères (1566-1653): raios são "olhos, deuses, céus, sóis". O "espelho" converte-se num "conselheiro da graça", as faces transformam-se em "tronos do pudor". Um melancólico tem uma "alma noturna". O amor é um "concerto de dissonâncias" e um "labirinto de corpos". O preciosismo francês cria um amável labirinto de metafóricos jogos de palavras. Surgem câmaras de tesouro do maravilhoso e dicionários do preciosismo[27]. René François apreciava, por exemplo, tudo o que era raro, antigo, de difícil compreensão, hieróglifo, e prevenia-se contra o que há de normal[28]. No entanto, em vista do simples jogo linguístico social dos preciosistas, alguns poetas pré-clássicos da França são muito mais interessantes – sobretudo, Jean de Sponde[29]. Nesses maneiristas, igualmente "saturninos", deparamo-nos com elementos que impelem para muito além do "preciosismo", com características de um ducto da expressão gestual maneirista que não é apenas socialmente jocoso. Nesses casos

---

27. E. Tabouret, *Les Bigarrures*; R. François, *Essay des Merveilles*; T. Gautier, *Les Grotesques*.
28. R. François, op. cit., p. 459.
29. J. Rousset, op. cit.

em que maneirismos formais se unem ao pensar o maneirista genial[30], lembraremos uma vez mais de Baudelaire, sobretudo, tendo em vista uma "metáfora paralógica" tal como esta: "A carne cheirava a fruta doce do prazer atual. / O espírito vive apenas da única esperança nos ausentes".

Boi na Torre

Pensamos no mundo "grotesco" de Callot e Baudelaire, quando lemos um dos poetas pré-clássicos mais interessantes da França no século XVII: Théophile de Viau. Aqui, encontramos um "doentio ar catarroso, olho do céu lacrimoso, que cega na vista da Terra"[31] o susto do "aborrecimento sem fim"[32], mas também uma "montagem" alógica que é digna de Arcimboldo: "Um riacho corre monte acima, / um boi na torre, / sangue corre dos penhascos, / a serpente junta-se à ursa. / No topo da antiga torre / uma víbora dilacera um abutre, / fogo arde no gelo. / O sol torna-se negro. / Vejo a lua cair. / Esta árvore abandonou seu posto"[33].

Não nos esqueçamos, aqui, porém, o mais abstruso *poète hétéroclite* da França no século XVII: Louis de Neufgermain[34]. Num poema dedicado à senhorita Dinton, diz-se: "Dame harmonie c'est Dinton / Son luth faisant dre lin din din. Sonné sonnets, et sansonné. / O'qui par sa forme sphérique". No século XIX, Lautréamont cumprimenta o "velho oceano" como "grande celibatário"[35]. Para Lautréamont, o polvo marinho tem um "olhar de seda". Esta metáfora deve ter impressionado Salvador Dalí quando ele decidiu fazer um "retrato imaginário" desse precursor genial do surrealismo.

30. R. Stamm, Englischer Literaturbarock, em R. Stamm (ed.), *Die Kunstformen des Barock-Zeitalters*, p. 323 e s.
31. T. de Viau, *Oeuvres poétiques*, p. 35.
32. Idem, p. 55.
33. Idem, p. 165.
34. Ver supra p. 69-70.
35. *Oeuvres Complètes*, p. 18 e s.

Em sua *Primeira Antologia Viva da Poesia do Passado*, Paul Eluard assume a "quimérica descrição de um ser racional fabricada com telões" (1713) do abade Claude Cherrier[36]. Eis, pois, como exemplo disto, apenas os primeiros versos – que, em virtude de suas intraduzíveis trocas de palavras, já nos são conhecidos (Parte I): "Il a un corps de garde, / des membres de période, / une tête d'Armée / une face de théatre, / des traits d'arbalère" etc. Isto está eletivamente aparentado com o *disegno fantastico* de Zuccari, com as *bizzarrias* de Bracelli[37].

No século XX, encontramos a mesma técnica da reversibilidade metafórica em Morgenstern, Apollinaire, Arp, Enzensberger, Antonin Artaud e noutros mais[38]. Outros autores exemplares da tradição francesa são típicos de Eluard: Du Bartas, Desportes, de Sponde, Chassignet, d'Aubigné, de Viau, Saint-Amant, Cyrano de Bergerac.

A estética da união dos disparatados torna-se um acontecimento "surreal" antecipado. A receita de Lautréamont é levada a cabo prematuramente: "A beleza é o encontro acidental de uma máquina de costura e de um guarda-chuva numa mesa de operação"[39]. A maioria dos atuais surrealistas pode declamar de cor tanto o poema de Théophile de Viau como a sinistra fórmula de Lautréamont.

Vogais Antigas

Os "modernos" de Paris – desde Apollinaire até Paul Celan, passando por Ivan Goll – também conheciam a técnica da metáfora paralógica "por dentro". Por certo, cabe a Apollinaire o laurel de pré-sucessor. Porém, isto jamais é dito, num sentido polêmico. Ao contrário! A vivência da *continuidade* maneirista deve despertar nosso sentido

---

36. Cf. *Première anthologie vivante de la poésie du passé*, p. 303.
37. Cf. MML, p. 187 e s.
38. Ver supra p. 66-67.
39. Cf. MML, p. 24.

para o fundo enigmático da história europeia do espírito e conferir-nos a felicidade da ancestralidade espiritual: o acadêmico do antiacadêmico comprova-nos a força da demonização da forma atuante nas antigas culturas, e justamente lá, onde as formas são dissolvidas no *furore* criativo.

Precisamente Apollinaire – decerto não tão "formado" como se acreditava – flertava com a natureza alexandrina. Ele adorava as *antiques vocales* e procurava, com os "bouquinistes" à margem do Sena, literatura incomum – em especial, do século XVI e XVII, e, preponderantemente, erótica. A própria crítica francesa dá a entender que os livros pornográficos que ele escreveu sob pseudônimo eram bem castos. Apollinaire admirava – assim como os cultistas de outrora – mitos raros e todas aquelas figuras retóricas que eram tidas como errôneas pelos aticistas, além do romantismo "irônico" aos moldes de Brentano e Heine. Sua metafórica – incentivada, sobretudo, por Rimbaud – conduziu-o a um coquetel de palavras cujos ingredientes são inconfundíveis. (Por exemplo: "A chuva impetuosa penteia a fumaça"; "meus olhos, um par fatigado na vinha sangrante"; "ofegar pomposo de groselhas sangrentas"; "sol negro". "Numa barriga cortada, escondi quatro *is*, quatro *os* e quatro *des*", "Torre Eiffel, pastora de pontes"[40] etc. A "alquimia do verbo" rimbaudiana! Há, nisto, muitas metáforas paralógicas – no sentido de Tesauro e Gracián ("mesquita" como fábrica, "escola de tambores feitas por anjos", "um salão na profundeza de um oceano" etc.)[41]. Lembramo-nos: para Rimbaud, estes são "sofismas mágicos". Acreditamos que Apollinaire tinha ideias elementares. Novas investigações indicam, no entanto, que ele corrigia suas ideias de uma maneira memorável (no sentido do "fazer" sugerido por Tesauro). Ele obscurecia seus poemas automáticos propositadamente, na medida em que tomava versos de diferentes poemas e combinava-os entre si. Uma "colagem"[42] engenhosa, mistura extrema dos

---

40. Cf. G. Apollinaire, *Textes inédits*, p. 75, 83, 85 e 99.
41. Idem, p. 201.
42. Idem, p. 101.

143

disparatados, algo semelhante ao que se dá nas imagens arquitetônicas de Desiderio Monsù! A procura, a experimentação no sentido obscurante é, pois, em Apollinaire, muito mais intencional do que em Rimbaud. É algo que corresponde muito mais à engenhosa arte de associação de Tesauro e Gracián. Apollinaire é de linhagem mediterrânea. Ele era tudo menos um "enganador", quando aspirava ao *inganno* lírico. Se ele não fosse um poeta importante, do qual já se aproximam atualmente quase duas gerações, seria supérfluo falar tanto a seu respeito. É preciso não ter dúvidas quanto à sua ancestralidade histórico-literária: ele pertence aos arquimaneiristas asiaticistas, remetendo, por certo, a um sentimento de tradição mais instintivo do que consciente. Não é de admirar que Apollinaire, que pretendia ser tão "moderno", frequentemente se pronunciava com irritação a respeito dos equívocos dos modernos mais atuais.

Eis aqui outros exemplos de metáforas, bem como de uma condizente combinatória de palavras, da literatura francesa contemporânea: "L'agile / Achille / Mutile / La ville / Du pâmé / Priam" (Alfred Jarry). "Il passe sur automobiles – comme sacs à loto móbiles" (Max Jacob). "Terra = *madrépore*" (coral de estrelas) "des morts", dos mortos (Pierre Jean Jouve). "Nossa rede de amor equivale a letras sobre uma árvore". Abraço = "polvo apaixonado com pernas e braços" (Jean Cocteau). "No vazio de silenciosas e pesadas janelas" e – notadamente maneirista – "O mundo inteiro depende de teus olhos puros / e todo meu sangue escorre para o seu olhar". "A Terra é azul qual uma laranja". "Fizemos a noite". "Viajo em teus olhos". "Minha cama, um mexilhão vazio". "Escrevo teu nome nos muros do meu fastio" (Paul Eluard)[43].

---

43. C. Bo (org.), *Nuova poesia francese*, p. 5, 25, 34, 146 e s., 167, 217 e s., 228, 236.

Neomarinismo

No ápice vanguardista, a França foi o primeiro país europeu a descobrir, na atualidade, Marino e os marinistas[44]. Entre outros, foram traduzidos Marino, Dotti e Lubrano; Marino aparece superdimensionado (num prefácio de Rousset) e Lubrano, por sua vez, é "admirable". Mas, eis o que é admirável: por meio das traduções para o francês, os marinistas – nova moda depois de 350 anos – adquirem uma surpreendente elasticidade e elegância, as sóbrias cantinelas de Mallarmé. Do já conhecido poema de Lubrano, eis aqui ao menos alguns versos, reveladores dessa nova "tournure" francesa: "Os ângulos de incidência / medem as perspectivas de suas voltas". – "A beleza nativa de cedros fantásticos". – "Um Vertumne navegador / desembarca sobre as margens dos Perus de florestas douradas".

---

44. Cf. *Cahiers du Sud*, n. 332.

9. DEFORMAÇÕES DE SHAKESPEARE

Perspectivismo Linguístico

"O homem dirige-se a algo próprio até mesmo naquilo que é metafórico. A cada alegoria pertence também uma essência. No movimento cambiante do *espelhamento* alegórico de todas as coisas entre si por meio da linguagem não é a nulidade do espelhamento de nada que se nos faz presente, mas, de fato, uma gradação de essências"[1]. A metafórica maneirista pode conduzir a uma dança lítero-espectral de meras cópias do mundo, mas também pode contribuir para que aquilo que há de primordialmente mundano possa reluzir. Em nenhum outro lugar esse dilema moderno torna-se maior e imponentemente mais visível do que no mundo de palavras de Shakespeare. Num sentido criativo, a poesia inglesa, que vai desde Shakespeare até Crashaw, representa, sob os mais variados

1. Cf. K. Jaspers, *Philosophische Logik. Von der Wahrheit*, p. 399.

aspectos, um ponto alto do maneirismo europeu. Como já foi indicado, a Inglaterra foi, em grande medida, poupada do movimento barroquista do maneirismo. Extraordinariamente, a poesia anticlássica – o contrário, portanto, daquilo que os ingleses chamam de poesia augustana – tornou-se atuante no século XVII apenas na Inglaterra e na Espanha.

Leviandade Melancólica

Lembramo-nos aqui dos círculos de oximoros de Marino sobre o amor, tais como: "Lince cego e Argos prisioneiro, velho sedento e velha criança" – "eterno abismo de 'discórdias concordantes' "[2]. Em *Romeu e Julieta*, o amor é: "leviandade melancólica, vaidade séria", "fumaça luminosa" e "chama fria", "sono sempre desperto" e "ódio amoroso"[3]! No entanto, na mais poderosa ruptura pararetórica da literatura europeia (sob a conservação do instrumentário retórico), tais metáforas ainda produzem, em Shakespeare, um efeito convencional. Elas também são ditas, por certo, nos momentos da mais elevada excitação sentimental, como, por exemplo, quando Julieta relata à guarda a morte de Romeu, mas, em Shakespeare, entra em cena uma inusitada deformação – "louca", diria Tesauro. A fim de revelar uma esfera da alma mais profunda e conduzir a um outro patamar existencial, a metáfora convencional torna-se, aqui, irracional num duplo sentido. Por meio de um rompimento intelectual e uma combinação racional entre letras e palavras, ela é arrancada da convencionalidade *emocional* e impelida a um domínio de artificialidade mágica (algo da ordem do desespero). Com base tão só em nossos apontamentos sobre Gracián e Tesauro, sabemos que isto valia enquanto prova de potência poética no sentido de um antinaturalismo radical. Nas traduções, contudo, o respectivo *ingenio* de Shakespeare tornar-se-á

2. Cf. MML, p. 287.
3. Cf. Ato I, Cena 1.

pouquíssimo visível. Citemos, pois, no texto inglês original, essa passagem (III, 2), a fim de comprovar a reversão de uma metáfora (perspectivismo no sentido de Borromini e Tesauro). Contudo, a expressão *puns*, jogos de palavras, deve ser, aqui, substituída por uma outra. Sugerimos, conforme os fenômenos histórico-artísticos no século XVI, o conceito de uma perspectiva linguística ilusória. A passagem diz:

> Hath Romeo slain himself? Say thou but 'I'
> And that bare vowel 'I' shall poison more
> Than the death darting eye of Cockatrice,
> I am not I if there be such an 'I'.
> Or those eyes shut, that makes thee answer 'I':
> If he be slain say 'I', or if not, no.*

Trata-se de um jogo de palavras bem "engenhoso", mas facilmente "resolvível" com a vogal "I", que não se deixa reproduzir por meio de tradução – como tantas outras em Shakespeare. Em inglês, a vogal "I" significa "eu", mas também... "sim" ("I" = "Ay" – pronunciado como "I").

Num momento de excitação pessoal, o jogo de palavras eleva a metáfora a partir de simples referencias sensíveis numa ambiguidade amplamente explosiva. A ilusão da tristeza torna-se duplamente visível, tal como as figuras nos afrescos revestidos de Federico Zuccari que, com o observador em movimento, dela se aproximam ou se afastam[4].

Perspectiva Linguística Ilusória

Há tanta literatura excelente acerca da metafórica em Shakespeare que nos contentaremos com apenas alguns

---

* Por acaso Romeu suicidou-se? Basta que diga "sim", e essa palavrinha me envenenará mais que o fatal olhar do basilisco! Deixarei de existir, se houver um tal "sim", e se já estiverem sem vida os olhos que esse "sim" indica... Ele morreu? Diga "sim"ou "não" (N. da T.).

4. Cf. também, em *Tróilo e Créssida*, Ato III, Cena 1, a verve sofística de grandiosas manifestações grotesco-linguísticas no "modo" de fala de Tersites.

exemplos "abstrusos". "Oh, ela ensinou às velas a arderem com brilho! Tal como um rubi na orelha do mouro" (*Romeu e Julieta*, I, 5, 43-44). "A ação é um escravo da limitação" (*Tróilo e Créssida*, III, 2). "Ouro" = "escravo amarelo" (*Timão de Atenas*, IV, 3). "A escória da coragem" (*Timão de Atenas*, I, 2). "Suficientemente alimentado de estremecimento" (*Macbeth*, V, 5). Assim como obras de arte de épocas passadas se abrem de maneira diferente às novas gerações, o mesmo se dá com as obras primas da poesia. M. M. Mahood[5] cita a pergunta de Addison: "Tornamo-nos então uma raça de jogadores de palavras?". O fato é que, de acordo com Mahood, "os augustanos [nós dizemos aticistas] renunciaram ao jogo de palavras de Shakespeare e desaprovaram a era vitoriana, a qual, porém, é por nós apreciada"[6].

Uma geração que ama o *Finnegans Wake* de James Joyce não pode correr o perigo de ignorar as sutilezas literárias de Shakespeare. Ao contrário. Como lemos em Mahood, composições artísticas literárias "são reconhecidas pelos críticos atuais como sinais de elevado talento poético". Também nisso se assemelham os séculos XVII e XX. As razões sociológicas para tanto são evidentes: no século XVII, a defesa de uma cultura aristocrática contra a modificação revolucionária de classes; no século XX, a defesa de uma cultura elitista contra

---

5. Cf. *Shakespeare's Wordplay*.
6. W. Clemen, *The Development of Shakespeare's Imagery*; e M. Lüthi, *Shakespeares Dramen*. Cf., em tais trabalhos, sobre o "maneirismo" em Shakespeare – e justamente no que tange às determinações de conteúdo e à técnica cênica (embriaguez, loucura, crueldade, contraste etc.), p. 130 e s. Ver também, a esse respeito, a sempre conceituada apresentação de Levin L. Schücking, em *Charakterprobleme bei Shakespeare*, bem como *Shakespeare und der Tragödienstil seiner Zeit*. Outras indicações: E. Holmes, *Aspects of Shakespeare's Imagery*; e E. A. Armstrong, *Shakespeare's Imagination*. Sobre o marinismo na Inglaterra, ver, sobretudo, M. Praz, *Secentismo e Marinismo in Inghilterra, Studi sul concettismo*; *La poesia metafisica inglese del Seicento* e *Richard Crashaw*. Para orientações histórico-literárias: D. Bush, *English Literature in Earlier Seventeenth Century (1600-1660)* (especialmente p. 104 e s.), assim como I. Hussain, *The Mystical Element in the Metaphysical Poets of the Seventeenth Century*. Vide, neste caso (assim como em S. Raiziss, *The Metaphysical Passion*), a bibliografia exaustiva.

a civilização de massas. O que não exclui o fato de que os então defensores da aristocracia podem ser maldosos libertinos e os defensores da atual cultura elitistas revolucionários agressivos (contra tudo e todos).

A metafórica de Shakespeare é variegadamente associativa no sentido de uma união dos disparatados. Mas ela se nos revela mais intensamente na obra de Shakespeare (o drama era, para ele, uma "metáfora ampliada"). Seu impulso à ambiguidade e à ambivalência da linguagem é uma expressão de profunda discrepância linguística, de uma inocência linguística que se tornou incerta, de um profundo ceticismo[7], de todo período específico de então, de um tempo em transição. Como na moralidade de Gracián – apenas uma geração depois –, tudo se torna ambíguo. Hamlet retorce, remexe palavras e frases pelo menos noventa vezes ao longo de seu problemático destino cênico. Timão, talvez uma das personagens mais modernas de Shakespeare, não o faz com uma frequência menor. Rei Lear, uma figura que Shakespeare irmanou a Ésquilo, profere velozmente metáforas alógicas e deformadas em situações psíquicas extremas[8]. Shakespeare situava-se numa encruzilhada linguística infernal entre o hoje e o amanhã. Se acompanharmos as novas pesquisas inglesas, veremos que a convicção cabalística e também neoplatônica, de que uma palavra designa uma coisa de modo absoluto, e segundo a qual uma palavra é, por isso, tão boa quanto uma coisa, foi abandonada por Shakespeare em alguns momentos. Uma geração de céticos procurou conceder à linguagem convencional aquilo que denominamos "perspectiva ilusória". Em tal ceticismo, as palavras terminam por se tornar anamorfóticas. Seu fundamento é encontrado no disforme. Mais uma vez, a influência do nominalismo torna-se perceptível[9], e nos lembramos do fato de que, para descobrir novas relações entre palavra, coisa e sujeito,

---

7. Cf. infra p. 375-376.
8. Cf. M. M. Mahood, op. cit., 164 e s.
9. Cf. MML, p. 200 e s., assim como nossas indicações acerca do "nominalismo", supra p. 94-95.

Francis Bacon rompera com a tradição realista. "Amar uma palavra", escreve Bacon, antecipando-se a Wittgenstein e a outros, "significa amar uma imagem". "As palavras não são imagens das próprias coisas"[10]. Nos melhores autores dessa época inauditamente profunda, a linguagem sucumbe a uma *reductio ad absurdum*.

Mesmo Shakespeare – e isso consiste numa de suas características essenciais mais profundas – permaneceu, com dotada superioridade, no centro desse delírio de um mundo despalavreado e, ao mesmo tempo, repalavreado. Ele permaneceu na tensão, mas não sucumbiu nem ao hipermaneirismo niilista de alguns de seus contemporâneos nem à disposição compromissada dos "augustanos" classicistas vigentes, que se colocavam sempre como alternativa. Na obra tardia ele encontrou o equilíbrio. O mapa linguístico corresponde novamente e com mais intensidade a um sábio conhecimento humano. Contudo, quando se ouve Shakespeare, permanece sempre viva a pergunta – desde que a dúvida foi despertada – a partir da qual a linguagem parece orientar-se por si mesma: "Quem é aquele que pode dizer-me quem eu sou?".

Em muitos princípios, a modernidade literária foi antecipada bem antes do Renascimento. Em Shakespeare, ela irrompe de modo vulcânico. A figura de Shakespeare enquanto bardo, modelo de gênio poderoso, veio definitivamente abaixo. O próprio Friedrich Schlegel afirmou que já não se tomava "Shakespeare como um poeta raivoso e frenético, próprio a 'tempestade e ímpeto', mas como um poeta *planejador*"[11]. Mais e mais, a nova pesquisa expressa seu espanto no que diz respeito ao "learning", à maestria artesanal de Shakespeare. No empíreo, ele pertence aos maiores engenheiros e operadores da poesia. Mas não é nem aticista nem asiaticista, nem maneirista nem classicista. É tão só S-h-a-k-e-s-p-e-a-r-e, sendo que ninguém sabe ao certo o

---

10. M.M. Mahood, p. 172 e s.
11. Cf. *Kritische Schriften*, p. 178.

que este criptograma significa. Como foi dito, centenas de livros foram escritos com o propósito de procurar, nas "cifras" de sua obra, o seu nome, a sua face. De sua identidade resta como certo apenas a sequência destas discutíveis onze letras, a cifra da mais elevada e délfica arte.

Os "Metafísicos"

Já à época de Shakespeare atuava um grupo de poetas que, por referências meramente polêmicas, conservavam o seguinte nome: "poetas metafísicos"[12]. No que diz respeito à sua lírica, Shakespeare agregou-se a eles[13]. As metáforas dos "metafísicos" são de uma força desafiadora, bem como de uma agudeza espiritual silogística. Sua poesia foi deliberadamente escrita para apenas um círculo de *happy few*. Apenas raramente esses versos eram publicados durante a vida dos autores. Desse círculo de aproximadamente trinta poetas, o mais velho nasceu em 1564 (Shakespeare) e o mais novo morreu em 1669 (Henry King), portanto, no período maneirista que nos é familiar. John Lilly, o autor do afetado e preciosista *Romance Story, Euphues, the Anatomy of Wit* (1578), pertencia, em contrapartida, àquele primeiro maneirismo palaciano, cujas primeiras e tímidas ressonâncias podem ser encontradas em Castiglione[14]. Sua gestualidade é mais ousada que a de Tasso, mas sempre mais aparentada a uma metafórica mais amansada do que aquela de Marino ou Góngora. Não obstante, a expressão "Euphuism" converteu-se num sinônimo de maneirismo literário na Inglaterra[15]. No entanto, no que diz respeito à nossa gênese, isso só é pertinente no sentido de um prólogo maneirista. Os motivos ricos no

12. De uma ambivalente polêmica surgiram também as expressões: gótico, barroco, romântico e, com maior razão ainda, muito dos "ismos" atuais.
13. Cf. H. Grierson (ed.), *The Poems of John Donne*; H. Garner (ed.) *The Metaphysical Poets*.
14. Cf. MML p. 31 e s.
15. Cf. J. Winny, *The Descent of Euphues*.

sentido "paralógico" e tematicamente audazes encontram-se na obra dos "poetas metafísicos". Hoje, o seu redescobrimento e o seu "moderno" reconhecimento engrandeceram novamente a glória literária da Inglaterra.

"A Última Noite do Mundo"

A metafórica de John Donne, Henry King, Francis Quarles, George Herbert, Thomas Carew, William Davenant, Richard Crashaw, Abrahem Cowley, Andrew Marvell e Henry Vaughan – para citar apenas alguns – é inesgotável[16]. Crashaw, por exemplo, não era apenas maneirista, mas também marinista. Ele traduziu *La Strage degli Innocenti* de Marino. O resultado é, porém, interessante. Conduz a um aprofundamento lírico[17]. Assim como John Donne, Crashaw também adorava anagramas. Assim é que John Donne escreveu no maior caso de morte de sua vida: "John Donne, Ann Donne, Undone" (ou seja, J. D., A. D. é destruída na unidade anterior, já que A. D., a esposa, morreu). Mas Crashaw (nascido em 1612 ou 1613) não é apenas mais exuberante; ele também parece tomado por uma excitação profunda e mística, movido por verdadeiros motivos pessoais. Famoso é o seu hino à Santa Teresa[18]: "Ela não possuía sangue para deixar ruborizar, para si, a espada culpada". "Seu amor é como a morte mil vezes fria numa taça" (cálice, copo), o que lembra uma célebre imagem de Rilke sobre a morte. "Um espinho penetrou três vezes nessa rica flama". "Soldados do amor (anjos) aproximam-se para provar-lhes sua arte do arco". Um dos mais grandiosos poemas da literatura inglesa dessa época, tal como o poema da Sicília de Lubrano, as *Soledades* de Góngora e também,

---

16. No que diz respeito à literatura acerca desse tema, vide a bibliografia em S. Raiziss, op. cit.
17. Cf. *The Times Literary Supplement*, 3 de maio de 1957, quanto a *The Poems of R. Crashaw*.
18. Cf. H. Garner (ed.), op. cit., p. 206 s., e ver sobre o erotismo místico MML, p. 281 e s., e infra p. 361-363.

como não se pode esquecer, como algumas estrofes no *Adônis* de Marino[19].

Coração = Pavilhão Vermelho

O "problemático" contemporâneo não pode apreender a "beleza manchada" daquilo que perambula "impropriamente" senão sob a forma de metáforas. A esse propósito, temos alguns exemplos ingleses e norte-americanos: Num poema intitulado "Geschekte Schönheit" (Beleza Manchada), de G. M. Hopkins, encontramos um *concetto* de metáforas perfeito e com típicos oximoros: "Todas as coisas de modo impróprio, intrínseca e raramente estranho; / o que é sempre mutável, misturado (quem sabe como?) / Depressa: devagar; doce: azedo; brilhante: opaco; / Aquilo que ele produz e cuja beleza é imutável: / exalta-lhe"[20]. W. B. Yeats possui uma visão de César: "Mosca de pernas longas que, em seu voo, movimentou seu espírito no silêncio"[21]. Em sua *Waste Land* (Terra Devastada), T. S. Eliot encontra uma "montanha morta de dentes furados que não podem cuspir" e "a floresta encurvada no silêncio". Ali, "rebentou o pavilhão do rio". A inesgotável Francis Thompson sente o seu coração como um "pavilhão vermelho". Para Mac Neice, em contrapartida, a "Circe" é de uma "beleza infrutífera, um

---

19. Sobre o maneirismo na literatura inglesa do século XVII, ver R. Stamm, Englischer Literaturbarock, em R. Stamm (ed.), *Die Kunstformem des Barockzeitalters*, p.322 e s. Com análises convincentes, Rudolf Stamm caracterizou o estilo dos "metafísicos" como "estilo de transição". Este teria surgido por meio da "destruição do mundo das formas elizabetano". Isso teria pouco a ver com o conceito de barroco. "Experimentalmente", escreve Rudolf Stamm, "esperamos introduzir o conceito de maneirismo para esse estilo de transição". Na Inglaterra, bem como nas interpretações da poesia inglesa – nunca é demais repetir –, a falsa e "poderosamente genial" representação do barroco não limitou o julgamento crítico e tampouco aquela estética da escola de Croce, que via no barroco tão só um bárbaro disparate do gosto.

20. G. M. Hopkins, *Gedichte, Schriften, Briefe*, p. 67.

21. Este exemplo, assim como o seguinte, ver C. Izzo (ed.), *Poesia inglese contemporanea*, p. 38, 86, 302, 381, 423 e 425.

pensamento de nosso próprio coração". Uma paisagem sulina comprime William Plomer numa metáfora grandiosa: "Heráldico no ardor, um escorpião".

Isso é puro maneirismo no sentido de Donne e Crashaw, sendo que não nos admira, por isso, que se possa ler uma confissão metafórica a seu respeito num poema de Roy Fuller: "John Donne, vivo em sua veste mortuária", / "Shakespeare nas rugas de uma nuvem"; / "eu invejo não apenas a sua criativa falta de equilíbrio [de Donne e de Shakespeare], / mas a aparência de escolha em sua voz triste e fatal".

Mas, uma vez mais, é James Joyce que surge – da Inglaterra – como o mais engenhoso e fantástico "inventor" de metáforas. Novamente, suas metáforas opositoras têm a ver com uma arte combinatória dos contrários, com uma ilusão intelectual de analogias das *phantasiai*. Stuart Gilbert organizou, em seu ensaio sobre James Joyce, uma tabela de tais analogias metafóricas[22]. Nela, são associados, por exemplo, "*Calipso*, casa e rins"; "*Éolo*, jornal, pulmões"; "*Teologia*, ouro-branco, herança, conto"; "*Filologia*, verde, maré cheia e monólogo"; "*Retórica*, vermelho, editor e entimema" (forma abreviada de silogismo); "*Bois de sol*, hospital, dez horas e útero". Já nos deparamos com tais cadeias abstrusas de analogias. Elas têm origem na hermética e alquímica literatura da magia greco-oriental.

Centro de Gravidade Deslocado

Isso tudo não constitui apenas a expressão de um período em transição. Experimenta-se aqui também uma poética específica e engenhosa. "O que ocorreria", exclama enfaticamente John Donne, "se essa atualidade do mundo fosse a última noite?" Elipses apocalípticas desse tipo nos fazem lembrar das visões do fim do mundo de Leonardo da Vinci.

---

22. *James Joyce's Ulysses: A Study.*

Desta feita, elas já não pertencem ao instrumentário de maneirismos exclusivamente formais. Elas correspondem a formas maneiristas de pensamento, às quais já oferecemos indicações. As mais importantes estão, pois, para trás.

T. S. Eliot caracterizou a metafórica de seus antecessores no século XVII – que, entre outros, nos é familiar a partir de Peregrini, Tesauro e Gracián – com as seguintes palavras: "Uma excentricidade de imaginação, a associação afetada do dissimilar, ou, então, a recriação excessiva de uma metáfora ou símile"[23]. Aqui, o conceito lógico e a imagem lírica interferem entre si. Isso vale, sobretudo, para o concetismo – muito além da metáfora[24]. Mas quando o sofisma alógico e a imagem poética ("engenhosamente" elaborada) se cruzam (tal como num quiasma)? Roçamos, com isso, um dos "segredos" de Kircher, Tesauro, Gracián e Mallarmé? Em breve, o laboratório espectral e "irregular" do maneirismo irá, nos casos de inequívoco talento, abrir-nos seus descaminhos de modo ainda mais profundo.

Marionetes e Ornamentação

Para Kleist, ocorre "ornamentação quando a alma (*vis motrix*) se acha em algum outro ponto para além do centro de gravidade do movimento". O "maquinista" não possui nenhum outro ponto em seu poder senão este. Quando se mira no espelho[25], perde-se a "segurança da graça". Uma "rede férrea" estende-se em torno do livre jogo dos gestos daquele que se reflete. Ele perde a sua "graciosidade"[26]. Assim, segundo Kleist, a metáfora maneirista seria um espelhamento infindável e, com isso, uma renúncia à face que se reflete em

---

23. Cf. Donne in Our Time, em T. Spencer (ed.), *A Garland for John Donne*, p. 16.
24. Cf. infra p. 233-236.
25. Cf. MML, p. 14 e s.
26. Cf. H. von Kleist, *Werke*. Bong, Leipzig, v. IV-VI, 77 e s. Sobre o deslocamento do "ponto médio" na arte maneirista, vide também MML.

si mesma. A conclusão da singular consideração de Kleist "Sobre o Teatro de Marionetes" é a seguinte:

"Pois", disse eu um pouco distraído, "precisávamos comer novamente da árvore do conhecimento, a fim de regressarmos ao estado de inocência".

"Mas," respondeu ele, "esse é o último capítulo da história do mundo".

Victor Hugo, que sempre desejou para si uma "seconde virginité", uma segunda inocência, re-torceu como ninguém – seguindo os maneirismos formais e uma *rhétorique* "proibida" – letras, palavras, metáforas e versos. Com isso, Victor Hugo – o maior poeta da França, de acordo com Gide (*Victor Hugo hélas!*) – acreditou ter reencontrado sua inocência lírica.

Onde se assenta, então, a inocência espiritual? No passado primordial ou no futuro mítico? Provavelmente, ela se situa no presente, conquanto ela permaneça um ponto de intersecção entre o mito e a crédula e quiliasta imagem do fim do mundo.

Quem acredita que esse ainda seria o sentido da existência humana, deve-se conformar em ser tão zombado quanto Calderón com sua imagem sobre a noite: "Ela disse a primeira estrofe de sua ladainha" – ou, então, quanto Andréas Gryphius, quando escrevera: "Noite, tão clara como o sol".

10. CHISTE IMAGÉTICO

Dissolução e Liberdade

Na paisagem intelectual alemã, o maneirismo desponta mais cedo na arte e na música do que na literatura. Só os de Nurembergue, com Harsdörffer e seus pastores de Pegnitz, bem como os silesianistas, com Lohenstein e Hofmannswaldau, cederam diretamente à "arte-razão". Esse atraso alemão sempre teve a mesma causa: guerras e distúrbios sociais. O "novo estilo" atingiu ápices poéticos apenas com Jean Paul, Brentano e Heine, na estética de Friedrich Schlegel e com E.T.A. Hoffmann, na atual modernidade. Para Jean Paul (1763-1825), o "arremedo natural é estéril". Dele decorre uma "repetitiva arte impoética do relógio do mundo", com a qual adquirimos mais um exemplo para a nossa coleção de metáforas[1]. Além disso: "Poesia não é um

---

1. *Vorschule der Ästhetik*, p. 27.

livro de cópia do livro da natureza"[2]. Com Tesauro, Novalis ("A poesia deve ser sempre apenas o maravilhoso") e Breton, Jean Paul esclarece: "Todo verdadeiro maravilhoso é, para si, poético"[3]. Para Jean Paul, as metáforas são nada menos que "transmutações de pão do espírito"[4]. "Os ingleses e os alemães possuem mais chistes imagéticos, ao passo que os franceses mais chistes reflexivos"[5]. "O chiste dá-nos liberdade, na medida em que dá, de antemão, igualdade". Nisso consiste a necessidade de uma cultura alemã "chistosa"[6].

Jean Paul utiliza a palavra "chiste" (alemão antigo: "wizzi" = saber, entendimento) no sentido de *ingenio* (Gracián), de *ingegno* (Tesauro), de *esprit* no linguajar dos preciosistas e do inglês *wit* (*Euphues, or the Anatomy of Wit*). O *ingenium* latino significa: "dom da invenção espirituosa". Somente o "chiste" inventa, e de improviso, inclusive. Nesse sentido etimologicamente primitivo, o chiste une o distante e separa o semelhante de modo surpreendente. Sem *ingenium* não há, pois, *stupore*. Ao chiste cumpre associar, porém, a sagacidade, a *agudeza* (Gracián), *argutezza, acume, acutezza* (Tesauro). Em latim, *acutus* significa pontiagudo, aguçado, afiado, sagaz, espirituoso. Aqui, lembramo-nos: a teoria literária maneirista de Gracián intitula-se *Agudeza y Arte de Ingenio*, e a obra de Tesauro traz o subtítulo *Idea dell'arguta e ingegniosa elocutione*[7]. Segundo Jean Paul, a sagacidade está aí justamente "para que se encontre a dessemelhança". O chiste encontra, antes, "as relações semelhantes em grandezas comensuráveis"[8], e, portanto, ele "junta as situações mais apartadas" (Tesauro). A sagacidade é capaz, sobretudo, de pensamento lógico-combinatório. Para Novalis, o chiste é "eletricidade espiritual". Aprendemos dele algo profundo:

2. Idem, ibidem.
3. Idem, p. 34.
4. Idem, p. 185.
5. Idem, p. 191.
6. Idem, p. 202, 203.
7. Sobre os tratadistas, ver outros exemplos, na nossa terceira parte, Pararretórica e *Concettismo*.
8. Op. cit., p. 171, 172.

"Humor (deste tipo) é mania arbitrariamente artificial. O arbitrário é, aqui, o elemento picante". "Lá onde a fantasia e a capacidade para julgar se encontram, surge o chiste". (Chiste sempre entendido como sagacidade da invenção espirituosa). "O chiste mostra um equilíbrio perturbado: ele é o resultado da perturbação e, ao mesmo tempo, o meio de produção. A paixão detém o chiste mais poderoso. O *estado de dissolução de todas as relações, o desespero ou a morte espiritual é algo terrivelmente chistoso*"[9]. Com tais frases, os abismos "maneiristas" são fulminantemente iluminados.

Eis, pois, dois conceitos fundamentais da literatura maneirista: o chiste (*agudeza*) e sagacidade (*ingenio*)! Trata-se aqui, uma vez mais, de esclarecer as coisas a partir dos dialéticos pontos de partida da literatura europeia. Por meio deles, tornamo-nos aptos à troca de letras, palavras e sílabas, habilitados à formação artística de metáforas, à arte combinatória e, como veremos mais tarde, também à arte dos *concetti*.

O próprio Quintiliano criticou o maneirismo de Ovídio pelo fato de este, apesar de ter *ingenium*, não abrandar sua força inventiva por meio de um *iudicium* moderado[10]. Esse e outros barbarismos semelhantes associam Quintiliano, também ele, ao asiaticismo, bem como ao africanismo e à Espanha, respectivamente[11]. Chiste e sagacidade são manifestações de formas maneiristas de pensamento. Eles geram maneirismos formais. O chiste (enquanto *ingenio*, *wit* e assim por diante) manifesta-se, sobretudo, tal como Novalis asseverou de modo tão lapidar, em épocas prenhes de tensão, em períodos de transição conflituosos, em dialéticas situações de medo e preocupação. Chiste e sagacidade deste tipo são qualidades de naturezas problemáticas (Hamlet), em períodos que se esfrangalham, e isso desde o surgimento

---

9. Cf. *Fragmente*, II, p. 118 e s. Última frase em itálico no original.
10. Cf. E. R. Curtius, *Europäische Literatur und Lateinisches Mittelalter*, p. 297.
11. *De Institutione oratoria*, I, p. 67.

das grandes culturas literárias. O esforço pelo paradoxal decorre da vivência de paradoxos estranhos e singulares. O absolutismo político censura o maneirismo "engenhoso" e "agudo". Como sabemos, Cícero falava em nome da ordenação latina, quando ele criticava o asiaticismo maneirista. O moderno é sempre "agudo". Em todos os estados nacionais da Europa, impelidos à representação fechada, ele foi sentido como algo ávido de novidade, reluzente, perigoso[12]. O chiste e a sagacidade são os pais do artificial, da ambiguidade e da equivocidade, da irritante impenetrabilidade, e, a ser assim, dos libertinos e dos subversivos em coisas do espírito. No despertar do século XVI, a cultura palaciana ainda se aprazia com suas produções, conquanto que se tratasse apenas de um "jogo", mas, já no período elisabetano, as determinações da censura se tornaram mais e mais severas. Temia-se as dissonâncias da sagacidade e os arabescos disfarçadamente agressivos do engenho maneirista (vide, entre outros, o destino tardio de Heine). Talentos desta espécie se sentiam em casa nos labirintos "mágicos" e inescrutáveis, e não nos templos piedosos de inofensivas tradições. "*Por sua própria natureza, o chiste é um negador dos espíritos e dos deuses*"[13] (Jean Paul). Para Gracián, a *agudeza* faz "do homem uma águia, um anjo, um membro de hierarquias extravagantes"[14].

Sentenças de Julgamento de Kant e Hegel

Jean Paul cunhou a fórmula: "O chiste é a sagacidade sensível e a sagacidade é o chiste abstrato"[15]. Kant esclarece: "O entendimento é sublime, o chiste é belo"[16]. No entanto, para Kant, o "belo" é regularidade natural no sentido da "finalidade".

12. Cf. MML, p. 229 e s.
13. Em itálico no original.
14. *Agudeza y Arte da Ingenio*, p. 13.
15. Op. cit., p. 176 e s.
16. *Beobachtungen über das Gefühl dês Shönen und Erhabenen*, seção II.

Seu efetuar, seu ser é determinado "pela representação lógica da finalidade da natureza"[17]. A beleza deve gerar "prazer", uma agradabilidade sem finalidade. "Belo é aquilo que simplesmente agrada"[18]. "A bela arte é uma arte, conquanto ela pareça ser, ao mesmo tempo, natureza"[19]. Se a "bela arte" deve ser vista enquanto "natureza", então o artista criativo (o gênio) deve constituir uma "inteligência" que "atue tal como uma natureza"[20]. No entanto, não há "nenhuma regra objetiva para o gosto, que possa, por meio de conceitos, determinar o que é o belo"[21].

Se também o clássico enquanto natureza sublimada permanece, para Kant, um "ideal" com um forte sinal racionalista, ele deu, no entanto, todo sentido à "irregularidade", ao irregular enquanto um elemento do belo[22], à artificialidade harmônica, à apresentação do feio e do medonho, conquanto eles não despertassem "nojo"[23]. Ao contrário de Hegel, como iremos ver, Kant permaneceu neutro com relação ao "maneirismo". Tanto mais friamente ele condenou o epigonismo maneirista, a imitação do subjetivo, o amaneirar ou o amaneirado. "O amaneirar é uma espécie de arremedo", escreve ele, "a saber, a da mera peculiaridade (originalidade) em geral, para se afastar de imitadores o tanto quanto possível, sem no entanto ter o talento de, ao fazê-lo, ser ao mesmo tempo, modelar". A "maneira" é reconhecida enquanto *modus aestheticus*, mas não os "produtos artísticos" "amaneirados", "que se fiam na estranheza e não são adequados à ideia"[24]. E remonta a Kleist a condenação do "luzente (precioso)", do "rebuscado e afetado, tão só para se diferenciar do que é comum". É "semelhante à atitude daqueles, de quem se diz, que gostam de escutar a si mesmos

17. *Kritik der Urteilskraft*. Introdução, VII.
18. Idem, Introdução.
19. Idem, parágrafo 45.
20. Idem, parágrafo 49.
21. Idem, parágrafo 17.
22. Idem, parágrafo 22.
23. Idem, parágrafo 48.
24. Idem, parágrafo 49.

ou que vão e vêm como se estivessem sobre um palco, para que os admirem embasbacados, o que sempre denuncia um incompetente". Vê-se que Kant reconhece exatamente o falso "chiste" dos homens pseudorreflexivos e condena-o tal como Schopenhauer[25].

Hegel (1770-1831), que, em virtude de sua estética clássico-idealista, censura a "maneira" do chiste enquanto "fabricação subjetiva", renuncia às "combinações" "barrocas" de Jean Paul. Apenas superficialmente ele associou o que há de mais "heterogêneo", como, por exemplo, "a flora do Brasil com o antigo tribunal do Império". Isso seria "maneira". "A verdadeira originalidade é incompatível com semelhante arbitrariedade"[26]. Com isso, acercamo-nos da origem hegeliana da estética antibarroca de Croce e de sua escola.

O clássico e idealista cânone artístico de G. P. Bellori (de 1615 a 1696)[27] impediu que Hegel vislumbrasse as origens mais profundas do maneirismo. O metaforismo (juntar duas coisas numa só) torna-se relativamente simplório quando interpretado psicologicamente, isto é, "como exigência de não se contentar com o simples, o costumeiro, o qualquer-coisa"[28]. Segunda razão: "o espírito que vê procura livrar-se da superficialidade dos objetos afins". Terceira: o metaforismo descende do "mero prazer pomposo da fantasia", do "chiste de uma arbitrariedade subjetiva". Por isso, "o que está mais distante é combinado". "Não possuir nenhuma maneira era, desde sempre, *a única grande maneira*[29], e, nesse sentido, apenas Homero, Sófocles, Rafael, Shakespeare podem ser denominados originais". Isto é o "chiste" involuntário *par excellence*. Quanto a isso, um dos muitos lampejos geniais de Hegel: o "Oriente" e a "modernidade", são aqueles que, ao contrário dos antigos

---

25. Cf. *MML*, p. 321-322.
26. Cf. o capítulo Stil, Manier und Originalität, *Ästhetik*, p. 209 e s.
27. Arqueólogo e tratadista da arte influenciado por Poussin; escreveu o classicista *Vite de' pittori, scultori ed architetti moderni* (1672). Goethe tinha-o em alta conta.
28. Hegel, op. cit., p. 399.
29. Em itálico no original.

greco-romanos, "se serviam da expressão imprópria"[30]. Não nos esqueçamos, porém: também Novalis escreveu em *Die Lehrligen zu Sais* (Os Discípulos em Sais) sobre a "linguagem imprópria" dos poetas. Mas, como romântico, ele a defendeu como "loucura encantadora", e, por isso, os poetas, enquanto encantadores, "não poderiam exagerar muito"[31].

Sobre a arbitrariedade: sabemos, pois, que tal arbitrariedade possui método. Sobre os antigos e sobre o Oriente: a Antiguidade greco-romana está longe de ser somente aticista. O asiaticismo também desabrochou na magna Grécia. O antigo asiaticismo (europeu) detém tanta metafórica quanto os únicos espanhóis citados nesse contexto de Hegel, assim como Shakespeare e Jean Paul.

"Genialidade Fragmentária"

Estamos diante de um renascimento da obra crítica de Friedrich von Schlegel (1772-1829). E com razão! Somente a partir de agora é que se começa a compreender sua profundidade, sua sagacidade e sua universalidade. Friedrich Schlegel nasceu apenas dois anos depois que Hegel. Mas como ele se sobressaía a Hegel inclusive, que diferenciabilidade do julgamento estético e que conhecimento profundo no que toca à inteira literatura europeia, no que diz respeito à sensibilidade e ao "chiste"!

Ao contrário de Hegel, Schlegel elogia entusiasmadamente a *Vorschule der Ästhetik* de Jean Paul, cuja definição da cultura do chiste é incorporada, enquanto novo meio de decifração da literatura entre a Renascença e o barroco, e – ao lado de Goethe – reconheceu e admitiu, pela primeira vez, um *"maneirismo num sentido elevado"*[32], com a

30. Hegel, op. cit., p. 400 e s.
31. Novalis, *Schriften, Fragmente*, v. IV, p. 31.
32. Cf. a resenha de Schlegel de *Vorschule der Ästhetik* em *Neue Rundschau*, p. 8.

mais cortante repreensão contra o amaneiramento epigonal. Resumamos rapidamente as dispersas observações de Schlegel sobre esse tema.

Os "poetas da razão" são positivamente valorados[33]. São manifestações de uma "retórica dinâmica" (dizemos pararretórica) da época. Schlegel caracteriza, por exemplo, Werner, Adam Muller e Fouqué como *"maneiristas no sentido elevado do termo"*[34]. Ele acrescenta Jean Paul a tal grupo neste mesmo sentido. Eles dependem da influência do "Oriente" recém descerrado por Herder. "Assim, nossa arte é, a bem dizer, poesia artística, ou seja, é antes produzida pela teoria e pela imitação entusiasmada de uma genialidade insólita do que pela própria originalidade"[35]. Schlegel é levado pelo entusiasmo. Ele escreve: "A poesia artística alemã é a precursora de uma sublime era da arte"[36]. Ele contrapõe clássico e romântico. No clássico "impera o ser, neste último o vir-a-ser"[37].

Voltamos, porém, ao nosso motivo atual, ao "chiste" em sua significação etimológica. Quanto a isso, devemos a Schlegel fórmulas que facilitam a delimitação do maneirismo como "barroco". Schlegel julga as definições de "chiste" de Jean Paul de um modo absolutamente diverso daquele de Hegel. Ele as caracteriza como "o que há de melhor e de mais satisfatório que possuímos sobre esses assuntos"[38]. No *Lyceum* (1797), ele escreve: "O chiste é, necessariamente, ou espírito cordial ou genialidade fragmentária"[39]. É possível encontrar, noutros escritos, outras definições penetrantes: "O chiste é uma explosão do espírito entrelaçado"[40]. Há um "chiste alexandrino no estilo"[41]. O chiste tem uma "tendência

---

33. Idem, p. 6.
34. Idem, p. 8, em itálico no original.
35. Idem, p. 8.
36. Idem, p. 9.
37. Idem, p. 15.
38. Idem, p. 20.
39. *Schriften und Fragmente*, p. 81.
40. Idem, ibidem.
41. Idem, p. 89.

à mística"[42]. Aí então algo surpreendente e deslumbrante: "O chiste é a aparência da centelha exterior da fantasia. Daí o seu caráter divino e a feição chistosa da mística"[43]. Ele diz ainda: "A mitologia é uma tal obra de arte da natureza"[44].

Simetria de Contradições

Lidamos aqui precisamente com uma mitologização da arte racional. Schlegel vê uma semelhança entre a mitologia enquanto "obra de arte da natureza" e... Cervantes e Shakespeare: "Essa confusão artificialmente ordenada, essa estimulante simetria de contradições, esse maravilhoso e eterno intercâmbio de entusiasmo e ironia – a mim me parecem ser, por si só, uma mitologia indireta"[45].

Esse é começo de toda a poesia: superar o curso e as leis da razão arrazoadamente pensante, e, aí então, transplantarmo-nos novamente para a bela confusão da fantasia, para o caos originário da natureza humana, à qual não conheço, até agora, símbolo mais belo do que o colorido bulício dos antigos deuses.

Aqui, a "profundidade ingênua deixa a aparência do avesso e do enlouquecido adormecer"[46]. E: "Devemos procurar o romântico mais elevado no Oriente"[47]. Nessa medida, o "verdadeiro chiste refere-se ao jogo com absoluto"[48]. Por essa razão, o "chiste" *deve* ser produto da "lógica material"[49], do "absoluto arbítrio lógico"[50]. A ser assim: "os mais antigos

---

42. Idem, p. 107.
43. Idem, ibidem.
44. Idem, p. 126.
45. Idem, p. 126 e s.
46. Idem, p. 127.
47. Idem, ibidem.
48. Idem, p. 133.
49. Idem, p. 158.
50. Idem, p. 160.

monumentos da arte chistosa são... os deuses". O chiste é a "química universal"[51].

Dirigindo-se ao conhecimento do "maneirismo em sentido elevado", nesse sentido de uma irregularidade mítica e subjetiva, Friedrich Schlegel orbita sempre em torno do maciço Shakespeare. "Sua maneira", escreve ele, é "a maior de todas, sua individualidade é a mais interessante que já conhecemos". Nesse ponto, a concepção de Schlegel corresponde exatamente à estética maneirista subjetiva de Marsílio Ficino e Zuccari, quando, por exemplo, ele escreve: "Na arte, concebo a maneira como uma direção *individual* (subjetiva) do espírito, bem como uma disposição *individual* da sensibilidade, que se exterioriza em representações – as quais devem ser *ideais*"[52]. O "domínio do amaneirado, do caracterizado e do individual" esclarece "a inteira formação estética dos modernos a partir do que há de mais interessante"[53]. Schlegel contrapõe o "amaneirado" ao "objetivo"[54].

É aqui que sua crítica se insere. Quando a inimitável subjetividade de um artista criativo é tão só reproduzida, o maneirismo degringola em mero amaneiramento[55]. "Só a maneira" não é mais um "estilo perfeito". Nessa medida – comparada com a poesia da Grécia clássica –, a "modernidade" falhou. "No sentido estrito da palavra, tampouco há uma obra de arte moderna própria, e muito menos uma era inteira da poesia atingiu o cume da completude estética"[56]. "Na caótica anarquia da massa da poesia moderna, todos os elementos da bela-arte estão dados", mas também: "os tipos opostos da ruína estética, rudeza ao lado de artistismo, escassez impotente ao lado de injúria leviana"[57].

---

51. Idem, p. 167.
52. *Kritische Schriften*, p. 139.
53. Idem, ibidem.
54. Idem, p. 146.
55. Idem, p. 147.
56. Idem, p. 152.
57. Idem, ibidem.

Epigonismo e Clownerie

Isso é um anticlímax. Trata-se do anticlímax com o qual sempre nos deparamos, quando lidamos com o maneirismo num sentido elevado. Raros cumes da completude no âmbito do irregular são rodeados por inúmeros abismos do fracasso. O "objetivo" do clássico permite a "imitação", o "subjetivo" do maneirismo permite com que a tentativa de "mimesis" degenere em burlesco. Pode-se copiar a "natureza", mas não o individual. Em virtude disso, a figura do *clown* deve valer enquanto o símbolo do maneirista, unicamente imitável num sentido tanto burlesco quanto plangente. No circuito maneirista, o sinônimo para epigonismo no âmbito clássico chama-se: *clownerie*[58].

Talvez nossa literatura também volte a ter chiste jocoso, quando compreendermos como *clownerie* as inúmeras manifestações de nossa poesia, arte e música atuais. Não temos, porém, muito do que rir, enquanto não se tratar mais apenas da ingênua e amaneirada *Commedia dell'Arte*. Schlegel já deu indícios, à sua época, de que a perda de substância mítico--religiosa da humanidade de hoje explicaria o mero gesto amaneirado de tantos poetas. Isso está correto do ponto de vista sociológico. O embotamento das massas praticamente já não atura os poetas anticonformistas. Poetas e artistas são lançados numa arena sem ouvintes e espectadores. Sob a lona vazia desse circo, os meros imitadores simulam reciprocamente sua *clownerie*. Se alguém quisesse escrever uma espécie de crítica quadrimensional de alguns líricos atuais, poderia então ocorrer que muitos poetas de hoje utilizassem entre si uma linguagem cifrada para relações muito privadas, um sistema de códigos para augúrios críticos comumente

---

58. A palavra *clown*, da linguagem circense, suplantou as antigas palavras *bajazzo* e *arlequim*. Ela foi incorporada do inglês no século XIX e advém da palavra latina *colonus* = fazendeiro, *colon* (francês) = colono. Daí *clown*, do inglês. Na antiga linguagem teatral inglesa, um *clown* é um "trocista desastrado". Para o enaltecimento da figura do *clown*, bem como a do saltimbanco, vide o poema "Le Saut du Tremplier" de T. de Banville em *Odes Funambulesques*.

partilhados. Caso se tratasse de reconduzir esses inumeráveis versos às afirmações humanas elementares, não decorreria nada de muito "secreto".

Reflexões de Goethe

Schlegel reconheceu a posição histórica e a função do maneirismo também no interior da "arte racional" alemã, mas, mais até: sua sagacidade crítica não passou ao largo da decadência tardia, que deve ter decorrido da queda do maneirismo em amaneiramento. Goethe, em contrapartida – desde sua perspectiva "olímpica" – foi bem menos visionário, mas, por certo, também bem menos polêmico. Ele via... fenômenos. E, assim como sobre tantas outras manifestações, ele se expressou com benevolência sobre esta. "O amaneirado", escreve ele, "consiste num ideal falho, um ideal subjetivado, e, por isso, não lhe ocorre a espirituosidade (o chiste) com facilidade"[59]. O maneirista "constrói para si uma linguagem na qual o espírito do falante se expressa e designa imediatamente". Goethe pretendeu, pois, apreender a palavra "maneira" "num sentido elevado e respeitável"[60]. O maneirismo foi reconhecido, mas – tal como o romântico – enquanto algo "doentio", "romântico", "saturnino". Eis o que é, para ele, o "romântico": "solidão, ausência, isolamento"[61]. Goethe concedeu-se inúmeros maneirismos (*Fausto II*), mas, mesmo na velhice, quando ele jogava soberanamente com todas as formas da literatura europeia da época, "o belo" permaneceu-lhe "uma manifestação de leis naturais secretas"[62]. A "ideia", reconhece ele, "pode transladar-nos para uma espécie de loucura"[63]. "A observação da natureza" – a partir de uma perspectiva

59. A respeito de Goethe e o "maneirismo", ver MML, p. 321-322.
60. Idem, ibidem.
61. Cf. *Vollständige Ausgabe letzter Hand*, 1833, v. 49, p. 62.
62. Idem, p. 63.
63. Idem, v. 50, p. 60.

quase divina – salva-nos de tais excessos[64]. Por fim, ele afasta esta problemática, que lhe foi sempre conhecida ao longo de toda a vida, com um humor "branco" algo suspeito. Lá onde a relação de tensão entre "natureza" e "ideia" começa a se lhe tornar incômoda, ele "foge" para "a esfera da poesia" e "renova" "uma antiga e pequena canção com algumas alterações: "Então olhais com olhar conformado / da eterna tecedeira a obra magistral"[65].

Assim, no que diz respeito a esse "fenômeno" europeu, Schlegel foi mais penetrante, agressivo e consequente. E do mesmo modo Herder, em seus *Anmerkungen über das griechische Epigramm* (Apontamentos sobre o Epigrama Grego)[66]. Herder reconheceu com clareza a arte associativa concettista-epigramática. ("Dois objetos efetivamente separados são unidos no horizonte do poeta"). Nessa relação, teríamos "imitado muitas coisas: pois encontramos muitas coisas excelentes para imitar. Quem chegasse por último e nada imitasse seria muito inoportuno". Como Schlegel, Herder reconheceu a continuidade histórica do "maneirismo", a tradição do "chiste" no concettismo europeu, na arte racional alemã.

Romantismo e Maneirismo

Jean Paul! Ele afirma que falta aos alemães o "gosto" pelo "chiste", mas não a "disposição para ele"[67]. "Já que aos alemães nada falta para o chiste senão a liberdade, ele fornece esta última"[68]. Jean Paul tinha, como poucos escritores alemães, *ingegno* e *acumen* para urdir uma rede infinita das mais secretas relações linguísticas. Com Brentano, Heine

---

64. Idem, ibidem.
65. Idem, ibidem.
66. Cf. *Gesammelte Werke*, v. 50, p. 182.
67. Op. cit., p. 203.
68. Idem, ibidem.

171

e E.T.A. Hoffmann[69], ele pertence à tradição maneirista da Europa, mas com uma autocrítica bem reduzida, com humor equilibrado, com um profundo conhecimento, sobretudo, acerca da fonte castália da grande poesia. Ele sabe a respeito das "ígneas rodas de anjos dos profetas" e conhece o perigo de meras combinações com os "pequenos rotíferos das sílabas"[70]. Ele romantizou e aprofundou a tradição maneirista alemã – aquela atinente ao século XVII. E isso é típico... do romantismo *alemão*! Nisto, ele se diferencia fortemente do romantismo nos países românicos e na Inglaterra.

O romantismo anglosaxão e românico possui traços maneiristas marcantes. O romantismo alemão espera – precisamente em suas formas "engenhosas" de uma irônica cultura do "chiste" (Schlegel, Jean Paul, Brentano, Heine), de uma tensa "arte-razão" (Novalis), ou, então, de um fantástico bem calculado (E.T.A. Hoffmann) – que *ingenium*, *ratio* e *fantasia* sejam recorrentemente dominados pelo *sentimento*. Isso constitui um momento essencial de diferenciação no que diz respeito aos elementos maneiristas no romantismo alemão. O *concettismo*, consoante à época de Shakespeare e ao "sensacionalismo" abstruso do romantismo latino, buscava, antes de mais nada, o "novo", o "raro", o "maravilhoso", o porvir anticlássico, ainda que se escondam algumas figuras sob vestimentas de cavaleria. O romantismo alemão historiza. Ele descobre a Idade Média cristã, ele tem saudades de um mundo sentimental permanente e "absoluto". Essas tensões formam as contradições aventuradas no mundo tão rico e abstruso de Jean Paul. No romantismo românico, o psicopático torna-se moda, e, sobretudo, a patologia sexual – tal como no maneirismo da época de Shakespeare. A perversão atrai – assim como a re-versão. Ela serve como um excelente elemento "anti"clássico. No romantismo sentimental alemão (e aqui Schlegel, bem como Brentano e Heine, constitui uma

---

69. Cf. prefácio à *Princesa Bambilla*, em que há uma indicação sobre a "maneira de Callot" como "base do todo".

70. J. Paul, op. cit., p. 198.

exceção), o "insólito" pertencia ao "novo estilo", mas o perverso nem tanto, e, vindo este a se tornar "moda", vinha antes como patologia criminal ("Tempestade e Ímpeto") do que como patologia sexual. O romantismo latino joga com o sentimento, mas permanece apaixonado pelas artes racionas da sagacidade. Os românticos alemães vivenciam o elementar: a *vivência*. De imediato, eles a absolutizam, mesmo quando – seguindo as tradições maneiristas – estão sempre a ironizá-la (vide Conclusão). Marino procurava o novo tal qual um matemático – mesmo na escuridão. Baudelaire espera mergulhar em abismos, indiferentemente se estes pertencem ao "céu" ou ao "inferno". Ele pretende "encontrar o novo" "na profundeza". Baudelaire conta viver e *abalar*. Marino pretende construir e *desconcertar*. O romantismo-"vivência" alemão almeja raptar em paisagens oníricas. Ele pretende enfeitiçar. A fim de oferecer algo "originário", ele quer viabilizar novamente, ao sujeito hiperindividualizado, um fundamento primordial do mundo por meio de feitiço, contos de fada e refinados melismas do canto popular frequentemente praticado. Por certo, também não falta consciência, intelecto e lucidez nos românticos da Alemanha. Mas, em geral, o superconsciente é sentido como uma oposição àquilo que está vivo.

Com isso, pretendemos caracterizar, ao menos sucintamente, o problema "maneirismo" e "romantismo" por ocasião de nossas referências a Schlegel, Novalis e Jean Paul. Que o romantismo europeu também deve, como todas as limitações, agregar o romantismo alemão à tradição maneirista, eis algo que parece evidente a partir das justificativas até agora oferecidas. Naquilo que se segue, esperamos que esse problema – bem como o problema barroco-maneirismo – seja delimitado de um modo ainda mais preciso. O convencimento é vivenciado tão só a partir do recorrente encontro com aquilo que, em princípio, constitui o elemento mais concreto do mundo: com a palavra poética.

11. ARTE-RAZÃO ALEMÃ

"Círculo sem Medida"

O local de trabalho do poeta alemão no século XVII é uma "oficina de palavras"[1]. Os pastores de Pegnitz elaboram "hieróglifos pictórico-sonoros".

1. W. Kayser, *Das sprachliche Kunstwerk*, p. 119 e s. Além disso, cf. também à guisa de bibliografia: R. Newald, *Die deutsche Literatur vom Späthumanismus zur Empfindsamkeit* (1570-1750), em especial, p. 319 e s. (o marinismo atinente aos de Nurembergue e à segunda escola poética silesiana). Vide aqui também Lohenstein e Gracián. Quanto à metafórica, cf. p. 21 e s. Cf., além disso, W. Kayser, *Die Klangmalerei bei Harsdörffer*. (Sobre Klaj e outros autores de Nurembergue). G. A. Narziss, *Studien zu den Frauenzimmer-Gesprächsspielen von G. P. Harsdörffer*. Que se note aqui a forte influência da Itália e do marinismo, bem como a importância da *Iconologia* de Cesare Ripa. Cf. MML p. 87 e s. A esse respeito, cf. as novas antologias da poesia barroca alemã, como, por exemplo, E. Hederer, *Deutsche Dichtung des Barock*; W. Milch, *Deutsche Gedichte des 16. und 17. Jahrhunderts*; H. Cysarz, *Deutsche Barocklyrik*; cf. também, a esse propósito, a já mencionada literatura, assim como a nossa bibliografia.

Jogo intelectual de pensamento e mística verdadeira desembocam um no outro. Eles abrem um caminho ao mundo gnóstico-cabalístico do pensamento. Sequências de imagens e metáforas, retiradas das câmaras de tesouros de um tópico experimentado disseminam a lâmpada enfeitiçada do poeta pelo inteiro século[2].

No maneirismo alemão, a problemática da existência torna-se atuante numa penumbra mágica e mítica singularmente interiorizada. Numa espessura frequentemente convencional de uma poesia, cujas imagens tratam, desde logo, de trocar o mundo pelo próprio mundo, pode-se encontrar, de vez em quando, flores "irregulares", "modernas". Eis, pois, os versos de Harsdörffer retirados de um poema de flores:

Fia-se
a arruda
em desconhecidos
amarantes
e ranúnculos
que cintilam em sombras amarronzadas[3]

Desabrocha aqui a partir da arte racional a flor azul do romantismo, o simbolismo num princípio de primavera intelectualmente pressagioso. Que se veja, a esse propósito, mais dois exemplos colhidos dos versos de Harsdörffer. Em seu "cultismo", pode-se encontrar pedras semipreciosas, tal como no poema sobre o "cultivo de violetas":

Chama-se ao cultivo de violetas
à fuga veloz de flores-chave
E as tulipas aos Narcisos...
Ah, sofrimento
o vestido
assim está
Dado
às videiras,
que, com todos, irão cair

2. Cf. R. Newald, *Die deutsche Literatur vom Späthumanismus zur Empfindsamkeit* (1570-1750), p. 22.
3. Cf. Der Blumen Ruhm, *Gesprächsspiele*, VI.

como os caçadores
esgotados"[4].

Os "experimentos" de Harsdörffer podem converter-se em poesia *concettista*:

> *Um 0 ou zero nos números*
> Mais que de repente sou um nada, e o tanto quanto antes nos números,
> Depois que o mestre quiser moer-me num certo sítio:
> Um anel é decerto pequeno tal como a forma deste mundo,
> A vaidade plena *tem uma consistência vazia*[5].

O maneirismo alemão e inglês do século XVII une aquilo que Gracián caracteriza como *agudeza* com aquilo que, a seu ver, deveria ser feito para além da combinatória intelectual, a saber: "escribir con alma"[6], ou seja, escrever não apenas com sagacidade e chiste, mas também com "alma", com espírito, coração. Calderón, os "metaphysicals" ingleses e alguns dos melhores poetas do "barroco" alemão possuem tal "alma".

Beleza da Beleza

A "beleza da beleza", pergunta G. R. Weckherlin, o que é ela? A esse respeito, ele fornece uma resposta maneirista (a técnica da somatória):

> Aquele que pode bem entender vossa forma, cor, natureza,
> efeito e força,
> Pode entender a altura dos anjos, a aparência,
> A beleza, o ir e o fazer.
> Pode muito bem entender para vós (contemplando a *arte da*
> *natureza*[7])
> O verdadeiro amor, a violência e a particularidade,

4. Cf. Idem, ibidem.
5. Cf. E. Hederer, *Deutsche Dichtung des Barock*, p. 79.
6. *Agudeza y Arte de Ingenio*, p. 357 e s.
7. Em itálico no original.

177

A própria beleza da beleza, a
Alma, o inimigo e a súplica
Bem como a bem-aventurança, a virtude e a amizade[8].

"Arte da natureza!" Uma vez mais, estende-se um arco das *phantasiai* dos antigos asiaticistas sobre o maneirismo da Idade Média tardia, passando por Gracián, Tesauro, Zuccari, Schlegel e Novalis, assim como sobre Oscar Wilde, Hugo Ball e que segue até Breton e Aragon, que definira o surrealismo como a "aplicação apaixonada e trazida à desordem da imagem do entorpecente".

O maneirismo alemão do século XVII encontra, desta feita, ordenações metafóricas de mundo, que ligam essa Arte-Razão a uma mística que também é, em todo caso, abstrusa. Assim é que Christian Knorr von Rosenroth metaforiza:

O Medidor da Negação

Desejas tu evitar a morte,
Então alguém há de cortar-lhe;
Meu coração, diante da face de Deus
Não cortais tua dura casca.
Tu suportas o medidor da negação,
Então tu passarás melhor aqui e para todo o sempre.
A velha carne, que está apodrecida, deve desencarecer
A fim de que, com isso, uma nova carne possa crescer[9].

Esperanto Lírico

No encontro do espírito alemão do século XVII com os maneirismos europeus dá-se – antecipando mais e mais a temática "existencial" do século XX alemão – uma unidade entre os maneirismos formais e pensantes, isto é, de modo semelhante ao que ocorrera na Inglaterra. T. S. Eliot entende que os *metaphysicals* do século XVII teriam vivenciado os "pensamentos"

8. W. Milch, *Deutsche Gedichte des 16. und 17. Jahrhunderts*, p. 61.
9. Idem, p. 137.

tal como o "perfume de uma rosa"[10]. Justamente no século XVII os poetas se sublevaram, tal como iremos ver, contra o meramente instrutivo e descritivo. T. S. Eliot descobre, aqui, como já dissemos, uma *dissociation of sensibility*, sendo que nisto consiste a grande semelhança entre as poesias dos séculos XVII e XX. T. S. Eliot compara, por exemplo, um poema de Jean Epstein com os versos de John Donne: "O Geraniums / diaphanes, guerroyeurs sortilèges / Sacrilèges monomames! / Emballages, dévergondages, douches! O pressoirs / Des vendanges des grands soirs!" Eis do que trata a combinação de letras e sons de uma metáfora prolongada como esta: intraduzível. Todos os grandes maneiristas eram poliglotas. Daí o seu sonho de criar um esperanto lírico universal, o qual James Joyce tentou levar a efeito com uma insânia arrebatadoramente sóbria. *Finnegans Wake* conjuga cerca de vinte línguas. Os respectivos "maneirismos" nacionalmente caracterizados das literaturas nacionais europeias convertem-se naquele que, com a exceção do hebraico, do grego e do latim, possui acesso, pelo menos, às principais cincos línguas europeias, tornando-se imperfeitamente compreensível. Eis algo que também caracteriza o maneirismo: o esoterismo poliglota, a troca (reversibilidade) das línguas nacionais, a combinatória com aquilo que está mais "afastado" linguisticamente[11]. Isso também ocorre no "barroco" alemão[12]. Poemas que combinam inúmeras línguas europeias não eram, à época, algo raro, e tampouco o eram entre 1880 e 1950.

"Branco Superamarelo"

Encerremos nossas indicações sobre a "arte racional" alemã do século XVII com alguns últimos exemplos. Em primeiro lugar, Laurentius von Schnüffis:

10. Cf. The Metaphysical Poets *Selected Essays*, p. 287.
11. Cf. F. Dornseiff, *Das Alphabet in Mystik und Magie*, p. 12.
12. Ver sobre Harsdörffer infra p. 261-263.

> Todas as noites meóticas,
> sorábias e góticas
> são tão só
> uma adjacente manhã brilhante
> figura de sombras
> lindamente tingida
> e irradiada pela sol
> contra a noite escura,
> que me trouxe o pecado[13].

É bem no estilo de Marino que Hofmann von Hofmannswaldau "constrói": "a quente neve dos ombros"[14]. Ele lamenta aquele que deixa a "corrente de açúcar" (o núcleo do mundo) "esgotar-se sem navegá-la". O beijo parece-lhe um "suco ambreado"[15]. Tal como Lubrano, Johann Klaj, deixa "as sombras amplamente resvalantes das tílias… acasalarem-se"; frente à fonte "o esverdear coagulou"[16]. Para Quirinus Kuhlmann, há um "branco superamarelo", e o "dia" torna-se a "noite da razão arrazoada". A metáfora fragmenta-se, então, num estilo somatório simultâneo, num mosaico (em Kuhlmann, no poema "A Mudança das Coisas Humanas"):

> O que há de bom, forte, pesado, certo,
> o que há de comprido, grande, branco, uno, sim, ar, caro,
> alto, amplo, denominado
> cuidado, mal, fraco, leve,
> torto, largo, pequeno, negro, três, nove,
> O que há de terra, vazante, profundo e perto para ser evitado[17].

Daniel Caspar von Lohenstein também é pródigo em metáforas maneiristas. "Homens" são "malparições do céu"[18]. "A beleza é um imã"[19]. Enquanto autor de um poema

---

13. W. Milch, op. cit., p. 136.
14. Idem, p. 175.
15. Idem, p. 180.
16. Idem, p. 130.
17. Idem, p. 250.
18. Idem, p. 184.
19. H. Cysarz, *Deutsche Barocklyrik*, p. 59.

intitulado "Inscrição de um labirinto", do qual iremos, mais tarde, citar alguns versos, Lohenstein considera Deus "um círculo sem medida"[20]. A velhice, porém, é "uma loucura mal acometida". Por fim, o tempo é, para Harsdörffer, uma "casa arredondada", ao passo que Johann Klaj percebe o tempo enquanto algo "repleto de neve"[21]. "Tempo sem tempo" equivale, para Johannes Rist, à "eternidade"[22].

"Monstros" Contemporâneos

A "modernidade" alemã contemporânea também exprime – por mais que ela, tal como a *poesia nuova* do século XVII, tenha muito a dever sobretudo à França e à Inglaterra – uma linha própria e inconfundível do ducto maneirista. Impulso expressivo e potência engenhosa completam-se de maneira fascinante naqueles que criam. A antiga "arte racional" vem à tona de modo diferenciado, mas repleta de nuanças. Na Alemanha, após 1945, desenvolve-se multiplamente nas ilhas do abstruso um sentido para miniaturas expressivo-engenhosas, para um tecido frequentemente tenso, mas valioso de preciosidades literárias. Mas, tudo oscila – como sempre no âmbito multissegmentado da literatura alemã – entre o preciso... e o monstruoso. Karl Krolow afirma: "Um poema ativa-se por meio de suas metáforas. Elas constituem, simultaneamente, a carne e a sensibilidade do poema. Uma metáfora deve ser a coisa mais precisa daquilo que se pode conceber". Contudo as metáforas também podem fazer de um poema um "monstrum"[23]. *Imagines insanes*? Monstros? Também eles pertencem, como se sabe, aos seres prediletos da paisagem maneirista[24].

---

20. Cf. E. Hederer, op. cit., p. 219.
21. Idem, p. 82.
22. Idem, p. 183.
23. Cf. K. Krolow, *Mein Gedicht ist mein Messer*, p. 62.
24. Cf. MML, p. 139-140.

Gottfried Benn é o poeta alemão do século xx que não constitui apenas o mais jovem avô dos mais jovens "audazes" e "coléricos". Ele se situou na tradição dos irregulares, dos maneiristas tardios, dos *décadents*, e admitiu isso[25]. "Curiosamente", escreve ele a Kasimir Edschmid – teimosa e provocativamente como sempre – há apenas "os grandes líricos franceses do século xix, que ainda estão vivos nos dias de hoje". Ele também reconheceu que vigora uma "relação" entre a lírica "nova" – em especial, a lírica "expressionista" – e "o barroco". Essas exposições teriam "tido sempre algo de convincente"[26]. Nesse momento, Benn formula o dito que se nos tornou um princípio heurístico: "No transcurso de um período cultural, situações internas se repetem, *os mesmos impulsos à expressão readquirem relevo*". Seria então o expressionismo (e sobretudo a nova lírica) nada mais que um "barroco fecal"? Algo é certo (para Benn): essa poesia (a nova) é a "dissolução da natureza, dissolução da história"[27]. Gottfried Benn enxerga a situação com precisão, e, quando mobilizava seus ataques, era extremamente lúcido. "Ele [o expressionismo] não chegou apenas ao Olimpo ou a outras terras clássicas". Com isso, o anticlassicismo da "irregular" lírica alemã do século xx é formulado – sob uma verve antiacadêmica – pelo mais sagaz poeta da língua alemã (no sentido etimológico do "chiste") depois de Hofmannstahl do modo mais desejável possível. Ele se coloca numa corrente de tradição de mais de dois mil anos, sendo que nela deslizam muito poucos Brobdingnags, mas, em contrapartida, inúmeros liliputianos.

As fontes de tal corrente assentam-se nas escaldadas paisagens greco-orientais e antiaticistas, nas quais os homens se encontram num incessante "paradoxo". Aqui, eles se movimentam sempre entre dois mundos. Um deles está repleto de cheiro de camélias, de haxixe, de bodes, de burricos e de menta, mas também de lavandas e dos afrodisíacos

---

25. Cf. G. Benn, *Ausgewählte Briefe*, p. 297.
26. Cf. a introdução de *Lyrik des expressionistischen Jahrzehnts*, p. 8.
27. Idem, p. 12.

de aroma amargado criados pelas mulheres. O outro é arrebatadoramente "anti"-natural. Cúbico. Branco calcário. Abstrato. Direcionado para o transcendente. Isolado em segredos, mas não levado pelos cavalos de circo da sentimentalidade. Mas por maus, duros, pequenos, potentes, inteligentes e indomados garanhões. Trata-se de uma *discordia concors* do moderno asiaticismo-maneirismo europeu. Daí determinadas tendências estilísticas. Benn chama-a – grandiosamente – de "transcendência do desejo criador"[28]. "Ímpeto para expressar-se, para formular, para brilhar em cada perigo e sem levar em consideração os resultados"[29]. Essa é uma fórmula de conhecimento própria à moderna poesia asiaticista-europeia e maneirista-anticlássica do século xx. Em Berlim? Na Alexanderplatz – assim dizem não apenas os franceses –, Ásia e Europa se aproximam. "A lírica", diz Benn, "é uma arte anacorética"[30].

Em Berlim, Benn era um "anacoreta" entre o Ocidente e o Oriente. De vez em quando, ele desdenhava os judeus. Isso condizia com um "populacho estúpido" (Harsdörffer). E isso lhe cabia mal. Benn era, por vezes, um poeta "nacional". Ele combatia a história, mas dela tinha pouco conhecimento. Estava mais perto dos "hospitais" do que da "Antiguidade". Estranhamente, porém, algo permanece congruente: em Hofmannstahl e Benn, as margens europeia e asiática do mediterrâneo se encontram... e precisamente... nas metáforas. Algo "mistura o cantor no sangue" / "O que?" "germens, convalescer conceitual / Broadways / Azimuth / ser da neblina e do turfe / mistura o cantor no sangue / sempre em plasmação / sempre conforme à palavra / após o esquecimento da fissão entre eu e tu"[31]. Gottfried Benn é ele mesmo uma metáfora: *discordia* neomaneirista entre a Prússia e... a Ásia. A fronteira não está longe.

---

28. *Probleme der Lyrik*, p. 12.
29. Idem, p. 13.
30. Idem, p. 14.
31. Cf. *Trunkene Flut*.

Labor dos Sonhos

Há que se arrolar ainda muitos exemplos a propósito dessa situação metafórica do maneirismo alemão do século XX? No âmbito da língua alemã, aticismo e asiaticismo entrecruzam-se de uma maneira "expressionista". A esse respeito, oferecemos mais alguns exemplos num sentido imagético "abstruso". Em Kuno Raeber (suíço), em cujos versos *alma* e *agudeza* se unem muito bem, encontramos num poema sobre "Bomarzo": "Antes do musgo tapar o já engrandecido grito de Efeu / adentrou pela boca escancarada boca de pedra"[32]. Com relação ao motivo do espelho, que se atente para Erwin Jaeckle: "A retina sugou o medo na imagem do espelho / a mosca azul desaparece como sombra"[33]. A propósito do conceito e da imagem do tempo (também E. Jaeckle): "A areia das mãos superiores / correu na pausa do relógio / olhos residentes não encontraram / nenhum vestígio / atrás das terras de giesta"[34]. Quanto a isso, vale lembrar as metáforas de Paul Celan que terminaram por se tornar na mais recente moda da lírica alemã, e, em especial, as metáforas genitivas que descendem da árvore genealógica de Marino e Apollinaire: "rochedos calcário do tempo", "cabelos brancos do tempo", "tempo touca de pedra", "leite negro da madrugada". Além disso, os oximoros: "a melancolia vivaz", "a faca da felicidade". Altamente marinista: "a sombra do coração verde como a relva", "dos elmos espumeja o sol", "bosque de sentimentos", "fonte de teus olhos", "sol da morte"[35]. E, no que tange o hieróglifo, cabe lembrar de Ingeborg Bachmann: "secreta é a boca com a qual eu falo pela manhã"[36].

Há então hipermonstros? Talvez! O que são, afinal, as seguintes passagens de Max Hölzer: "ascensão da beladona" e "o calor do acaso irá correr do invólucro da abside"? Elas

---

32. Cf. *Die verwandelten Schiffe*, ver também MML.
33. E. Jaeckle, *Glück im Glas*.
34. Idem, p. 53. Ver O Relógio como Olho do Tempo, MML, p. 129.
35. Cf. P. Celan, *Mohn und Gedächtnis*.
36. Cf. *Anrufung des grossen Bären*, e *Gestundete Zeit*.

pertencem a uma *Ode a André Breton*[37]. Produtos de um "labor dos sonhos": "no labor dos sonhos, a canção desta hora é martelada"[38]. Frequentemente, tudo se "reúne" – sobretudo na lírica alemã pós-expressionista – de uma maneira particular e que se comenta a si mesma. Daí resulta um programa metafórico e enigmático. Tais são os versos de Johannes Poethen: "um pé escreve sinais ilegíveis / na esperança do caminho"[39]. Em Carl Guesmer, encontramos: "hemorragia da florescência da cereja" / "acareação das ruas"; e – novamente programático: "o texto secreto de seu olhar não pode ser decifrado", bem como "meu coração é um gracioso leque na mão da morte"[40]. "Lá onde a linguagem atinge o seu limite, a metáfora asperge". "Em virtude dos muros intransponíveis, as metáforas ganham em penetrabilidade", lemos, pois, numa elucidativa antologia da mais recente lírica alemã[41]. Quão mais "penetrantes" terminam por se tornar as metáforas, mais abstratas elas deverão ser[42].

Nonsense

Encontramos *nonsense* de todos os tipos, sobretudo, em Arp. Aqui, as padeiras possuem "narizes infinitamente longos / como rapazes meândricos / narizes provocadores

---

37. Cf. K. Krolow, op. cit., p. 79.
38. Idem, p. 135.
39. Cf. *Risse des Himmels*. Ver também MML, p. 138.
40. Cf. C. Guesmer, *Ereignis und Einsamkeit*.
41. Cf. W. Höllerer (ed.), *Transit: Lyrik buch der Jahrundertmitte*.
42. Com respeito à "problemática" da literatura alemã contemporânea, vide entre outros: M. Rychner, Vom Umgang mit Göttern, em *Zeitgenössische Literatur*; Wiedergeburt der deutschen Barocklyrik, em *Welt und Wort*; Deutsche Weltliteratur, em *Sphären der Bücherwelt*; Der unzeitgemässe Jean Paul, em *Arachne*. F. Sieburg, *Nur für Leser*; R. Mühler, Dichtung in der Krise; H. E. Holthusen, *Ja und Nein*; W. Muschg, *Die Zerstörung der deutschen Literatur*; C. Hohoff, *Geist und Ursprung*; K. A. Horst, *Die deutsche Literatur der Gegenwart*; W. Jens, *Statt einer Literaturgeschichte*; W. Höllerer, *Zwischen Klassik und Moderne*; G. Blöcker, *Die neuen Wirklichkeiten*; W. Weidlé, *Les Abeilles d'Aristée*.

/ narizes anabásicos / narizes de jarro". Isso é "leporismo" do século XX – abstraindo totalmente o fato de que há, no século XVII, muitos poemas abstrusos e grotescos sobre o nariz. Assim como Théophile de Viau, Hans Arp revolve de bom grado todas as coisas. Daí ser possível encontrar: "um homem velho / senta-se às avessas numa cadeira / as pernas para cima e os braços para baixo / cuidadosamente, ele carrega um pequeno pedaço de céu nos pés"[43].

Coletâneas de antigos e atuais poemas *nonsense* nos revelam, uma vez mais, paisagens anticlassicistas da Europa. Na lírica do *nonsense*, a metafórica abstrusa, a arte combinatória e arte de trocar palavras são reunidas. Fenômenos lítero-grotescos maneiristas desse tipo permaneceram populares na Inglaterra. Especialistas eruditos os reúnem com zelo metódico. Seu clássico do *nonsense* é Edward Lear – com os seus *Limericks* (1846). Aquele que deseja experimentar um *stupore* artístico dessa espécie deveria ler uma das muitas coletâneas inglesas[44]. Morgenstern, por nós já citado, deve ser tomado, aqui, como um autor bastante conhecido. ("O unicórnio continua vivendo de lugar em lugar, mas tão só enquanto hospedaria")[45]. A profundidade decorre, aqui, dos "sobressaltos". Em inglês, apenas para citar um exemplo, isso se revela da seguinte maneira: "Thus through road / Becomes rough road / And curves dangerous / are transformed to curves anger us". [Assim de um extremo a outro, a estrada / torna-se acidentada / e perigosas curvas / são transformadas em curvas de nossa ira.] (Outros exemplos, vide Anexo)

Depois de um estudo da nova literatura *nonsense*, tornar-se-ia evidente a todo aquele que por ela se interessa que tal literatura emprega maneirismos formais do passado, e, em especial, metáforas imagéticas abstrusas. A influência

---

43. Cf. H. Arp, *Auf einem Bein*. A propósito da literatura *nonsense* na nova e mais antiga lírica, cf. P. Citati, "La poesia e il caso", *Paragone*, n. 92, assim como os textos reunidos por J. M. Cohen, em *The Penguin Book of Comic and Curious Verse*, e *More Comic and Curious Verse*.
44. Cf. *The Penguin-Book of Comic…*
45. Cf. C. Morgenstern, *Alle Galgenlieder*.

do *nonsense* tradicional sobre a lírica contemporânea não pode ser ignorada. Independentemente do que se queira pensar sobre esse novo e antigo *nonsense*, ele irá oferecer ao amante da linguagem prazeres com a própria linguagem e o chiste. Aqui, *ingenio* e *acuman* detêm seu livre e grande território de caça.

A Ponte Russa

Eis algo mais que uma observação final a esse capítulo: uma das paisagens mais frutíferas da nova lírica europeia, a lírica russa de 1880 a 1925 é praticamente conhecida tão só por especialistas. Isso significa uma grande perda para a Europa Ocidental. Sem o conhecimento da ponte de ligação construída histórica e espiritualmente pela Rússia entre o Ocidente e Alexandria, bem como Bizâncio – ao menos em sua eminente importância cultural e técnico-intercambiadora –, aquele que pretende estudar o maneirismo europeu dificilmente irá obter resultados satisfatórios. Isso vale tanto para a arte moderna quanto para a "moderna" literatura atual. Sem o conhecimento dos grandiosos talentos da Rússia durante a virada do século, a nossa geografia cultural maneirista irá sempre apresentar péssimas lacunas. Apresentamos algumas indicações, sobre tais contextos[46].

Cânticos Alexandrinos

Lembremo-nos aqui do seguinte: Kuzmín escreveu "Cânticos Alexandrinos", Erdmann esgotou todos os maneirismos formais imagináveis (lipogramáticos) da era de Calímaco. "Tal como um Gulliver", Maiakóvski movia-se numa maré afogadiça de metáforas asiaticistas. Soloviev,

---

46. Cf. A. M. Ripellino (ed.), *Poesia Russa Del Novecento*. Ver também G. Struve, *Geschichte der Sowjetliteratur*; D. Tschizewskij, *Formalistische Dichtung bei den Slaven*.

um dos incentivadores da "nova" lírica russa, fazia parte
de uma sociedade russa que praticava o *nonsense* no sentido de Shakespeare e Edward Lear. Nela, eram apreciados
jogos de palavras, metáforas artísticas e ousados *concetti*.
O místico e o grotesco são aqui misturados. Ivanóv fazia as
vezes de um "mágico alexandrino" e sua mulher (Lidia), por
seu turno, de uma "asiática" sacerdotisa de Dioniso. Bélyj
pode ser considerado como precursor de Gottfried Benn. A
deformação é total, frenética, mas, em geral, mais poética,
ou, ao menos, mais convincente que noutras fábricas de
palavras. Aleksander Blok, o "anjo decaído" de Petersburgo,
sentia-se ele mesmo – assim como Mallarmé – como um
novo Hamlet.

Imaginismo

A partir de 1910, surge na Rússia uma lírica laboratorial,
mas com materiais artísticos orientais singularmente pesados. Aqui também os poetas convertem-se em "engenheiros
filológicos", eles procedem novamente ao instrumentário
retórico, mas buscam, ao mesmo tempo, uma linguagem
adâmica universal. Vitalidade e ingenuidade vinculam-se
ao cálculo e ao desejo, o querer-efeito junta-se à religiosidade temerosa. Na Rússia de então, o maneirismo continha
acentos trágicos e traços apocalípticos. Pasternak, o tradutor de Shakespeare, foi comparado (na Rússia) a John
Donne e Mallarmé, mas ele permaneceu ligado a uma realidade hieroglífica que lhe era exclusivamente própria, a um
simbolismo transcendental. Surge então um significativo
"imaginismo", uma última esperança imagética entre uma
suprarrealidade dissipada e a nova realidade cruel do totalitarismo de massas. Somente entre 1920 e 1922, dúzias de
escolas "linguísticas emergentes" vieram à luz em Moscou.
Poemas desse período se assemelham aos catálogos asiaticistas de metáforas. Ocorria aos críticos russos da época
estarem próximos, uma vez mais, do século XVII.

Poesia Proletária

Seguiu-se, então, a "poesia proletária". Ela se limitava, porém, a alegorizar tal como a péssima poesia litúrgica medieval. A "imagem" foi secularizada. Surgiu uma metáfora industrial lírico-prática. De repente, a metáfora rebuscada voltava a ser perigosa. Findou-se um dos mais grandiosos períodos de florescência intelectual na Rússia. No que diz respeito ao nosso contexto, cumpre tornar patente, ao menos, o fato de que o novo "asiaticismo" *criativo* que outrora se desenvolveu na Magna Grécia a partir do Oriente, e, depois, por volta de 1900, em Paris, Berlim, Londres e Nova York, também se revestiu, na Rússia, de uma vestimenta meio contemporânea e meio antiga. Os eslavos, com sua mistura de sagacidade e mística, vitalidade e melancolia, prazer formal e veneração (também pela "arte"), também contribuíram fortemente para a espiritualização e interiorização de antigos maneirismos formais e formas maneiristas de pensamento na Europa. Ainda hoje é possível perceber isso em algumas criações líricas mais recentes; e isso mais de trinta anos depois que a noturna cortina do mero pensamento funcional – tal como o caso Pasternak provou repetidamente – baixou de modo sufocante sobre um dos povos mais talentosos da Europa. Pasternak! Quem pode passar ao largo da cínica questão de Aleksandre Blok, dessa questão asiática primordial que, nos dias de hoje, vale tanto para o Ocidente quanto para o Oriente?

> Quem é? Crina ondulante,
> e ele assobia entre os dentes:
> traidores!
> Destruidores da Rússia!
> Possivelmente um poeta –
> paira no éter…

.

189

Terceira Parte:
PARARRETÓRICA E *CONCETTISMO*

12. ALQUIMIA E FEITIÇARIA DE PALAVRAS

Hermetismo Oriental

Quando o homem vê que os sistemas de valor nos quais ele vive estão em risco, ele passa a descobrir, na maioria das vezes, novas esferas espirituais de mundo. Esse encontro com novas matérias do mundo incita Dédalo, o "inventor" no âmbito do "problemático", justamente a novos meios de expressão linguísticos e a novas formas poéticas. Artes das letras, construções de palavras, combinatória paralógica e metaforismo são, quanto a isso, tão só alguns sintomas. É sobretudo o "concettismo" que, partindo da Itália, conduz a um ápice da artificialidade linguística na Europa inteira, e, de modo peculiar, no início dos tempos modernos. A fim de compreender melhor esse *concettismo* até hoje atuante, não se deve ignorar um processo histórico, a saber, a formação de uma pararretórica no Renascimento tardio. Como ela, temos que nos ocupar, em primeiro lugar, com documentos históricos provenientes do maneirismo que vai desde Tasso até Harsdörffer. Desse modo, também nos será possível diferenciar com maior precisão o maneirismo não apenas do classicismo, mas igualmente do barroco.

Partamos então dos tempos modernos, o mesmo é dizer, da Renascença, a fim de apreender outros elementos decisivos do *concettismo*, já que, além da combinatória paralógica de palavras, ele também se deixa caracterizar, como deverá ser indicado, por meio do surgimento daquilo que contamos designar, desde logo, como pararretórica. Mas precisamos, ao menos, trazer à tona uma vez mais o panorama dessa paisagem histórica. Como já dissemos, na Renascença – portanto, entre 1450 e 1550 –, além da Antiguidade grega e românica, as culturas greco-orientais também foram compreendidas a partir de uma nova consciência. Surgiu então um "hermetismo" especificamente filosófico, que fora suplantado, em primeiro lugar, pela igreja e, mais tarde, pelo humanismo clássico e pelo racionalismo liberal. Formou-se, na Europa, uma "cultura esotérica". No que tange a essa etapa de nossa apresentação – que é histórica, mas que também abarca a problemática fundamental do homem moderno através da acentuação de certas relações estruturais –, é e permanece decisório o fato de que, por meio do encontro com essas novas paisagens intelectuais, com os fundamentos "secretos" da cabalística, da alquimia hermética e da ciência oculta, uma significativa tensão de pensamento e sentimento surge uma vez mais. Assim, na investida das maneiras anticlássicas de pensar, a linguagem e as formas poéticas precisaram ser modificadas, torcidas inclusive. O pensamento analógico especificamente mágico-alquímico da Renascença encontra o seu correspondente estético nas *correspondências* dos *concetti* da época de Shakespeare, e, mais tarde, no "idealismo mágico" e romântico de Novalis, bem como de outros autores românticos e na técnica da evocação – a ser discutida mais adiante – da lírica "esotérica", "hermética" e "oculta"[1].

1. Esotérico no sentido grego: "do lado de dentro". Designação de uma doutrina ou poesia que exigia, para a sua compreensão, ser iniciado, bem como ter o conhecimento de símbolos e conceitos específicos. Para poder

"Corpus Hermeticum"

No início do novo maneirismo europeu enquanto *forma de pensamento*, situa-se Marsilio Ficino (1433-1499) com sua doutrina da "ideia". Em sua *Theologia platonica*, ele renova o neoplatonismo alexandrino. Traduz para o latim, em 1471, o *Corpus hermeticum* ou o *Poimandres* de Hermes Trismegistos, o "deus" egípcio da escrita e da sabedoria, *Tot*. Com isso, surge na Florença da época um hermetismo *intelectual* que sempre irá submergir e voltar à tona nos períodos posteriores da história europeia. Contudo, a sobriedade e a profundidade desse hermetismo renascentista florentino raramente foram alcançados mais tarde[2]. Ainda que alexandrino, Ficino permanece grego. Para o poeta e literato Marino, bem como para os tratadistas da arte entre 1550 e 1650, ele fazia as vezes, tal como já foi rapidamente assinalado, de "camareiro secreto de Deus"; e teria conseguido "ver a bela sabedoria a olho nu".

Para a reanimação da antiga cultura oriental, e, em especial, a hebraica, Giovanni Pico della Mirandola (1463--1494) tornou-se um dos mais impressionantes precursores europeus. Ele também atuou em Florença. Como Ficino, sua heterodoxa antropologia teológica levou-o à máxima

---

penetrar nos ensinamentos "esotéricos" (secretos), era preciso, antes, ser "digno" deles. Roger Bacon (1219 até 1294) escreve em sua *Opus tertium* que seria loucura dar salada ao asno, já que ele se contenta com cardos. O povo simples arruinaria as sabedorias profundas, os "maus" a falsificariam. A sabedoria deveria permanecer "secreta". Diante de cada laboratório do pensamento, um anjo deveria montar guarda com uma espada de fogo. (cf. S. Hutin, *L'Alchimie*, p. 19). Hermético = de Hermes Trismegistos (vide texto). Oculto (do latim *occultum* = escondido). No que tange às doutrinas secretas dos mistérios religiosos, cabe dizer, desde já, que só mais tarde serão chamadas de "ocultismo", termo da parapsicologia.

2. Cf. sobre o esoterismo cabalístico e a escolástica harmonizadora na Idade Média tardia espanhola: M. Menéndez Pelayo, *Historia de las Ideas Esteticas en España*, v. I, p. 341 e s. Sobre o esoterismo na Renascença: E. Garin, Considerazioni sulla Magia del Rinascimento, em E Castelli (ed.), *Atti del II Congresso internazionale di studi umanistici*, p. 215 e s. Sobre a história da mística judaica, cf. G. Scholem, *Die jüdische Mystik in ihren Hauptströmungen* (As Grandes Correntes da Mística Judaica).

(hermética) cautela. Ele foi perseguido pela Igreja. Pouco antes de sua morte, ele foi convertido por Savonarola ao cristianismo ortodoxo[3]. Enquanto renovador das formas de pensamento "maneiristas" na Renascença, Pico também é, como Ficino,... alexandrino. Ele apreendeu, antes de mais nada, a alquimia cuja primeira sistematização moderna fora experimentada por egípcios, gregos e judeus na antiga Alexandria, nesse cadinho pré-cristão.

Tomamos conhecimento de que, a fim de atingir o *arcanum*, o segredo, Pico della Mirandola dispunha de um método *linguístico*. Assim é que, das primeiras palavras do *Gênesis* – "No começo" (em hebraico = *Bereschith*), ele deriva uma cosmologia inteira, na medida em que utiliza combinatoriamente as letras dessas palavras para a produção de revestimentos lógico-fantásticos[4]. Magia! Para Pico della Mirandola, captar a maravilha da natureza significa, por certo, produzir a *meraviglia* cristã. O mundo torna-se "hieroglífico". Hieróglifos constituem, porém, "imagens" das "ideias", sendo que aqui ele conta criar a partir do primeiro livro da cabala, a partir do *Sefer-Ietzirá*, no qual a simbólica dos números e das letras desempenha um papel central. Ele próprio escreve: "Deduzi a antiquíssima teologia de Hermes Trimegistos, dos professores caldeus e pitagóricos, bem como os mistérios obscuros dos hebreus – alguns deles até então desconhecidos –, e, por meio da minha própria investigação, imaginei algo de novo"[5]. Para nós, o procedi-

---

3. Cf. E. Cassirer, *Individuum und Kosmos in der Philosophie der Renaissance*.
4. Cf. Pico della Mirandola, *Etaplo*. Tradução italiana. Além disso: P. Drummond, *Judaeus*; S. Hutin, *L'Alchimie*, p. 32 e s.; L. Chochod, *Histoire de la Magie et de ses* Dogmes; Eranos-Jahrbuch 1935, 1936; N. Ferger, *Magie und Mystik*. Pico repete os esforços do filósofo neoplatônico (judeu) Filo, nascido por volta de 25 a.C., que, à época, já se esforçava para levar a cabo uma síntese dos mistérios grego, egípcio e hebraico.
5. Citado conforme W. E. Peuckert, *Pansophie*. Uma obra nomeadamente louvável para a pesquisa do "esoterismo" nos séculos XVI e XVII. Falta-lhe, porém, investigações filológicas das antigas fontes semitas, as quais encontramos em Dornseiff. Em contrapartida, Peuckert comprovou, ao menos, a linguagem esotérica da literatura alemã do século XVII.

mento analógico de Pico é decisório, porque, como W. E. Peuckert corretamente salienta, ele ainda era engenhoso, sagaz, espirituoso, ao contrário dos vulgarismos "mágicos" do final do século XVII.

Esse procedimento analógico levou ao emprego de linguagens secretas na filosofia, na ciência e na poesia, e, sobretudo, quando era preciso colocar-se de sobreaviso diante das perseguições por parte da Igreja. Uma vez mais, somos conduzidos – sociologicamente – à formação de maneirismos formais sob a pressão de formas estatais absolutistas. O "maneirismo" esotérico é impelido ao "subsolo", ao passo que o classicismo converte-se na ideologia estética dos exitosos sistemas de poder. Contra academias notoriamente "exotéricas", vêm à baila, então, as secretas academias "esotéricas"[6]. Na Europa de então, surgem "linguagens secretas" por meio do "pensamento heterodoxo"[7]. Redes de "maneirismos" pensantes e formais espraiam-se pela Europa. Elas influenciam, com efeito, a arte e a literatura[8].

Quais eram então os meios de um tal encobrimento, de um tal disfarce? Eram os mesmos que foram utilizados (sobretudo) na Antiguidade oriental-africana, no antiquíssimo conflito entre a ortodoxia e a heterodoxia: troca de letras e palavras, símbolos, alegorias, bem como *concetti* e emblemas que se tornam compreensíveis tão somente àquele que os conhece. Eles careciam não apenas de algo "político" para adquirir expressão, mas, antes de mais nada, de antagonismos teológicos, filosóficos e estéticos. Nos inquietantes períodos de crise de todo tipo, a linguagem (reversível) própria ao

---

Um complemento primoroso a esse propósito: W. Kayser, Böhmes Natursprachenlehre und ihre Grundlagen , *Euphorion*, v. 31, bem como – no âmbito da história das ideias: A. Koyré, *Mystiques, Spirituels et Alchimistes de XVI. Siècles Allemand*.

6. Ligas secretas de alquimia foram proibidas à época do Papa Paulo III. Cf. G. F. Hartlaub, *Giorgiones Geheimnis*.

7. Cf. G. F. Hartlaub, Hamlet und das Jenseits, *Euphorion*, v. 48.

8. Cf. G. F. Hartlaub, Zu den Bildmotiven des Giorgione, *Zeitschrift für Kunst und Wissenschaft*, v. VII, e Tizians Liebesorakel und seine "Kristallseherin", *Zeitschrift für Kunst*, n. 1, 1950.

âmbito de aplicação da comunicação imediata é, pois, impelida ao âmbito imaginário da mediata representação de sinais. Ressurgem sempre os mais intensos conflitos[9]. Desde cedo, o hermetismo possuía, por isso, a tendência a derivar-se da danação satânica – com todo esforço em direção a uma ordenação de mundo mágico-metafísica *sui generis*[10]. Os antepassados de todos os esotéricos são, para seguir aqui o mais antigo alquimista grego, Zózimo, anjos que se apaixonaram por mulheres terráqueas e lhes revelaram segredos da natureza (*Gênesis* 5). Eles foram expulsos do céu. Sendo que de suas relações supraterrenas/terrenas nasceram os gigantes[11]. Temos aqui a árvore genealógica dos "peintres" e dos "poètes maudits" de Pontormo até Rimbaud. Tudo isso se assemelha, sobretudo, à mitologia Alexandrina, que, em sua linguagem imagética, é "pansexual". Alexandria é, pois, num duplo sentido, o berço dos maneirismos europeus posteriores, a saber, do estilo maneirista "asiaticista" e das formas maneiristas de pensar. A alquimia converte-se no espelho do sincretismo espiritual de Alexandria e de seu cosmopolitismo, bem como de sua mistura de povos – que também é típica das grandes cidades europeias de hoje.

Linguagem Enquanto "Mantra"

De Florença, Marsílio Ficino divulga o renascimento do alexandrinismo hermético por toda Europa. Eis aqui algumas

---

9. Esse processo se deixa acompanhar, já, na cultura judaica pré-cristã. No entanto, o Antigo Testamento representava, para os judeus pré-cristãos, em sua maioria, a única revelação do Deus monoteísta. Por isso, práticas mágicas heterodoxas eram-lhes odiosas. Nos livros proféticos da *Bíblia* (*Isaías* 2, 6, dentre outros), alerta-se contra crendices "orientais" e magias "estrangeiras". A magia e a alquimia hebraicas, que irão, mais tarde, levar à Cabala (que, segundo pesquisas recentes, hoje é datada prematuramente), são, de qualquer modo, heterodoxas. Elas se vinculam, sobretudo em Alexandria, aos hermetismos grego e egípcio.

10. Cf. B. Gavalda, La Magie dans le Judaisme, *La Tour Saint Jacques*, n. 11-12.

11. S. Hutin, op. cit., p. 29.

poucas indicações: Agrippa von Nettesheim (*Occulta philosophia*), o assim chamado círculo de Dürer, Reuchlin (*De verbo mirifico*) – que, em 1492, conhecera Pico em Florença –, Paracelsus von Hohenheim, tido como o "novo Hermes" e como intérprete fantasioso dos esoterismos cabalísticos, enaltecedor do *intellectus magicus* e do *secretum magicum*, proficiente em todas as marcas secretas do mundo. Em 1520, vem a lume em Veneza uma primeira nova edição do *Talmud Babilenese*, pouco depois do *Talmud Palestinese*. Entre 1553 e 1559, as edições restantes foram queimadas sob as ordens do Papa e o *Talmud* foi incluído no Index[12]. Na Itália, G. B. della Porta era considerado, com sua doutrina secreta de "sinais", o "maestro" da "signalética", assim como Thomas Campanella, que, devido à heterodoxia política e religiosa, permaneceu encarcerado ao longo de 27 anos. Sua obra *De sensu rerum et magia* só foi publicada em 1620, em Frankfurt. No que diz respeito à Inglaterra, cumpre mencionar, sobretudo, o profundo John Dee (1527-1608), com suas combinações de números e letras já de si "ocultistas", seus simbolismos, metáforas paralógicas e diagramas mágicos[13].

Precisamos delongar-nos brevemente nele, isto é, em John Dee. Para ele, letras e palavras (sons) possuem determinadas propriedades. Elas se convertem em "mantras", quer dizer, elas "vibram" e adquirem, por isso, força evocativa. Combinando-as de acordo com um procedimento mágico-esotérico, obtém-se, então, um efeito *cósmico--evocativo*. Desse modo, pode-se evocar os anjos. Atinge-se, aqui, um cume da transformação da função linguística! Apenas através de combinações sonoras de tipo alógico – em relação à linguagem coloquial "ordinária" – consegue-se fazer dos seres etéreos ajudantes, sem nada revelar acerca dos homens – enfeitiçados. A "ilusão" aliterante atinente unicamente aos maneiristas "parnasianos" de Nápoles, Nurembergue, Breslau e do Wagner tardio possui, aqui,

12. Cf. *Talmud Babilonese*. Bari, 1958.
13. Cf. G. Heym, Le Système magique de John Dee, em *La Tour Saint--Jacques*, n. 11-12, p. 81 e s. e K. Seligmann, *Le Miroir de la magie* p. 257 e s.

tendências demiúrgicas. Não é de admirar que os *metaphysical poets* da Inglaterra liam John Dee com veneração! Nele, a magia – enquanto magia branca – converte-se uma vez mais em mística num sentido elevado[14].

Com isso, um "hermético" tal como John Dee, ao contrário de tantos outros maneiristas, roça tradições (linguísticas) tanto bíblicas quanto cabalísticas, já que também a *Bíblia* contém, como sabemos, diversos "jogos" de palavras – tal como o salmo sem a letra "Zain", tido enquanto meio de defesa contra as armas[15]. Em contrapartida, a ilusão relacional esotérico-metafórica do altamente maneirista século XVII – tal como em muitas práticas de tipo semelhante no século XX – vem à luz tão só enquanto uma ilusão analógica pseudomágica; quando se confere a Júpiter, por exemplo, os seguintes atributos: bolo de mel, manteiga, olho de castanha, açúcar, farinha, açafrão, mesa de três pés, panela defumadora, almíscar, cânfora, aloe, mástique, lâmpada, pão, vinho, carne fria e manjericão. A esse propósito, seguem-se as seguintes palavras alógicas: "Dehamos Armas Hilis, Maks Adsis Tamis Foros. Dehidas. Efraus Figkidos". Com meios combinatórios alógicos, pode-se imaginar, a partir de tais elementos, um poema acerca do tema: "Estou diante do tribunal". Como se sabe, Júpiter é visto (astrologicamente) como algo que "dá sorte" nas "repartições públicas". Quando "batemos três vezes na madeira", estamos a evocar Júpiter para dar sorte, já que a madeira também é um de seus atributos. As possibilidades de combinação são inesgotáveis. Elas possibilitam *correspondências* infinitas... até fórmulas sonoras letristas e abstrato-evocativas[16].

---

14. Na *Tempestade* de Shakespeare, a magia "negra" é personificada através da bruxa Sicorax e de Caliban; a magia "branca" através de Próspero e Ariel. A palavra Sycorax é formada a partir do grego "sus" = porco e "*korax*" = corvo. Caliban é um anagrama de "canibal".
15. Outros exemplos, cf. B. Gavalda, op. cit.
16. Segue-se, aqui, mais um exemplo a respeito das combinações "alquímicas". Vigoram na alquimia os alfabetos hebraico, grego e latino. A é a letra inicial de todos os alfabetos, z é a última letra do alfabeto latino; O a do grego e TH a última do alfabeto hebraico. Da combinação entre as letras

Pode-se encontrar fórmulas mágicas, alógicas e abstrusas – tais como nos atributos astrológicos de Júpiter –, sobretudo, no ápice histórico-mundial de uma alquimia linguística insana, grotesco-combinatória: no *Finnegans Wake* de James Joyce (1939). Numa tempestade, Earwicker bate a porta e segue-se então a simbólica linguístico-sonora correspondente:"Lukkedoerendunandurraskewdylooshoofermoyportertooryzooysphalnabortansporthaokansakroidverjkapakkapuk". Júpiter é senhor do raio e do trovão! Uma enorme metáfora sonora, uma combinação poliglota da palavra "porta" simboliza a ira do rei dos deuses: as portas linguísticas batem e, nessa tempestade de letras, Júpiter deixa o mundo. Que outra coisa deveria ele fazer? A secularização das trocas mágico-alquímicas de letras e palavras é perfeita, sendo que, em Joyce, ocorre algo diverso daquilo que se dá em Rabelais, que também mostrou monstruosidades linguísticas semelhantes, como, por exemplo, em *Pantagruel*: "mo rderegrippipiaeirofreluchamburelurecoquelurinpimpanene ns"[17] (combinação alógica de "dar pancada em"). Enquanto Rabelais, de modo semelhante a alguns "modernos" de hoje, oferece um *nonsense* linguístico grotesco, Joyce esforça-se para assegurar um sistema alógico, uma regularidade combinatória – ao menos no âmbito da linguagem. *Nesta* montagem poético-poliglota, o espírito linguístico mágico deve ser "evocado". Trata-se de um tipo de construção linguística quadrimensional e não, como em Rabelais, de um jogo de palavras exultante. Tal poesia, no entanto, só poderá encantar o especialista em linguagem e o amante de enigmas. Nela se lhe misturará: ambiguidade inodora e unidade mágico--triunfal do mundo.

---

iniciais e finais dos três alfabetos decorre a palavra "AZOTH". Na alquimia, ela significa "começo e fim, unidade". Quanto a isso, cf. R. Bernoulli, Seelische Entwicklung im Spiegel der Alchimie, *Eranos-Jahrbuch*, p. 231 e s.
17. F. Rabelais. *Gargantua*, II, p. 55. Sobre a frequência de sinônimos, palavras onomatopoéticas e jogos de palavras em Rabelais, cf. H. Schneegans, *Geschichte der grotesken Satire*, p. 248.

Art Magique

O surrealismo criou profusamente a partir das fontes da "magia". Detectamos isso repetida e comprovadamente na obra tardia de André Breton, *L'Art magique*, bem como num livro do pintor surrealista Kurt Seligmann, *Le Miroir de la magie*, numa instrutiva compilação dos mais importantes esoterismos antigos. Breton parte do dito de Novalis segundo o qual cabe "servir-se arbitrariamente da magia da arte, do mundo dos sentidos"[18]. A partir das interpretações efetuadas por Novalis a propósito de Paracelsus e Swedenborg, Breton desenvolve, no século XX, sua neopansofia de uma "arte mágica". Hugo, Nerval, Baudelaire, Lautréamont, Rimbaud, Mallarmé são caracterizados como os grandes descendentes eletivos de Novalis, dos precursores de tal neomagia oriunda da profundeza do romantismo alemão e da submersa pansofia europeia. A "sensibilidade moderna" estaria "impregnada" de tais "esoterismos". Em função de Novalis, Breton diferencia uma magia sem finalidade de uma magia com finalidade determinada. À magia sem finalidade pertenceria o futuro espiritual. Além de Novalis, os autores exemplares de André Breton são: Plotino e Paracelsus. A magia "superior", a magia redentora e a magia enquanto forma de uma religiosidade heterodoxa antiquíssima são, pois, redescobertas. O incansável doutrinário do surrealismo cita uma passagem epistolar de Mallarmé: "O ocultismo é o início dos *sinais puros*, aos quais toda literatura obedece; a força primordial do espírito". Nesse uso linguístico, a magia reassegura algo do fundo das culturas orientais primordiais. Ela se converte, uma vez mais, na chave universal para a união de todos os contrários. A técnica abalizada da magia consistiria, tal como nos recorda Breton, em "a teoria das correspondências", sendo que o amor pelo enigma do *homo ludens*[19] teria um valor

---

18. *Fragmente*, III, p. 46.
19. Breton cita, aqui, a obra de Johan Huizinga, *Homo ludens*; ver também MML p. 233-2344.

eterno. A obra de arte obteria sua mais profunda força da "magia do coração puro". Enquanto "fontes" dessa magia espiritualizada, são citados textos egípcios, autores alexandrinos, a cabala e, como sempre, pintores do Renascimento tardio e poetas do romantismo, em especial, do romantismo alemão[20]. Nessa nova fase do surrealismo, André Breton conta acerca de um notável esforço em direção à espiritualização de um mundo que se exprime tão só por imagens[21]. O abarcamento da história e o impulso ao absoluto são – em religiosidades decerto mais condizentes com o tratamento arqueológico – sintomáticos da tensão incessante presente em todas as épocas maneiristas da Europa: 1. aceleração do declínio; 2. esforço em direção a uma nova "ordem" e "unidade".

Esse esforço específico em direção à unidade sempre volta à tona nas formas maneiristas de pensamento, mesmo na heterodoxia monstruosa que surge acidentalmente. Antes de Pascal, Jakob Böhme (1575-1624) descobre – perambulando, também ele, por trilhas cabalísticas – o primeiro nível da superação. Ele procurou dar à "alquimia" europeia de então, que, desde Pico della Mirandola "vulgarizou-se" mais e mais (formal e intelectualmente), uma nova profundidade e uma nova unidade. Sua "aurora" tem início em 1612, isto é, num ano em que a então Europa maneirista começa a utilizar a grande tradição antigo-oriental para fins meramente artístico, do mesmo modo que o classicismo tardio lançava mão da Antiguidade grega e romana. Uma vez mais, a "letra" converte-se em "espírito", como nas culturas mais antigas, tal como em Platão. Böhme também

20. Como "pintores do futuro" "mágicos" e, portanto, exemplares, Breton menciona: Eliphas Levi e Robert Fludd com seus desenhos acerca do *zohar* cabalístico, muitas figuras "alquímicas" emblemáticas, além de Hans Baldung Grien, H. Bosch, o *Fausto* de Rembrandt. Ademais: Leonardo, Dürer, Grünewald, Caron, Arcimboldi, Monsù Desiderio, Gauguin, Rousseau, Kubin, Munch, Braque, Picasso, Derain, Chirico, Max Ernst, Picabia, Duchamp e Magrite.
21. Sobre o triunfo da magia "branca" em Shakespeare, cf. P. Arnold, *Esoterik im werke Shakespeares*.

se compraz com a troca de sílabas e letras, mas ele se abalança novamente a elaborar uma "teologia da linguagem". A linguagem de Adão anterior ao pecado original deve ser reencontrada. Tudo tem uma "feição", uma assinatura, quer dizer, um "recipiente do espírito"[22].

Regras Deformadas

Quando se faz esse tipo de exigência para com a linguagem a partir de tais tradições, então ela não pode dobrar-se a nenhuma outra coação normativa tradicional. As torrenciais correntes de pensamento que, a partir da Florença de então, se propagaram por toda Europa juntamente com todas as outras imagens de harmonia do "classicismo", tiveram que conduzir a um redimensionamento dos meios linguísticos e das formas poéticas. A retórica "clássica", cabe-nos reafirmar – e, com isso, alcançamos a pedra de toque deste capítulo –, começa a vacilar. Ela, que ainda permanecia intocada na Idade Média[23], acaba *deformando-se* pela primeira vez. A fim de fazer objeções à crítica literária classicista, seguem-se, pois, linguística e historicamente, os pressupostos segundo os quais a literatura contemporânea, bem como o maneirismo contemporâneo, deixar-se-ia comparar com o maneirismo atinente ao século XVI e XVII apenas de modo limitado, sendo necessário se contentar com dessemelhanças epocais irreconciliáveis. Voltaremos a falar constantemente sobre a legítima preocupação acerca das "distinções". Solicitamos aqui tão só um pouco de paciência com relação a essa indicação de impulsos históricos tão intensos, cujos pressupostos sociológicos foram por nós interpretados[24].

Após a morte de Michelangelo, surgiu na Itália uma agressiva doutrina do gênio. Seu autor é o filósofo heterodoxo

---

22. Cf. W. Kayser, op. cit.; G. Frazer, *The Golden Bough*.
23. E. R. Curtius, *Europäische Literatur und Lateinisches Mittelalter*.
24. Cf. MML.

que foi queimado no Campo de' Fiori em Roma: Giordano Bruno (1548-1600). Ele proferiu aulas em Wittenberg. Hamlet poderia tê-lo escutado. Ele era uma das figuras mais modernas e hamletianas da Europa de então. Foi justamente na Inglaterra que ele se tornou, desde cedo, conhecido. Sua estética, o famoso diálogo *Degli eroici furori*, foi escrito em Londres e publicado em 1585 em Paris. Com tal escrito ele estimulou a lírica esotérica da Inglaterra, bem como os libertinos da França com o seu assim chamado panteísmo[25]. Os abismos vivificados que hoje seriam denominados *onta* – entes –, deveriam tornar-se visíveis em figuras sensíveis (*concetti*) secretamente tensionadas. Digno de nota é o fato de que Bruno também deve muito ao notável mundo de Raimundo Lúlio e que ele criou, sobretudo, elementos extremamente eficazes de uma polêmica *anticlássica*, que continuaram a repercutir no romantismo europeu inclusive[26]. Bruno não se refere apenas a Platão. Em sua luta pela libertação da poesia das regras clássicas, ele encontra modelos na magia dos caldeus[27]. Conquanto não sejam agrilhoados pelas "regras", o entusiasmo, a morte e o amor são eternas fontes da poesia. A *manía* de Platão converte-se na chama primordial da inspiração poética[28]. Se a poesia maneirista obtém uma nova profundidade entre 1600 e 1650 – e, à época, quase que exclusivamente na Inglaterra –, isso se deve à rápida compreensão inglesa de então no que diz respeito à impenetrabilidade mística desse diálogo ímpar. Retemo-nos aqui a um problema histórico-formal: "Na arte poética, as regras valem tão só para aqueles que mais copiam do que inventam". Quem só poetiza no sentido das regras da grande arte

---

25. F. A. Yates, *The Emblematic Conceit in Giordano Bruno's 'Degli Eroici Furori' and in the Elizabethan Sequences*.
26. Cf. W. Dilthey, *Weltanschauung und Analyse des Menschen seit Renaissance und Reformation*, em *Schriften*, v. II.
27. Cf. Dialogo III, *Degli eroici furori*, v. II, p. 8.
28. Acerca da união entre "platonismo" (doutrina da *manía*) e "aristotelismo" (princípios formais derivados daquilo que Aristóteles caracteriza como "erro" na retórica), isto é, a respeito da combinação de mania e maneira, cf. MML, p. 217 e s.

clássica, é um imitador "pantomimeiro da musa dos outros". Classicistas são conformistas, e, de fato, "tão somente uns coitadinhos". O verdadeiro poeta canta "livremente" sobre "a morte, os ciprestes e os infernos"[29]. Rapidamente, o levante contra o "classicismo" da Renascença tardia assume formas mais impetuosas. Paolo Beni (1552-1625), contemporâneo e colega de Galilei em Pádua, escreve uma *Anticrusca* em 1612 (contra a academia classicista homônima). Eis a tese: "A linguagem dos antigos é inculta e árida". Noutro escrito, à época famoso, Beni denega a grandeza de Dante e enaltece o "moderno" Tasso em detrimento dos conservadores da "Crusca", ou seja, dos "aticistas"[30]. A antiga oposição entre os "lacônicos" aticistas, aqueles, pois, que escrevem com clareza, brevidade e precisão, e os "asiaticistas", isto é, aqueles que apreciam as nuanças, as hipérboles, a ornamentação linguística, as locuções e as sinuosidades, torna-se – numa nova situação – ainda mais patente. À época, no século XVII, é comum os humanistas conservadores caracterizarem os marinistas como "asiaticistas". Como sabemos, Gracián também distingue duas formas de estilo: o *estilo asiatico* e o *estilo conciso, laconico*. Em ambos os tipos fundamentais de estilo, há grandes poetas, mas Gracián esposa uma simpatia maior pelos "asiaticistas" em seu sentido, quer dizer, pelos asiaticistas que unem a riqueza das palavras com a sagacidade. O estilo lacônico (aticista) é natural, ao passo que o estilo "asiaticista" de Gracián se torna cultista[31].

---

29. Cf. G. Bruno, Dialogo I, op. cit., p. 310 e s.
30. Cf. *In Aristotelis poeticam commentarii*, 1613.
31. *Agudeza y Arte de Ingenio*, p. 258 e 363.

13. AS ILUSÕES CONSCIENTES

"Entreter-se"... com "Singularidades"

Um dos primeiros resultados desse antiaticismo apresenta-se, literalmente, enquanto uma revolução da retórica aticista. Já dissemos: na época de Shakespeare, a retórica, enquanto uma mera técnica de convencimento e instrução, diferenciava-se de uma técnica específica de conversação, que pode servir-se, com efeito, de figuras retóricas, mas num sentido muitíssimo diferente e bem menos funcional. Em linhas gerais, o "entreter-se"... é denominado "delectare" – para seguir, aqui, a dicção tradicional. Mas, esse esforço em direção ao "delectare" – que se faz precisamente através dos recursos de figuras retóricas totalmente determinadas – é tão moderno quanto o fato de os poetas e tratadistas do maneirismo – tal como Tesauro, em especial – tomarem a técnica *retórica* do "delectare" como modelo, e não mais, portanto, tão só as *poéticas* aticistas da Antiguidade. Já não se pretende "entreter-se" com a beleza encantadora e com o idílico, mas, sobretudo, com sigularidades, efeitos, locuções surpreendentes e espantosas, com o maravilhoso, insólito, misterioso, enigmático etc. Aquelas figuras retóricas que eram apreciadas, em especial, pelos antigos sofistas, passam a ganhar preferência. Elas são associadas à técnica eminentemente sofística das falsas conclusões, dos paralogismos[1]. Figuras retóricas especificamente sofísticas, bem como paralogismos sofísticos, encontram-se (ainda que, de saída, de maneira algo hesitante) tanto no programa maneirista atinente à época de Tasso quanto no período conclusivo – hiperbólico sob todos os pontos de vista – consoante a Tesauro e Gracián. Isidore Ducasse (Lautréamont), um dos primeiros "surrealistas" na Europa do século XIX, escreveu: "Os suspiros poéticos desse século não são nada senão sofismas". Com isso, ele se referia aos românticos[2].

Topoi Fallaci

Além disso, essa sensacional e positiva reavaliação dos sofistas antigos – injustamente criticados desde a época de Platão – também deve parecer-nos refletidamente pertinente devido a outras razões. Os sofistas – assim como a maioria dos materialistas de todas as épocas – são defensores de um subjetivismo resoluto e de uma moral relativista. São incitadores, destruidores do velho, inimigos das falsas construções, perturbadores do espírito, filhos de Hermes, patriarcas espirituais de todos os "encolarizados", "desmoralizadores" no interior das atuais vanguardas europeias. O ceticismo frequentemente inteligente e "sagaz" se lhes tornou um sal espiritual indispensável[3]. Como se sabe, Nietzsche (e, antes dele, Hegel) compreendeu, uma vez mais, os sofistas e os céticos.

1. Acerca da arte combinatória paralógica, supra p. 103.
2. Cf. *Oeuvres complètes*, p. 361.
3. Cf. H. Gomperz, *Sophistik und Rhetorik*.

Que os epigramas de Nietzsche (*concetti*) e de Gracián foram influentes, eis algo comprovado[4].

Lembramo-nos de que Tesauro enaltecia os paralogismos. Desta feita, nos é interessante assinalar como ele se distanciou da retórica aticista. Ele, que apreciava Pico della Mirandola enquanto modelo estilístico[5], opera uma clara distinção entre evidentes sentenças "euclidianas" e *concetti* sofísticos, isto é, *concetti* feitos com "paralogismi". Há que se procurar pelas "topici fallaci", pelos "topoi" enganadores e ilusórios[6], já que estes "surpreendem" o espírito. Nessa medida, tal como já citamos uma vez, a grandeza da sagacidade consiste em "conseguir mentir bem"[7]. As ilusões conscientes dos poetas (em virtude da aplicação de determinados *topoi* maneiristas da retórica) não são nada mais que paralogismos, conclusões contrárias à razão, sofismas, nada além de figuras irracionais conscientemente concebidas e formuladas, imagens linguísticas surreais intelectualmente propositais. Sua estrutura lógica eivada de contradições produz "meraviglia", suas figurações linguístico-artísticas nas quais os contrários são, sobretudo, unidos entre si, podendo também, em virtude da mera repercussão musical, engendrar atmosferas que fascinam o leitor. Ovídio denomina o labirinto de Dédalo uma "ilusão voluntária"[8]. Para Marino, a música era a irmã gêmea da poesia[9]. Muitos versos seus não possuem outro sentido senão o do encantamento através do som e da música bem sonante, tal como em Verlaine[10]. De acordo com Tesauro, há uma distinção decisória entre a retórica dialética (finalidade = convencimento), a dialética (finalidade = aprendizado) e a poesia (finalidade = agradar sem o "entrave do verdadeiro")[11]. A procura por

---

4. A. Rouveyre, *Pages caractéristiques de B. Gracián*.
5. *Il cannocchiale aristotelico*, p. 89.
6. Idem, p. 295.
7. Idem, ibidem.
8. *Metamorfoses*, VIII, 159-168; cf. infra p. 321.
9. Ver infra p. 280-281.
10. E. Tesauro, op. cit., p. 296 e s.
11. Idem, p. 297.

um estilo seleto – já recomendado por Aristóteles num sentido bem mais moderado enquanto oposição à "linguagem ordinária"[12] – transforma-se, no *Cannocchiale aristotelico* de Tesauro, numa mania da "procura". Em seu "telescópio", Tesauro desfigura Aristóteles, tal como Parmigianino se desfigura a si mesmo num espelho convexo. Ele desfigura e deforma a inteira retórica aticista. Assegura, mais e mais, que através de paralogismos e metáforas opositoras surge o que há de mais "nobre do espírito", "o retórico desconhecido e por eles não denominado", sendo que esse prodígio ocorre na "reprodução das coisas praticamente incomparáveis". Os "topoi", as mais antigas figuras de linguagem artísticas da humanidade, são impelidos a uma outra dimensão – tal como nas imagens dos "anamorfóticos" –, amparando, aqui e acolá, uma ilusão total, e, portanto, não apenas ótica[13]. "A retórica é a responsável pelas dobras", lê-se, já, nas sentenças de Heráclito[14]. A propósito do labirinto dedálico, Virgílio fala de "astúcia"[15].

Tesauro está longe de ser o único a permanecer junto a essa construção de uma primeira pararretórica, que fora decisiva para o desenvolvimento posterior da literatura "moderna". Em seu escrito *Del concetto poetico* (1598), Camillo Pellegini já sustentava a opinião de que o orador queria e tinha apenas que convencer, ao passo que o poeta, em contra partida, tinha a ver com a "verossimilhança", mas apenas com o propósito de formar algo único, algo que "corresponde à imagem que ele criou para si em sua fantasia tão só a fim de encantar"[16]. A teoria da arte de Gregório Comanni (1591), segundo a qual a pintura é uma "imitazione fantastica", corresponde justamente à pararretórica literária. A expressão de uma "maneira" subjetiva e anticlássica – primeiramente aplicada à arte – é, de fato,

---

12. Cf. *Poética*, cap. II, 1 e *Retórica*, III, 2.
13. Cf. Tesauro, op. cit., p. 270; e MML, p. 200 e s.
14. Cf. W. Nestle, *Die Vorsokratiker*, p. 105.
15. *Eneida*, v, 588-590; ver infra p. 321.
16. Cf. *Del concetto poetico*, em A. Borzelli, *Il Cavaliere G. B. Marino*.

transmitida bem cedo (no século XVII) à literatura. Em sua *Ghirlanda* (1625), Antonio Bruni escreve sobre uma nova "maniera spiritosa di concettare", e o historiador Agostino Mascardi (partindo da comparação com as artes plásticas) escreve, inclusive, sobre uma outra peculiar e pessoal "*maniera* de pensar e escrever"[17]. O "paralogizzare" acaba por virar moda assim como o "metaforeggiare".

O rígido esquema da doutrina segundo a qual a poesia também deveria, além de "delectare", ao menos "ensinar" = "docere", é, pois, deixado de lado de um modo decisivo na literatura. Então está correta a tese de que a poesia europeia vigente entre a Renascença e o Barroco se diferencia fundamentalmente – em todos os elementos "modernos" – da moderna poesia europeia desde o romantismo, pelo fato de ela permanecer totalmente vinculada à retórica? A poesia maneirista entre 1550 e 1650 é tão pouco "apenas retórica", quanto a poesia maneirista de 1820 até 1950 é apenas antirretórica. Ambas se encontram (do ponto de vista formal) numa tradição especificamente pararretórica, cujo aspecto nós ainda iremos elucidar mais detidamente.

"*Estilo Condicional do Medo*"

Especialistas no período tardio do Renascimento esforçaram-se para esclarecer essa re-volução e essa re-versão da retórica aticista a partir de razões psicológico-"profundas". Quanto à pré-história do maneirismo no despertar da época de Shakespeare, as investigações de Ulrich Leo sobre Torquato Tasso fornecem, a esse respeito, ótimos meios de conhecimento[18]. Tasso já se sentia um desterrado das ordens. Sua dissolução da forma – ainda cautelosa – descende de um

---

17. Cf. B. Croce, *Storia dell'età barocca in Italia*, p.174; G. C. Argan, La retorica e l'arte barocca, p. 9; G. M. Tagliabue, Aristotelismo e barocco, p. 19, em E. Castelli (ed.), *Atti del III Congresso Internazionale di Studi Umanistici*.
18. Cf. *Torquato Tasso*.

"medo da vida" fundamental, bem como da "melancolia"[19]. Tasso preparou o "estilo condicional do medo". Sua "floresta do medo" é a expressão do medo do mudo num mundo escangalhado, sendo que nos vem à mente as *imagines insanes* (Quintiliano) da floresta do medo de Bomarzo quando lemos os versos de Tasso acerca dos temerosos visitantes da "floresta mágica" em *Jerusalém Liberta*:

> Então eles temiam sem saber
> a natureza daquilo de que tinham medo;
> Ocorria, então, que o medo ludibriava seus sentidos
> Simulando grandes maravilhas como quimeras e esfinges.
>
> Como alguém tem sonhos sombrios,
> parece doente e malsão ao dormitar...
>
> Um terror oculto faz com que
> as faíscas (da coragem) se extingam[20].

De modo concludente, o programa literário de Tasso quer dizer: "a poesia é prazer e perplexidade". O intelecto e a razão obstaculizam o *furor poeticus*[21]. A arte conta apanhar o "meraviglioso", o "miracoloso", e, além disso, bem se sabe que Marino deve sua "teoria da *meraviglia*" ao grande Tasso. Em seu modo de pensar, sempre a oscilar entre o arrebatamento e a moderação, Tasso aconselha o "meravigliosissimo" inclusive. Também a partir de investigações linguísticas na obra de Tasso, Ulrich Leo assinala com razão: "Aqui está proclamada a libertação definitiva da poesia frente à tradicional parceria com a arte oratória, seu irracionalismo ilimitado, sua autonomia imanente no âmbito da forma"[22].

No entanto, as transformações da retórica também contribuíram para o surgimento do "irracionalismo pré--romântico" noutros aspectos. A superacentuação daquelas qualidades retóricas, que se dirigiam mais ao sentimento que

---

19. Ver sobre a psicologia dos "saturninos", em MML, p. 28 e s.
20. T. Tasso, *Poesie*, Milão, p. 359 e 549.
21. Cf. *Furor poeticus*, op. cit., p. 268.
22. Op. cit., p. 124.

à razão, que suscitavam mais as paixões que a faculdade de julgar, engendrando mais afetos do que reflexão, influenciou não apenas o problema do efeito estético. Ela também contribuiu para o surgimento de uma nova ordem valorativa[23]. Já no início do período consoante a Shakespeare o sentido dado à medida aticista da retórica renascentista desaparece diante da tendência ao excesso afetivo do *pathos*, do pavor, do cruel. Dentre as prescrições feitas por Cícero e Quintiliano, escolhia-se os meios de "mover" (*movere*) e "incitar" (*concitare*) particularmente drásticos, em vez daqueles atinentes ao "convencer" (*persuadere*) e ao "ensinar" (*docere*). Sabemos, porém, que, na poética arte de engenho do maneirismo, na poesia "fabricada", o instrumental retórico não foi, em virtude disso – e em proveito de uma simples "arte de inspiração" –, suprimido. Ao contrário.

"Phantasiai" e Retórica

Pararretórica na época de Shakespeare! Eis aqui, uma vez mais, uma testemunha já citada – também salientada por U. Leo: Camillo Pellegrini. Seu diálogo *Del concetto poetico* é tão importante para a história da pararretórica quanto o tratado de Comanini para a história da arte maneirista, ao passo que Tesauro permite ser comparado, antes, com seu predecessor Zuccari[24]. Segundo Pellegrini, há dois "concetti" estéticos. Um deles, o "concetto universale", está a serviço da arte de persuasão retórica e racional; o outro, o "concetto poetico formato nella fantasia", está a serviço da poesia. O "concetto poetico" também significa "idolo", isto é, a imagem (de um poema) pré-formada na fantasia do poeta. Lembramo-nos aqui das *phantasiai* de Quintiliano. *Phantasiai* constituem determinados "eidola", ou seja, determinadas manifestações

---

23. Cf. K. Dockhorn, Die Retorik als Quelle des vorromantischen Irrationalismus in der Literatur – und Geistesgeschichte, *Nachrichten der Akademie der Wissenschaften in Göttingen*, n. 5.
24. Cf. MML, p. 75-76.

da faculdade de representar que são, em geral, de espécie patológica ou semipatológica, ou, em todo caso, por assim dizer, "aparências" antinaturais na consciência. Quintiliano também as denominava "imagines rerum"[25]. Titus Lucretius Carus dedicou a tais "simulacra" uma importante parte de sua obra (*De Rerum Natura*, Livro IV)[26]. Segundo Lucrécio, os "simulacra" decerto iludem, mas são fascinantes. Tais composições da fantasia podem adquirir mais poder sobre nós (em especial, na vida erótica) do que a "efetividade natural". "Simulacra" são "ilusões", mas podem dominar-nos mais intensamente do que o mundo das coisas simplesmente apalpáveis. No maneirismo da época de Shakespeare, as *phantasiai* dos antigos convertem-se, pois, em *concetti* construídos na fantasia do poeta. Tal como diz Tesauro, nossa incansável testemunha, pode-se expressar poeticamente essas *imagines* em algumas *maniera*, sobretudo, através de metáforas, impressões (decifrações, sentenças, divisas heráldicas e lemas), emblemas, epigramas e *concetti*. O princípio fundamental de acordo com o qual há que se tornar senhor sobre esse mundo das imagens da fantasia significa: "Questa cosa è similissima a quella"[27]. A ser assim: nas *phantasiai*, uma torre pode transformar-se num gigante dormente, o vermelho pode virar verde, um rouxinol um átomo sonoro, um homem "inseto" (Ensor), "máscara sem visão" (Picasso), "marionete oca" (George Grosz), "aparelho" (de Chirico), "robô" (Archipenko), "máquina" (Duchamp), "quimera" (Max Ernst), "monstro" (Picasso, Moore, Dalí), "demônio" (Ernst, Dalí etc.)[28]. Essa estética da "ideia" ("idola-phantasiai") – agora na

---

25. Ver supra p. 33-34.
26. Henri Bergson elaborou uma edição escolar de Lucrécio. O professor filosófico de Marcel Proust consagra sua atenção específica justamente ao quarto livro. O autor dos *Donnes immédiats de la conscience* deve ter sido cativado pela doutrina dos "simulacra" de Lucrécio. Cf. *Extraits de Lucrèce*, p. 68 e s.
27. Op. cit., p. 245 e s.
28. Essa lista foi retirada de um instrutivo estudo de Hans Sedlmayr, Art du démoniaque et démonie de l'art, em F Castelli (ed.), *Atti del II Congresso Internazionale di Studi Umanistici*, p. 285 s. Cf. também O.

literatura –, corresponde à *Idea-Concetto* de Comanini nas artes plásticas, sendo que, com isso, temos novamente um exemplo da revolução copernicana que, à época, se cumpriu tanto na arte quanto na poesia, isto é, daquela revolução que conduz à modernidade atual num sentido não apenas "exterior", mas profundo, revolucionário e espiritual. Ao mundo da *mimesis* contrapõe-se o mundo das *phantasiai*. Tal como iremos ver, ela também possui, nos extremos, o seu profundo sentido religioso.

Retórica tão só Como Meio

Tal como diz Gracián, as figuras da retórica são tão somente meios para a "beleza do concetto"[29]. Aquilo que possui um valor absoluto para a retórica se converte, para o *concettismo*, isto é, para a arte das figuras sensíveis – que não devem constituir meras sentenças –, apenas "matéria". A dialética tem a ver com o efeito lógico, a retórica com o efeito do bem dizer e o *concettismo*, por seu turno, com a sugestão estética[30]. A arte *concettista* sobrelevou-se à arte retórica[31]. O poeta deve esforçar-se não por clareza, mas por sutileza[32]. Marino, "o Góngora da Itália", é tido em alta conta por causa dessa mistura de ilusão visual e disparate[33]. A arte *concettista* consiste em *"inverter" as formas basilares da retórica por meio da "artificialidade"*[34]. A artificialidade da retórica e a artificialidade do *concettismo* precisam ser diferenciadas[35]. Esse é um dos segredos da "grande manera", da "formação

Luschnat, Die atomistische Eidola-Poroi-Theorie in Philodems Schrift De Morte. *Prolegomena*, ɪɪ. Além disso: F. Wehrli, Die antike Kunsttheorie und das Schöpferische, *Museum Helveticum*, 14.
29. *Agudeza y Arte de Ingenio*, p. 131.
30. Idem, p. 242.
31. Idem, p. 71.
32. Idem, p. 83 e 107.
33. Idem, p. 110.
34. Idem, p. 300.
35. Idem, p. 15.

moderna". A "modernidade" possui mais novidades, mais "singularidade". A "grande manera" hodierna é mais instigante que a antiga. Gracián também encontrou mestres na Antiguidade, mas somente aqueles que não toleravam os "grilhões" de uma retórica acorrentada. Gracián diz isso acerca de Marcial – nascido na Espanha –, "o primogênito da *agudeza*"[36]. Eis, pois, outros modelos na latinidade maneirista: a poesia de Luciano e Statius, a prosa "asiaticista" de Petrônio, Sêneca, Tácito e Plínio.

Menéndez Pelayo caracterizou a mudança experimentada pela retórica no "código da poesia intelectual" de Gracián como o surgimento de uma retórica "ideológica". Assim, torna-se patente – à época – a tentativa de superar a retórica formal em prol de um impulso comunicativo mais profundo, de uma gestualidade expressiva mais complexa[37]. Benedetto Croce, também ele, não passou ao largo do fato de que Gracián critica os antigos e mal compreende, pois, a arte da "agudeza", mas subestimou a importância de uma tal crítica[38]. Em contrapartida, as relações foram percebidas por Ernst Robert Curtius. Sua contribuição a esse respeito é de enorme relevância para a compreensão de uma estrutura básica da modernidade maneirista, que vai de Góngora e Hopkins até Mallarmé e Benn. De acordo com Curtius, Gracián *qualificou* o sistema da antiga retórica *de insuficiente*[39]. Para Quintiliano, o mestre da retórica aticista, o dom da invenção espirituosa degenera quando ele não se coaduna com a faculdade de julgar (*iudicium*). É justamente o inverso aquilo que se dá em Gracián: *a faculdade de invenção (ingenio) não deve ser obstaculizada pela faculdade de julgar*. Ao contrário. A excessiva faculdade de julgar lógico-"normal" obstrui a faculdade de invenção. Podemos avançar mais um passo e

36. Idem, p. 308.
37. Idem, p. 335 e s.
38. Cf. *Problemi di Estetica*, p. 314 e s. e *Storia dell'età barocca in Italia*, p. 188.
39. Cf. *Europäische Literatur und Lateinisches Mittelaltter*, p. 295 e s.

asseverar: silogismos a-normais e paralógicos possibilitam, antes do mais, a beleza no sentido maneirista. Em vez de convencer por meio de silogismos "normais", pode-se, doravante, desconcertar através da retórica paralógica. A partir da história da arte, sabemos como o "irregular" fascinou os maneiristas desde Rosso Fiorentino atá Greco. Tratava-se, porém, de proscrever tal "irregular" – isto é, o que há de totalmente contraditório em todas as situações emocionais e intelectuais – numa nova forma paralógica, que se converte, na atual modernidade, numa forma alógica.

14. MECÂNICA DO EFEITO

Tarde = Paciente Narcotizado

Não podemos e, tampouco iremos passar, ao largo das diferenças entre a paralógica esotérica do século XVII e a alógica hermética do século XX. O maneirismo vigente entre 1520 e 1650 é, sobretudo na *forma*, subjetivo, e raramente o é no sentimento, na revelação daquilo que é totalmente pessoal, na expressão diferenciada da própria sensibilidade, no assim chamado grito expressionista, embora seja possível encontrar um tanto disso entre os *metaphysicals* ingleses e em alguns poetas alemães atinentes à tardia literatura "barroca", sem falar nas tragédias e nos sonetos de Shakespeare. No entanto, entre 1520 e 1650, ainda prevalece a arte da forma, sendo que esta continua ligada à métrica convencional e à forma estrófica; em contrapartida, a confidência e a rebeldia retraem-se tanto (comparativamente) como as meditações românticas de um "eu" lírico[1]. Por isso, devemos sempre atentar para os valores *formais* se quisermos ser equânimes com a propriedade inconfundível do poeta criativo e com as épocas de criatividade[2]. Nota-se a diferença, por exemplo, quando se compara as catacreses (misturas de imagem) de um poeta do século XVII com as de um poeta do século XX. Para John Donne, um homem que muito sente e não consegue dizê-lo, converte-se "num túmulo dos próprios pensamentos". T. S. Eliot compara a tarde com um "paciente narcotizado"; ou, como ele diz: "ter medido sua vida com colheres de chá". Donne também "desconcerta" com base na "dissociation of sensibility", já de si moderna e conferida por Eliot aos "metaphysicals", mas Eliot queria, desconcertantemente, algo mais: ele sugere um outro nível de ser numa catacrese não apenas alógica, mas, desta feita, antilógica mesma.

Para as relações histórico-formais é, porém, importante o fato de que justamente a catacrese tenha permanecido, outrora e hoje, um dos recursos pararretóricos mais populares. Se num caso ocorre uma imagem alógica e noutro, por sua vez, uma imagem antilógica, trata-se, pois, em ambos os casos, de dissonâncias, isto é, daquele irregular – que também difere as curvas de movimento vigentes em Greco daquelas atuantes em Raffael. Nesse ponto, T. S. Eliot tem razão ao dizer, referindo-se especialmente aos "metaphysicals", que estes últimos "teriam as mesmas qualidades" dos "modernos", quando – baseados em sua pararretórica – "convertem ideias em sentimentos e observações em estados de consciência"[3], portanto, em *phantasiai*.

Figuras Prediletas

Há, na inteira literatura europeia, figuras pararretóricas prediletas do maneirismo: além das catacreses, os oximoros já

1. Cf. W. Kayser, *Das sprachliche Kunstwerk*, p. 123 e s.
2. Cf. R. Tuve, *Elizabethan and Metaphysical Imagery*.
3. Cf. The Metaphysical Poets, *Selected Essays*, p. 241.

conhecidos por nós (união do contraditório); o "aproskodeton" (palavra imprevista em substituição da palavra esperada – graça!); a sinédoque (escolha do conceito limitado em vez do conceito abrangente ou vice-versa); a hipérbole (exagero) e a elipse (redução). Todas essas figuras fornecem ao "delectare" pararretórico os meios da perplexidade. L. Rubel localiza em poemas da era elisabetana (1558-1603) a aplicação consciente e usual de 64 figuras retóricas; na época de Jakob I. (1603-1625), tem-se preferência pelas figuras pararretóricas[4]. Na obra de James Joyce, verificou-se a aplicação de 96 (!) figuras retóricas[5]. Elas estão inequivocamente a serviço de uma pararretórica. "Artificialidade" e estilo "maneirista" prevalecem cada vez mais.

Então poderíamos entender que, com tais modelos linguísticos racionais e irracionais, se fez e se faz versos? Não nos esqueçamos que poesia, lógica e retórica já foram, numa dada ocasião, disciplinas intimamente irmanadas. Contudo, tampouco ignoramos que, hoje, tais figuras basilares (assim como outras) estão igualmente ocultas na linguagem e no uso da língua. Muitos são aqueles que empregam esses modelos tradicionais sem saber; na maioria, aqueles poetas "inteligentes" cujo talento lógico (*ingenium*) é tão grande quanto o seu talento poético. Assim é que o "maneirismo" se encontra em nossa linguagem, e, portanto, na língua alemã também, tal como um bem tradicional que foi a pique, como um impulso formal esquecido, mas que permanece continuamente atuante.

Conclusio per Absurdum

Já no século XVII a crítica fora afiada e amargamente contra aquilo que estaríamos inclinados a denominar mecânica dos efeitos. Na Itália, como sabemos, cunhou-se conceitos polê-

---

4. Cf. L. Rubel *Poetic Diction in the English Renaissance*.
5. Cf. J. Paris, *James Joyce par lui-même*.

221

micos tais como *paralogizzare, metaforeggiare, concettizzare, proteizzare*[6]. Paulatinamente, o fronte "aticista" reconstitui-se em toda Europa contra os "camaleões", os "camaleonti". Foi a partir dele que o espírito francês se fortaleceu. Prepara-se a nova linearidade de um classicismo tardio. O abuso de maneirismos formais tornara-se, já no século XVI, insuportável para a *ratio* francesa. Montaigne critica o "mundo ambíguo, pintalgado, desabrochado" de tais extremistas. Num astuto e irado tom polêmico, ele observa: tudo isso é "Baroco e Baralipton". Um dito frequentemente mal compreendido! Ele apenas nos prova que essa expressão "baroco" surge, já no século XVI, a partir de referências puramente *polêmicas* contra o maneirismo escolástico, que, à época, ainda era *tardiamente medieval*. E justamente no tocante a uma falsa conclusão sofística e paralógica, considerando, (sobretudo), aquela divisa "baroco" a partir do quarto modo da segunda figura dedutiva, signo simbólico de uma "conclusio per absurdum"[7]. Exemplos: os homens são seres racionais. A criança não é um ser racional. Portanto, a criança não é homem. Ou, então: todas as mercadorias têm o seu preço. Algumas coisas não possuem preço. Portanto, algumas coisas não são mercadorias. Ou ainda: aquilo que não se perdeu, possui-se ainda. Não perdestes os chifres. Assim, tu tens chifres[8]. Tu não és aquilo que sou. Eu sou um homem. Logo, tu não és homem.

---

6. Cf. C. Calcaterra, *Il Parnaso in rivolta* e *Storia letteraria d'Italia*.

7. A = *asserit* A, *generaliter*; primeiro "O" = *negat* "O", *sed particulariter*; segundo "O" = consequência lógica, uma proposição negativa determinada. "B" lembra que tal figura dedutiva pode ser aproximada da primeira figura silogística "Bárbara", na medida em que se pode invertê-la com "C", isto é, com uma contraposição cf. G. H. Dyroff, *Logik und Noetik*, p. 117. Para Croce, é certo que a palavra "barroco" deve ser derivada desse procedimento dedutivo "absurdo", e não, portanto, da palavra portuguesa "*barocco* = pérola irregular, torta". Cf. *Storia dell'età barocca in Italia*, p. 20 e s., e R. Stamm (ed.), *Die Kunstformen des Barockzeitalters*, p. 15.

8. Cf. Parte II, supra, a propósito da arte combinatória. A respeito da antiga crítica à sofística, ver Platão, *Eutidemo*; *Protágoras* e *Górgias*.

Protágoras já caracterizava a sofística como "uma arte antiga"[9]. Com referência à teoria dos enigmas (*griphos*) de Clearco, um dos alunos de Aristóteles, Huizinga comprova o decaimento da sofística do âmbito da santidade ao da jocosidade, o tardio caráter enigmático das perguntas sem resposta. "O campo da validade lógica", escreve Huizinga, "limita-se a um espaço de jogo". Contudo: a tão apreciada antilogia ou dupla significação "possui [...] o propósito de expressar a eterna *indeterminabilidade do julgamento humano* de um modo sucinto: pode-se dizer isto e também aquilo"[10]. Tudo isso, quer dizer, a *sképsis*, a casuística, a reversibilidade, a ambiguidade na consciência das crises é algo maneirista, tipicamente maneirista, desde os primórdios da história europeia do espírito.

Maneirismo e Barroco

Deparamo-nos tanto com elementos históricos quanto com elementos continuativos numa história do espírito do maneirismo europeu. Nesse momento, eles nos fornecem circunstâncias favoráveis para demarcar, com maior precisão, o maneirismo do barroco – antes de nos dedicarmos ao *concettismo* e investigarmos, por fim, como o *homem* aparece enquanto tema do maneirismo. A delimitação do maneirismo em relação ao classicismo já foi por nós investigada diversas vezes ao longo desta exposição e em nossa apresentação da arte maneirista[11]. Ela é relativamente simples. É muito mais difícil separar maneirismo e barroco, de tal modo qie venham a ser ressaltadas tanto a particularidade dos dois "estilos" quanto a sua proximidade. Essa explicação é imprescindível se se pretende, aqui, evitar as confusões que ainda hoje prejudicam o conhecimento

---

9. Cf. J. Burckhardt, *Griechische Kulturgeschichte*, v. III, p. 163 e s. W. Nestle, *Vom Mythos zum Logos*.
10. Cf. *Homo ludens*, p. 142 e s. Grifo nosso. (Trad. bras., p. 163 e s.).
11. Cf. MML, p. 17-19.

inequívoco acerca dos fenômenos de transição altamente difíceis da história europeia do espírito. Com esse necessário excurso, não contamos fornecer quaisquer proposições apodícticas, mas tão só indicações que devem contribuir para uma discussão posterior. Em todo caso, acreditamos que a delimitação do maneirismo em relação ao barroco exige a prova simultânea de documentos artísticos, poéticos e musicais. Numa subsequente parte sobre a música maneirista, voltaremos a esse problema de outras diferenciações concretas.

Tomemos, por ora, como ponto de partida, referências pararretóricas. Já no século XVI – antes que existisse arte "barroca" num sentido específico –, a figura-falácia "barroco" servia para caracterizar criticamente maneirismos formais especiais[12]. No início do século XVII, a expressão "argomentare in baroco" – "barocco", respectivamente – converteu-se numa caracterização não apenas de sofismas, mas também numa interpretação polêmica de imagens "inusitadas", utilizada para referir-se à extravagância, ao rebuscado, ao mau gosto, inclusive; e, portanto, do ponto de vista histórico, aplicada para referir-se aos maneirismos formais do antigo asiaticismo. Apenas no século XVIII o "barroco" passa a ser visto enquanto um estilo artístico – de um modo mais característico na *Enciclopédia* de Diderot, e, em todo caso, com traços negativos: "adjetivo em arquitetura, é uma nuance do extravagante. E, se quisermos, o refinamento ou, se assim se pode dizer, o abuso dele... o superlativo"[13]. Assim, os "maneirismos" específicos também são, aqui, valorados negativamente, limitados à arquitetura. O juízo negativo daquilo que – de maneira altamente confusa – era caracterizado como "barroco" vigorou até cerca de 1900[14], com o surgimento da "arte moderna" apareceu,

---

12. Cf. B. Croce, *Storia dell'età barocca in Italia*, p. 20 e s.
13. Cf. H. Wölfflin, *Renaissance und Barock*, p. 10. (Trad. bras. *Renascença e Barroco*. São Paulo: Perspectiva, 1989, p. 34.)
14. Cf. H. Tintelnot, Zur Gewinnung unserer Barockbegriffe, em R. Stamm, *Die Kunstformen des Barockzeitalters*.

então, um fanatismo pelo barroco, mas que se baseia, de diversas maneiras, em mal-entendidos. A bem dizer, a vanguarda "moderna" via e reconhecia no "barroco" o mundo expressivo maneirista, a grande burguesia de então, a "força" representativa e enfática do barroco ("guilhermismo"!). Há apenas vinte anos se fez jus ao barroco específico em sua especificidade[15].

Com efeito, a arte, a literatura e a música "barrocas" lançam mão de maneirismos formais e também de impulsos expressivos maneiristas, mas o fenômeno integral do "barroco" situa-se numa nova aspiração espiritual e política de "ordenamento", condicionada pelas consequências da Contrarreforma e pelas convenções da cultura cortesã absolutista recém-consolidada e da sociedade vigente. A arte, a literatura e a música barrocas possuem elementos maneiristas, e, por certo, intensos e subjetivos valores expressivos, mas elas são novamente *amansadas* por meio de novas representações classicistas. No "barroco", maneirismo e classicismo põem-se em contato um com o outro. Do ponto de vista histórico-intelectual, pode-se conceber pertinentemente o barroco como um tipo de "maneirismo"; não se pode deixar de reconhecer, porém, a particularidade muito específica das reações barrocas. O "barroco" consiste numa forma mista de "maneirismo" e "classicismo" na qual o grau de mixagem é muito diferente conforme os tempos e as paisagens europeias. O puro maneirismo, que continua pululando ao lado, no e sob o "barroco", permanece sempre subjetivo, heterodoxo, anticonformista, mesmo quando ele procura, a seu modo, sínteses universais místicas ou mágicas. O espírito barroco aspira – frequentemente com meios de expressão maneiristas (jesuítas) – a ordenações objetivas (Igreja, filosofia, Estado, sociedade), isto é, à sua exposição. A muito conhecida "dinâmica" do "Barroco"! Quem não sente, por outro lado, perante as melhores obras de Tintoretto e Greco, sua rigidez particular e inteiramente

---

15. Cf. MML, p. 17-19.

suprível em toda mobilidade externa! Quem já não sentiu o gesto de honradez do grande movimento barroco, sua exterioridade brilhante, sua vontade de eloquência *persuasiva* e de representação? No barroco, o gesto maneirista primordial torna-se um gesto de persuasão voluntarista. O monumento sepulcral de Bernini em homenagem ao Papa Urbano na igreja de São Pedro dá expressão a esse gesto – um gesto *restaurativo* – de maneira grandiosa. Quem comparar a poesia maneirista com aquela especificamente barroca, encontrará uma outra explicação[16]. *Para o bem da nova "Roma triumphans", a pararretórica maneirista é, sob o influxo da Contrarreforma, restaurada sob a forma de uma retórica neoclássica e cesarista do "persuadere" – da persuasão – e do "docere" – da instrução. Com ambos os aspectos, não se pretende, em absoluto, apenas "delectare" – agradar –, mas, sobretudo, converter.* O conceito paralógico transmuda-se na sentença moralista, na sabedoria sentenciosa própria à política ou à religião. Mas, para o engenheiro *concettista*, a pararretórica e o paralogismo *sempre* permanecem os instrumentos mais importantes.

Portanto, parece legítimo escolher o par de conceitos maneirismo e classicismo como "denominador geral" (E. R. Curtius) e combiná-lo com os conceitos históricos – igualmente legítimos – de asiaticismo e aticismo, caso se queira, aqui, apreender a função histórica de um gesto estilístico duplo e *constante* de fundamentação metódica para uma fenomenologia da história europeia do espírito. A palavra "barroco" é uma palavra artificial e vem à tona, como sabemos, apenas mais tarde. Os conceitos asiaticismo e aticismo já dominavam as antigas teorias literárias, sendo que a palavra "classicus" é, com efeito, igualmente antiga, mas o sentido figurado "clássico" é muito mais novo. O conceito "maneirismo" (na teoria da arte) é, também ele, mais velho (a partir de 1520), mas, enquanto palavra latina e concreta, tem a vantagem de se tornar bem mais justificável

16. Ver infra p. 285-286.

em termos materiais com um de seus significados: "manus" = "trabalho artístico"; "manu" = "pela mão do homem, através da arte". O conceito maneirismo, conquanto não seja tomado *a priori* de forma polêmica – o que decerto nem sempre ocorreu –, provoca, no tocante à arte, à literatura e à música, associações muito mais evidentes do que a palavra barroco. Não podemos, pois, concordar nem com os 22 tipos de barroco de Eugenio d'Ors[17] nem com o pretenso "retorno periódico e frequentemente muito amplo do caráter formal do barroco no curso da história" no sentido de Fritz Alexander Kauffmann[18]. Como se fosse factível identificar totalmente o barroco com o maneirismo, o que é impossível. Aqui, a literatura mais recente pode auxiliar-nos mais ainda. Tal como Victor L. Tapié[19]: elementos clássicos no barroco como expressão de uma nova ordenação religiosa, social e política; tal como em Erich Trunz[20]: pensamento barroco ordenador, forma autoritária de pensar do barroco, seu estilo representativo, típico da retórica barroca etc. O maneirismo nutriu-se espiritualmente de correntes diferentes daquelas que se denominam barroco. Num caso, parte-se sempre das tradições esotéricas; noutro, parte-se novamente das tradições da teologia medieval e da Igreja.

Os maneiristas menos "engenhosos" gostam da hipérbole, os simplesmente sagazes da elipse e do entimema, respectivamente[21]. Pode-se reconhecer – criticamente – o maneirista criativo pelo fato de que ele une a elipse e o entimema de uma maneira particular. Meras hipérboles e "pululantes" fórmulas silogísticas são indícios do "barroco". Peregrini cita o exemplo já mencionado por nós (a excla-

---

17. *Lo Barocco*. Cf. MML, p. 18.
18. *Roms Ewiges Antlitz*.
19. *Baroque et Classicisme*.
20. Weltbild und Dichtung im deutschen Barock, em R. Alewym et al. (eds.), *Aus der Welt des Barock*.
21. Entimema (grego) = pensamento. Um tipo reduzido de inferência lógica. O famoso entimema de "Cícero": "Estivesse eu tão assustado em casa quanto tu estás na cidade, então eu deixaria minha casa". Afirmação essencial: "Deixe a cidade!" (Cícero, *Catilinárias*, 1, 17)

mação de Corydon, quando lhe trouxeram pão preto em demasia): "Não me tragam mais, senão vira noite". Nossa testemunha aprecia justamente isso: a mediação do "insólito" na mais extrema concentração intelectual. Nessa medida, a alegoria abstrusa e o emblema alógico também são elípticos; eles possuem o caráter de um epigrama imagético e de um *concetto* "engenhoso".

Tudo isso é típico do maneirismo espiritual-elementar – se tal paradoxo for permitido. Uma vez mais, temos aqui uma diferença em relação ao "barroco". A arte barroca da linguagem não pretende impor novamente o insólito, mas aquilo que tem validez universal, e isso não através dos meios da concentração, senão através dos meios da ênfase, da amplificação, da superentonação, da subjugação, do propagandístico artificial. O barroco é retórico-propagandístico. O maneirismo é antipropagandístico, antirretórico, isto é, contra a retórica clássica e aticista, mas a favor da pararretórica. O maneirismo conhece a desmesura da arte de associação elíptico-hiperbólica, ao passo que o barroco conhece a desmedida da imposição hiperbólica. Assim, o maneirismo não despreza, em absoluto, a arte da hipérbole, mas ele sempre a geometriza através do contra da elipse, enquanto o barroco é inequivocamente avesso à concentração elíptica. O edifício do grande instituto central da contrarreformadora "Propaganda Fide" em Roma foi projetado pelo "barroco" Bernini. Gregório XV inaugurou-o no ano de 1622. Não poderíamos compreender, desta feita, um artista tão vital quanto antirracional como Bernini? Tasso constrói a transição da alta Renascença ao maneirismo, e Bernini a transição do maneirismo ao barroco.

Pararretórica, Sentimento e Romantismo

As superfícies de contato entre o maneirismo, o barroco, o romantismo e a atual "modernidade" não foram ignoradas, tal como já informamos. Ser-nos-á mais fácil, em todo caso, determinar o grau de frieza e de calor de tais contatos no contexto da pararretórica. A combinação de reflexão e sentimento é própria ao maneirismo da época de Shakespeare, tal como se dá, de modo semelhante, no romantismo europeu. O tipo "moderno" também é caracterizado por Gracián como *escribir con alma*. *Alma* significa "espírito", mas também "alma". Gracián sabe que *agudeza* sem *alma*, sagacidade sem alma, sem "segredo", sem "profundidade", converte-se numa mera acrobacia de palavras. Gracián volta-se contra a mera aplicação superficial da retórica, assim como também se volta contra um estilo *apenas* artificial e cultista. *Concettismo* sem *alma* torna-se "raivoso, vazio, ínsito a uma afetabilidade inútil"[22]. Portanto, o "tipo moderno" significa *escribir con alma* e *con agudeza*, escrever com alma e espírito, com sentimento *e* intelecto. Sentimento? Sem dúvida. Como se poderia esquecer o *dolce stil nuovo* de Dante, a revolução da lírica que ocorre, já, no século XIII, o poetizar *da dentro*? Quem pretenderá negar que há "sentimento" em Góngora e em John Donne? Trata-se, no entanto, de um sentimento bem consciente e espiritualizado, de um tipo de romantismo intelectual e prenunciador tal como aquele que Novalis nos redefine da melhor e mais sucinta maneira: "Uma obra de arte é um elemento da alma". "O entendimento é a quintessência do talento", "pensar e poetizar são, pois, a mesma coisa". "Afetos são simplesmente algo fatal". "Tudo o que não é arbitrário deve transmudar-se em algo arbitrário"[23]. Contudo: "Só no sentimento pode a reflexão como que produzir sua forma pura: novo dado da onipresente relação de troca entre o fazer oposição".

A diferença entre a pararretórica maneirista e o romantismo maneirista (intelectual) reside, pois, a partir dessa mesma concepção, no fato de que se trataria de um "poetizar imaginativo" (Novalis), na conquista gradual de esferas de sentimento mais profundas e ulteriores até o

---

22. Cf. Novalis, *Fragmente*, III, p. 363 e s.
23. Idem, p. 4, 13, 14, 15, 18, 76, 123.

romantismo e o simbolismo. Não ignoremos, porém, que, para Novalis, "a alma consiste em vogais puras"[24], "que a linguagem é um instrumento musical" e que a "música tem a ver com a análise combinatória", sendo que, por isso mesmo, necessita de uma "arte de decifração" geral[25]. Ainda vigora, porém, a curiosa tensão entre espírito e alma, entre sagacidade e sentimento – já conhecida por nós a partir das artes plásticas. Novalis: "Forma é antítese"[26]. Ela pode levar a um tipo de loucura, a uma loucura criativa. Não apenas Tesauro, mas também Gracián prezava a "loucura"[27]. Não se trata aqui, pois, das *phantasiai insanes* de Quintiliano? Isso adquire o seu ápice justamente no romantismo intelectual. Para Novalis, a alma da obra de arte deve "dar-se a conhecer importunamente nos excessivos e inaturais movimentos e modificações da matéria, na caricatura"[28]. Dessa "síntese" surgem "palavras e fórmulas maravilhosas"[29], "harmonias parciais das loucuras"[30], "loucura coletiva segundo regras e com plena consciência"[31]. O elogio da "paranoia" nos é conhecido[32]. Os extremos se tocam. Frutífera e intensamente, porém, apenas nas épocas que lhes são apropriadas.

Século XX: Destruição da Lógica pela Lógica

Loucura segundo regras! Apollinaire chama essa discórdia de "style idéogrammatique"[33]. Gottfried Benn distingue manifestamente o "estilo conciso e penetrante" (aticismo)

---

24. Idem, p. 216.
25. Idem, p. 19.
26. Idem, p. 137.
27. Idem, p.351.
28. Idem, p.99.
29. Idem, p.50.
30. Idem, p. 46.
31. Idem, p. 31.
32. MML, p. 272 e s.
33. *Textes inédits*, p. 112.

do "estilo expressivo" (asiaticismo)[34], Neste último, tudo depende apenas de "fascinação" e "expressividade". No estilo expressivo, "a linguagem celebra a si mesma". Trata-se de um "estilo de crise". "Na arte, vale a exterioridade". "O artístico! Estilo!"[35]. Dever-se-ia escrever algo de "novo", "sem conformismo e classicismo"[36]. Em sua história do surrealismo, Alain Bosquet afirma: "Destruiu-se a lógica, pedra por pedra, com meios lógicos"[37]. Não é de admirar que um dos periódicos mais importantes dos surrealistas se chamava *Minotaure*, imagem sensível do destrutível no inextricável!

---

34. G. Benn, *Ausgewählte Briefe*, p. 203.
35. Idem, p. 104.
36. Idem, p. 181.
37. *Surrealismus*, p. 9.

15. FÓRMULAS DA BELEZA

Lírica da Peripécia

A mais densa, perfeita e desejada forma da poesia maneirista é o *concetto*. No *concettismo*, o maneirismo literário encontra sua mais elevada completude. Nele, reúne-se aquilo que comentamos até agora: metaforismo, pararretórica e paralogismo. Deparamo-nos, uma vez mais, com um fenômeno histórico que se mostra passível de inovação, no ambiente tão diferenciado e de difícil interpretação do maneirismo. Mas, pelo fato de depararmo-nos com uma matéria historicamente concreta, podemos justamente reconhecer – sempre naquilo que se refere à problemática atual – estruturas lírico-arquitetônicas específicas e redescobrir, nelas e sobre elas, o ducto do gesto maneirista primordial.

O que são, pois, concetti? O que é *concettismo*? Para a época de Shakespeare significa: um novo "tipo de dizer". A quintessência da nova poesia! Acredita-se aqui que se descobriu um novo universo da beleza. Nele cintilam essas fórmulas mágicas e líricas. Pois, de saída, é delas que se trata num sentido mais geral. Os espanhóis as chamam de *conceptos*, os ingleses de *conceits*, os alemães de *Sinnfiguren* (figuras sensíveis) ou *Schimmerwitz* (chistes cintilantes), os franceses (do século XVII), assim como os italianos, de *concetti*. (A graça é o "ápice" do *concetto*). Os *concetti* são ou deveriam ser fórmulas mágicas da beleza "feitas" por meio de sofismas irracionais e do emprego de figuras retóricas e irregulares. Eles eram mal vistos na estética aticista. Todavia, o "fazer" pressupõe espírito (*ingenium*: engenho) e talento, sagacidade, saber, capacidade de observação e uma oportuna habilidade de viver. *Busca-se* o *concetto poetico*, a figura lírica sensível, a mais concisa fusão entre conceito e imagem, tal como o ouro e o desenho parecem apresentar, em pequenas moedas da Magna Grécia, uma unidade de dois "valores" distintos de uma maneira historicamente ímpar. "O *concetto*", qualificava Baudelaire, "é uma obra-prima"[1].

No melhor, *concetto* trata-se de um feliz casamento entre inspiração e inteligência, intuição e sagacidade, desmoronamento e construção, ideia e arquitetura, ou seja, de uma antitética lírico-dramática. (Exemplos de *concetti* europeus acham-se no "Anexo" deste livro. Nessa parte, eles foram concebidos enquanto modelos e provas documentais para as tentativas de interpretação).

Não é de admirar que os tratadistas maneiristas enalteçam a surpreendente elegância dos sofismas, o efeito impactante de locuções inesperadas. Eles exaltam, sobretudo – e justamente isso pertence aos segredos alquímicos dessa literatura altamente concentrada –, a peripécia, o "mudar de repente", aquilo que, na tragédia, é caracterizado como

---

[1] Cf. *Mein entblösstes Herz*.

uma inesperada, surpreendente e ofegante reversão no destino do herói. Reviravolta repentina também significa crise. Gracián (e não apenas ele) utilizava a palavra "crisis" para referir-se à peripécia. *Concettismo* é a poesia que reflete formalmente o ápice da peripécia (crisis) e que expressa, ao mesmo tempo, os períodos mais críticos.

Essa arte associativa também conduz a um possesso sincretismo filosófico. Marino conta unir platonismo e aristotelismo, pitagorismo e epicurismo, doutrina da redenção cristã e magia, sensualidade e edificação, desespero e consolação, claro e escuro, verdadeiro e falso, certeza e incerteza. Tudo isso não deve permanecer apenas em mútua tensão. Tudo é permutado entre si. Decorre então um bazar de conceitos a serviço de uma desatada e artificiosa idolatria de palavras. Tentar-se-ia dizer que, sobre todas as épocas históricas nas quais faíscam repentinamente tais "sophismes magiques", acumulam-se as nuvens tempestuosas dos declínios. Em tempos de *concettismo*, os poetas – chamados por Baudelaire de faróis – pretendem fazer luzir vivamente uma "pedra filosofal" no ambiente de escuridão. Procuram por uma beleza concentrada, extrema, geralmente cercada pelo bramir dos afetos e da dor física, pela morte sem sentido de milhões de culpados e inocentes. Sentido *e* beleza desejam, pois, unir-se de uma maneira tresloucada e labiríntica.

Figuras amalucadas ou arrazoadas desse tipo – quando pretendemos compreendê-las em sua estrutura literária (e antes de darmos exemplos) – não são fáceis de definir, tal como já se procurou fazê-lo[2]. O *concettismo* também é uma "arte associativa" no sentido de Novalis. Pensar e poetizar, beleza e lógica devem ser ligadas uma a outra. Sob uma perspectiva elementar, figuras sensíveis são metáforas de conceitos e ideias, respectivamente. O que significa isso? A

---

2. *Concetto*, do latim *concipere*, abrange tanto a esfera do intelecto ("compreender") quanto a da fantasia ("ver" ou "projetar" um contexto). O termo possui um sentido ativamente apreendido e acolhido passivamente também no âmbito material e fisiológico: como força de acolhimento de um recipiente, como concepção no ato sexual.

metáfora é percebida como uma surpreendente *concordia discors* de imagens. O *concetto* oferece uma surpreendente *concordia discors* de ideias. Em ambos os casos, os extremos são, pois, unidos. Mas, tal é o elemento irritante, haja vista que um bom *concetto* não se apresenta apenas enquanto concordância de conceitos antitéticos; ao mesmo tempo, ele mistura... imagens. Assim, são unidos tanto conceitos heterogêneos quanto imagens heterogêneas. A "pedra filosofal" alquimista decorre de uma dupla: do paralogismo e da metáfora opositora, do sofisma paralógico e da evocação metafórica. A dialética abstrusa é "enfeitada" com os meios paralógico-retóricos que já nos são conhecidos. Em muitos e demasiados casos, a força inventiva é, desse modo, altamente artificial, suprida através de um simples arranjo "irracional".

Alegorismo Abstruso

Antes de levarmos a nossa definição a bom termo e, em seguida disso, oferecer uma antologia miniaturizada de exemplos europeus do passado e do presente, trataremos de nos ocupar, brevemente, com um exemplo retirado da célebre coletânea de alegorias de Cesare Ripa (1560-1625). Em Roma, no ano de 1593, ela veio a lume sob o título de *Iconologia* e passou, pois, por muitas edições, até a edição monumental em cinco volumes de Perugia (1764-1767)[3]. A obra exerceu uma enorme influência sobre a arte e a literatura maneiristas[4]. Ela obtivera seu primeiro efeito na época de ouro de Shakespeare, Góngora e Marino.

O alegorismo de Ripa é particularmente razoável, porque se acha ligado à emblemática e à hieroglífica mais

---

3. Cf. M. Praz, *Studi sul concettismo*, p. 265; cf. também, a esse respeito, E. Male, *L'Art religieux après le Concile de Trente*, p. 387 e s.
4. Acerca da relação entre "alegoria" e a arte moderna contemporânea, ver também H. Sedlmayr, *Die Revolution der modernen Kunst*, v. 1, p. 35.

profundas, que, em todo caso, são características de tal era. (Pormenores a esse respeito na próxima parte). Um exemplo chama-se "Melancolia na Terra"[5]. Nessa alegoria (do grego *allegorein* = falar de um outro modo, falar imageticamente), o disparate é combinado de maneira rebuscada. O livro aberto na mão esquerda da figura, que, segundo Ripa, deve ter uma cor "sombria", significa: o melancólico adora o meditar, o saber, a pesquisa. A mordaça simboliza o mutismo, pois, de acordo com Ripa, o melancólico tem um temperamento frio e seco. O pássaro (pardal) sobre a cabeça deve representar a solidão, já que, segundo Ripa, o pardal vive em lugares solitários e "evita o intercâmbio social"[6]. A bolsa fechada refere-se à reserva, à avareza espiritual. Assim: livro, mordaça, pardal e bolsa fechada significam melancolia. No poema, tais atributos de uma alegoria podem transformar-se em metáforas, que são, pois, combinadas paralogicamente. Embora as referências de significado permaneçam em sua maioria, ao menos para o especialista, racionalmente explicáveis, os atributos isolados são – já no século XVII – combinados frequentemente de modo tão alógico e com sentidos tão disseminados, que, já àquela época, criava-se ambiguidade e falta de sentido. O *concettismo* é desviado da regra "heteroclitamente", isto é, irregularmente, de modo insólito, esquisito. Surge, pois, a *poésie hétéroclite*.

Antinatureza

Tesauro lembra-se de que já Aristóteles aconselhava os *schemata* (latim *figurae*), quer dizer, aquelas abreviaturas espirituosas que também se chamam sentenças. No entanto, os *concetti* não são sentenças no sentido aticista. O verdadeiro *concetto* deve ter caráter hieroglífico, não podendo formular

5. Cf. *Iconologia*, 119.
6. Não se trata aqui do pardal comum, completamente sociável, mas do *passer solitarius*. Leopardi dedica-lhe um poema.

nenhuma doutrina moral universalmente compreensível e devendo – tal como Tesauro diz repetidamente – permanecer na penumbra da fórmula oracular[7]. Para forjá-lo (*fabbricare*), parte-se de um índex categorial. São reunidos grupos de imagens e ideias, "semelhanças" e "dessemelhanças", elementos fundamentais para a já conhecida grande arte combinatória. A partir desse material, constrói-se, com os instrumentos dos *topici fallaci*, das figuras retóricas enganadoras, as metáforas de *stupore* que já nos são familiares. Estas, porém, auxiliam a concepção linguística das "argutezze" paralógicas, dos sagazes e imaginativos sofismas, e isso através de conceitos (ideias) que, aparentemente em mútua exclusão, são unidos. A partir dessas correspondências de ideias e imagens, obtêm-se "*concetti* divinos", pois, tal como já foi citado, Deus revelou-se em "*concetti* secretos". A poesia, a arte e a música só são belas quando viabilizam esta sorte de figuras sensíveis arcanas. O gênio *concettista* termina por se assemelhar a Deus.

Mal se pode imaginar, hoje, a reputação dos excelentes *concettistas* de então. Eles eram homenageados como heróis. Eram comparados com águias e anjos. Escreviam inscrições em arcos do triunfo e emblemas para reis, epitáfios para os túmulos dos príncipes, divisas para os brasões de todos os nobres da Europa. Eles recebiam encomendas nobilíssimas e eram incansáveis trabalhadores. Muitos podem, pois, alegar algo em sentido contrário aos maneiristas do pós-renascimento, mas não se lhes pode imputar o diletantismo. Não houve nenhum período posterior à Idade Média em que escritores tivessem se esforçado tanto para refinar o seu ofício. Entre a Renascença e o Iluminismo, há um maneirismo da forma artesanal, e não apenas aquele atinente a visões de mundo, sensações e ideias. Se se ignora tais pressupostos, pode-se entender o maneirismo vigente entre 1530 e 1660 tão pouco quanto a música moderna, quando não se conhece a doutrina da harmonia ou "desar-

---

7. E. Tesauro, *Il cannocchiale aristotelico*, p. 238, 299, 69, 249 e 294.

monia". A literatura consoante ao maneirismo dessa época também exige (e quase acima de tudo) uma capacidade artesanal. Valéry: "Perfeição é trabalho". É preciso conhecer as "artes", devendo-se desprezar as regras. Pretendia-se ser anticlássico, mas não bárbaro. O espírito "criador" era enaltecido tão só com os atributos da aprendizagem artística, da *virtuosità*. Quando se estilizava o mundo, o homem e as coisas, isso só podia ocorrer com sabedoria e de modo consciente. O "gênio natural" sem *virtuosità* teria vigorado como uma das muitas "esquisitices" da *natura naturans*. Por si só, sua aparência plebeia ou pequeno-burguesa não teria correspondido ao gosto aristocrático da época. Temia-se menos os epigonais do que os diletantes.

Os *Mystères* (Mallarmé) desse ofício parecem ser, no entanto, de uma natureza altamente complicada quando não se tem sempre consciência de seus mecanismos tanto "engenhosos" quanto simples. A poesia dialética do *concettismo*, que liga o paradoxal a uma unidade, numa extrema situação da peripécia, não renuncia apenas à instrução (*docere*) e à persuasão (*persuadere*), mas também ao princípio da verossimilhança[8]. Não é a *inventio* (invenção) que gera a unidade, mas a *dispositio* (disposição) maneirista. Em consequência disso, renuncia-se à verossimilhança em prol da "maravilhosa" disposição do pensamento. Aqui, esse "maravilhoso" atinge diferentes graus, que vão do simples e surpreendente contraste até a chocante construção do monstruoso: tal como nas artes plásticas.

Depois de 1850, a clássica imitação da natureza é totalmente superada, do mesmo modo, porém, que as convenções do assim chamado entendimento humano bem constituído, os lugares-"comuns" vigentes nas ordens políticas e religiosas, os conceitos gerais e "imagens" de uso

---

8. Cf. G. M. Tagliabue, Aristotelismo e Barocco, em E. Castelli (ed.), *Atti del III Congresso Internazionale di Studi Umanistici*. Ver também, na mesma obra, os estudo de F. Altheim, Klassik und Barock in der römischen Geschichte; V. L. Tapié, *Le Baroque et la société de l'Europe moderne*; e o de E. Castelli sobre o barroco e a "Persuasione".

corrente da opinião pública. A dissimulação converte-se em lei, sendo que a lei dissimula. Torna-se acontecimento a pura forma do alógico sem fundamento, a evocação exclusivamente estética do nada, a autonomia da forma *abstrusa*. Alcança-se o extremismo extremo: aos poucos, o receptor não deixa apenas de ser instruído e convencido, mas também deixa de ser capturado, movido pelo sentimento (*movere*). O perigo do *unicamente* espantoso está no fato de que os meios para engendrá-lo repetem-se infinitamente (qual um gesto de espanto estereotipado) e, por isso, produzem – tal como as formações de cartilagem igualmente ilimitadas do estilo ornamental tardio – apenas tédio infrutífero. Melhor ainda: um completo estranhamento. Não é de admirar que, em períodos *concettistas*, os dramas e os romances de horror estejam em tamanha florescência. Shakespeare movimenta-se pela escala inteira, desde seus sutis sonetos até uma perversa peça de grandes emoções: *Tito Andrônico*.

O Epigrama Alexandrino

Perguntou-se amiúde em que lugar da Europa o *concettismo* veio à baila, pela primeira vez, por volta de 1550[9]. Tesauro denomina os pregadores espanhóis em Nápoles como os primeiros novos inventores, sendo que ele próprio chegou a conhecer, com efeito, o tratado de Gracián – tal como Croce supõe. A maioria dos tratadistas refere-se, pois, aos autores antigos enquanto modelos, ainda que seja sabido – sobretudo por meio de Tesauro – que o *concettismo* ambíguo (Gracián) consiste num traço característico da modernidade. A "antologia grega", com cerca dos seus três mil e setecentos epigramas, exercera uma forte influência

---

9. Ver, entre outros, A. Meozzi, *Il Secentismo europeo*; G. M. Tagliabue, op. cit.; e E. Norden, *Di antike Kunstprosa*, v. I, p. 68 e s., 280 e s., 777 e s. Segundo Norden, o mais famoso *concettista* da Antiguidade foi Górgias von Leontini. Satiricamente imitado por Platão em *Protágoras*, 337-338.

sobre o estilo *concettista*. Originariamente uma "concisa inscrição", o epigrama converteu-se num gênero lírico próprio primeiro em Alexandria. Costumava-se chamá-lo de uma "elegia abreviada"; rapidamente, ele também se tornou uma forma vanguardista, numa vestimenta linguística da rebeldia, da agressão, da heterodoxia[10]. Em Alexandria, os bons epigramas eram colecionados como moedas raras. No áureo período maneirista da latinidade (Marcial), eles se tornaram, uma vez mais, uma grande moda. Particularmente apreciados eram os epigramas com isopsefia hebraica, o mesmo é dizer, com jogos de letras e palavras extremamente complicados[11]. Denomina-se Leônidas de Tarento o maior autor de sucesso nesse âmbito no período nerônico. No despertar da Idade Média, Bizâncio albergava a preciosa pequena forma. Típico do epigrama é: um excesso de concisão – o que, por sua vez, também é tipicamente maneirista; pode-se exaltar em demasia com hipérboles, mas também com a elipse. Trata-se, pois, de uma caligrafia elíptica altamente preciosa, mas, na Antiguidade, ela guarda um sentido racional, e, não raro, altamente realista inclusive.

Mudança Concettista *dos Tempos*

As repercussões literárias das culturas helênicas no despertar da Europa medieval (padres da Igreja), bem como em sua fase tardia (Espanha), ainda estão por ser investigadas – do ponto de vista estético e histórico-formal. Sem dúvida, enquanto pivô entre o asiaticismo e o aticismo, a Espanha consoante à baixa Idade Média teve uma grande importância no que diz respeito aos maneirismos *formais*[12]. Contudo, em nosso entender, as raízes do *concettismo* "moderno" se assentam na Itália, na Itália de Ficino e Pico della Mirandola, quando, em Florença, o homem se descobre

---

10. Cf. P. Waltz, *Anthologie Grecque*, p. VII e s.
11. Acerca da isopsefia, ver supra p. 77.
12. Cf. M. Menéndez Pelayo, *Historia de las Ideas Esteticas en España*.

um "Deus in terris", quando, depois disso, o heliocentrismo também se converteu num fato das ciências naturais, quando a descoberta da infinitude do mundo assacou problemas ao homem de então tal como a teoria quântica hoje nos assaca. A Itália possui uma precedência intelectual e temporal. E não só. Encontramos uma teoria "existencial" do *concettismo*, muito antes de Gracián e Tesauro, na obra de um dos mais fascinantes poetas pré-modernos da Europa, a saber, na obra de Torquato Tasso.

Além disso, não se deveria passar ao largo do fato de que, na Itália, as grandes obscuridades de Dantes permaneceram inesquecíveis. Grupos particulares de tercina não possuem, afinal, uma forma *concettista*? Petrarca – assim como Dante – está próximo do "trobar clus" enigmista dos cantores de mina. O "petrarquismo" propagou-se na Espanha tão cedo quanto na França, ao menos enquanto dicção preciosista. Marino considerava Petrarca como modelo da arte *concettista*. Tasso (1544-1595) situa-se, como personalidade com sua obra, na primeira e nova mudança dos tempos[13].

Transição à Imanência Poética

Essa situação particularmente italiana possui causas histórico-intelectuais desapercebidas. Por volta de 1520, quando surgiu o primeiro maneirismo toscano na Florença – aquela unidade entre "graça e segredo" –, Tasso ainda não havia nascido. Raffael morreu em 1520, em cuja obra tardia foram encontrados justamente traços maneiristas. *A poesia de Tasso perfaz a transição da Renascença tardia literária rumo ao primeiro maneirismo literário nesse período.* Seu desequilíbrio, seu "louco-sentido" (*whan-sinn* = de-mência), apresenta-se como um símbolo desse entroncamento. Sua poesia é rica em referências que apontam para transições[14].

13. Cf. U. Leo, *Torquato Tasso*.
14. Cf. Idem.

Com isso, compreendemos não apenas a posição privilegiada que o *concettismo* conservou para si justamente na Itália – pois, para a ordem de questões de que aqui nos ocupamos, esta permanece uma questão secundária. Mas, sobretudo, podemos conferir à noção de *concetto* – no que diz respeito a Tasso – uma nova dimensão de profundidade. Novamente, deparamo-nos com um fenômeno típico de todo maneirismo: o gesto primordial miticamente ligado, ou, então, para recorrer às representações míticas dos últimos tempos, sua renovada significação mítica é novamente secularizada. Inicia-se, pois, o jogo com os estojos formais.

O *concettismo* de Tasso tem relações imediatas com a doutrina da "ideia" de Marsílio Ficino. Recordamo-nos do fato de que, em seu significado de "conceito", a palavra "concetto" fora associada com a palavra "ideia"[15]. Para Tasso, no entanto, o "concetto" = "ideia" ainda possui um caráter algo absoluto[16], bem ao contrário de Zuccari, que publicou seu tratado *L'Idea de' pittori, scultori ed architetti* no ano de 1607 – doze anos depois da morte de Tasso, portanto. Para Tasso, o *concetto*-ideia ainda possui – num sentido platônico – o seu lugar no suprassensível absoluto. Em Zuccari, ele *também* se converte num conceito *psicológico*, numa representação subjetiva, num *disegno interno*. Tasso concebe a ideia (*concetto*) como um absoluto transcendente, que pode e deve refletir-se na poesia. Portanto, o *concetto* permanece "ideia" num sentido *objetivo*, e não *subjetivo*. Assim, Tasso ainda não é um "concettista" no sentido do "concettismo" subjetivo, mas "o *concetto* encontra-se, com efeito, no centro de sua poesia e de sua doutrina poética". Tasso "aplainou os caminhos para o *concettismo*"[17]. O fato é que, em escritos tardios de Tasso – como, por exemplo, nos *Discorsi del poema eroico* –, o *concetto* já é caracterizado como um "falar interior" ("Il Concetto, il quale è quasi um

---

15. Cf. MML, p. 76 e s.
16. *Poesie*, p. 331 e s.
17. Cf. U. Leo, op. cit., p. 161.

parlare interno")[18]. Com isso, "o *concetto* praticamente se converte naquilo que denominamos forma interna da linguagem". A "matéria da palavra é formada nos *concetti*"[19].

Tasso, porém, não se mantém nesses *topoi uranoi* em meio às novas forças intelectuais de tensão da época. Os *motivos* de sua poesia e as manifestações de sua vida comprovam que nele e em sua obra ocorre a transformação, o início da secularização do *concetto* – outrora uma pura ideia metafísica e, de pronto, uma *imagem linguística imanente da poesia pura*. Como Pontormo, Tasso é um melancólico; estende ao máximo as formas aticistas da retórica e escolhe artifícios asiaticistas tais como, dentre outros, a anáfora (repetição da mesma sequência de trechos de uma sentença noutras sentenças) e a paronomásia (conjunto de palavras homofônicas ou semelhantes de significado diferente ou contrário)[20]. Ele tomava tais figuras da literatura latina medieval como maneirismos formais. Mas, o comovente na obra e no destino pessoal de Tasso consiste no fato de que, pela primeira vez, formalismos maneiristas e formas maneiristas de pensamento encontram-se "modernamente", de uma maneira poética e intelectualmente legítima. Em suas investigações sobre Tasso enquanto precursor do "secentismo" marinista, Ulrich Leo fala acerca de uma "super-retórica" "moderna" – referindo-se justamente a Tasso[21]. Tasso também renuncia, pois, ao elemento instrutivo-instrumental da retórica; ele, de sua parte, também prefere o simples *delectare* ou *piacere* ao instruir e ao persuadir. Mas, em Tasso, o *delectare* com artes retóricas adquire o sentido mais profundo, quer dizer, aquele dado por Shakespeare ao *concettismo* pararretórico. As artes pararretóricas dão "expressão a um estado de excitação irracional do poeta ou de suas personagens"[22]. E o sempre precariamente traduzível adorno de palavras (em virtude do

18. IV, 135. Cf. U. Leo, idem.
19. Cf. U. Leo, idem.
20. Idem, p. 7 e s., 22 e s.
21. Idem, p. 124.
22. Idem, p. 129.

jogo de palavras com *sapere, cercare, piacere*) de *Tirsis* não se assemelha, afinal, aos deliciosos preciosismos *concettistas* presentes não apenas em *Adônis* de Marino, mas também em *Romeu e Julieta*?

> E isso lhe parece pouco?
> Tu acreditas então?
> ... E talvez ela saiba
> Mas ela não quer que os outros ressaibam
> que ela sabe;
> então, se tu buscas um consenso expresso
> por parte dela, tu sabes que estás a buscar
> aquilo que mais lhe desagrada? Onde está, pois,
> o seu desejo de agradar?[23].

Mas Tasso acha-se numa encruzilhada de verdadeiras tensões – nele mesmo. Nenhum outro poeta maneirista italiano do século XVII – muito menos ainda Marino – vivencia um conflito semelhante a este, verdadeiramente demoníaco. Paradoxal quanto pareça ser: apenas Tasso e Michelangelo se assemelham nesse sentido; na Itália, eles pertencem aos poucos "maneiristas" de valor eterno. Além disso, deve-se ainda mencionar, no caso da Itália, Tintoretto e Monteverdi.

"O Horror Torna-se Belo"

"A busca por novos caminhos", escreve, pois, Tasso, "produz mais repreensão do que elogio"[24]. E, com obsessão e compulsão súbitas, ele escreve: "Poesia é estupefação; a livre fantasia extasia-se naquilo que nunca aconteceu; *a inverdade é mais*

---

23. Cf. *Aminta* II, 3. *Poesie*, p. 601. "E poço par ti questo?/ Credi tu dunque?/ ... E forse ch'ella/ Il sa, nè però vuol ch'altri risappia/ Ch'ella ciò sappia; or, se'l consenso espresso/ Cerchi di lei, non vedi che tu cerchi/ Ciò Che piu le dispiace? Or, dove é dunque/ Questo tuo desiderio di piacerle?"
24. Cf. *Discorsi del Arte Poetico*. Cf. U. Leo, op. cit., p. 78.

poética do que a verdade, história, intelecto e razão apenas obstaculizam o *furor poeticus*"[25]. "O horror torna-se belo"[26].

A ser assim: aquilo que é "contrarracional" fundiu-se com o conceito-ideia. Com isso, a ideia-*concetto* platônica desloca-se, de fato, no novo século de Marino. Isso se intensifica em Tasso. De pronto, lê-se: "O assunto do poeta deve ser o maravilhoso, e nada além do maravilhoso"[27]. Relembramo-nos, aqui, da fórmula praticamente igual a esta de André Breton e de muitos outros. No entanto, em Tasso, o maravilhoso ainda permanece uma *matéria* em todos os maneirismos formais que ele emprega. Em Marino, no *concetto* "secularizado", a mera forma deve lograr, antes de mais nada, o "maravilhoso", tal como Marino procurou fazê-lo nos mitos "assombrosos", a fim de também oferecer um *meraviglioso* material. Essa brecha em Marino faz parte dos mais interessantes acontecimentos da história da literatura europeia.

Com sua tendência ao "medo transcorrido", à comovente renúncia ao subjetivo, ao autoabandono no lusco-fusco de uma imagem demoníaca da beleza, Tasso é também, e sobretudo, um "moderno" *ex profundis*. No estudo de Ulrich Leo é possível encontrar muitos exemplos a esse respeito. Contamos citar ao menos dois dentre eles, no intuito de que, justamente através de uma nova leitura de Tasso, a "modernidade" – conquanto ela ainda conheça e reconheça uma comoção intelectualmente profunda – possibilite encontrar uma de suas mais grandiosas legitimações históricas. (Citamos ambos os textos na língua italiana. Uma tradução livre encontra-se nas notas). A propósito da vivência do medo:

> Io so che, non temendo
> non avrei che temere,
> Tanto valor in regio cor comprendo!
> Ma per lo mio volvere
> Mosso, temo talvolta, e poi mi pento
> D'aver temuto; e sento

25. Cf. U. Leo, op. cit., p. 85.
26. Idem, p. 92.
27. Idem, p. 108.

In mezzo al mio timor nascer conforto;
Cosi mezzo mi sto tra vivo e morto[28].

O homem, que é precisamente o símbolo do problemático, encontra-se em perene agitação, tal como a vazante e a enchente das marés, isto é, num processo de mudança indelineável entre o espírito e a natureza. Ele é como a água. Não o seu nome, senão a sua essência está "escrita sobre a água" (Keats). E quem move essa água eternamente em movimento?

E chi la spinge avanti,
Perch'ella mai cessi e non s'arresti?
Quai sono i vasi e le spelonche interne,
Da cui deriva? Ed a qual loco affretta
Mai sempre il corso?[29]

---

28. Retirado de *Incertezza nel timore*. Cf. U. Leo, op. cit., p. 14. Assemelha-se ao *Sur le Tasse em prison d'Eugène Delacroix* de Baudelaire. Tradução: "Eu sei que não temendo / não ter o que temer / albergo tanto valor no nobre coração! / mas, através de meu movido querer, tenho por vezes medo / e arrependo-me, então, de ter tido medo; e sinto, no meio de meu medo, surgir o consolo. / Situo-me, assim, sempre entre a vida e a morte".
29. Retirado de *Mondo creato*. Cf. U. Leo, op. cit., p. 238. Tradução: "E quem a move [a água] adiante, / Por que não cessa e se detém? / Quais são seus vasos e cavidades internas / dos quais deriva? E para onde levanta eterna e rapidamente seu curso?"

16. PROGRAMADORES MANEIRISTAS

Lírica e Ensaísmo

No entanto, não podemos justificar convincentemente a continuidade do "maneirismo" se não reconhecermos os tratadistas de então, e que à época – tal como hoje – eram ligados, sobretudo, à lírica e ao ensaísmo. Um admirador de Tasso, Camillo Pellegrini – por nós já conhecido –, havia defendido Tasso contra os aticistas da Crusca num antigo escrito de 1584 (*Il Caraffa ovvero del epica poesia*), mas tendo em vista justamente a concepção platônica do *concetto*. Quatorze anos depois, Pellegrini publica um segundo escrito – por nós já mencionado, *Del concetto poetico* (1598) – no qual, como podemos lembrar-nos, Marino surge como o principal condutor do diálogo. Três anos após a morte de Tasso, a mudança é consumada. A secularização do *concetto* enquanto imanência linguística, sob a forma de "fala interior", está praticamente acabada.

Encontramo-nos sobre uma ponte entre Tasso e Marino, entre um maneirismo ainda transcendente e um maneirismo imanente. Não nos esqueçamos que tal escrito é cerca de uma geração mais velha do que os tratados de Gracián e Tesauro. Eles se relacionam temporalmente entre si mais ou menos como Rimbaud relaciona-se com Apollinaire ou Éluard. Sintetizemos os resultados da pesquisa de Ulrich Leo: "Aqui está proclamada a definitiva libertação da poesia da antiga e herdada associação com a retórica (aticista), seu irracionalismo ilimitado, sua autonomia imanente no âmbito da forma"[1]. Do *concetto*-ideia metafísico, fez-se um *concetto* interlinguístico, tal como, em Zuccari, fez-se da *idea* um *disegno interno*[2]. Desta feita, aconselha-se que se evite meras impressões sentimentais (tanto na leitura como na observação), pois, tal como diz Camillo Pellegrini, "*a comoção impede o maravilhar-se*"[3]. Apenas a sentença artificialmente tensionada sob a forma de oposição (o *concetto* maneirista) converte-se num meio de ligação do maravilhoso, e não, portanto, a "disposição" logicamente "racional" de uma afirmação coerente em termos de seu conteúdo e muito menos ainda a "comoção" de Tasso[4].

O "Raro Ligamento"

Reencontra-se tudo isso – com reserva crítica, por certo – antes de Gracián e Tesauro. O maneirismo *concettista* já

---

1. *Torquato Tasso*, p. 124.
2. Vide, a esse respeito, o conceito de *inscape* de Hopkins, assim como o conceito de *pattern* em T. S. Eliot.
3. *Il caraffa ovvero del epica poesia*, p. 47.
4. Procurar-se-á em vão por "maneirismos" no escrito *Concetti divinissimi* de Girolamo Gerimberto. Nele, os *concetti* permanecem fórmulas sucintas de uma técnica de convencimento puramente retórica. Todas as tentativas de "pré-datar" o maneirismo literário da época de Shakespeare em relação ao maneirismo nas belas-artes – que diz respeito ao período entre 1520 e 1650 – fracassam. Eis a razão pela qual – cabe-nos repetir – nós expusemos, de saída, o maneirismo na *arte* em MML.

havia sido difundido na Europa através da *arte plástica* e lembramo-nos, aqui, do autorretrato de Parmigianino e da teoria da arte de Zuccari[5]. Nossa referência a essa literatura, consoante a tratadistas, possui um outro sentido historiográfico: sempre aquele que visa a provar que nossa "modernidade" possui sua "meia" raiz no maneirismo atuante entre a Renascença e o barroco, mas sua mais profunda raiz nas culturas greco-orientais da Antiguidade.

O escrito que nós contamos citar é de Matteo Peregrini. Ele se chama *Delle acutezze che altrimenti spiriti, vivezze e concetti si appellano*. Veio a lume em Bolonha e Gênova no ano de 1639, quer dizer, quase dez anos antes dos célebres tratados de Gracián e Tesauro. Esse texto desperta em nós, bem como nos arqueólogos – quando estes se deparam não com ruínas "clássicas" de templos, mas com ruínas "arcaicas" –, uma alegria própria aos descobridores. A seguir, no intuito de fazer com que o leitor se oriente com mais facilidade nesse mundo conceitual, esperamos citar tão somente "fragmentos" de *concetti* lítero-históricos: elogio da "deformità" (p. 90), "gusto per la novità", aversão ao juízo popular ("giudicio popolare") (p. 12). Tal como já foi citado, há sete fontes da *acutezze*: "O incrível, a ambiguidade, a oposição, a metáfora obscura, a alusão, a sagacidade e o sofisma". Há que se *buscar* o "raro", o inesperado. É preciso criar um concerto de dissonâncias. As figuras anormais da retórica nos proporcionam um tal *raro entimematico legamento*, uma tal união antinaturalista do que se contradiz. Enaltece-se o "verossímil inverídico", a "imagem artificial do verdadeiro" (p. 113). Unificações artificiais produzem eficazes "deformações" (p. 115). "Cumpre dizer coisas que não se encontram apenas nas palavras" (p. 119). Há *maniere* do encontrar através das quais "a retórica é artificialmente modificada" (p. 120). Cumpre observar a *virtù entimematica*, a arte do entimema.

---

5. Cf. MML, p. 76 e s.

A Pestilência do Desmedido

Tinha-se, então, à época, igualmente *consciência* de se achar numa continuidade da história europeia do espírito tal como sempre se desejou valorá-la? Voltemo-nos em direção a uma testemunha tão importante como Matteo Peregrini. Nele, deparamo-nos novamente com uma dialética que já nos é familiar. Peregrini remonta *cautelosamente* a antigos âmbitos históricos, isto é, qual um literato hesitante próprio a uma época de transição. Com isso, ele nos fornece uma outra prova valiosa. Ao comparar criticamente o moderno com o antigo, ele assevera sucinta e concludentemente que os próprios "asiaticistas" teriam passado ao largo do *giudicio*, ou seja, da consequência dos silogismos racionais (p. 153). Contra esses inquietantes companheiros, ele cita afirmações críticas do imperador Augusto. E também é conduzido por Petronio quando escreve: *ex Asia commigravit* (imigrado da Ásia). O que? "A pestilência do desmedido!" (p. 154). Uma vez mais tem efeito aqui o juízo de Quintiliano, que considerava o despedaçamento do *ingenium* e do *iudicium* como uma causa do excesso próprio aos antiaticistas. Eis novamente uma afirmação decisiva. Como sabemos, *o concetto* pararretórico não renuncia apenas ao *persuadere* e ao *docere*, mas também ao *iudicium*, à faculdade de julgar. Eis porque surge, para Quintiliano, "o afetado", "empolado", "não convincente", "rebuscado", "extravagante" etc.[6]

Peregrini, nosso ensaísta conformista, foi, pois, cauteloso – totalmente ao contrário do autodestrutivo Tasso. Essa cautela também tivera outras razões. A inquisição e a censura estavam sempre em alerta, sendo que sabemos, e iremos ainda escutar, que a Igreja (consequência do Concílio de Trento) considerava os extremismos estéticos muitíssimo ousados enquanto expressão de formas de crença perigosas e heterodoxas. Peregrine resvalou em áreas limítrofes. De pronto,

---

6. Cf. Quintiliano, *De Institutione Oratoria*, x, 2, 12 e viii, 3, 56. Cf. também, a esse respeito, E. R. Curtius, *Europäische Literatur und Lateinisches Mittelalter*, p. 297.

ele elogiou novamente Cícero e Quintiliano, arquiaticistas. Esboça então uma "lista negra" antimaneirista contendo dez *acutezze* viciosas: "fria, deturpada, infantil, vazia, sem gosto, imprópria, disparatada, emendada, desavergonhada, ridícula". Poetas contemporâneos que tinham justamente esses "erros" em alta conta incorriam em "loucura". Contudo, a seu ver, algo é certo: "artificialidade dá à luz o maravilhoso"; a rara proporção deve ser buscada. Para tanto, há *varie maniere*, tal como os paralogismos. O essencial é que "não se encontre coisas belas, mas que se faça belas coisas"[7]. No restante, Peregrini não se diferencia mais de Tesauro e Gracián[8]. Ele também prezava, acima de tudo, o fantasiar lógico com analogias – ainda que um arquimaneirista como Francesco Fulvio Frugoni entenda que ele, Peregrini, ofereça sal, mas muito pouca pimenta, por assim dizer. Num escrito tardio, em contrapartida, é possível encontrar Peregrini muito bem apimentado[9]. Peregrini investiga as fontes do *ingenium*. São as "ideias". Desta feita, porém, elas abandonaram definitivamente seu âmbito suprassensível. As "ideias" das coisas estão localizadas "em nosso peito". Como numa grande "feira de amostras", ou, então, tal como letras tipográficas numa tipografia, lá estão elas armazenadas. *Elas se chamam "immagini"* (imagens) *ou "fantasmi"*[10]. Deparamo-nos aqui inequivocadamente com as *phantasiai* de Quintiliano. Aqui, o programa da literatura maneirista se recobre com aquele consoante à arte maneirista[11]. Agora, ele também critica os autores antigos, porque eles teriam negligenciado as "fontes primordiais" da sagacidade[12]. A moda venceu, sendo que ela também triunfou sobre Matteo Peregrini. Marcial tornou-se um escritor predileto dos antigos autores, bem como para Tesauro e Gracián. Cujos epigramas teriam antecipado a

---

7. M. Peregrini, *Delle acutezze*, p. 166 e s.
8. Matteo Peregrini (1595-1652), Tesauro (1591-1667), Gracián (1601--1658).
9. *Fonti del Ingegno*.
10. Idem, p. 3.
11. Cf. MML, p. 76 e s. e supra p. 32-35.
12. *Fonte del Ingegno*, p. 38.

arquitetura do *concetto*: tensão interior, concisão, obscuridade, sagacidade, imagens da lógica. O novo *concettismo* é, por certo, intelectual, mas qual um epigramatismo a-racional. Marcial nasceu na espanhola Bilbilis. Ali perto, em Belmonte, na Calatayud, nascera Gracián. Com Gracián, esperamos dar início a um breve e europeu voo rasante sobre essa literatura tratadista – de então –, que é tão enigmática quanto problemática e por meio da qual as diferenças nacionais devem ser legitimamente esclarecidas.

Pai da Formação Moderna

Baltasar Gracián, o mais sagaz dentre todos os tratadistas do século XVII, sugere os *concetti* "hieroglíficos" pura e simplesmente enquanto imagem sensível da beleza, mas da beleza que se deve gozar com o entendimento. Gracián não definiu o *concettismo* diferentemente dos outros tratadistas conhecidos por nós, mas sua originalidade é, por diversas razões, inconfundível, e, sobretudo, graças ao pano de fundo tão rico do assim chamado *siglo d'oro* espanhol. Gracián introduziu os conceitos de "correspondência artificial" (*correspondencia*) do autocontraditório, de "contraposição misteriosa", de "concordância entre extremos". Vem dele a célebre definição de *concetto*: "É um ato do entendimento que exprime a correspondência entre os objetos". Gracián criou a estética da *contraposición* e da *disonancia*, a doutrina da *artificiosa conexion de los objetos*[13]. Ele decerto teve a sorte de encontrar, em sua época, importantes poetas em meio a seus conterrâneos. Com essa riqueza da lírica conceptista na Espanha, sob a égide dos labirintos poéticos de Quevedo e Góngora, para mencionar apenas estes dois, ele pôde livrar-se rapidamente dos entraves. Seu tratado *Agudeza y Arte de Ingenio* é, quanto a esse ponto, mais soberano, decisivo e claro do que os tratados atinentes a

---

13. *Agudeza y Arte de Ingenio*, p. 16 e s.

seus predecessores e contemporâneos italianos, sendo que isso também esclarece a razão pela qual esse mesmo tratado não cessou de estimular pesquisa e ponderação e se converteu numa espécie de catecismo do maneirismo – ainda que curiosamente não tenha sido, até onde podemos ver, traduzido *in extenso*[14]. Gracián conquistou a Europa, sobretudo, por meio de seus outros livros. Hoje, ele é tido como predecessor do moralismo epigramático e psicológico de La Rochefoucauld, La Bruyère, Galiani, Joubert e Rivarol, mas também de Schopenhauer e Nietzsche. Para o historiador francês da literatura André Rouveyre, Nietzsche fora impelido a seu estilo aforismático por Gracián. Devido a isso, esse *homo europeus* (Baldensperger) seria o "pai dos moralistas". Borinski denomina-o o "pai da formação moderna".

Ininterruptamente, esse distinto e às vezes esnobe jesuíta tivera dificuldades com as repartições clericais, tal como Góngora. Ambos procediam de modo heterodoxo, e, por

14. Ao contrário de seus outros escritos, como, por exemplo, *El Politico*, traduzido na Alemanha por Lohnstein em 1672. *Handorakel*, traduzido por Sauter em 1687, e, depois, em 1711, 1715, 1723 até 1838. Tradução de Schopenhauer de 1862 e inúmeras outras edições até hoje. *Criticón* foi traduzido em 1708, 1710 e 1721 por Casp. Gottschling a partir do texto francês. Em 1957, surge a excelente tradução de H. Studniczka, a primeira tradução alemã feita a partir da edição espanhola original (Clássicos Rowohlt, v. II, Hamburgo, 1957). A propósito da bibliografia secundária, cf.: F. Schalk, B. Gracián und das Ende des Siglo d'oro, em *Zeitschrift f. Rom.* B. Croce, I Trattatisti Italiani del Concettismo, em *Problemi di Estetica*, p. 309 e s.; M. Menéndez Pelayo, *Historia de las Ideas Esteticas en España*, II, p. 355 e s. K. Borinski, *Gracián und die Hofliteratur in Deutschland*. A. Rouveyre, *Pages caractéristiques de B. Gracián*. A respeito de Nietzsche e Gracián, cf. E. Eckertz, *Nietzsche als Künstler*; A. F. G. Bell, *B. Gracián*; K. Vossler, Einleitung zum *Handorakel*; P. Hazard, *Die Krise des europäischen Geistes (1680-1715)*. A respeito da transformação vivida pela retórica aticista através de Gracián, cf., sobretudo, E. R. Curtius, op. cit., p. 295 e s. Complementos histórico-espirituais importantes a esse propósito, vide uma nova e instigante obra de Miguel Battlori, *Gracián y el Barocco*, p. 101 e s. Depois de Battlori, Gracián tornou ainda mais "barroca" a já "maneirista" retórica da *Ratio Studiorum* dos jesuítas de 1599. A *Ratio Studiorum* ainda permanece fiel à teoria da imitação. Gracián a substitui pelo *agudo*, *ingenioso* e *concepto*. Um antecessor de Gracián é o espanhol Ximenes Patón. Sua obra (1621) chama-se significativamente: *Mercurius Trismegistus*. Gracián também sofre a influência do neoplatonismo.

isso mesmo, seria errôneo caracterizar Gracián ou Góngora como "barrocos". Gracián escreveu um moderno manual do maneirismo. Nele, além de uma plenitude de novas fórmulas concisas – *paradojas monstruos, agudisimos sofismas, crisis irrisorias, equivocos, agudeza enigmatica, misteriosos alusiones, correspondencia nascosta* e *artificiosa discordancia* –, ele também nos traz um panteão de autores maneiristas. Como modelos, ele citava com maior frequência: Marcial, Sêneca, Góngora, Marino, Guarini, Quevedo, Juan Manuel, Mateo Alemán, Lope de Vega, Garcilaso, Luis de León. Além disso, em suas contextualizações, ele sempre nos remetia ao dualismo estilístico, aos estilos asiaticista e aticista, fazendo destes últimos o fundamento de uma formação "moderna". Gracián também sabia apreciar o valor do estilo "lacônico", "natural". Contudo, ele possui inequivocamente predileção pelo *asiato*, pelo estilo "artificial", pelo "extremo" da "beleza artificial" do *conceptuar*. A *novità* do moderno deixa-se, pois, associar com tradições muito bem determinadas, que repercutem na cultura europeia[15]. "O asiaticismo é a primeira forma do maneirismo europeu, o aticismo a primeira forma do classicismo europeu"[16]. Tomamos em linha de conta, porém, o fato de que o maneirismo do século XVI e XVII encontrou modelos *determinados* no asiaticismo literário da Antiguidade e fora animado de modo decisivo por "asiaticismos" determinados, em especial, pelos esoterismos semita e árabe, sendo que, sob a poderosa pressão de tais correntes de ideia, ele modificou em profundidade a herança formal da Antiguidade. Com isso, o maneirismo literário vigente entre o Renascimento e o Alto Barroco converteu-se no precursor da "moderna" poesia contemporânea. "Nada é mais poético", escreve Novalis, "do que as transições e as misturas heterogêneas"[17]. "Tudo depende da maneira, da artística arte de escolha e associação"[18].

---

15. Cf. B. Gracián, op. cit., p. 13, 15 e s., 22, 25, 31 e s., 40 e s., 54 e s., 115, 134 e s., 150 e s., 163 e s., 326 e s., 345 e s.
16. E. R. Curtius, *Europäische Literatur und Lateinisches Mittelalter*, p. 74.
17. *Fragment* II, p. 293.
18. Idem, p. 318.

Magazine de "Maneirismos Intelectuais"

Encontrar-se-á material acerca dos tratadistas franceses do preciosismo em René Bray[19], mas a "Préciosité" apresenta apenas *um* elemento do maneirismo literário, a saber, o elemento da sutileza, da almejada guinada preciosista. O *concettismo* deu ao espírito francês um método novo e literariamente elegante, ou seja, aquele da graça elegante (exemplos, vide Anexo). Tal como Bray demonstra convincentemente, os extremismos espanhol e italiano foram, desde cedo, amansados pelas representações classicistas na França. O *furore concettista* evapora-se sob a forma de uma graciosa e jocosa arte de salões, de poemas e romances pastorais, até que, no período clássico do *grand siècle*, ele volta a ser uma arte de sentenças no sentido aticista. Não houve, na França, um teórico do maneirismo da época do mesmo nível que Tesauro ou Gracián[20]. Pode-se encontrar uma profundidade maior na literatura mística e religiosa consoante à França pré--clássica[21]. No caso da Inglaterra, cumpre mencionar, antes de mais nada, Joseph Beaumont (1616-1699), e, sobretudo, sua *Psychodia Platonica* (1642), bem como os *Essays* (1597 e 1625) e *De Sapientia Veterum* (1609) de Bacon; além disso, os *Essaies of Certain Paradoxes* (1616) de William Cornwallis e os *Essaies* (1601) de Robert Johnson[22].

No que tange à renovação das tradições cabalísticas em tais contextos, a singular obra de P. Athanasius Kircher tornara-se um acontecimento por toda a Alemanha. Sua

---

19. *La Preciosité et les précieux*, p. 101 e s.
20. Apenas algumas indicações: P. Bouhours, *La Manière de bien penser*; *Pensées ingénieuses*. R. François, *Essay des Merveilles*. De J. Bussières, *Cabinet des Muses*; *Les Descriptions poétiques*; Le Moyne, *Devises héroique et morales*; *Entretiens poétiques* ; Desmarets, *Les Visionnaires*; E. Tabouret, *Les Bigarrures*. Ver também J. Rousset, *La Littérature de l'âge baroque en France*.
21. Cf. H. Brémond, *Histoire littéraire du sentiment religieux en France*.
22. D. Bush, *English Literature in the Earlier 17. Century*, p. 105 e s. C. Brooks, *Modern Poetry and the Tradition*, assim como R. Tuve, *Elizabethan and Metaphysical Imagery*.

principal obra, *Oedipus Aegyptiacus*, veio a lume tão só entre 1652 e 1655 em Roma – grande parte dela, porém, já era conhecida. No segundo volume, "Ginásio Hieroglífico", descobre-se todo o valor cognitivo dos "mistérios" orientais, de um simbolismo maneirista específico, consoante às artes cabalísticas de ler e pensar. Em contrapartida, "A Esfinge Mistagógica" (volume III), contém todas as sentenças "obscuras" dos "sábios", de Zoroastro, Orfeu, Trismegisto, Pitágoras etc. A cabala, a história da religião dos hebreus e dos árabes são explicadas; os "sistemas de mundo" dos caldeus, dos sírios e dos egípcios são ampliados. No quarto volume, desenvolve-se o "Teatro Hieroglífico", todas as artes de fórmulas das ciências secretas, as inscrições, os amuletos, esfinges, as artes mágicas de cura e de dominação, os jardins maravilhosos da história da cultura "asiaticista". Aquilo que Gracián nos oferece sobre a difícil teoria literária do maneirismo em termos de indicação formal, fornece-nos Kircher, seu confrade jesuíta, no que diz respeito às formas maneiristas de pensar. Surge uma velha e sempre nova situação de equilíbrio entre a "România" e a "Germânia" na Europa: a "România" desenvolve mais intensamente as artes formais do maneirismo, ao passo que a "Germânia" desenvolve mais suas referências de conteúdo. O maneirismo "românico" prepara, sobretudo, a artificialidade da forma, e o maneirismo "germânico", por seu turno, a artificialidade do conteúdo. O maneirismo românico desemboca na geometria linguística, o germânico, por sua vez, no expressionismo extático, em paisagens oníricas e fantasiosas. Não é de admirar que Kircher, como já foi mencionado, tenha escrito um *Iter extaticum*, uma viagem cósmica "combinatória" e igualmente "expressionista". O *mundus subterraneus* de Kircher veio a lume, em Amsterdã, em 1665. Nele, são reunidos fenômenos de um subsolo mitológico. Fantasmas da montanha, monstros, gigantes, animais apocalípticos, símbolos de constelações, tudo o que há de sombrio, de noturno. Mitos estranhos![23]

---

23. Sobre "mitos estranhos" do maneirismo, ver MML, p. 150.

O espírito aventureiro de Kircher estende-se até a China. Esse incansável enciclopedista maneirista do século XVII escreveu um *Chinae monumentis* (1667), sendo que decerto não é acidental o fato de que ele elabora um "órgão matemático" (1668) apto a unir todas as oposições, tal como Arcimboldi queria estabelecer a "correspondência" entre música e cores com um inovador piano de cores. À época, Kircher obtivera fama mundial. Ele nos reuniu "arquiontologias" (subtítulo de sua *Turris Babel* de 1679) e "formas de pensamento" maneiristas, tal como Gracián, que, de uma maneira insuperavelmente sagaz, reuniu os maneirismos formais de então[24]. Como Gracián, Kircher foi motivo de suspeita. Ele se movia em situações de limite heterodoxas, mas era igualmente um mestre da "dissimulação honesta". Suas obras foram financiadas por papas e imperadores. Em círculos sociais exclusivos, suas interpretações vigoravam enquanto "esoterismos maravilhosos". Junto com o esclarecimento, ele imergiu no submundo intelectual-histórico. Os liberais deixaram definhar o "museu kircheriano" em Roma. Era a mais grandiosa "câmara de prodígios" da Europa[25].

O "Funil Poético" Alemão

Mas, o "ensaísmo" alemão do século XVII também oferece alguns exemplos de maneirismos formais. Eles foram herdados, porém, da Romênia. Johann Christoph Männling já foi por nós apreciado. Cabe mencionar ainda a *Arte Literária Teutônica* (1641) de Schottel e o *Hélicon da Alemanha do Norte* (1641) de Philipp von Zesens. Lá, descobrimos, por exemplo, que o "jogo de palavras" é "um jogo com as próprias coisas"[26], já que

24. Sobre A. Kircher, ver K. Brischar, *P. A. Kircher*.
25. Cf. J. von Schlosser, *Die Kunst- und Wunderkammern der Spätrenaissance*.
26. Cf. P. Hankammer, *Die Sprache, ihr Begriff und ihre Deutung im 16. und 17. Jahrhundert*; R. Newald, *Die deutsche Literatur vom Späthumanismus bis zur Empfindsamkeit*. Sobretudo, o capítulo "Marinismus", p. 319 e s.

"palavra e coisa relacionam-se magicamente". Zesen atesta expressamente (em *Rosamund* de 1651) que a cabala é a fonte das artes literárias maneiristas. O hebraico é – tal como em Kircher e outros – a elementar "linguagem da natureza". Os poetas são – para Zesen – artistas alquímicos fendidos. Tudo se passa como se a língua alemã fosse profundamente aparentada com a língua hebraica. De um ponto de vista rigorosamente formal, o *Trabalho Pormenorizado Sobre a Principal Língua Alemã* de Schottel deve ser considerado, para a literatura alemã atinente a tal época, uma *Summa philologica*. O *Orador Diligente* de Männling também se apresenta como uma mina. A gramática converte-se numa mágica doutrina do *lógos*. Para nós, porém, testemunhas importantes no âmbito da língua alemã são ainda as relações literárias de Caspar von Lohenstein e aquelas do presidente do Conselho de Breslau, Hofmann von Hofmannswaldau, assim como, sobretudo, os tratados estéticos de Harsdörffer. Tal como já foi anunciado, Lohenstein traduziu o *Politicon* (1679) de Gracián, e Hofmannswaldau, de sua parte, alguns maneiristas da Romênia. Num de seus prefácios, ele esclarece: "nenhum povo da Europa trouxe a poesia à plena luz, com vistas ao agrado, como o românico". Seu ídolo é Marino[27]. Mas, para a Alemanha deste período, o incansável tratadista do maneirismo é Georg Philipp Harsdörffer (1607-1658), com seu afamado, porém muitíssimo pouco lido e jamais reimpresso integralmente: *Poetischer Trichter* (Funil Poético), três partes: 1647, 1648, 1653. O tratado de Gracián veio a lume em 1642 (Parte I); o *Cannocchiale aristotelico* de Tesauro no ano de 1654. Temporalmente, a obra de Harsdörffer situa-se exatamente entre as obras de seu colega espanhol e de seu colega italiano, sendo que, para a Alemanha, para Nurembergue, esta está longe de ser uma data ruim – ainda que já nos encontremos no mais profundo crepúsculo do maneirismo europeu de então. Ver exemplos em "Anexo".

---

27. G. R. Hocke, Über Manierismus in Tradition und Moderne, em *Merkur*, n. 4.

"Agradável Suco da Terra Alemã"

"O fundamento" das imagens sensíveis é, para Harsdörffer, uma "pintura ou uma descrição florida"[28]. "A invenção deve escorrer de um cérebro puro"[29]. Esperamos reunir, aqui, tão só algumas fórmulas características de Harsdörffer, ou, por assim dizer, alguns pontos programáticos de sua estética. Estes últimos devem ser julgados, pois, a partir do contexto dado pela literatura tratadista até agora exposta. O *Poetischer Trichter* de Harsdörffer estabelece uma relação histórico-espiritual com os tratados de Gracián e Tesauro. A sua obra carece, no entanto, da tensão espiritual de Gracián e da formação universal de Tesauro. Ela possui traços elegantes, mas um tom básico provinciano. Poder-se-ia falar, aqui, de um maneirismo germânico-burguês, doméstico e justamente "íntimo" para leitores "teuto-ávidos".

A poesia surge, antes de mais nada, da "invenção poética", "a partir das palavras". Assim, poder-se-ia *construir*, a partir "Reymund", "reines Munds" ou "Reyens Mund"[30]. A maioria dos maneirismos formais que conhecemos nos é sugerida, tal como a paronomásia e o câmbio de letras ("troca de letra"); isso se deixa "*fazer* das mais diversas maneiras", sendo possível, por exemplo, a fim de encontrar nomes anagramáticos, "escrever as letras do nome em pequenos pedaços de madeira e transpô-las o quanto for necessário, até que uma meia ideia ou uma ideia inteira venha à luz"[31]. Assim, por meio da troca de letra, da "frutífera sociedade" de Nurembergue – à qual pertencia o nosso muitíssimo respeitável Harsdörffer – faz-se o "agradável suco da terra alemã". Uma tal "concordância de palavras" ou um tal "enigma de palavras" em "poemas jocosos", feitos a partir de combinações de letras e números, têm algo a ver com as "artes geométricas de medida". Eles possuem

---

28. *Poetischer Trichter*, v. 1, p. 12.
29. Idem, p. 105.
30. Idem, v. II, p. 15.
31. Idem, p. 16.

inequivocamente uma origem cabalística[32]. Na "décima hora" da estética de funil de Harsdörffer, a metáfora é glorificada em prol do "Drexelbank" poético, "a partir da qual deslizam pensamentos luminosamente fantasmagóricos"[33] ("luminosamente fantasmagóricos": claras e resplandecentemente fantasmagóricas imagens sombrias). "O enigma" é uma "alegoria obscura". Conduz ao "jogo de sentido"[34]. A isso pertencem também "trejeitos faciais e poemas oníricos"[35], quer dizer, *phantasiai*, traços da "arte razão"[36] que a "plebe com mente de búfalo" não compreende, já que se trata de uma "poesia de sentido profundo"[37]. "Poesia" e "retórica" são "irmanadas entre si"[38]. "Palavras raras" são enaltecidas[39]. Os poetas são "aenigmatores"[40]. A "alegoria" é a "rainha" de todos os "tropi"[41], sobretudo, quando se trata de uma "contraposição de coisas equiparáveis" (*concordia discors*). Sêneca é elogiado enquanto "mestre em alegorias"[42].

Harsdörffer oferece um sistema inteiro de artificialidade metafórica em lista alfabética[43]. Apenas um exemplo. Sequência de metáforas para "poeta" – que antecipam, já, Gottfried Benn: "escrever coisas raras com um tipo raro de oratória. A fim de apreender a sua doutrina que tem em vista, o poeta encontra, forma, alarga, mói, dispõe, prepara aquilo que nunca existiu. Ele se fartou de beber no rio de Hipocrene e é amigo das musas, que, a contrapelo, lhe interpelaram sem dote matinal"[44]. Aqui se encerra o maneirismo doméstico-burguês das primeiras duas partes de *Trichter*.

32. Idem, p. 26 e s.
33. Idem, p. 59.
34. Idem, p. 65 e s.
35. Idem, p. 69.
36. Idem, p. 94.
37. Idem, v. III, p. a. III.
38. Idem, Prefácio, p. 7.
39. Idem, p.18.
40. Idem, p. 26.
41. Idem, p. 52.
42. Idem, p. 60.
43. Idem, p. 114 e s.
44. Idem, p. 166.

Harsdörffer aproxima-se, pois, de seus melhores contemporâneos europeus. E, por fim, ao final de *Trichter*, segue-se uma pequena seleção de "emblemas" que Harsdörffer, ou, melhor dizendo, que o maneirismo alemão particularmente adorava.

17. EMBLEMÁTICA ENQUANTO ARTE DO ENIGMA

Imagem dos Números

Emblemática! *Concetti* líricos em ou com uma apresentação imagética (emblemas), assim como divisas (arte heráldica) e impressos (máximas da vida), influenciaram – segundo Mario Praz – a poesia e a arte do século XVI e XVII ao menos tão intensamente quanto a *Bíblia*[1]. Eras *concettistas* também são épocas emblemáticas. Essa literatura praticamente esquecida nos dias de hoje também forneceu, por meio de milhares de afluências ocultas, motivos à poesia e à arte atinentes

1. Cf. M. Praz, *Studi sul concettismo*. Em língua inglesa, no contexto das pesquisas de Warburg, surge, já em 1937, sob o título: *Studies in 17th Century Imagery*. A propósito das contextualizações históricas, vide o sempre excelente L Volkmann, *Bilderschriften der Renaissance*. Cf. também E. R. Curtius, *Europäische Literatur und Lateinisches Mittelalter*, p. 350. A problemática filosófica acerca do emblema (e também do metaforismo) é apresentada por G. B. Vico em sua *Scienza Nuova*.

ao período entre 1850 e 1950, e, em especial, importantes métodos com vistas à arte de enigmas. Os três conceitos de emblema, divisa e impresso provêm da literatura renascentista espanhola e italiana. Gracián, Tesauro e Kircher sempre sugerem emblemas e imagens sensíveis com ou sem palavras[2]. Emblemas (enquanto imagens sem palavras) bem conhecidos são, por exemplo, um ramo de óleo representando a paz e uma palmeira significando a constância. Uma imagem de uma sentença pode, porém, parecer complicada. Texto: "Minhas lágrimas revelaram meu fogo". Imagem: um amor atiça um fogão alquímico e, depois, uma retorta a partir da qual correm as lágrimas. Dito pura e simplesmente: "Choro por amor incandescente". Divisas, bem como impressos, são elípticos, são *concetti* concentrados, que, em geral, resumem um alvo, um efeito e um desejo de uma pessoa ou comunidade sob a forma de enigma.

Um simples exemplo: *Suum cuique*. Emblemas e divisas condensam, *cum grano salis*, convicções, destinos, histórias e inteiros planos de vida de uma maneira eventual e extraordinariamente razoável, tal como os hieróglifos, sendo que estes exerceram uma forte influência sobre o surgimento e o desenvolvimento da emblemática ocidental. Em *Les Bigarrures*, E. Tabouret traz duas dessas construções de divisas, que aqui são sucintamente descritas como exemplos dessa ordem de enigmas: um homem de joelhos traz nas mãos um "I" verde (*I-vert* = *hiver* [inverno]). Sentido: o homem foi forçado a se ajoelhar por conta do inverno. O lema do segundo exemplo diz: "Pensées en Vertu sont nettes" (Pensamentos virtuosos são claros). Imagem: amores-perfeitos (*pensées*) em V = *vertu* (virtude) ao lado de *sonettes* (campainhas) = *sont nettes*.

O que permanece inconfesso é, pois, apreendido, tal como a emblemática, e a divisa, concedendo um caráter esotérico a muitos dos atuais poemas e pinturas. Assim, pode-se escrever versos alógicos sobre o que há de emblemático numa

---

2. E. Tesauro, *Il cannocchiale aristotelico*, p. 398 e s. B. Gracián, *Agudeza y Arte de Ingenio*, p. 3 e s. Gracián cita, sobretudo, Andreas Alciato.

rosa (sobre a beleza frágil, por exemplo), mas sem nunca mencionar a rosa. O conteúdo permanentemente enigmático do emblema é submerso num segredo indeslindável.

A Mão Alada

Quando se tem em mira os emblemas não rotulados da época de Shakespeare e imagina-se que alguns de seus contemporâneos também nem sempre conheciam as suas referências literárias, isto é, o texto a eles pertencentes, então cumpre admitir que, à época, assim como nos dias de hoje, uma emblemática maneirista muito especial sempre apresentava aos observadores enigmas de difícil solução, ainda que os ditos iniciados sempre soubessem a resposta e ainda que os "enigmas" sempre fossem – à época – pensados como enigmas aos quais se devesse dar uma resposta convencional. Por exemplo: de um modo, vê-se com pureza sorridentes cabeças de crianças. Da mão esquerda, um amor alado deixa deslizar na relva algo imediatamente não reconhecível. O texto consoante a esta imagem diria simplesmente: "Maravilhosa semente do amor". Mas, de tais emblemas, muitos poetas no século XVII não depreenderam apenas suas metáforas "obscuras". À época, eles já redimensionavam e transformavam emblemas coloridos para *concetti* líricos[3]. Num soneto de Thomas Campanella, acham-se os seguintes versos: "E se me puxa para baixo o grande peso, então as asas me arrancam do chão duro". Asas? Quais asas? Já numa das primeiras grandes reuniões de emblemas da Europa, nas *Emblemata* (1534) de Andreas Alciato, encontra-se no texto: *Paupertatem summis ingeniis obesse, ne provehantur*; uma figura humana com uma das mãos agrilhoada a uma pesada pedra, e, a outra, levantada e guarnecida de asas. Em sua *Iconologia* (1759), J. B. Bouhard traz à baila uma imagem muitíssimo parecida com o seguinte texto: "A pobreza não

---

3. Ver outros exemplos em M. Praz, op. cit., p. 269 e s.

é útil ao talento". O que ocorreu nesse longo percurso? Os historiadores da literatura que não conheciam a literatura emblemática permaneceram longamente intrincados com essa "mão alada". Restou-lhes, então, um enigma, uma alógica pura, um *misterioso equivoco* (Gracián) insolúvel. Em Alciato, o emblema é ainda uma imagem sensível para espirituosos carentes, que sempre podem livrar-se do dia a dia através de sua fantasia. Em Campanella, que é incitado por esse emblema, as tão só asas e a tão somente pedra convertem-se em símbolo do homem agrilhoado, que, por meio do desenvolvimento intelectual, pode sempre superar internamente aquilo que o obstaculiza. E não é apenas a relação *concetto*-emblema que se torna evidente através de tal cotejo. Torna-se inequívoca, sobretudo, uma outra indecifração da poesia através da admissão de *fragmentos* emblemáticos. Esse processo, no entanto, é de *suma* importância para a moderna poesia contemporânea.

Sentido e finalidade? Diferenciação originária da enunciação, esforço para encontrar correspondências excêntricas e, sobretudo, a satisfação de um impulso primordial da humanidade: a introdução e a solução de enigmas. Mais ainda: única e exclusivamente através de força conjurada da pergunta enigmática e a "redenção" pessoal na solução do enigma. Huizinga demonstrou com convencimento que a disputa enigmática cosmogônica pertencia, originariamente, ao culto religioso[4]. Friedrich Schlegel defende o "incompreensível" do enigmático, de modo francamente apaixonado. "Em verdade", escreve ele num ensaio sobre a "incompreensibilidade", "seria temerário se o mundo inteiro, tal como vós exigis, se tornasse inteiramente compreensível a sério e de uma só vez"[5].

Na época de Shakespeare, magia, mística, jogo de sociedade, didática literária e edificação religiosa misturam-se na emblemática. E hoje? A arte heráldica e a arte de imagens

---

4. Cf. J. Huizinga, *Homo Ludens*, p. 108 e s. (Trad. Bras., p. 121-122.)
5. Willibald Pirkheimer traduziu o *Horapollo* para o alemão, Dürer ilustrou a obra. Cf. L. Volkman, op. cit. Ver também o "retrato misterioso" de Maximiliano por Dürer.

sensíveis também foram secularizadas. Encontramo-las, sobretudo, na publicidade e nas criações de propaganda – sem falar nos livros infantis e nos versos *nonsense*. No que consiste, porém, o caráter "onírico" (numa parte) de nossas atuais criações publicitárias e defensivas? Feitiço publicitário lançado aos consumidores e feitiço de defesa contra a concorrência. Do ponto de vista formal, de que modo tal caráter atua "magicamente"? Na maioria das vezes, através de sua forma elíptica surpreendente e convincente – no sentido do *stupore* –, ou seja, por meio da abreviação "maravilhosa" (*meraviglia*), impactante, da contração e da compressão transfiguradora. Mais uma vez, o "abstruso" ata a união elementar dos mais apartados contrários. No caso da antiga e da nova emblemática, a *discordia concors* não significa 2 x 2 = 5, mas 2 x 2 = 3.

A primeira exposição poético-maneirista do hieróglifo oriental-antigo, a *Hypnerotomachia Poliphili* de Francesco Colonna, veio a lume, através de Aldo Manúcio, em Veneza em 1499. Um romance onírico com gravuras em madeira, um relato sobre imagens de sonho vivenciadas pelo Polifilo apaixonado. Na época de Shakespeare, a obra era considerada como um dos livros mais fascinantes da Europa. Vem à luz, além disso, os *Hieroglyphica* de Horus Apolo – supostamente a partir de uma tradução egípcia; período: 4 a 2 séculos antes de Cristo. As interpretações dos hieróglifos estão, com efeito, equivocadas, mas o maneirismo interessou-se pelos exemplos "emblemáticos". Essas obras continuam atuantes até hoje – subterraneamente. Pertencem aos livros exemplares do maneirismo.

Eis alguns exemplos de pseudo-hieróglifos "emblemáticos" do *Horapollo*: "abelha = povo", "olho = Deus", "grou voador = homem que conhece as coisas divinas", "serpente que morde a própria cauda = mundo"[6]. O tão mencionado Marsílio Ficino, fundador da doutrina da "Idea", estudou atentamente o hieróglifo emblemático. Em 1483, ele publicou uma tradução reduzida da obra de Giamblico sobre os mistérios egípcios. Ficino

---

6. Apud. L. Volkmann, op. cit.

acreditava que os *hieróglifos eram cópias das ideias divinas das coisas*. Com isso, obtemos uma outra relação: a doutrina da "Idea" não é apenas estimulada através do neoplatonismo alexandrino. Ela obtém impulsos decisivos por meio do então encontro inovador com a Antiguidade "asiaticista" ávida de enigmas. Para Blaise Pascal, um dos espíritos mais engenhosos da França – primeiramente inventor e, depois, intérprete incomparável e jamais superável dos mistérios no "coração" do homem –, o Antigo Testamento é um escrito cifrado[7].

Imagens e escritos enigmáticos conquistaram e enfeitiçaram a Europa da época de Shakespeare! Por volta de 1600, a moda *Poliphilus* atinge um ápice. Significativamente, em 1600 a obra vem a lume, na França, sob o título de *Les riches inventions*, que faz com que a obra seja suficientemente caracterizada, já naquela época, como uma câmara de tesouros de combinações emblemáticas abstrusas. Em todas as cortes intelectuais da Europa costumava-se imaginar emblemas e divisas, assim como hoje alguns se deixam encantar como seus descendentes "transportados" nos salões e nos espaços de boêmia. P. Bouhours escreveu em seu livro *Ariste et Eugène* (1671) que a divisa era assim tão encantadora porque tomava o "fim das coisas", porque privilegiava o "raro" e "alimentava o espírito com o que há de essencial". No mesmo ano de 1600, Béroalde de Verville anexou à sua tradução de Hypnerotomachia uma lista de símbolos a qual denominou *receuil sténographique*. Estenografia?... Lembramo-nos de nosso *concetto* elíptico: 2 x 2 = 3. Em virtude disso, uma profunda comoção espiritual pode ser reduzida num emblema tão elíptico e rebuscado que, hoje, poderia parecer-nos "surreal". Na *Pia desideria emblematis* de Hermann Hugo (Antuérpia, 1624) acha-se a ilustração emblemática de um *concetto* místico dos padres da Igreja. Uma "alma" que se ajoelha à cama é iluminada no jardim noturno. A fonte torna-se viva. De suas mãos, ela chuvisca sobre a suplicante "água viva", sendo que Aquarius, constelação do espírito das águas, auxilia,

---

7. Cf. *Les Pensées*, p. 253. Ver infra p. 408-411.

por meio de um regador, com água ainda mais valiosa e celestial. Daí o texto hieronímico: "Quem dá à minha água primordial e aos meus olhos a fonte das lágrimas?".

Há que se considerar o fato de que o hieróglifo não designa apenas uma coisa por meio de outra. Ela também é designada numa abreviação violenta, sendo que nos lembramos, aqui, o tanto que Gracián e Tesauro – entre outros – sugerem tais abreviações "misteriosas". Mas, com maior razão, o *hieroglyphice scribere* tornou-se moda, quando as *Emblemata* de Alciato vieram a lume. Elas tiveram uma tiragem de 150 exemplares; um êxito fantástico para tal época – após 1531. Por volta de 1530, o maneirismo romano e florentino festejava seu primeiro triunfo na *arte*.

"Obeliscus Pamphilius"

120 anos depois, no final dessa fase maneirista, veio a lume em Roma o *Obeliscus Pamphilius* de Kircher, uma obra surreal--abstrusa sob todos os aspectos. Em 1653, seguiu-se sua obra, já mencionada, em quatro volumes: *Oedipus Aegyptiacus*. Nela pululam citações em todas as línguas possíveis.

Eis, pois, o principal propósito de Kircher: estabelecer uma afinidade eletiva histórico-espiritual entre Pitágoras, *Horapollo*, os mistérios gregos e a cabala hebraica e egípcia! A identificação maneirismo-asiaticisto nos é, uma vez mais, confirmada. Romantismo e maneirismo? Friedrich Schlegel retoma o hieróglifo maneirista de Kircher, tal como Leibniz, de maneira semelhante, liga-se à "grande arte combinatória" de Kircher. Schlegel encontrou "hieróglifos" nas paisagens de Otto Runge – isto é, "o corpo humano enquanto o mais sublime de todos os hieróglifos"[8].

Mas... uma vez mais, a tensão contrária! A mística literatura emblemática, orientada pelos *concetti* maneiristas, seguiu, no século XVII, em paralelo com as tão retratáveis

---

8. Cf. L. Volkmann, op. cit.; W. Waetzoldt, *Deutsche Kunsthistoriker*.

interpretações do ser dos grandes místicos de então[9]. De novo, Tesauro deve ser citado como testemunha chave, quando ele diz que o céu é um amplo "letreiro vivo" (*cerula*) no qual a natureza inscreve "aquilo sobre o que ela medita"; com isso, ela cria secretas alegorias e símbolos para os seus mistérios. Deus é, aqui, um "contista sagaz" que se manifesta aos homens e aos anjos através das mais variadas operações e, sobretudo, por meio de símbolos. O mundo inteiro surge como um "letreiro vivo", no qual são gravados sinais do absoluto. Apenas com uma linguagem igualmente "absoluta" pode-se aprendê-los e interpretá-los. Poesia enquanto contemplação mística significa: ler no "letreiro vivo" da efetividade. Em 1635, o escritor inglês Francis Quarles (1592-1644) publicou os *Emblems* e, em 1638, os *Hieroglyphics of the Life of Man*[10]. "Antes da invenção das letras", escreve ele nesta obra, "Deus se revelou nos hieróglifos; e, de fato: o que são o céu, a Terra, todos os homens, senão hieróglifos e emblemas de sua glória".

Portanto, diferenciamos uma vez mais: a emblemática hieroglífica pode converter-se num arbitrário código privado e num místico escrito cifrado. Tal como ocorre frequentemente, encontramo-nos diante de extremos da arte e literatura maneiristas. Um poeta inglês contemporâneo, William Epsom (nascido em 1906), aponta explicitamente para as relações existentes entre a antiga e a nova poesia "enigmática". Ele admite, porém, que a nova "poesia obscura" se recusa a fornecer uma resposta aos enigmas[11].

Curandeirismo Poético

A emblemática – bem como o hieróglifo e o enigma – *conscientemente enganadora* é expressão de uma charlatanice literária muitíssimo divulgada, justamente, nos dias de hoje. Os talentos também podem manifestar-se no engodo, numa trapaça

9. Ver infra p. 363.
10. Cf. D. Bush, *English Literature in the Earlier 17th. Century*, p. 88 e s.
11. Cf. C. Izzo (ed.), *Poesia inglese contemporanea*, p. 518.

variegadamente muito sutil. No entanto, eles poderão ser admirados tão só em virtude de seu jogo de esconde-esconde artesanalmente habilidoso, de alguns achados linguísticos e de sua persistência zelosa. Não sendo a inteira literatura mundial um único erro do atraso pré-moderno, é possível convencer-se de que *cada* forma do absoluto tornar enigmático – que já não se refere a símbolos abrangentes e à *unívoca* comunicação "privada" – não passa de um curandeirismo poético. Deixar-se enredar nela equivale a dar testemunhos de falta de crítica e de pobreza em matéria de sentimento. Nosso atual curandeirismo lírico corresponde cabalmente à subalterna "magia pequeno-burguesa" de nossos bosques e pradarias medicinais.

Esperamos que algo tenha ficado mais claro: posição, valor e legitimidade não dependem de "maneirismo" ou "não-maneirismo". Somente a obra de arte convincente e relevante consiste em algo normativo em meio à pseudomagia vacilante de nosso esoterismo epigonal. O curandeirismo literário não pode superar a dura fachada do embotado sentido pequeno-burguês. Ao contrário: os sociólogos sabem que esse tipo de esotérica pretensiosa é um contragolpe em nossos "classicistas" pseudoartistas, em sua parecida estética meramente ideológica. Quando um "pintor" "maneirista" atual emprega, numa dada "composição", única e exclusivamente pedaços de uma tela chamuscada, ou, então, quando um atual diretor de cinema "classicista" grava Júpiter com o obrigatório raio nas mãos, qual é a diferença, aqui, no que se refere à ausência de fantasia e à falta de força criativa? Ambos pertencem ao clã pilhérico dos criados e anticriados da sociedade[12].

---

12. Acerca das influências dos *concetti* emblemáticos sobre a poesia alemã do século XVII, ver K. Viëtor, Stil und Geist der deutschen Barockdichtung, *Germanisch-Romanische Monatsschrift* XIV, p. 158 e s. Sobre o "alegorismo" (e arquitetura), ver H. Sedlmayr, Allegorie und Architektur, em E. Castelli (ed.), *Atti del III Congresso Internazionale di Studi Umanistici*, p. 196 e s. Nele, lê-se: "A forma artística da alegoria não é, no mais amplo sentido, nenhuma curiosidade, mas o esgotamento consequente e a formação posterior (de tais analogias) com o auxílio de uma fantasia sensível *exata*". Acerca da emblemática no atual surrealismo, ver J.-E. Cirlot, Lettre de Barcelone, *Le Surréalisme, même*, n. 1, p. 61 e s.

"O símbolo propriamente dito", escreve Hegel em sua *Estética*, "é em si mesmo enigmático, na medida em que a exterioridade por meio da qual uma significação geral deve vir à luz permanece, aqui, diferente da significação que ela tem de exibir, e, em virtude disso, ele está sujeito à dúvida quanto ao sentido que a forma em questão deve ser apreendida. *O enigma pertence, porém, à simbólica consciente*"[13]. "A arte [do enigma] remonta, principalmente, ao Oriente"[14]. Reconhece-se com mais precisão a procedência asiaticista daquilo que é legitimamente enigmático, isto é, misticamente determinado e simbolicamente referido. Enigmas sem possibilidade de uma solução, quer dizer, enigmas em que nada mais se oculta a não ser sentimentos enigmáticos correspondem, no melhor dos casos, a um jogo de sombras com esquecidas formas enigmáticas, um jogo no demasiadamente benévolo jardim de sombras da história, um jogo de sombras na sombra.

Arbitrariedade Escrava

Ninguém nos diria melhor do que Novalis: "À vontade livre opõe-se o capricho, a arbitrariedade escrava, a crença, os humores, a inversão, a arbitrariedade determinada pelas mais puras casualidades: daí que resulta a ilusão"[15]. Schopenhauer também aplica seu juízo feroz à emblemática violentada (bem como ao alegórico): "Torna-se, pois, totalmente insuportável quando somos conduzidos a um ponto tão distante que a exposição da interpretação imposta e concebida à força cai no ridículo"[16]. Nisso, Schopenhauer não foi *nenhum* "classicista". Como se sabe, ele adorava Baltasar Gracián. Ele caracteriza o *Criticón* como algo "incomparável". Por que razão? Porque

13. G. Hegel, *Ästhetik*, p. 391.
14. Idem, p. 392.
15. Cf. *Fragmente*, II, p. 293.
16. Cf. *Die Welt als Wille und Vorstellung*, v. I, p. 281. Trata-se, igualmente, de uma advertência aos novos intérpretes para que não procedam apenas com vistas ao divertimento dos artistas, isto é, ao que é "interpretado por dentro".

ela ajuda na "expressão" das "verdades"[17]. Precisamos habituarmo-nos a isso: o "maneirismo" também está sujeito ao critério da verdade e da legitimidade. As grandes arte-razão e poesia-razão conheceram e reconheceram uma legalidade do artístico.

Antes de passarmos a uma nova parte da obra, contamos ligar, novamente, as passagens individuais desta parte, visando lembrar ao leitor de nossa reunião de exemplos *concettistas* em anexo. A pararretórica e o metaforismo (sobretudo no sentido da metáfora opositora alógica) levam ao *concettismo*. Este parte da Itália e expande-se por toda Europa. No século XVII, há uma acentuada semelhança da estética *concettista* nos tratados maneiristas sobre arte e nos tratados maneiristas sobre literatura. Ela atesta a profundidade e a extensão epocais desses fenômenos espirituais, esclarecendo sua repercussão até os dias de hoje. O parentesco entre o *concetto* e o emblema – no sentido de que um *concetto* pode converter-se num emblema, e vice-versa – foi por nós nuançado através de pequenos esboços.

Para as nossas investigações sobre os elementos básicos do maneirismo, em relação à problemática do respectivo homem "moderno", quer dizer, do homem conscientemente antitradicionalista – e isso no que diz respeito tanto ao *concettismo* como à emblemática –, a ocultação de referências imediatas e "naturais" constitui um decisivo traço essencial. Se "na totalidade do ser o que se revela sempre se mistura ao que há de velado" (no sentido artístico-filosófico de Weischedel), decorre, então, sob o influxo do *concettismo* e da emblemática, uma diferença essencial entre o classicismo e o maneirismo. Para a compreensão "classicista" do ser, este se ilumina de modo evidente e natural, ocultando-se, porém, na utilização do não-natural. É justamente o inverso aquilo que se dá no maneirismo. Para a compreensão maneirista do ser, este resplandece naquilo que não é imediatamente visível e no que é antinatural, já que se acredita, aqui,

---

17. Idem, p. 284.

que ele se esconde no que é única e exclusivamente natural. No entanto, o classicismo e o aticismo não são apenas "luminosidade", assim como o maneirismo e o asiaticismo não são apenas "velamento". Cada qual a seu modo, ambos "iluminam" e "velam" simultaneamente.

O gesto expressivo maneirista não se esgota na arte-razão lírica. Ele se desdobra num âmbito variegado da fantasia. A "pura" fantasia converte-se em seu tema – a música; assim como o homem em sua figura fictícia – no palco, num romance; e, por fim, o homem vivo para além de todas as ficções. Com isso, esboçam-se nossos próximos passos.

Quarta Parte:
O HOMEM ENQUANTO
FICÇÃO ARTÍSTICA

18. MUSICISMO

Música: "Já por Si Inventora"

Quem aspira à liberdade acima de tudo terminará por desejar, em breve, a liberdade extrema, mas, quanto mais sua fantasia de liberdade se desata, mais ele sentirá falta, progressivamente, da austera magia de ordenações sobre-humanas e inumanas. Essa mistura de exagero tórrido e redução gélida é uma lei fundamental da música maneirista. Mas, com ela, vamos ao encontro da música maneirista, que nos prepara, agora, para uma etapa ulterior dos contextos atinentes à geometria expressiva de palavras – definida por nós como um marca característica da lírica maneirista. Na arte-razão de todas as épocas opõe-se a nós uma instância intermediária artificial. Entre o espírito e a natureza, o homem frequentemente movimenta-se, nessa alquimia de palavras, tal como uma sombra. Ocasionalmente, ele desaparece por completo nessas, não raro, místicas e raras figurações de palavras. As cirandas de palavras brilham, então, como constelações num cosmos sem o homem. Na música, a liberdade da fantasia tende a vir à luz numa maior dimensão, mas ela tem a ver com a sensibilidade da escuta, tendo ela que se esforçar para tomar distância do perigo de meras abstrações sonoras, quer dizer, ao menos em situações socialmente homogêneas. Enquanto os homens tiverem que adaptar coerentemente as composições musicais à sua subjetividade problemática, isto é, enquanto as combinações sonoras tiverem que refletir o humano, de sorte a se tornarem, de algum modo, reconhecíveis, a música guarda consigo um sentido elementar e antropogênico.

Por meio de uma exposição da música maneirista, aproximamo-nos, pois, do núcleo do labirinto, de seu criador, do inventor primordial, do *ingénieur damné*, Dédalo, e, portanto, de um homem – ainda que mítico. Este excurso acerca do "musicismo" do mundo maneirista, que é, de igual modo, tanto histórico como fenomenológico, discorre, como já foi assinalado, sobre o homem enquanto figura *fictícia* sobre o palco maneirista, bem como no romance maneirista. Na última parte, iremos abandonar, pois, tão só as referências estéticas: reafirmamos, uma vez mais, que o homem vivo e atuante deverá, enquanto "tema" do maneirismo, tornar-se visível numa "sala de espelhos" determinada, a qual não pretendemos, aqui, caracterizar com maior acuidade. Como dissemos, o labiríntico também possui um método. A espeleologia sem sistemática iria, desnecessariamente, exigir demais do sempre esgotado visitante de tais submundos "mágicos". Desta feita, achamo-nos numa nova e ampla trilha. As paisagens subterrâneas que agora se nos revelam irão parecer-nos sempre mais confiáveis, ainda que tenhamos de nos deixar apanhar por alguma surpresa.

A música ensina os poetas a criar e encantar. Isso pertence ao credo estético de Marino. Por meio da música, expõe ele em *Adônis*, "aprende-se o acento, a palavra e distensão da fábula". "Sem ela, o *concetto* permanece vazio em seu conceito, destituído de encanto e pobre em sentimento"[1]. A música é o ápice das artes, ela é "já por si inventora"[2]. É a irmã gêmea da poesia. Através dela a poesia obtém "consistência e medida". Bons poemas são versos de magia musical. A música possui um "sentido encantatório e mágico"[3], e, com efeito, os melhores versos de Marino são aqueles que, independentemente de seu conteúdo, pretendem ser, mediante a sua sonoridade, mais "música" do que "poesia". Para Richard Crashaw, o marinista *metafísico* da Inglaterra, o universo inteiro é música (*All things that are... are musical*). Eis o que se quer dizer: tudo o que soa, música e linguagem, é expressivo, reflete os afetos, espelha algo não apenas na melodia e na harmonia, mas como puro fenômeno sonoro, *atmosferas* acústicas, *sonhos*, *paixões*, *dor* e *alegria dos homens*; e justamente isso é, à época, "descoberto": a expressividade do som. *All things are musical* não aponta, aqui, para a bem-soante harmonia das esferas no sentido pitagórico.

A ideia de poesia sonora a partir do espírito da música tem a ver com a reviravolta que se produzia na música do século XVI – tal como aquela que se dá no âmbito da arte – que se consuma na música do século XVI – e, mais uma vez, a partir de Florença. Essa irmanação entre som e palavra, no sentido de Marino, inspirou o *musicisme* lírico que, por meio de Baudelaire, Rimbaud, Mallarmé e Joyce, fez surgir a poesia "abstrata", "evocativa", e, portanto, aquela poesia que, sem levar em consideração a mensagem e o conteúdo, espera engendrar peculiares estados de consciência no leitor através da mera sonoridade linguística[4].

"A música às vezes me arrasta como o mar!" Assim vivenciamos no poema "A Música" de Baudelaire, mas ela, a música, é também tal como uma "superfície calma", "um grande espelho do desespero"[5]. Assim como Crashaw, Rimbaud

1. G. B. Marino, *Adônis*, VII, 1 e 68.
2. Idem, VII, 67.
3. Idem, VII, 66, 75 e X, 1-2.
4. Cf. J. Royère, *Le Musicisme*.
5. Cf. C. Baudelaire, Spleen et idéal, LXIX, *Les Fleurs du Mal*.

ouvia música por toda parte. Verlaine exorta: "música antes de todas as coisas"; e, com uma sentença lacônica, Mallarmé confessa: "eu faço música"[6]. De maneira igualmente categórica, um dos mais sagazes intérpretes da nova lírica alemã, Hans Egon Holthusen, assevera:

> Todo poema que visa a um livre jogo figurativo da linguagem sem finalidade motivicamente desapegado é expressão lírica de todas as formas artísticas poéticas, estando na mais próxima vizinhança do puro ser-forma da música[7].

James Joyce "compôs" linguisticamente com todos os meio musicais concebíveis. No capítulo XI de *Ulisses*, na caverna das sereias, uma fuga *per canonem* é reproduzida com sons da linguagem. Ela contém "*triller, staccati, glissandi, martellati, portamenti* e *pizzicati*"[8].

Tenhamos em mente a expressão de Holthusen: poesia enquanto "jogo figurativo motivicamente desapegado da pura música". Analogamente, poder-se-ia aqui caracterizar a revolução consoante ao maneirismo musical enquanto jogo figurativo motivicamente desapegado da pura poesia. Ela se deixa entrever com maior intensidade na arte do madrigal, isto é, na forma artística musical e maneirista de então, que se dobrava a um impulso expressivo verdadeiramente "irregular".

Arte do Madrigal

Os madrigais poético e musical são *concettistas*. Fiquemos, de saída, com a forma poética. Os primeiros poemas madrigalescos encontram-se na Itália, por volta de 1500[9]. Eles são forma-

---

6. Cf. K. Wais, *Mallarmé*, p. 356.
7. Cf. *Ja und Nein*.
8. J. Paris, *James Joyce par lui-même*, p. 124.
9. A origem do nome é obscura. K. Vossler questiona se se trata de *mandriale* ou *mandria* (rebanho). Talvez advenha do estropiado *materiale*, isto é, enquanto matéria para figurações musicais! Cf. *Die Dichtungsformem der Romanen*, p. 207 e s.

dos a partir de dois ou três tercetos de versos undecassílabos. A ordenação rímica é variável. A forma flexível torna-se sempre mais livre. Nos séculos XVI e XVII, a poesia madrigal faz parte da moda do período maneirista – tal como o *concetto* lírico e a música madrigal maneirista de então, que procura, pois, unificar todos os elementos da fantasia humana: do sublime ao grotesco, do arabesco fantástico à visão surreal, da imitação embusteira das vozes de homens e animais à *incantatio* mística, sendo que é possível reencontrar tudo isso nas obras de Ravel e Stravínski[10]. As artes lírica e musical do madrigal são *concettistas* e consistem, sobretudo, numa combinatória virtuosa, numa arte-razão virtuosística. Os madrigais musical e lírico pertencem à arte maneirista do irregular intencional, quer dizer, do labiríntico. Reconhecia-se isso no próprio século XVI. A esse propósito, Vossler diz algo digno de nota: "deve-se caracterizar o madrigal justamente como a transição corporal da forma poética estrófica para a forma completamente livre"[11]. Corporal! Que se perdoe o jogo de palavras. A arte madrigal musical é, no que tange a jocosidade ornamental e o fantástico demoníaco, realmente a arte do corporal.

Essa arte do "jogo figurativo" lírico-musical coincide, ao mesmo tempo, com o primeiro maneirismo florentino na pintura, com a transição da retórica clássica à pararretórica maneirista na poesia de Tasso. Um dos mais ousados compositores de madrigal, Don Carlo Gesualdo, príncipe de Venosa (1560-1614), é uma amigo de Tasso. Robert Haas enaltece sua "magia sonora inauditamente arrebatadora, o poder afetivo e o caráter imagético em suas obras bizzaro-geniais"[12]. Na obra de Luca Marenzio (1560-1599), nascido três anos depois da morte de Pontormo, acha-se um outro ápice do maneirismo madrigalesco. Tal como Góngora está para a poesia, ele é nomeado o "doce cisne" da música. A estrutura do madrigal é desmembrada em fragmentos e reestruturada sob a forma de

---

10. Cf. M. Ravel, *Histoires naturelles*; I. Stravínski, *Le Chant du rossignol*.
11. Op. cit., p. 210. Ver infra *Signum Crucis*, p. 413.
12. *Die Musik des Barocks*.

novas figurações sonoras, sem um ponto médio reconhecível no flutuante e trêmulo espelhamento afetivo. Acordes audazes e ousadas modulações soam assustadoramente "modernos". O novo cromatismo colorístico de Pontormo assemelha-se ao cromatismo sonoro de Marenzio. Ambos se equivalem, igualmente, enquanto tipos "saturninos". Se Pontormo foi um dos primeiros *peintres maudits*, Marenzio foi, de sua parte, um dos primeiros *musiciens maudits*.

O culto madrigalesco esotérico surgiu, pois, na Itália à época de Pontormo, Rosso Fiorentino, Parmigianino e Beccafumi, desenvolvendo-se rapidamente numa *musica reservata* altamente artificial. Quando Marino afirma serem irmãs gêmeas a poesia e a música, ele tem em mente a música madrigalesca e a poesia *concettista*, composições e poemas maneiristas, sendo que essa relação se repete no século XX de Stravínski até seus epígonos. Também se contrapunham, à época, o *stylus antiquus* e o *stylus modernus*[13]. *Musica antica* e *musica moderna* lutam entre si[14]. O *stile concitato* (estilo provocativo) conquistou com *Capricci stravaganti* e *Consonanze stravaganti* os corações da nova geração. Saltos melódicos dissonantes, cromatismos audazes, dissonâncias ousadas, efeitos instrumentais arbitrários, ritmos sincopados, cadências sonoras reduzidas e mudanças intencionalmente intrigantes causam sensação em todas as cortes principescas da Europa.

"Musica Poetica"

Giulio Caccini, um dos compositores que pertencia a assim chamada Accademia Camerata, isto é, ao círculo de Giovanni de Bardi em Florença, escreve a *Nuove musiche*

---

13. Conforme o *Tractatus Compositionis* de Christoph Bernhard. Cf. R. Haas, op. cit.
14. Vincenzo Galilei escreveu, em 1581, um tratado intitulado *Dialogo della musica antica e moderna*. Cf. também A. Einstein, Augenmusik im Madrigal, *Zeitschrift für Internationalen Musikgesch*, XIV; T. Kroyer, *Die Anfänge der Chromatik im italienischen Madrigal d. 16. Jahrbunderts*, 1902.

(1601). Chiabrera, o arquimarinista, fornece-lhes textos líricos. No prefácio a essas composições, Caccini esclarece que ele "pretendia imitar tão só os *concetti* da linguagem". Essa *buona maniera*, "estaria a serviço, sobretudo, do espírito do *concetto*"[15]. A música imita a linguagem e vice-versa. Uma vez mais, o típico princípio da reversibilidade! Contemporâneos relatam que tudo isso era experimentado naturalmente com grande *stupore*[16], e, pouco depois, advém da escola de Bardi as primeiras máquinas teatrais altamente surreais, que constituem igualmente instrumentos de *meraviglia*. O *Adônis* de Marino causou furor. Partes dele forneceram material a inúmeros melodramas.

Também um tipo determinado de baixo contínuo, o *basso seguente*, experimentado, pela primeira vez, por Lodovico Grossi da Viadana em 1596 em Roma, pertencia ao *novo modo* do estilo revolucionário. Nele, as vozes cantadas e o baixo instrumental formavam consonâncias constantes e dissonâncias "motejadoramente regulares"[17]. Com isso, visa-se também a uma psicologização da música, bem como a uma elevação dos conteúdos afetivos poéticos. Vem à baila, então, a *musica poetica* reversível[18] – também poderíamos dizer *poesia musicale* reversível. Assim como a catacrese constitui, para o *musicisme*, a fórmula retórica auxiliar, a figura hipotipótica (apresentação imagética de conteúdos de palavras) constitui a fórmula auxiliar da *musica poetica*. Poetiza-se (pinta-se, se for o caso), pois, com os sons, tal como se musica com palavras.

Também aqui se trata de uma transposição espaciotemporal, de um perspectivismo ilusionista. No entanto – enfatizamos novamente –, todas as espécies de figura de efeito são, no maneirismo, pararretóricas, no sentido do simples *delectare* –

---

15. A. Belloni, *Il Seicento*, p. 407.
16. Idem, ibidem.
17. Cf. H. E. Eggebrecht, Barock als musikgeschichtliche Epoche, em R. Alewyn, et al. (eds.),*Aus der Welt de Barock*, p. 168 e s.
18. Assim se chamava um livro de composições do cantor-organista de Rostock, Joachim Burmeister (1602). Cf. H. E. Eggebrecht, op. cit., p. 181.

e também com meios grotescos, fantásticos. Como iremos ver, também na música a figura barroca converte-se em figura retórica, no sentido augusto-classicista, isto é, no sentido de uma retórica do *persuadere* autodominante. A música maneirista "excede tudo o que soa e, portanto, expõe algo que não é apreensível acusticamente"[19]. Conforme a estética subjetivista da *Idea* de Ficino e a doutrina do gênio de Bruno, canta-se "senza misura", "á discretion", "à libre volonté"! A ária, em sua forma primeva, desenvolve-se a partir do canto solo. Ela se converte "no espelho da lúdica obra dos afetos"[20]. Monteverdi distingue dois tipos de música nova: uma *prima* e uma *seconda prattica*. Podemos caracterizar a primeira *prattica* como maneirista e a segunda, por seu turno, como "barroca". "Espelho dos afetos" – uma vez mais, coloca-se diante de nossos olhos o autorretrato de Parmigianino num espelho convexo, sendo que percebemos melhor ainda por que ele pôde, à época, causar uma tamanha sensação. O homem havia descoberto um novo universo: ele próprio enquanto *Deus in terris*, ele mesmo, portanto, em situações limites daquilo que é vivenciado... no espelho mágico e universal de Saturno, do individualista primordial[21].

"Stilus Phantasticus"

Assim como Zuccari representa a arte plástica maneirista de sua época, aquela atinente ao *disegno fantastico*, Athanasius Kircher designa, na música desta geração, um *stilus phantasticus*, qualificado enquanto um gênero próprio entre as "novas formas estilísticas" das composições musicais que, a seu ver, existem de acordo com o esquema de nove categorias de Raimundo Lúlio: o *Stilus phantasticus* é a quarta

---

19. Cf. W. Gurlitt, Vom Klangbild der Barock-Musik, em R. Stamm (ed.), *Die Kunstformen des Barockzeitalters*, p. 227 e s.
20. Idem, p. 235.
21. Cf. MML, p. 61 e s.

maniera. A quinta chama-se *Stilus madrigalescus*[22]. O P. Marin Mersenne, mundialmente conhecido por suas habilidades anamorfóticas, elogiou de maneira significativa a arte das dissonâncias musicais em sua *Harmonie Universelle* (1636/37); sua harmonia universal era uma harmonia do irregular[23]. Quando Marino diz que poesia e música iriam "ao encontro uma da outra", ele tem razão tanto nesse período maneirista quanto em nossa época atual. Na época de Shakespeare, há um obscurecimento emblemático da música, sofismas sonoros *concettistas* e "símbolos musicais" metafóricos[24]. Figuras retóricas são transpostas para a música. Podemos reiterar: num sentido pararretórico e paralógico. E, inversamente, a ilimitada arte fantasiosa das "coloraturas" alógicas é aplicada na arte poética. O esforço maneirista em direção ao absurdo (*absurdus* = disparatado, sem sentido; em oposição a *surdus* = sem som, silencioso, calado) adquire completude no casamento intelectual entre *Stilus madrigalescus* e *concettismo*. O resultado é uma criança *stupore*, uma criatura estupenda.

Também não falta, na música maneirista, criptogramas e jogos de letras com e através da música. Josquin des Prez (1450-1521), por exemplo, escreveu uma missa para o duque de Ferrara Hercules I de Leste, com o tenor "Hercules dux Ferrariae", igual a: re ut re ut re fa mi re (d c d c d f e d). Através de suas vogais, uma divisa é, aqui, apresentada criptoacusticamente com o auxílio das sílabas solmizadas ut mi ut re re sol mi[25]. Encontramos jogos de

---

22. Cf. A. Kircher, *Musurgia Universalis*, e MML, p. 195-197.
23. Cf. MML, p. 200 e s. e Jurgis Baltrusaitis – sobretudo, no que diz respeito a uma exposição inesgotável da anamorfose, ver MML, p. 201, 203 e 206.
24. Cf. a respeito do simbolismo musical: M. Bukofzer, Allegory in Baroque Music, *Journal of the Warburg and Courtauld-Institute*.
25. Cf. H. Besseler, *Die Musik des Mittelalters und der Renaissance*, p. 243 e s. A missa foi novamente executada em Veneza no ano de 1958, no âmbito do festival internacional de música moderna. A esse respeito, escreve K. H. Ruppel: "Quão próxima está esta arte da *ultima maniera* de Stravínski." Cf. *Süddeutsche Zeitung*, n. 238 , 1958.

letras nos próprios sons, tal como ocorre, por exemplo, numa obra de Giacomo Carissimi (1604-1674), quando este soletra as palavras *Venerabilis barba Capucinorum* com sequências de metáforas musicais[26]. Maneirismos formais da literatura vinculam-se a tais maneirismos da música! Tanto hoje como outrora, jogos blasfematórios também são apreciados. Tanto é assim que o mesmo Carissimi escreveu um *Requiem jocosum*. O baixo adapta-se ao texto religioso mediante valores sonoros de longa duração, ao passo que "duas vozes sopranos, conduzidas como cânon, descrevem em versos franceses e no tom popular a angústia de uma esposa diante do retorno do marido"[27]. Adriano Banchieri (1565-1634) escreveu um *Contrapunto bestiale alla mente*.

Então isso é "barroco"? Durante o Concílio de Trento, a Igreja proibiu música deste tipo! Lidamos aqui com maneirismo, sendo que encontramos esses "truques" na música "moderna" – que é não-barroca de fio a pavio –, quando, num "Andante" *à la Sole mio* pseudoabstrato, um compositor atual deixa tocar subitamente um despertador na orquestra. *Stupore*! Arte que nos faz "levantar a sobrancelha" *à la* Arcimboldi e *à la* Bracelli, música de impacto intelectualmente calculado, isto é, música para-acústica! A ela correspondem a poesia pararretórica, a arte plástica paraestática e a pintura paracromática. O círculo das artes e das habilidades maneiristas irá fechar-se em breve[28]. Do ponto de vista histórico, trata-se de tudo menos de revelações de "uma nova ontologia"[29]. São jogos, mas que de forma alguma correspondem ao juízo condenatório promulgado pela irritação pequeno-burguesa, que se refere a princípios "aticistas" mal compreendidos. Sob uma perspectiva sociológica, a "arte" desse tipo não possui apenas um valor documentário extraordinário – se se trata, aqui, de voltar-se contra o enrijecimento do absolutismo barroco ou contra a

26. Cf. R. Haas, op. cit., p. 130 e s.
27. Idem, p. 131.
28. Cf. MML, p. 170, 177 e 245-246 e 248.
29. *Nomina sunt odiosa*.

solidificação da tardia intolerância burguesa. Ela também atesta algo mais profundo. Repetimos: a secularização de maneirismos formais antiquíssimos que, outrora, já estiveram miticamente ligados – também na música. O jogo com maneirismos formais – hoje em dia apenas variegadamente grotesco-charmoso – já ajudou a enaltecer o mistério, tal como, por exemplo, nos antigos cânticos de aleluia, em que o piedoso jogo arabesco de sons com e sobre uma certa vogal revela o *stupore* de uma maneira bem diferente. Tinha o sentido de uma adoração constantemente "mutilada" de Deus, da coincidência de todos os opostos, do inquietante "cristal primordial".

O "Encontrar Obscuro"

Se se trata de delimitar as contextualizações históricas da música maneirista a partir da primeira aparição de Pontormo (por volta de 1520) até a morte de Bernini (1680), separando, pois, o maneirismo tanto da Renascença quanto do "barroco", então cumpre ir mais além na história da cultura musical europeia. Separar o maneirismo da Renascença aticista é, como já vimos, algo fácil. Diferenciá-lo do "barroco" é algo mais difícil, e isso justamente porque, na Europa, o "barroco" surge em tempos distintos e em contextos nacionais diferentes (como, por exemplo, Bernini [1598--1680], "primeiro barroco" e Andréas Schlüter [1660-1714], "alto barroco"). O maneirismo na literatura e na música facilita essa diferenciação. A história da música maneirista torna especialmente clara a particularidade da época, tão fascinantemente singular, entre a Renascença e o barroco. Com o auxílio da literatura especializada, cabe mencionar, a esse respeito, algumas breves referências acerca das filiações históricas indicadas.

A ciência musical contemporânea comprovou a origem oriental do intricado melisma na música europeia, e, em especial, da música sacra. Do ponto de vista histórico-espiritual, pode-se aqui mencionar apenas o fato elementar de que o cristianismo se alastrou do Oriente Próximo, a partir de Creta e do sul da então Itália grega, rumo à Europa. O "asiaticismo" cristão cedeu terreno, no canto gregoriano e litúrgico, a uma gestualidade lúdica complicada, expressiva e antinaturalista na frase musical. Uma única vogal dava sentido a súplicas sonoras evocativas, que reencontramos – opticamente – de modo convincente na pintura maneirista inicial de Neudörffer e sua escola[30]. Assim como, em música, cada vogal pode ser caracterizada infinitamente em termos de seu caráter arabesco, ali o mesmo se dá com cada letra. Desse modo, "música" e "escrita" desenvolvem-se, por assim dizer, a partir dessas heranças "asiaticistas" por meio de sua própria vontade[31]. O pano de fundo mítico do gesto "evocativo" e "florido" foi rapidamente pressentido e voltou, por fim, a submergir nos abismos históricos que já não mais se dão a conhecer. Deu-se então uma primeira "catástrofe" – se se trata de partir, aqui, de uma interpretação global mitosófica totalmente *racional*: as músicas profana e religiosa foram mescladas, o palco foi mecanizado e a máscara individualizada.

Num sentido maneirista, isso se deu, em primeiro lugar, na Provença, ou, mais especificamente, na arte secreta medieval dos *trouvères* (achadores, inventores), dos *trobar clus*, do obscuro encontrar, do "cantar fechado" consoante àquelas corporações poéticas e musicais exclusivas e aristocráticas, que, no que diz respeito ao "musicismo inventivo", isto é, à união racional entre poesia e música, deve reivindicar a prioridade europeia.

Nesses cantos da Europa – tal como na Espanha à época das expansões árabes –, houve uma das mais grandiosas contaminações do Ocidente: uma nova fusão – lírico-musical – do asiaticismo. Passando ao largo das regras (litúrgicas), antigas barreiras musicais foram derrubadas, todos os estímulos

---

30. Cf. supra p. 39-41.
31. A maioria dos instrumentos musicais que foram utilizados na Europa até Bach advém da Ásia.

apreendidos, formas múltiplas misturadas e trocadas[32]. Asiaticismo na Provença![33] Geograficamente, contudo, não se trata aqui de nenhum virtuosismo. Os primeiros "asiaticistas" e sofistas da Antiguidade eram sicilianos, sendo que, do Monte Erice na Sicília, cuja fortificação fora construída por Dédalo, é possível avistar a África em dias claros. No início da Idade Média, o sul da França havia estabelecido, já, relações comerciais com o mundo asiático e africano. Não nos esqueçamos que Quintiliano denomina o estilo asiaticista também "estilo africano", o que está longe de ser algo estranho: o ponto de intersecção helênico entre Ásia, África e Europa era Alexandria. A poesia e a música "obscura" e "rebuscada" dos trovadores provençais também possuíam, pois, um caráter alexandrino: exclusividade e preciosidade, fantasia e frieza lógica, obscuridade e extrema lucidez espiritual, não apenas mistura de gêneros, mas também, e sobretudo, de poesia e música! O "obscuro" estilo lírico-musical dos trovadores possui muitos nomes: *trobar clus, serrat, cobert, escur, sotil*[34]. Portanto: um buscar dissimulado, um sutil, obscurecido, abreviado... encontrar.

Criptoacústica

Trobar clus deve significar: um encontrar obscuro por meio do... buscar. No "musicismo" dos trovadores, música e poesia convertem-se em "arte de ideias"[35]. Quem buscava complicadamente e encontrava complicação tornava-se *Don Doctor de trobar* – adquirindo, assim, um honroso título acadêmico pelo labiríntico feito criptoacústico! Uma homenagem pública ao irregular! O mais obscuro dos trovadores, Marcabru,

---

32. Cf. K. Vossler, *Der Trobador Marcabru und die Anfänge des gekünstelten Stils*.
33. Sobre as tradições judaico-cabalísticas na Provença, cf. G. Scholem, *Die jüdische Mystik in ihren Hauptströmungen*, p. 36, 81, 265 e 439. (Trad. bras. *As Grandes Correntes da Mística Judaica*, p. 35. 82 e 271)
34. Cf. K. Vossler, op. cit.
35. Idem.

diz que o canto – e a poesia, respectivamente – deveria ser adivinhado. Ele admirava os que "mon chant devina"[36]. O ouvinte ou o leitor tem uma tarefa. "O vivenciar" é, para si, uma matéria. Eis o que conta: "eslarzir paraul oscura", iluminar uma palavra obscura.

Então constitui isso um ou simplesmente *o* sentido da poesia maneirista em sua relação com a música "evocativa"? Há que se vivenciar (evocativamente) a sonoridade dos versos, colocando-se, no *trobar clus* que vai de Calímaco até James Joyce, diante da uma tarefa que sequer para os iniciados é algo sempre fácil – desde que não se porte como um esnobe ou um intérprete da arte pseudoexistencialista: "eslarzir paraul oscura", iluminar o obscuro. Eis o esforço de toda "arte razão": comover por meio do choque (*stupore*) e do estímulo à adivinhação. Desse modo, dois impulsos primordiais do homem são, em termos maneiristas, satisfeitos simultaneamente: a ânsia por vivências no extremo sentido sensacionalista, em que o mundo é experimentado somente no ápice da crise, bem como o desejo de solucionar enigmas, em que o inteiro ser do homem é, de modo elementar, sentido pura e simplesmente como um enigma no mundo. Quando se imputa aos excelentes maneiristas criptográficos, cripto-óticos ou criptoacústicos o fato de que eles não teriam qualquer "approach" ou "elocutio" no sentido aticista, dá-se mostra de pouca perspicácia. *Seu* tratamento é de uma ordem totalmente distinta: a seu modo, eles também se voltam em direção a certos "instintos primordiais". *Querem* incitar um espanto primordial e estimular a decifração do enigma primordial da vida humana. Nisso, pode ocorre que eles conduzam ao assombro e a uma indecifração desesperadora. Quanto a isso, pode-se compreender por que um dadaísta que retornou à crença ortodoxa, a saber, Hugo Ball, falava em "obra diabólica". Arte do "demoníaco"? Não é o inferno de Dante, ao menos no que tange à confusão e à perdição totalmente impiedosas contidas no pecado,

---

36. Idem.

igualmente um labirinto? E não surgem, pois, os quatro rios do inferno das lágrimas dos "anciões de Creta", da ilha do labirinto? Não é o inferno de Dante também um símbolo desse tipo de irregularidade moral? E não é o paraíso a contraimagem "aticista", a visão de círculos harmônicos concêntricos e de uma ordenação ontológica na imagem reflexa das almas redimidas?

Sigamos Vossler a fim de definir o musicismo num sentido concreto: "O esquematismo musical [dos trovadores]", lemos, pois, "engendra o pensamento conceitual". Com isso, o *concettismo* lírico-musical é caracterizado de modo tão legítimo quanto o "chiste" por Schlegel, e que não nos cause espanto o fato de Vossler proclamar – tal como Croce, seguindo a sua geração, irritava-se de maneira demasiadamente "racionalista": "Gélidos jogos de pensamento e de chiste!" Uma vez mais, trata-se, sem dúvida, de insâ-nia – em especial, na "arte razão" consoante ao provençal tardio. O leporismo (também no sentido de Brisset e Joyce) é antecipado, quando Marcabru oferece aquele tipo de versos "grotescos" que, cumpre não olvidar, também eram cantados com acompanhamento musical: "Las baraitriz baratan/ Frienz del barat corbaran/ Que fan Pretz e Joven delir,/ Baratan ab los baratiers/ Fundens; qu'estiers lor deziriers/ Nom podon cesar de frezir" (Com enganações elas enganam/ os enganosos envolventemente exuberantes/ que denegam a honra e a amizade/ No engano, unem-se/ aos enganosos; de outro modo, não poderiam/ acalmar o seu cio)[37].

"Um sabá enfeitiçado de conceitos e imagens", julga Vossler. Mas, a propósito dessa lírica sonora, ele afirma igualmente que os trovadores eram "inventores de pensamentos poéticos e também musicais"[38]. Uma forma de canção chamava-se "Descort", inclusive. Nela, tratava-se de "desacordar los motz e; l sos e; l lenguatges" (desarmonizar

---

37. Idem.
38. *Dichtungsformen der Romanen*, p. 97.

as palavras, os sons e as linguagens). A música e a poesia também formavam uma *discordia concors*. Coerentemente, o trovador Arnaut caracterizava-se, ele próprio, com as seguintes palavras: "Eu sou Arnaut, aquele que apanha o ar, caça a lebre com o boi e nada contra a corrente"[39]. Como Royère define o "musicisme"? Enquanto jogo sonoro de aliteração e consonâncias, de rimas e assonâncias, e, sobretudo, como técnica de repetição e catacrese, isto é, do uso de uma palavra no sentido impróprio, da metáfora opositora, da mistura de imagens, da combinação do que é disparatado – e também no que diz respeito aos possíveis e eficientes efeitos sonoros correspondentes[40]. Não é de admirar, pois, que um dos mais audazes trovadores alógicos tal como Arnaut se auto defina "como aquele que caça a lebre com o boi".

---

39. *Der Trobador Marcabru...*, p. 118.
40. Idem, p. 165.

19. DE GESUALDO DA VENOSA A STRAVÍNSKI

O "Ricercare"

Uma outra transição em direção ao maneirismo na música é levada a cabo, de 1520 a 1650, pela cultura cortesã borgonhesa – apesar de seu forte conservadorismo –, isto é, ao menos no que tange à utilização de intervalos dissonantes. Ao contrário do que ocorria na Antiguidade, o intervalo de terça já não era tido como dissonância na Borgonha. A música tornara-se preciosista e, ao mesmo tempo, fora algebrizada. Também na arte e nas "maneiras" cortesãs da Borgonha cumpre, por certo, não subestimar o estilo preciosista quanto ao seu papel no desenvolvimento do maneirismo europeu, mas a arte de fantasia borgonhesa consoante ao moteto permaneceu, no fim das contas, fincada nos antigos formalismos e como que atrofiada num melancólico "outono da Idade Média" – semelhantemente ao maneirismo da poesia latina medieval no drama barroco jesuítico[1]. A *seconde rhétorique* de Machaut era asiaticista, mas tão somente num sentido exterior. Mas, já àquela época, isso foi percebido como um resultado de "forças corrosivas". (Livre jogo linear melismático, simbolismo dos afetos, afrouxamento da estrutura rítmica por meio de contínuas mudanças de compasso, alongamento e abreviação da fórmula básica de compasso e a sobreposição de diferentes ritmos nas vozes individuais, cadeias de síncope, tercetos, indicações de *rubati* e *ritardandi*, corolaturas livremente intercaladas)[2]. O que faltou aos maneirismos borgonheses foi a renovação mediante a estética subjetiva da "Idea", que somente na Florença atinente à academia platônica incitou igualmente a música rumo a "modernos" desenvolvimentos posteriores.

Tal como já foi por nós indicado, a nova geração – que se segue imediatamente ao período renascentista – empenha-se, em Florença, ou, mais precisamente, no círculo de Bardi, na formação de articulações formais mais complicadas. Além das "formas enigmáticas", dos "jogos de fantasia" e do "grotesco" (madrigalesco), intensifica-se, no que diz respeito às composições musicais, a tão subjetivista quanto intelectualmente metódica combinatória. O virtuosismo da combinação musical deixava-se admirar no assim chamado *ricercare* (inversão do *trobar*), tal como as artes *concettistas* dos poetas, a *bizzarrie* dos pintores, os jogos perspectivistas dos arquitetos e as habilidades ilusionistas dos anamorfóticos, as maquinarias dos construtores de palco e a complicada prosa dos romancistas preciosistas. E cumpre salientar uma vez mais: isso se deu a partir de círculos exclusivos em épocas de crise política e espiritual, e não, tal como no barroco tardio, com vistas a amplos efeitos propagandistas em prol da Contrarreforma ou do recém absolutismo principesco. O elemento "subjetivo" dessas artes maneiristas não se fiava em grandes grupos,

---

1. Cf. J. Huizinga. *Herbst des Mittelalters*, p. 293 e s.
2. Cf. H. Besseler, *Die Musik des Mittelalters und der Renaissance*, p. 146.

mas em indivíduos ou em pequenos clãs. Ao contrário: as formas hieroglíficas de algumas obras de arte maneiristas exprimem não apenas um impulso lúdico comumente desesperado, mas, não raro, também dão testemunho de um desprezo igualmente desesperado pelo homem.

Repetimos: a partir de meados de 1530, a arte madrigalesca da Itália toma o lugar das tradições borgonhesas – que, essencialmente, ainda eram simétricas – e dos neerlandeses. As primeiras obras "irregulares" de Philipp de Monte (1554) e Jacobus de Kerle entusiasmam essa elite europeia mimada e desejosa de fortes estímulos espirituais. Tal como a pintura e a poesia, a música também se internacionaliza, quer dizer, perde atributos nacionais. A acentuação mais intensa do elemento musical na palavra também teria conduzido, na arte de composição, a um maior destaque da sonoridade da língua, a uma melodia unitária antipolifônica, bem como a um recitativo melodramático – o antecedente maneirista da ópera barroca. Também este é um elemento a ser diferenciado: os pequenos e altamente artificiosos melodramas e certas partes do primeiro estilo oratório são maneiristas. Com seus gestos luxuosos e retoricamente solenes, a ópera é barroca, ainda que contenha – sobretudo em seu despertar – muitos elementos de *meraviglia*, como *toda* arte barroca. No entanto, como já sublinhamos e voltaremos a falar mais detidamente – com referência à cultura musical de então –, ela se diferencia por meio de suas intenções e mediante seu pano de fundo social maneirista – que aqui é tão essencial quanto o maneirismo da Renascença[3]. A música maneirista permanece a *musica reservata* dos *moderni*. Música para muitos e música para poucos são marcadamente distinguidas na rica literatura ensaística.

Igualmente sintomático da música maneirista é a sua predileção pela, por assim dizer, pequena arte heterodoxa,

---

3. Discos desse período, ver *Antologia sonora della musica italiana*, Milão, Carisch, 1958.

por motivos folclóricos que, intelectualizados frequentemente com charme e inteligência, eram introduzidos nos âmbitos superiores da arte sonora – e, não raro, em decorrência da falta de ideias próprias. Assim é que, como um contramovimento, frente à supostamente rígida e deselegante polifonia neerlandesa, utiliza-se os Passamezzi, Saltarelli, Pavanen, Galliarden, Allemanden, Branles, Couranten e Moresken[4]. Numa palavra: à época, também já se papeava sobre música, "jazzificando-a". ("Jazz" decorre, provavelmente, do francês "jaser", verbo com o qual os colonos francofalantes residentes nos estados americanos do sul descreviam a típica satisfação dos negros em conversas intermináveis).

Claudio Monteverdi (1567-1643), o maior gênio maneirista da Itália ao lado de Tintoretto, resume, pois, todos esses princípios em suas primeiras obras[5]. Com razão, os historiadores da música atestam que a história da ópera começa em 1607, quando do surgimento da peça *Orpheu* de Monteverdi, elaborada por ocasião de um festival em Mântua. O que chama a atenção aqui é, sobretudo, a troca entre o sustenido e o bemol, retardos intervalares feitos a partir da terça, conduções cromáticas e tensões vocais reduzidas.

Na obra de juventude de Monteverdi, o *ricercare* é maneirista. Característico do barroco é a fuga – bem como o órgão, proveniente da Antiguidade. Em comparação à fuga, o primeiro *ricercare* – que não é barroco – permanece, enquanto engenhosa arte combinatória, bem mais alógico. Baseia-se numa junção desenvolta de diversos pensamentos melódico-musicais, sendo que cada qual, partindo de mais vozes, se desenvolve num estilo imitativo, mas que, antes de adquirir sua completude, isto é, *antes de atingir um "ponto médio"*, é dissolvido pelo pensamento seguinte. Em contraposição a isso, o *ricercare* converte-se, no barroco, em expressão de um princípio homogêneo, conduzido de

---

4. Cf. H. Besseler, op. cit., p. 299.
5. Cf. H. Prunières, *La vie et l'oeuvre de Monteverdi*.

acordo com rigorosas leis imitativas. Assemelha-se com a fuga, mas renuncia conscientemente aos elementos jocosos atinentes ao arabesco por meio de uma estrutura ordenadora bem mais rígida.

Na Inglaterra de Shakespeare, os chamados *moderni* levaram a um júbilo musical, e, sobretudo, a uma criação musical própria, tal como nunca mais pôde ser ali observada. A arte musical madrigalesca tornou-se tão famosa quanto a poesia *concettista* que vai de Shakespeare a Crashaw[6]. William Byrd (1543-1643) e, em especial, John Wilbye (1574-1638), para citar apenas estes dois, criaram admiráveis "fancies" madrigalescos em círculos exclusivos – e que hoje ainda soam "modernos". Música para piano rica em arabescos (*virginials*) e composições ousadamente artificiais para pequenos grupos instrumentais (*consorts*) atestam justamente elementos maneiristas quimicamente absolutos. No que diz respeito à Espanha, Menéndez Pelayo faz alusão a um "Gracián da arte dos sons", ou, mais precisamente, à obra *El Melopeo* de Pedro Cerone[7]. Nela, "enigmas" musicais e "cânones misteriosos" são sugeridos. Típico da unissonância de tal época é, igualmente, a obra de Don Juan IV, publicada simultaneamente nas línguas espanhola e italiana. Intitula-se *Defensa de la Musica Moderna* e veio a lume no ano de 1649, ou seja, quase concomitantemente aos célebres tratados maneiristas de literatura de Gracián, Tesauro e Harsdörffer. No entender de Menéndez Pelayo, essa obra também se deixa reconhecer por uma "moderna revolução musical".

Na Alemanha, coerentemente, sobretudo a Nurembergue de Harsdörffer também se converte num ponto central da atividade musical maneirista. Gottlieb Staden (1607-1655) escreveu uma música à moda do irregular para os jogos de conversação de Harsdörffer com as devidas "coloraturas e

---

6. Cf. H. Henrich, *John Wilbye in seinen Madrigalen*; W. H. Grattan Flood, *Early Tudor Composers*; S. Clerx, *Le Baroque et la Musique*.
7. Cf. M. Menéndez Pelayo, *Historia de las Ideas Esteticas en España*, II, p. 496.

artificiosidades", isto é, no estilo próprio às "maneiras românicas", tal como se dizia à época[8]. No segundo volume dos jogos de conversação de Harsdörffer, encontramos, no significativo ano de 1647, uma reprodução adaptada de *O Bibliotecário* de Arcimboldi, o mesmo é dizer, daquele Arcimboldi – pintor da corte de Rudolf II, em Praga – que hoje é considerado um precursor do surrealismo[9]. Diz-se adaptado, na medida em que palavras alemãs são introduzidas no adereço de cabeçalho do retrato do bibliotecário feito pelo nosso rico conde de Praga italiano – importado de Nurembergue: "Provérbios teutônicos do teatro"; assim como aparecem, nas costas do livro – que dão forma à vestimenta de tal monstro –, os nomes dos autores de tais coleções. Arcimboldi não foi redescoberto na Roma do século XX, mas na Nurembergue do século XVII!

---

8. Cf. R. Haas, *Die Musik des Barocks*, p. 172 e Eugen, Schmitz. Zur musikgeschichtlichen Bedeutung der Harsdörfferschen Gesprächsspiele, *Liliencron-Festschrift*, 1910.
9. Cf. MML e R. Haas, op. cit., p. 172.

20. CABALÍSTICA MUSICAL

Letrismo e "Tapl-Music"

Em nossa atualidade, o letrismo musical é a expressão extrema do *musicisme* lírico-musical. O *letrisme* ou *lettrie* de Isidore Isoù (nascido em 1925) e Sarane Alexandrian (nascido em 1927) consiste, igualmente, num musicismo maneirista atomizado, e talvez não seja, de modo algum, algo original, pois, como se sabe, Hugo Ball já escrevia, desde os primeiros anos do dadaísmo, poemas "letristas". Para Ball e seus colegas, no entanto, tudo isso possuía um significado polêmico, concebido, quiçá, apenas como uma pilhéria, de sorte que, mais tarde, o próprio Hugo Ball rejeitou tais práticas. Em Isoù e seus colegas, o problema é mais profundo. Por meio de combinações lírico-musicias de meros sons de palavras, eles tencionam não apenas revolucionar algo. Com isso, eles tampouco esperam despertar somente estímulos acústicos e estéticos. Querem conjurar os ritmos e os sons de um ser transcendental a fim de aproximá-lo magicamente do ouvinte, quer dizer, conquanto este último não permaneça simplesmente escandalizado. Tal como nossas observações acerca da antiga *poesia alfabetica*[1], lembramo-nos aqui de que, no Oriente, Deus e os deuses eram conjurados e evocados tão só mediante sons de letras. No livro *Pistis Sophia* (século III), cóptico e gnóstico tardio, coloca-se na boca de Jesus um poema mágico de conjuração. Desfigurado a ponto de tornar-se ininteligível, ele contém elementos linguísticos persas, hebraicos e egípcios. Trata-se de uma fórmula mágica "letrista" da qual contamos citar, aqui, ao menos, duas linhas: "AEEIOUO JAO AOIOIA psinother therinops nôpsither zagoure"[2]. Quem já escutou, de longe, as vozes suplicantes dos sacerdotes numa mesquita talvez possa compreender melhor que tipo de magia se acha nos sons ritmados e melismáticos das palavras – e, sobretudo, quando não se tem conhecimento dos textos recitados. Isoù é original da Romênia, e Alexandrian de Bagdá. Em Paris, isto é, na nova Alexandria europeia, o "asiaticismo" da *lettrie* pós-surrealista não é, hoje, apenas mais um acontecimento da moda, mas também um comovente *dernier cri*, uma última (?) manifestação dessa reverberação de culturas greco-orientais. O fato é que Isoù e seus colegas quiseram, nitidamente, recitar meros sons de palavras enquanto "sinfonia de sons". Tal como escreve Isoù, eles "rasgaram o alfabeto" que, há séculos, permanecia agachado sob suas calcificadas vinte e quatro letras, introduzindo em seu ventre dezenove letras novas (aspirar, inspirar, sibilar, estertorar, grunhir, suspirar, roncar, arrotar, tossir, espirrar, beijar, fumar etc)[3]. Ou seja: o mero som converte-se em música e a música em mero som[4].

---

1. Ver supra Primeira Parte.
2. Cf. K. Seligmann, *Le Miroir de la magie*, p. 67.
3. Cf. A. Bosquet, *Surrealismus*.
4. Ver supra Primeira Parte.

Mapas em Relevo do Elementar

Justamente a isso corresponde o último desenvolvimento de nossa abstrata pintura contemporânea. As inúmeras imagens da mais nova geração europeia de pintores não são apenas imagens "sem objeto". Também já não possuem títulos "concretos". Agora, a maioria delas se chama: composição, forma ou figuração. Entre outras, pode-se encontrar: "Acontecimento I" (até o infinito), "Conceito espacial I", "Investigação XCI". Mais até: variação, fantasia, espaço, paisagem vertical e horizontal, ritmo, matéria, arabesco, gênesis, motivo, tecido, apontamento 1 – e isso até a eternidade, sendo que, por fim, tem-se apenas "imagem": *uma superfície branca*[5]. Mas, em geral, trata-se aqui de literatura – e também de algo que está longe de ser muitíssimo novo. Quando se passa a atinar com algumas das melhores imagens sem objeto, adquire-se, então, conhecimentos excessivamente notáveis. De perto, elas já não exercem nenhuma abstração. Veem à luz enquanto "composições" realizadas a partir do concreto, o mesmo é dizer, da "matéria" comumente apreensível: metais, pedras, cinzas, fibras, poeira, cordas, tecidos de todos os tipos, vidro, madeira e terra, inclusive. Estamos diante de uma "guinada". No que tange à sua "matéria", a arte "sem objeto" torna-se novamente "concreta" em sua "abstração". Imagens "abstratas" dessa espécie já não aparecem como algo "sem objeto". São "formadas" a partir desse gênero de concreto, e, com isso, formam todos os tipos de paisagens, que poderiam ser panoramas ou segmentos de um mundo anterior à criação do homem, ou, então, de um mundo posterior à provável autodestruição da humanidade, enfim, paisagens sem a presença do homem, do animal, da planta e de bacilos, inclusive. Temos aqui, em nosso entender, mapas em relevo do elementar antes ou depois do surgimento da humanidade sobre a superfície do planeta tal como se nos apresenta.

5. Cf. o catálogo da Bienal de Arte de Veneza de 1958.

Apreende-se, pois, ao menos, uma nova advertência de como sempre se julgou esteticamente tais aspectos imaginários de uma Terra anterior ou posterior ao surgimento das criaturas. Não nos esqueçamos que a verdadeira revolução da arte "moderna", ocorrida por volta de 1900, é, hoje, considerada sobretudo como uma sensível antecipação da catástrofe de 1914, isto é, enquanto prenúncio do fim da velha Europa. Não queremos soar "alarmistas", mas parece-nos que os melhores e os sensíveis – explicitamente desconfiados frente à abundância comumente enganosa das "imagens" atuais (filme, fotografia, publicidade de todos os tipos, propaganda etc.) – ainda são percebidos através de um sentimento de terrível perda universal e mediante um pavor face ao homem divino, quer dizer, na medida em que este acredita ser divino tão somente num sentido externo, renunciando àquela responsabilidade superior. Donde a fuga – tal como no caso dos melhores – em direção à materialidade primordial, que já não permite nenhuma ilusão ou falsificação e que consiste apenas num ser cauterizado, mas, em todo caso, colorido – num ponto totalmente nulo. Daí também outros títulos de quadros característicos: penhasco, rocha, erosão, seca, argila branca, matéria em branco e preto, forma disforme, ferro, fogo tempestade, abismo etc. *Lettrie* na pintura = efeito óptico através de valores inarticulados da percepção óptica.

"*Poros Mortos da História*"

Num poema, Isoù vê (verbalmente) essa reversão do abstrato rumo à matéria disforme do seguinte modo:

>Vianvigian pédoupinnedeschte
>Piangouppgan goldoubinvechte
>Doussee! Souf scouipiienne louna
>SOUSSE Kroulciientrouna Vrousse!
>Botoschan, yachch, yach, beloiganne!
>Vraschh!

A assim chamada "musique concrète", nascida em 1948 no Club d'Essai em Paris, oferece-se, aqui, como o correlato musical. Sons "desconexos" são misturados com ruídos. A "música" converte-se num livre aglomerado de meras sonoridades. A música para-acústica transforma-se em música "eletrônica". Surge a "tapl-music", um "objetivismo fetichista" (Adorno)[6]. O belga Karel Goyvaerts intitulou uma de suas obras *Numéro 4, aux sons morts*. Sons mortos! Em seu *Agon* (1957) – música para balé –, Stravínski empregou (em especial, nos duos) esse *lettrisme* musical numa dança fantasmagórica e abstrata formada por tais "sons mortos". No entanto, veremos que, com isso, ele se afasta do impulso à desintegração.

Acreditamos que, doravante, o leitor deveria estar em condições de localizar corretamente, bem como "orientalizar", o mero leporismo pseudomítico dos garotos parisienses oriundos de todas as províncias da Europa, e, especial, do leste, de sorte que ninguém deveria olvidar-se do matiz trágico de algumas destas "reduções" – a nobreza contestadora contra o nosso atual maquiavelismo atômico, contra as frontes atômicas de nossa atual "política mundial", contra o desafortunado entorpecimento ideológico de nosso atual amparo político, contra a estupidez da massa hodierna – do trabalhador do campo ao diretor geral. Contudo, tudo isso é, por assim dizer, duplamente ruim: nossos atuais músicos ruidosos e anarquistas, letristas e pintores de materiais já não invocam nenhum deus ou deuses. Eles exibem tão só situações. Eles fotografam apenas o mundo desesperador:

> Depois da era dos trovadores, restaram as aéricas armadilhas de palavras... as desgastadas palavras hauridas das metrópoles do intelecto... palavras, palavras, nada mais que palavras, últimos sinais de uma ociosidade de nosso intelecto, *já não implicando quaisquer significações*, mas poros mortos da história mantidos em aberto".

---

6. R. Vlad, *Modernità e tradizione nella musica contemporanea*.

Assim é que escreve Max Bense sinceramente sobre Francis Ponge[7]. Tudo se passa como se a *Ifigênia* de Goethe não tivesse sido escrita.

Antítese Barroca

Nas *Nuove musiche* (1602) de Giulio Caccini, que remontam a 1585, a *maniera* deve ser diferenciada da música barroca tardia – como, por exemplo, a de Handel –, tal como Pontormo deve ser diferenciado de Rubens, John Donne do Milton da maturidade, Góngora de Calderón, Zuccari de Bellori e Giambattista della Porta de Bernini. Um primeiríssimo ápice do novo estilo barroco representativo e politicamente poderoso surge, não por acaso, na corte do mais poderoso líder europeu de tal época, isto é, na corte de Luis XIV – com as composições do florentino Jean-Baptiste Lully (1632 até 1687). Há, a esse respeito, um exemplo grandioso: o *Ballet Royale de l'Impatience* de Lully, dançado por sua Majestade em pessoa. O tempo é *grave* e o ritmo (sob um compasso 4/4) é solenemente conduzido; uma configuração astroacústica ordenada e solar para o Rei Sol, um emblema da distinção, do esforço em direção a uma nova e mais racional ordenação universal – por meio da qual os novos meios expressivos dos maneiristas heterodoxos continuem atuantes. Lógica dinâmica! Mas uma dinâmica antigrotesca e uma lógica inovadoramente racional e antisofística – e, portanto, barroca! A grande arte da oratória desenvolve-se. E, de bom grado, ela dá assistência aos paradoxos, às hipérboles, aos paralogismos dos *Grands Nerveux* maneiristas, mas de modo engajado. Comprometida com a nova e absoluta unidade entre a igreja universal e o absolutismo, entre a ordenação suprassensível e a ordenação temporal. Num sentido substitutivo, a declamação torna-se novamente solene, e a retórica, por

---

7. Cf. o catálogo da exposição Francis Ponge, Stuttgart, 1958.

sua vez, torna-se patética. *Logos*, dinâmica e *pathos* unem-se através de feixes neoclássicos, sendo que a "proeminência melódica" passa a ser malvista. A música converte-se num majestoso tecido de luxo. Ela se desvencilha do subjetivo e do que há de individual, objetivando-se uma vez mais, num sentido completamente novo, em prol do poder e da ordem estatal e religiosa, e, como sempre – sendo que isso era muitíssimo comum –, no ultra e subterrâneo mundo dos libertinos, cresciam "motivos sonoros desarticulados", bem como a ousada arte *pasticcio*. Lembramo-nos: o maneirismo é, a nosso ver, um gesto expressivo que pode ser localizado, de acordo com Ernst Robert Curtius, em todas as tendências literárias "que se opõem ao classicismo, sejam elas anteriores, contemporâneas, ou posteriores a esse período"[8].

A Oferenda Teofânica

Johann Sebastian Bach abrange, porém, mantendo-se soberano sobre ambos, os mundos do experimento maneirista[9] e do esforço barroco em direção à ordem. Isso se deu em virtude de uma fusão entre o seu pietismo individualista e sentimental e seu sentido altamente desenvolvido para a harmonia preestabelecida, com a qual – cerca de quarenta anos antes do surgimento de *A Oferenda Musical* de Bach – Leibniz acreditara ter desvendado o cosmos. Depois de séculos, "templos invisíveis" tornam-se, na música, novamente "audíveis" diante dos homens[10].

Na teológica arte combinatória de *A Oferenda Musical* de Johann Sebastian Bach (1747), ressoa ao mundo, ao lado de um outro ápice atingido pela obra de Bach, *A Arte da Fuga*, uma ordenação primordial que já não pode mais ser

---

8. Cf. MML, p. 17 e s.
9. Sobre o "simbolismo sonoro" em Bach, cf. M. Bukofzer, Allegory in Baroque Music, *Journal of the Warburg and Courtald-Institute*.
10. Frase de Spitta citada por R. Haas, *Die Musik des Barock*, p. 270.

relativizada – mediante uma tessitura sonora ousadamente complexa e extremamente cifrada. Um rei – Frederico II – forneceu o motivo a Bach. O artista improvisou em Potsdam, mas, insatisfeito, compôs em poucas semanas uma de suas mais audazes e profundas obras a partir do *thema regis*, imprimindo-a às suas custas (nunca tivera, durante toda a sua vida, um editor) e enviando-a, ele mesmo, ao rei. Interessantemente, a dedicatória da obra consagrada a Frederico II possui uma forma acróstica:

> *R*egis *J*ussu
> *C*antio *E*t *R*eliqua
> *C*anonica *A*rte
> *R*esoluta

As primeiras letras dessas palavras formam a expressão *ricercar*.

A composição é de uma "extrema artificialidade construtiva", na qual, "porém, a música flui livre e naturalmente". De pronto, a peça parece manifestar "técnica refinada como finalidade própria". Ela apresenta uma "investida até então impressentida no âmbito da transitória harmonia cromática". "Em todas as metamorfoses imagináveis, o tema real é o único que persiste numa mudança de aparências semelhante a um caleidoscópio"[11]. No sexto cânone é possível encontrar, inclusive, um "andar para trás", uma "retrogradação" no sentido de Männling, da obra de arte literária retrogressiva altamente maneirista atinente à época de Harsdörffer... e dos antigos. A sonata para trio manifesta os mais audaciosos jogos do estilo gracioso sob uma forma grotesco-elegante – puros maneirismos, portanto. Mas, como sempre, tem-se aqui: a recuperação do ponto médio mesmo no extremo não sobrepujável de um "cânone enigmático", e, sobretudo, no *ricercar* a seis vozes (denominado, agora, fuga), a "mais consagrada" obra de arte musical, mas, por certo, também a mais "complicada" que talvez já fora

---

11. H. Gal, *J. S. Bachs Musikalisches Opfer*.

escrita. Uma vez mais, a arte combinatória teológica faz-se, aqui e agora (enquanto absolutismo e ordem religiosa), teofânica.

Aqui, no extremismo, a obra de arte encontrou em si e com o mundo a sua mais profunda unidade interior. Em seu mais elevado cume, música, poesia e arte, criações que Baudelaire descreveu como "faróis da humanidade", unem – sob uma graça incomparavelmente enigmática – ambos os gestos primordiais, tanto o maneirista quanto o clássico. Essa convergência completa, cujos gestos unificados podem ser comparados à imagem das mãos unidas em oração, forma o mistério da grandeza incomparável[12]. Tais "faróis", tais concordâncias entre maneirismo e classicismo foram Sófocles, Virgílio, Dante, Shakespeare, Calderón, Racine, Rembrandt, Goethe e Johann Sebastian Bach. Eles expõem aquilo que pode ser caracterizado como o mistério criador da Europa. Por meio de tal integração, eles forneceram ao espírito europeu o seu inconfundível caráter.

Congelamento Contemporâneo

Na *Cantata* de 1952, Stravínski retomou o *ricercare* maneirista. No *Canticum Sancti Marci Nominis* (1956), o princípio de reversibilidade combinatório (andar para trás, retrogradação) converte-se num princípio de uma cabala musical eminentemente passível de "geometrização" no sentido de Schoenberg, que – tal como Monteverdi – criou estímulos a partir de escritos da magia esotérica e da alquimia. Aqui, J. S. Bach permanece sendo, com sua *Oferenda Musical*, o patrono de todos, mas também um arquimaneirista como

---

12. Sobre *A Arte da Fuga*, Erich Przywara escreve: "Analogias sonoras em si mesmas". – "Nesse belo derradeiro enquanto analogia, assenta-se nitidamente um belo religioso imanente, seja no sentido objetivo de uma aparência do divino no belo (enquanto *religatio Dei*), seja no sentido subjetivo de um retorno ao divino (enquanto *religatio in Deum*)". Cf. o artigo "Schön, Sakral, Christlich", em *La Filosofia dell'Arte Sacra*, p. 20.

o por nós salientado Gesualdo da Venosa. Quando trabalhava no *Canticum*, Stravínski tratou de obter da Biblioteca de Nápoles fotocópias das *Sacrae Cantiones* de Gesualdo da Venosa (publicadas em Nápoles em 1603). O auge de uma geometria musical dedálica encontra-se na obra de Stravínski, que fora estreada em 1958 no salão da Scuola di San Rocco em Veneza, adornado, aliás, com afrescos de Tintoretto, *Threni, id est Lamentationes Jeremiae Prophetae*[13].

Agora, às combinações sonoras com uma série de doze sons correspondem imediatamente combinações hebraicas de letras (isopsefias)[14]. As relações compositivas da série para-acústica de sons são incitadas justamente pelos valores míticos das letras, que Jeremias situa, respectivamente, no início do grupo isolado de versos de suas *Lamentações*, por meio dos quais resultam, em todo caso, combinações – como, por exemplo, na terceira *Lamentação* – em que as letras do alfabeto hebraico se sucedem três vez uma após a outra. "A tais letras correspondem, por sua vez, na aritmética sonora de Stravínski, valores numéricos de acordo com os quais ele introduz os sons de sua série de notas. Os doze grupos de versos da parte central são montados de tal modo que eles acompanham sonoramente a nota subsequente da série de doze sons que lhes serve de base"[15]. Artificialidade dedálica e grande arte combinatória no coração da Veneza maneirista enquanto *dernier cri* musical do século! Nenhuma obra da música contemporânea se aproximou tanto da gematria greco-oriental[16] quanto *Threni* de Stravínski, mas François Couperin escrevera, já em 1713, as *Ténèbres* à luz das *Lamentações* de Jeremias[17] – e também ele retira seus *vocalises* dos acrósticos do texto original. A música transformou-se num puro destilado de laboratórios

13. Cf. *Vulgata I*, 1-3.
14. Cf. supra p. 77-78.
15. Cf. as críticas musicais de Ulrich Seelmann-Eggebert,*Badische Neueste Nachrichten*. 3. 10. 1958; e K. H. Ruppel, *Süddeutsche Zeitung*. 4-5. 10. 1958.
16. Cf. supra, p. 76-78.
17. Série *Discophiles de Paris*, D P. 23 – I.

alquímicos de sons e palavras. Também aqui ocorre – dedalicamente – a união daquilo que é desunido[18].

Justamente a combinatória da música dodecafônica não pode ser minimamente apreciada, ao menos do ponto de vista formal, sem os esoterismos cabalísticos suficientemente conhecidos por nós através da literatura. A esse respeito, Schoenberg constitui, tal como já foi mencionado, um imprescindível ponto de partida. Com frequência, Schoenberg partia de uma mística numérica maneirista, e é sabido, através da polêmica entre ele e Thomas Mann (a propósito do *Doutor Fausto*), que se tratava, em princípio, de uma delimitação entre as magias "branca" e "negra". O herói de Thomas Mann é vencido pela magia "negra". Schoenberg declarou-se partidário da magia "branca", da teosofia[19]. Contudo, vale salientar o fato de que, inicialmente, Schoenberg permaneceu ligado a um expressionismo a-racional, ou, então, à redação de meros "protocolos oníricos" (Adorno). Vez por outra, o ato de compor converte-se num "escrever automaticamente"[20]. De início, Schoenberg aprecia o "grito primordial" expressionista, a "embriaguez" etc., isto é, os elemento dionisíacos – tal como iremos estabelecer com maior precisão na última parte. Posteriormente, ele se declara partidário de uma força limitante e circunferente do entendimento, quer dizer, daquilo que caracterizamos como elemento dedálicos e que, em todo caso, esperamos tornar mais claro na próxima parte.

Rapidamente, a arte combinatória atinente às séries de dozes sons transforma-se, para Schoenberg, numa sublime arte razão, numa música "metacronotópica". Roman Vlad também se refere, em tal contexto, aos melismas "vocais" mágicos da Antiguidade greco-oriental, às suas "formas

---

18. Já em 1932 H. H. Stuckenschmidt deu o título a um ensaio sobre Stravínski, típico de toda tradição ocidental do maneirismo, *Strawinsky, oder die Vereinigung des Unvereinbaren*, Anbruch, Prager XIV, 4. Ver também a brilhante monografia de R. Vlad, *Stravinsky*.
19. Cf. T. W. Adorno, *Philosophie der neuen Musik*. (Trad. bras., *Filosofia da Nova Música*, 3. ed., São Paulo: Perspectiva, 2002.)
20. R. Vlad, *Modernità e tradizione nella musica contemporanea*.

espelhadas" (Adorno) e "caminhos tortuosos"[21]. Com isso, em Schoenberg tendências inteiras de uma reintegração mítica tornam-se perceptíveis. Stravínski as teria estimulado em suas últimas obras, sendo que também nele deveríamos falar de um desejo inteiramente legítimo por uma reconstrução mítica – nele, sobretudo, o próprio material sonoro permanece intacto. Mas, essa "integração" ocorre num tipo de dimensão para-acústica que nos faz lembrar, com efeito, de cantos arcaico-litúrgicos em algum rincão cultural "asiaticista", e, no entanto, num lugar demasiado artificial, demasiado pré-eclesiástico. O intelecto calculante permanece por demais desperto. Ele é extenuado por essa cabalística sonora. "Liberdade conduz à monotonia"[22]. O elemento dedálico do maneirismo gelificou o seu elemento dionisíaco. Eis o caminho que vai da dionisíaca *Sacre du Printemps* (1913) até ao dedálico e cabalístico *Jeremias--Lamentatio!* No que se segue, o mito de Dédalo dar-nos-á a conhecer, com cujas arcaicas forças primordiais esse drama do espírito contemporâneo se acha relacionado.

---

21. Idem, p. 172 e s.
22. Cf. H. H. Stuckenschmidt, Die dritte Romantik, *Jahresring 1958-1959*, p. 374 e s.

21. DÉDALO E DIONISO

Diante do "Âmago"

É Dédalo o antepassado mítico dos maneiristas? Então poderemos, com base nele, aclarar o ducto do gesto expressivo maneirista a partir de outras e mais profundas origens de seu impulso à expressão, na medida em que nos voltamos ao homem num outro sentido concreto, quer dizer, ao homem enquanto tema e, a ser assim, enquanto objeto do maneirismo? O âmago em que queremos adentrar se chama: essência dedálica. A fim de compreendê-la, precisamos ensaiar uma explicação tripartite: uma interpretação do mito de Dédalo, uma exposição de seu efeito no teatro e no romance enquanto mundos singulares da "ficção" humana, e, por fim, um desenvolvimento da imagem do homem no pensamento e na vivência maneiristas sob e para além de toda concreção artística. Com base numa forma do século XVII, não deixemos, pois, que o maneirismo histórico surja apenas de

313

modo agonizante. Através dela, vem à tona a pergunta – que o século XX também põe em ação num sentido muitíssimo semelhante – pelos meios de que poderíamos dispor para encontrarmos, por meio da energia intelectual e espiritual, a hipóstase do problemático?

Guardemo-nos de operar sínteses precipitadas! Guardemo-nos igualmente de saltar apenas por cima de uma única camada geológica! A nossa história nos brinda com sinais e símbolos. Sem passar ao largo dos antigos modos de leitura, leiamo-los de uma nova maneira. Se agora adentramos naquilo que havíamos caracterizado como âmago, então é de se esperar que, num mundo labiríntico do problemático, nos deparemos com o criador do símbolo labiríntico mais conhecido por nós, o mesmo é dizer, com Dédalo. O mito cretense do labirinto dedálico reduz o enigma do mundo, tal como iremos ver, a um esquema enigmático. Tal mito possuía uma força estimulante extraordinária. Incitava a uma execução do mencionado "esquema" na gestualidade humana primordial e afirmava a fisiognomia do teatro e do romance maneiristas; nestes, o fixado enigma labiríntico do mundo prenuncia-se sob formas fictícias. Eis, pois, o novo princípio. Para encontrarmos Dédalo em sua essência, devemos… partir de Ariadne, pois foi ela, por certo, que se libertou do labirinto. Desse modo, podemos iluminar a paisagem espiritual primordial do maneirismo a partir de origens "mitosóficas".

Ariadne e Dioniso

Ariadne é a filha do lendário rei cretense Minos, que fez com que Dédalo (do grego *daidallein* = trabalhar artisticamente), escultor, arquiteto e inventor, construísse um labirinto. O cônjuge dela era ninguém mais senão Dioniso, filho do divino Zeus e da mortal Sêmele. Ariadne, que dera a Teseu o fio que o libertou do labirinto erigido por Dédalo, foi, mais tarde, inserida no mundo das estrelas por Dioniso. Ariadne, a "Afrodite humana" apta a unir em si os opostos, é, também ela, uma das figuras prediletas da cultura musical e teatral especificamente maneirista do século XVII[1]. Se a tragédia nasceu do espírito da música, unindo, para seguir aqui as indicações de Nietzsche, a embriaguez de Dioniso e a medida de Apolo, então isto comprova a origem mítica da tragédia. O coreuta dionisíaco vive "numa realidade religiosamente consentida, sob a sanção do mito e do culto"[2]. Podemos enxergar justamente no mito de Dioniso uma figura sensível transcendental para o componente greco-oriental da cultura greco-romana europeia, isto é, para o "asiaticismo", e, no mito de Apolo, a figura correspondente para o "aticismo". Dioniso é o deus da *manía*, do excesso e do sexo, mas também da melancolia e da morte[3]. Filho de um deus e de um ser humano, aparecendo tanto como rapaz quanto ancião, Dioniso também é, no entanto, o deus das contradições e das transmutações, das infindáveis metamorfoses, da enigmática incontornabilidade da existência, do desespero e de sua respectiva dominação na embriaguez. De acordo com Nietzsche, o homem dionisíaco é "semelhante a Hamlet". Ambos conheceram a essência das coisas, sendo que ela lhes inspira aversão pelo agir. Frente ao conhecimento da "terrível verdade", "já não há mais consolo que adiante". Só a arte pode salvar, a saber, "o *sublime* como domesticação artística do horrível e o cômico como descarga artística da náusea do absurdo". Junto a isso, gostaríamos de fazer uma observação a propósito do teatro maneirista: a tragédia, que segundo Nietzsche surgiu de uma união do dionisíaco e do apolíneo, deve ser caracterizada enquanto aticista.

1. *Arianna a Nasso*, de Ottavio Rinucci (1592-1621), foi representada em 1608, sendo que a música era de Monteverdi. Dela resta apenas o famoso "Lamento di Arianna". Além de em 1606, *Ariane* de Alexandre Hardy; em 1632, o romance *Ariane* de J. Desmarets de St. Sorlin; em 1672, *Ariane* de Thomas Corneille; em 1670, a ópera de Ferrari etc. Indo de Handel, em 1775, até o presente (Massenet, Milhaud, Richard Strauss).
2. Cf. F. Nietzsche, *Die Geburt der Tragödie aus dem Geiste der Musik*.
3. Cf. W. F. Otto, *Dionysos. Mythos und Kultus*, e também A. Mette, *Die psychologischen Wurzeln des Dionysischen und Apollinischen*.

Na Antiguidade grega, os cultos de Ariadne devem ser agrupados aos cultos de Dioniso. O culto de Ariadne em Naxos detinha uma "visível contrariedade"; "por um lado, ele consistia em festas de júbilo, mas, por outro, em luto e escuridão". "Nisto reconhecemos o bifrontismo de toda essência dionisíaca"[4]. Mas aqui também se revela um traço essencial de Ariadne. Também ela, a rainha das mulheres dionisíacas, é repleta de contradições. Ela se apresenta como uma mitificada "comutação de sofrimento e bem-aventurança". Em seu destino, ela simboliza situações de limite, e está longe de ser acidental o fato de ela morrer durante a gravidez, antes de poder dar à luz a criança que ela obteve de Dioniso (antes mesmo de seu matrimônio). Nada do que é humano lhe é estranho, mas ela vive em permanente tensão com o divino. Era uma "santa" que deveria enforcar-se inclusive. Ela converte-se justamente num espelho do dualismo entre o divino e o humano, entre espírito e matéria, isto é, daquela "contradição" que não apenas exortou continuamente os mais importantes maneiristas a fantásticas meditações, mas que também os conduziu a insuportáveis divisões essenciais. Ao culto dessa "Afrodite humana" pertence a dança[5].

Essa dança lhe foi criada pelo construtor do labirinto de Creta, por Dédalo, por aquele inventor primordialmente "engenhoso", escultor e arquiteto, que tanto se assemelha a Leonardo da Vinci, em suma, por Dédalo, pai do artificial mecânico, que também construiu os primeiros robôs e arranjou asas para si e para o seu filho, Ícaro, ou seja, por aquele "ingénieur maudit" que, em função do assassinato de seu sobrinho (por causa de inveja artística), tivera que deixar Atenas[6], que fora trancafiado por Minos no labirinto por ele mesmo criado, porque ele, Dédalo, favorecera as tendências sexuais perversas da rainha Pasífae.

---

4. Cf. W. F. Otto, op. cit., p. 174, bem como A. von Salis, *Theseus und Ariadne*.
5. Cf. W. F. Otto, op. cit., p. 171.
6. Esse sobrinho inventou o círculo, sendo que Pallas Atenas lhe transformou numa perdiz.

Filha de Hélios, irmã de Circe e esposa de Minos, Pasífae "apaixonara-se" pelo touro cultual – com o qual Poseidón havia presenteado Minos. Tal como no Egito, o labirinto de Knossos (em Creta), construído por Dédalo, também servia ao culto do touro. Elementos do culto do touro também podem ser encontrados nos cultos dionisíacos. Aos seus fiéis, Dioniso revela-se, "principalmente, sob a forma de touro, símbolo da fertilidade e da plena procriação"[7]. A fim de ajudar a satisfazer o irresistível apetite de Pasífae, Dédalo construiu-lhe uma máquina de amor, uma cápsula móvel com o formato de uma vaca. Nela se fechou Pasífae. Assim é que ela foi levada ao prado no qual o touro sagrado pastava; ele então não hesitou em acasalar-se com a criação que lhe fora confiada. Dessa loucura nasceu o terrível Minotauro, homem com cabeça de touro, que fora então colocado por Minos no centro do labirinto. Ali, ele devia ser alimentado com crianças, assim como com jovens e garotas que Atenas tinha de enviar anualmente a Minos a título de tributo. Muitos anos depois, Teseu matou o cabeça-de-touro, que também era tido como "Moloch"[8].

Dédalo Enquanto "Maudit"

Continuemos, pois, acompanhando o "destino" de Dédalo, uma figura "saturnina" e maneirista de tipo notadamente "clássico"! Relações fantásticas? Elas se encontram no factual da história, e, em especial, nos tempos áureos do espírito divino-humano na história, o mesmo é dizer, no mito, conquanto a mitosofia seja usada como meio singular para o seu esclarecimento.

Enquanto "maudit", Dédalo também era inconstante, ávido de mudanças e aventuras. Embora Minos tenha

---

[7]. W. F. Otto, op. cit. sobre o labirinto enquanto "floresta tortuosa" ou "floresta enfeitiçada", cf. L. Radermacher, *Mythos und Sage bei den Griechen*, p. 252 e s.
[8]. Cf. E. Wolff, *Die Heldensagen der Griechen*, p. 114 e s.

aprisionado-lhe, o rei nutria uma secreta simpatia por esse "mágico", que lhe transmutara o seu reino num mundo maravilhoso prenhe de luxo e mistério. Minos teria, por certo, libertado Dédalo do recôndito amuralhado do labirinto, mas esse sonhador notavelmente racional e intelectual visionário já estava farto de Creta. A partir de cera e penas, ele modelou asas para si e para seu filho, Ícaro. Assim foi que eles fugiram da intricada construção. Mas, por euforia – "devido ao amor pelo belo"[9] –, Ícaro voou demasiadamente perto do sol, de sorte que a cera de sua asa se derreteu e ele caiu no mar, próximo à ilha que, mais tarde, foi denominada Icária.

Brueghel conservou esse primeiro "acidente aéreo" da história mundial numa de suas mais grandiosas criações. Leonardo foi impelido a fazer suas máquinas voadoras por meio de tal episódio. Não é de admirar que um dos autores latinos tido como exemplar para os maneiristas de todos os períodos posteriores, Ovídio, descreve-nos pormenorizadamente a construção das asas, o voo e a catástrofe. Depois de ter colocado à salvo o cadáver de seu filho e sepultado-lhe na ilha, Dédalo teria "amaldiçoado" sua arte[10].

Depois disso, Dédalo vagou longamente ao redor. Por fim, ele foi principescamente recolhido por Cócalo, rei da Sicília. Para este último, Dédalo construiu as audaciosas instalações do templo de Afrodite sobre o monte Eryx. Para a rainha, ele criou uma cela de mel artificialmente dourada e, para a filha do rei, ele elaborou joias à moda. Entrementes, Minos viajou de cidade em cidade pela Grécia a fim de reencontrar Dédalo. Por toda parte, ele mostrava uma casca de caracol. Ele ofereceu altíssimas recompensas àquele que soubesse puxar um fio por dentro de tais contornos sinuosos, na esperança de que apenas Dédalo fosse capaz disso. Ao fim e ao cabo, Minos foi até Cócalo e mostrou-lhe o caracol. O rei siciliano levou-o, então, a

---

9. Cf. o poema de Baudelaire intitulado, Les Plaintes d'un Icare, *Oeuvres completes*, p. 244.
10. Cf. *Metamorfoses*. Livro VIII, verso 183 e s.

Dédalo, e a este ocorreu rapidamente uma perspicaz ideia: ele atou um fio a uma formiga para, após perfurar a ponta da casca do caracol, fazer com que a formiga se arrastasse para dentro de tal orifício; ela então puxou o fio através de todas as voltas até a saída do molusco. Quando a hábil obra fora apresentada a Minos, este disse na cara de Cócalo que apenas Dédalo poderia ser o inventor e pediu ao rei que lhe entregasse novamente o velho amigo. Cócalo mostrou-se de acordo. Ele então convidou Minos para um festivo banquete de despedida. Mas, sua filha, que não queria ficar sem Dédalo, haja vista ser este um exímio ourives, derramou piche fervente sobre Minos em vez de água, quando, antes da refeição, ela lhe ajudava a tomar banho. Assim é que o protetor e mecenas de Dédalo perdeu a vida com uma morte horrenda, e, de tal dia em diante, o mito não nos conta mais nada sobre o posterior destino de Dédalo, do malogrado e nefasto tipo primordial de criador de sagazes artificialidades, que amaldiçoara sua própria arte. Ele deve ter perdido a vida por meio da mordida de uma cobra[11].

11. Que a figura de Dédalo e o motivo do labirinto eram igualmente apreciados na Antiguidade decorre do fato de que Eurípedes versa sobre o assunto na obra *Os Cretenses* (parcialmente conservada), assim como Sófocles em *Dédalo e Kamikern* (perdida) e Aristófanes, por seu turno, em *Dédalo e Cócalo* (perdida). Outros autores antigos que se encarregaram de transmitir o tópico histórico-espiritual: Diodoro, Eustázio, Heródoto, Esichio, Clitodemo, Livio, Lucano, Plínio, Estrabão e muitos outros. Citações a esse respeito, ver Eilmann, *Labyrinthos*, p. 90 e s. A propósito da exposição pictórica do material atinente a Dédalo e Ariadne, ver ainda além dos locais já mencionados: "Labirintos" em San Vitale (Ravenna), na Villa Pisani di Strà, e, além disso, nas catedrais de Arras, Amiens e Chartres, bem como na Villa Altieri em Roma. Acerca de Ariadne, ver também as obras: *Dioniso, Ariadne e Sátiro* e *A Ariadne Adormecida* (ambas no museu do Vaticano); *Dioniso, Ariadne e Sátiros* de Ticiano (Nat. Gallery, em Londres). Sobre os mitos de Dédalo e os "dedálicos", ver também Bernhard Schweitzer em *Xenokrates von Athen*, p. 20 e s. A propósito do elemento antigo e eminentemente "clássico" presente no maneirismo, ver algumas indicações em *Gusto neoclassico* de Mario Praz, p. 73 e s. O mito de Dédalo revive, numa relação que reflete plenamente a história de Ícaro, no romance de Ernst Schnabel intitulado *Ich und die Könige* (Frankfurt, 1958). Uma simples bibliografia dos épicos dedálico-maneiristas europeus, depois de James Joyce e Virginia Woolf, exigiriam página inteira. Além dos nomes já indicados no texto,

A Dança do Labirinto

Lembramos: Dédalo havia criado uma dança para Ariadne por meio da qual ele comprovou ser igualmente um coreógrafo. Tal dança era executada por rapazes e moças durante o crepúsculo. Ela imitava os caminhos tortuosos do labirinto sob a forma de círculos desordenados. O próprio Homero relata que Hephaistos teria exposto uma "dança labiríntica" no escudo de Aquiles. Equiparava-se àquela que Dédalo havia criado para Ariadne[12]. Há que imaginar aqui um tablado de dança circular sobre o qual os dançarinos se movimentam pendularmente num vaivém ao redor do centro imaginário (de tal tablado). Todavia, segundo as pesquisas de Winter, essa dança possuía duas estruturas diferentes. De imediato, tratava-se de uma concatenação labiríntica, mas também de uma contradição harmonizadora da ordem redescoberta. O decisivo aqui consiste, porém, no fato de que esse centro redescoberto é, desde logo, ironizado através do grotesco novamente. Saltimbancos entram, pois, em cena nessa "ordem". Eles fazem caretas e brincadeiras. O deleite com o que foi alcançado não conduz a uma combinação sacra entre graça e dignidade. Vem à tona uma combinação entre a desorientação trágico-engenhosa (na parte labiríntica da intrincada dança) e *a harmonia e o*

---

esperamos aqui mencionar apenas alguns dentre eles: Michel Leiris, Michel Butor, Max Frisch, Edoardo Cacciatore, Fritz von Herzmanovsky-Orlando, Ingeborg Bachmann (que, até o momento, se dedica à experimentação com a prosa), Herbert Heckmann, Herbert Eisenreich, Ilse Aich, Heinrich Böll, Günther Grass e outros. Pintores correspondentes formam uma legião. Os mais mencionados (além daqueles citados em MML) são: Ernst Fuchs e L. Fini. Cabe ao próprio leitor completar essa série. A respeito da situação histórica e intelectualmente singular de Viena – depois de Rodolfo II de Praga –, cumpre ler F. Heer, *Europäische Geistesgeschichte*. Quanto a isso, ver também W. Benjamin, *Schriften*, p. 141 e s. (em especial sobre "o grotesco" no teatro vienense do século XVII).

12. Cf. *Ilíada*, XVII, v.v. 590 e s. Pormenores a esse respeito, ver. o trabalho de Richard Winter no *Neue Jahrbüchern für Wissenschaft und Jugendbildung*, p. 707 e s.

grotesco. A ser assim, tal dança une justamente o que há de *contraditório de uma maneira característica*.

Além disso, temos em mãos, aqui, uma dança repleta de "enganos". Virgílio é testemunha disso. Também ele se refere à dança labiríntica de Dédalo. Os "astutos", escreve Virgílio, seriam desviados da regularidade (*mille viis... dolum*)[13]. Ovídio salienta, em todo caso, a intencionalidade com a qual Dédalo teria sido induzido em erro (*ducit in errorem, implet innumeras vias, tanta est fallacia tecti*)[14]. Não esquecemos o elogio de Tesauro da *fallacia* intencional, do jogo de engano calculado na poesia. Podemos, pois, dar um passo adiante. A combinação entre a desorientação trágico-engenhosa, a enganosa retomada de percurso num centro de uma dada ordem e o imediato tratamento irônico desse enganar-se-a-si-mesmo, mediante o grotesco do saltimbanco (*Clown!*), leva-nos à estrutura fundamental do trágico-cômico. A tragicomédia – que, enquanto gênero, surge bem tardiamente do ponto de vista histórico – aparece pré-formada *in nuce* na dança labiríntica de Dédalo[15]. Isso também se dava a conhecer, sobretudo, em danças labirínticas da velha Roma de um tipo muito semelhante. Chamavam-se jogos troianos (*lusus Troiae*), porque labirintos também eram chamados de *Troiae* (conforme o etrusco *truia*)[16]. No caso da dança labiríntica, trata-se de uma dança coletiva. Realizava-se um alternante jogo dançante de desorientação dissimulada com recorrentes desilusões deprimentes, um tragicômico, trágico-engenhoso-grotesco balé

---

13. *Eneida*, v, 588 e s.
14. *Metamorfoses*, VIII, 159 e s. Cf. também a respeito da história da palavra labirinto: Pauly-Wissowa, *Realenzyklopädie der klassischen Altertumswissenschaft*, v. IV, Stuttgart, 1901, p. 1994 e s.
15. Já existem elementos tragicômicos em Menandro e Plauto.
16. Cf. R. Winter, op. cit. Além disso, cf. R. Eilmann, op. cit.; F. Robert, *Thymélè*, p. 305 e s; E. Homan-Wedeking, *Die Anfänge der griechischen Grossplastik*, p. 42 e s. A respeito da comparação entre os jogos troianos e as cidades troianas do norte da Europa, cf. R. Winter, op. cit., p. 711 e s. De acordo com a lenda, Dédalo também deve ter sido o construtor dos misteriosos nuragues da Sardenha.

do indeslindável e plenamente contraditório. "Prazer geométrico, caminho labiríntico exemplar!/ Ensamblada fluidez entrelaçada/ Canto cambiante coloridamente jovial"[17].

Nascimento do Tragicômico

Tudo isso nos permite fazer uma hipótese que, sem dúvida, sugere uma empiria mitosófica: se a tragédia clássica, tal como afirma Nietzsche, nasce de uma união entre o apolíneo e o dionisíaco, então o tragicômico depreende-se fatidicamente da união entre Dioniso e Dédalo, passando também por Ariadne, aquela Afrodite mortal que queria seduzir o deus dos enigmas em direção ao enigma mortal que lhe era adequado. A fusão Apolo-Dioniso conduz à tragédia clássica no sentido mítico, quer dizer, conduz a Ésquilo. A união Dioniso-Dédalo conduz, por seu turno, ao tragicômico… remetendo, desde logo, à elevada artificialidade. Nesse relação, reduções do puramente trágico também são perceptíveis em Eurípides, e não é de admirar que Lautréamont escreva: "Digo sim para Eurípides. Não acato, porém, Ésquilo"[18]. Lembremo-nos aqui de que Nietzsche, semelhantemente, escreve acerca da obra de Eurípides imputando-lhe "paradoxos frios e jocosos". Voltaremos a tratar de Eurípides. Por ora, digamos – com o auxílio da dança de Dédalo e Ariadne – que o tragicômico converte-se, em sua forma cultual primordial, numa engenhosa luta e equiparação com o supostamente incontornável, num distanciamento dialético do inexorável. Pela primeira vez, de uma maneira intelectual, o tragicômico concretiza o universo imensurável de "Dioniso" numa "construção" simbólica do dionisíaco: na figura do labirinto, primordial e miticamente, ele não passava de uma figuração babilônica do ventre do mundo com seus "tortuosos" e "devoradores"

---

17. Peter Gan: do poema Auf meinen alten Kelem, *Merkur*, n. 7e.
18. Cf. *Oeuvres completes*, p. 361.

caminhos viscerais[19]. Em povos primitivos, o labirinto também é um símbolo do caminho em direção ao mundo subterrâneo, isto é, do caminho pura e simplesmente humano. Etnólogos caracterizam o labirinto como a "existência primordial dos mais primevos rituais da humanidade"[20]. O "último descendente" também tem lugar no primitivo corpo da divindade materna, e, a esse propósito, o labirinto é, em todo caso, um símbolo arquetípico[21].

Noutras palavras: Ariadne, a Afrodite mortal, que não apenas deu a Teseu o engenhoso meio de salvação sob a forma do fio capaz de indicar o caminho na in-sânia do labirinto primitivo, mas também criou, a partir do "engenhoso" Dédalo, uma dança conjuratória contra o indeslindável, apresenta o primeiro nível da "secularização" do trágico, daquilo que há de cômico-contraditório no trágico. Ariadne é (igualmente através de seu destino pessoal) um símbolo da inocência espiritual perdida: o enigma do mundo é, pois, reduzido a um *esquema enigmático*, o labirinto; surge, então, a crença de que seria possível, mediante as artes da razão, ultrapassar os caminhos tortuosos: uma "clownerie" metafísica, pois, nesses âmbitos, quanto mais tentamos encontrar a saída através de meios intelectuais, mais nos perdemos. Vem à baila a vivência do grotesco, quer dizer, do desvendamento "cômico". Num determinado ponto – num misto sentimental de desesperança e riso desesperado –, o atrevimento cessa de acreditar que seria possível atingir o centro libertador do labirinto. No instante, *tudo se torna possível*. A face A pode converter-se numa pedra B, a terra C num utensílio D, a árvore E num rio F, a ideia G num metal H e assim por diante. O mundo transforma-se numa metamorfose de possibilidades, num abstruso sistema especular de metáforas, numa *concordia discors* do medonho, bem como do fantástico e do cômico, enfim, daquilo que é, *a priori*, indeslindável.

19. Cf. F. Dornseiff, *Antike und Orient*, p. 53.
20. Cf. J. Layard, *Stone Men of Malekula: Vao*, p. 652.
21. E. Neumann, *Die grosse Mutter*, p. 171 e s.

Dioniso e Dédalo! O trágico disforme e o artificial intelectual! Sentimento trágico significa (sem rodeios) uma união entre comoção e sublevação. Cômico (do grego *komos* = "mudança cheia de malícia") significa (sem hesitações) a manifestação visível de uma contradição entre aquilo que é e aquilo que aparece, uma explosão, portanto, do danoso destilado composto pela lógica e antilógica (O que é pequeno cresce, o que é grande diminui, rigidez converte-se em movimento, entorpecimento em fúria etc.). Nesse sentido, a arte teatral maneirista consiste, da época de Shakespeare até o romantismo e o *Sturm und Drang* (Tempestade e Ímpeto), bem como de Grabbe e Büchner até Wedekind, Pirandello, Shaw, Thornton Wilder e Williams, numa combinação labiríntica entre lógica e alógica, entre inexorabilidade e subterfúgio calculado[22].

O teatro maneirista é paralogisticamente tão abstruso quanto a arte, a lírica e a música maneiristas, de origens míticas, nascidas do encontro do que é vitalmente inesgotável (Dioniso) com aquilo que é intelectualmente problemático, o mesmo é dizer, com Dédalo. Sendo que os primeiros jogos artísticos e cultuais surgiram a partir da perversidade igualmente "inteligente": Ariadne pondo-se de acordo com o criador dos primeiros golens, de máquinas perversas e câmaras artificiais, quer dizer, com Dédalo. A parte da arte que nos concede ajuda contra o "desnorteamento", e, quando necessário, chegando a fazer algo contra a natureza, era chamada por Aristóteles (em sua *Mecânica*) de *mechanè*[23].

---

22. Cf., a propósito da atual literatura alemã, o comentário Walter Jens, em *Statt einer Literaturgeschichte*: "Doravante, tudo é possível – pode-se, inclusive, nadar no mar (Chagall!) –, só não há retorno em direção àquilo que é normal"; "Nos oximoros de Musil e Kafka ('frio chamuscante', 'gritei sem som')… e a reunião de elementos heterogêneos… começa a ganhar contorno um processo em cujo resultado esmigalha-se o nível de comparação, sendo que o 'como' é suspendido em prol do 'é', bem como a comparação em prol da identificação". – "Para Kafka, Gregor Samsa não vive simbolicamente como um inseto, senão que ele se transformou, *realmente*, num besouro". Estamos diante, pois, do extremo e moderno paralogismo contemporâneo de um antiquíssimo recurso estilístico maneirista: o oximoro. Ver também nossa segunda parte, Mundo em Imagens, assim como MML.

23. Cf. E. Grassi, *Kunst und Mythos*, p. 63.

O Dioniso dos Maneiristas

O nascimento do tragicômico a partir da "dança" da constelação Dioniso-Dédalo-Ariadne! Não podemos reconhecer essa singular criança espiritual e abstrusa da filha de Minos sem considerá-la de um modo mais preciso. Isso também deve acontecer, mas, para tanto, devemos acrescentar rapidamente alguns traços distintivos de Dioniso, e justamente aqueles que, no mundo do maneirismo, exortaram à exposição de um modo dedálico, isto é, com efeitos engenhosos e artifícios, sobretudo, com laboratórios inteiros de máquinas[24] voltadas à construção daquele mundo de eternas transmutações, de imagens constantemente mutáveis; e que seja aqui antecipado o fato de que, sob essa pressão, a unidade de tempo, espaço e ação da tragédia aticista devia romper-se na mesma medida em que, sob tal peso, a retórica aticista devia dilatar-se até tornar-se pararretórica.

A Dioniso pertence o mundo da música, ao passo que a Apolo pertence a plástica[25]. Dioniso situa-se na "glória da passividade" e Apolo, por sua vez, na "glória da atividade"[26]. Por meio da arte dionisíaca, podemos "dirigir os olhos para o espanto da existência individual"[27]. Ela venera o "disforme, o deserto, o asiático"[28]. Ela visa ao espanto, ao selvático, à loucura, ao terrível, a todos os tipos de figuras duplas e mascaradas, toda contrariedade e indecifração, tudo o que é mântico, todos os seres mágicos, assim como todas as formas do erótico e do sexual. Grutas, falos e labirintos são, de maneira variegada, símbolos de Dioniso. O touro é uma de suas alegorias e o bode, por sua vez, seu companheiro. Mas Dioniso – e isso também pertence ao seu caráter

---

24. Sobre a Cabala e as máquinas humanas, e golens, cf. K. Seligmann, *Le Miroir de la magie*, p. 264.
25. Cf. F. Nietzsche, op. cit.
26. Idem, ibidem.
27. Idem, ibidem.
28. Idem, *Der Wille zur Macht*, IV.

contraditório – possui "mais características femininas". Por isso, ele também é chamado de "hermafrodita"[29].

---

[29]. Cf. W. F. Otto, op. cit.; *MML*, p. 310 e s., e H. Baumann. *Das doppelte Geschlecht*.

22. O TEATRO MANEIRISTA

"Paradoxos Jocosos"

A tragédia aticista surge, tal como sabemos, a partir do encontro com o apolíneo. Nela, as contradições se dissolvem num elevado patamar. Perdem-se numa "região em cujos acordes prazerosos a dissonância, bem como a terrível imagem do mundo, soa encantadoramente"[1]. O tragicômico maneirista surge através do encontro entre Dioniso e Dédalo. Isso pode significar tão somente que, com vistas à sua arte teatral, o maneirismo seleciona elementos dionisíacos singulares que se ajustam a seu mundo. Traços dionisíacos individuais são utilizados para fabricação de "paradoxos frios e jocosos"[2]. Isso é dito por Nietzsche a propósito de Eurípides (484 – 406), sendo que, de fato, é possível concebê-lo como o ancestral

---

1. Cf. F. Nietzsche, *Geburt der Tragödie*.
2. Idem.

europeu não apenas da tragicomédia, mas também do teatro maneirista. Nietzsche chama Eurípides, em contraposição a Ésquilo, de "pensador socrático". Dizemos: trata-se de um discípulo de Dédalo. Por isso, segundo Nietzsche, o drama euripidiano torna-se "uma coisa simultaneamente fria e inflamada"[3]. E, já em Eurípides, que se aproximava dos sofistas, a unidade de ação desloca-se. Típico dele é igualmente o fato de o desenlace da trama dar-se de modo surpreendente e assustador através do *deus ex machina*. Com frequência, procurava o "novo", o "assombroso". Foi o primeiro a percorrer caminhos "modernos" também em virtude de ter utilizado a nova música, que, à época, começava a se formar e dava suporte à palavra e à ação através de um fundo musical, com artística mobilidade, após a dissolução dos antigos ritmos. Duelos retóricos e finas sentenças pertencem, pois, ao novo refinamento de sua técnica. As tragédias de Sêneca dependem enormemente de Eurípides. Sêneca, o "espanhol", foi o autor predileto dos poetas teatrais maneiristas do século XVII. Sobre o palco de Lucius Annaeus Sêneca (morto em 65 d. C.), vigoram o pavor, a paixão desatada, a tortura, a morte, o crime, a loucura, o grotesco e a magia. Metáforas ousadas, hipérboles, antíteses, paradoxos, oximoros e fantásticos jogos de palavras são elementos característicos de sua linguagem. Ao seu psicologismo extremo correspondem uma forma episódica anticlássica e uma caracterização cheia de contraste. No maneirismo "asiaticista" do século XVII espanhol, Sêneca experimenta sua completa ressurreição.

Artes da Máquina

Com relação a um "novo" gênero, a tragicomédia, o teatro e o drama musical maneiristas da modernidade desenvolvem-se por volta de 1550, em Florença, a partir da dramatização do madrigal com cenas de diálogo, lamento e eco. Em 1599,

---

3. Cf. Idem, ibidem.

Guarini escreve seu famoso *Compendio della poesia tragicomica*, e, dez anos depois, Lope de Vega escreve sua obra *Arte Nuevo de Hacer Comedias*, que talvez tenha influenciado mais a posterior cultura teatral europeia do que suas peças. No mesmo ano, surge a tragicomédia de Shakespeare *Tróilo e Créssida*. Simultaneamente, instituem-se, já no século XVI, as artes "maquinais". Numa apresentação florentina de 1565, dão-se a conhecer apenas o título e o autor da comédia. Os seis *intermezzi* com dança, cantos e efeitos maquinais são extensivamente arranjados. O perspectivístico ilusionismo espacial transmuda o palco – e justamente em função dos efeitos maquinais. Surgiu então o palco dos assim chamados telaro e periacto maneiristas, "que possibilitou a transmutação com prismas trifaciados, cobertos com tela e axialmente rotativos, ampliando e emoldurando, ao mesmo tempo, o espaço cênico de acordo com a profundidade"[4] (Em oposição às coxias do palco barroco). O Teatro Mediceo, em Florença (1585), tornou-se um primeiro exemplo disso. O primeiro drama musical operístico, a *Dafne* de Peri (Florença, 1594), foi encenado sobre um palco com periacto. Ele surgiu a partir de tais *intermezzi*, bem como da combinação de música e poesia. As artes dedálicas elevaram-se tanto à categoria de engenhosas habilidades metamórfico-maquinais quanto à de habilidades fantásticas[5]. Nos esboços cênicos de Leonardo, altamente dedálico, céu e subsolo misturam-se em jogos maquinais grotesco-festivos[6]. Joga-se com tempo e espaço. Com ornamentação grotesca, ambos são transformados num labirinto de acontecimentos. Trata-se de uma poética arte engenhosa – tal como na música. Em sua *Poétique musicale*, Stravínski conta que, na fronteira francesa, um policial lhe perguntou pela sua profissão. "Respondi sem preocupação:

---

4. Cf. E. Stadler, Raumgestaltung im barocken Theater, em R. Stamm (ed.), *Die Kunstformen des Barockzeitalters*, p. 190 e s.
5. Cf. As Máquinas, MML, p. 191 e s.
6. Cf. Traumann-Steinitz. Les Décors de Théâtre de Léonard de Vinci Paradis et Enfer, *Bibliothèque d'Humanisme et de la Renaissance*, v. XX, p. 257 e s.

inventor de música". Stravínski dera-se ao trabalho de explicar ao guarda da fronteira que a palavra "inventor" de música lhe era mais apropriada do que a palavra "compositor". Deveríamos estar em condições de apreender seu sentido prontamente.

Entre os anos de 1637 e 1638, Nicolo Sabbatini publicou um livro intitulado *Pratica di fabricar Scene e Machine ne' Teatri*. Veio a lume, portanto, cerca de dez anos antes dos tratados maneiristas de Tesauro e de Gracián, mas aproximadamente doze anos após a célebre galeria de Borromini no Palácio Spada em Roma com seu engenhoso truque de fuga espacial. Sabbatini esboça, inclusive, um palco com duplos periactos, de sorte que, desse modo, pode-se transformar ainda mais aquilo que se passa sobre ele. Esse tipo de palco foi introduzido na Inglaterra no século XVII por Inigo Jones. Por ocasião do desenvolvimento do palco imagético florentino, os anamorfóticos tiveram o jogo nas mãos[7]. Em 1641, Giacomo Torelli inaugurou em Fano o Teatro della Fortuna com a ópera de Aquiles, *A Louca Dissimulada*. Tornou-se, então, em Veneza, o criador da "ópera de máquinas", o mestre dos *inventori degli apparati*. Com ele, perde-se a sagacidade requintada, o engenho refinado, em prol da pomposa ópera barroca para as massas. O espírito de Dédalo é banalizado. Das máquinas mágicas fazem-se aparatos de luxo.

"Invenção em Si Mesmo Invertida"

Mas, além dos efeitos maquinais, o que se passa nesses palcos maneiristas? Podemos decifrar os atributos de Dioniso a partir das figuras e dos acontecimentos, mas a eles sempre irá subjazer o estilo ínsito a Dédalo e Ariadne. Tal como o palco, também os homens se transmudam permanentemente,

---

7. Acerca da arte anamorfótica, ver J. Baltrusaitis, *Anamorphoses ou perspectives curieuses*, e MML, p. 201 e s.

bem como seus caracteres, suas opiniões, sua convicções e seu destino – num sentido antilógico. Acerca do *Rei Lear* de Shakespeare, W. Sypher diz: "seu mundo é um tumulto de poderosas desarmonias"[8]. A forma do palco, do estilo do teatro e das evoluções dramáticas formam um todo de dissonâncias. Daí também a predileção pela tragicomédia. O romancista e dramaturgo francês Georges de Scudéry (1601 até 1667) esclarece de modo patente que a tragicomédia seria "o gênero mais agradável"[9]. Por não ser nem tragédia nem comédia, poder-se-ia dizer que ele "é simultaneamente ambas, consistindo, inclusive, em algo a mais". Tal autor compara a tragicomédia com certas arquiteturas – como nos quadros de Monsù Desiderios – que unem todos os estilos. A título de exemplo para uma tal *discordia concors* do teatro serviu a obra *Centaura* de G. B. Andreini (também uma *discordia concors*). Foi impressa em 1622, em Paris, com prefácio de arquimaneiristas tais como Théophile de Viau e Saint-Amant. Essa "invention extravagante" tornou-se moda. O próprio Andreini havia caracterizado sua obra com as seguintes palavras: "uma invenção em si mesmo invertida"[10]. Entre os anos de 1630 e 1640, os parisienses apaixonaram-se por esse tipo de fantástico irregular, tal como hoje se entusiasmam com Samuel Beckett.

"Enganei-me a Mim Mesmo"

Teatro e balé são, então, dominados pela mágica e pelos mágicos, e, com estes, por metamorfoses que simbolizam a falta de sentido e de finalidade da existência humana, uma convicção dos libertinos que provocou a aversão de Pascal, ocasionando-lhe a elaboração de seus escritos altamente antimaneiristas, de sua apologética "arte do convencimento" e de seu ácido escrito contra os jesuítas "casuístas". Em

8. Cf. MML, p. 145.
9. Cf. J. Rousset, *La Littérature de l'âge baroque en France*, p. 75.
10. Cf. Idem, p. 51.

Pénsees, ele alerta explicitamente para tais peças teatrais; nada seria (moralmente) mais perigoso do que elas[11]. A Igreja posterior ao Concílio de Trento sempre alertou para tais artistas e artes desse tipo, sendo sintomático o fato de ela ter acentuado, sobretudo – tal como, por exemplo, o Papa Urbano VIII (1623-1644) numa encíclica "a perenne ricordo" –, o perigo da mera *novità*, do *insolito*, do inabitual, do *disordinato*, do desordenado[12].

As configurações que se acham sobre o palco do teatro francês pré-classicista simbolizam a infixidez, a mudança, a frieza, a desconfiança, a loucura, a contradição, a duplicidade, o incessante disfarce, o *trompe l'oeil* (imagem ludibriosa), a terribilidade, os instintos assassinos, a sede de sangue, as cisões de personalidade. "Deve-se acreditar na ficção, não na totalidade", diz um dramaturgo de então. Proteus, Pfau, Circe e Janus são, aqui, símbolos muito apreciados[13]. O poeta teatral P. du Ryer põe na boca de uma de suas figuras: "Não sei quem sou neste obscuro labirinto de tédio e dor" (1628). Uma peça chama-se *L'Ospital des fous*. Nela, diz o único "normal": "Trata-se de um espelho vivo no qual cada um se examina". Hamlets brotam do chão tal como cogumelos, duvidosos e sarcásticos melancólicos em miniatura, marionetes da dúvida. Àquele que não possui um eu firmemente centrado subjaz a alucinação dos duplos. Sobre o palco maneirista dessa época pululam *doublés* e *dedoublés* – como na *Comédia dos Erros* de Shakespeare, cujo *concetto* "serei eu, pois, eu mesmo? – Enganei-me a mim mesmo" fascinou o período tanto quanto *Hamlet*.

Se tudo é ambíguo ("equivoco" de Gracián), então os títulos devem, igualmente, transforma-se em oximoros, no sentido da "neve vermelha" de Góngora, isto é, no sentido das duplas significações de Marino. Assim é que, na França, obras dessa época irão intitular-se: *As Verdades Falsas*, a

11. *Pénsées*, p. 76.
12. Cf. as declarações papais sobre arte, de Gregório, o Grande, até Pio XII, *Fede e Arte*, n. 10-11, cidade do Vaticano, 1957, p. 377.
13. Cf. MML, p. 248.

Amada Inimiga, a *Infidelidade Inocente*, os *Mortos Vivos*, os *Inocentes Culpados*. Se é verdade que Shakespeare concebia a peça de teatro enquanto uma "metáfora duradoura", então tal metáfora possui o caráter distintivo do oximoro[14]. Isso tudo é típico de uma vivência da realidade na qual não mais existem as fronteiras entre o sonho e a vigília[15]. Por isso, inúmeros heróis do teatro indagam-se: "Que demônio nos enfeitiça? Dormimos? Sonhamos?"[16] A isso pertence o "palco sobre o palco" – enquanto "sonho na vigília"[17]. No estilhaçado espelho dedálico, o mundo aparece enquanto absurdo.

A Europa do Absurdo

A Europa do absurdo surgiu na época de Shakespeare. A técnica da desfiguração adquiriu um volume maior nas gerações posteriores. Em tais engenhosos laboratórios poéticos, o homem converte-se numa "caricatura" dele mesmo, mas também do universo[18]. Aos poucos, caem por terra as restantes vestimentas religiosas ortodoxas ou heterodoxas. Esqueceu-se há muito o fato de que a palavra laboratório fora composta a partir de "labor" (trabalho) e "orare" (orar). Também no drama "tragicômico" a secularização vai mais além. Grabbe repete a própria cisão e, com isso, o protesto

---

14. Cf. supra p. 148-149.
15. Sobre elementos maneiristas no teatro barroco, cf: W. Benjamin, *Schriften*, p. 141 e s.
16. Cf. J. Rousset, op. cit., p. 66 e s.
17. Cf. O Mundo Onírico, MML, p. 254 e s.
18. A caricatura transforma-se numa "contra-imagem do belo ideal". A *arte* da caricatura, também ela, começa na Itália. O verbo *caricare* é redimensionado sob a forma substantivada *caricatura* primeiramente por Mosini. Por caricatura entende-se "perfetta deformità". Vide os estudos sobre a caricatura na Europa de Werner Hofmann, *Die Karikatur von Leonardo bis Picasso*. Cf. além disso, E. Gradmann, *Phantastik und Komik*; e, sobre o fantástico, ver também D. Frey, Mensch, Dämon und Gott, em E. Castelli (ed.), *Atti del II Congresso Internazionale di Studi Umanistici*, p. 205 e s., assim como H. Sedlmayr, Art du démoniaque et démonie de l'art, p. 285 e s.

social passa a ser um elemento constitutivo. No prefácio ao seu *Drama na Sicília*, Hebbel escreve que a "tragicomédia" sempre teria lugar lá "onde um destino trágico vem à baila sob uma forma não trágica, em que, por um lado, está presente o homem belicoso e declinante, e, por outro, vigora não um poder calculadamente moral, mas um pântano de relações deterioradas, que traga milhares de vítimas sem merecer nenhuma delas".

Um dito grandioso! Heterodoxia e anticonformismo são derivados da tragicomédia. A ponte vai da sofística intelectual--moralístico de Protágoras até os monólogos moralístico--surreais dos hipermalditos de Samuel Beckett. Se o mundo "converte-se num pântano de relações deterioradas, que *não merece uma só vitima*", então os maneiristas de valor – como que por aversão ao poder totalmente secularizado – encontram em suas deformações os seus mais poderosos símbolos, pois, à sua maneira, viabilizam catarse.

Continuemos, porém, no interior das relações entre Dédalo, Ariadne e Dioniso. O símbolo do labirinto impõe-se mais e mais. Numa tragicomédia inglesa do século XVII, uma heroína diz acerca de si mesma: "Sou um labirinto"[19]. Wylie Sypher fala explicitamente de uma paradoutrina da alma, de uma paramoral do maneirismo, de um caráter paralógico das figuras de palco maneiristas[20]. Um exemplo típico disso é a *Medida por Medida* de Shakespeare, uma obra anamorfótica no que diz respeito a dissociações e desinterações, quase beirando o niilismo.

"Sudden Choice"

O teatro elisabetano exibe uma renúncia do princípio de causalidade na descrição dos desenvolvimentos psicológicos[21]. Trata-se de "mutações", saltos não determinados,

---

19. Cf. W. Sypher, *Four Stages of Renaissance Style*, ver MML.
20. Idem, p. 146 e 151.
21. Cf. *Five Elizabethan Tragedies*. Oxford, 1932.

decisões impactantes (*Sudden choice*)[22]. Noutras palavras: o *deus ex machina* atua nas almas. *De repente*, ama-se ou odeia-se, mata ou converte-se ao bem, de súbito e seguindo impulsos infundados. Há, pois, uma "crise" tipicamente maneirista. Seus impulsos são irracionais e suas precondições alógicas. No entanto, num sentido mais profundo, elas não são arbitrárias. Cabe a "mutações" psíquicas indeterminadas desse tipo atestar a nova indeterminabilidade do próprio mundo, o colapso do geocentrismo. Donde a aversão do maneirismo não apenas a todo tipo de ponto médio, mas também às univocidades causais. A total ambivalência dos homens sobre o palco maneirista manifesta, uma vez mais, uma época em crise. Todavia, esse enorme entusiasmo pela a-causalidade, pelos saltos "surpreendentes" e pelas vivências impactantes, que é típico de todo teatro maneirista do século XVII, nunca degringola em irracionalidade sentimental. Procura-se circundar o elemento a-causal com meios intelectuais; esforça-se para dar um novo e apropriado contorno ao supostamente abissal – sob circunstâncias sempre reconhecíveis.

Trágico Negado

A pesquisa mais recente começa a definir com maior precisão o "maneirismo" em Shakespeare. Em suas análises dos dramas de Shakespeare, Max Lüthi reúne os seguintes elementos fundamentais:

deslocamento do ponto central, contrastes extremos, fortes sensações, guinadas repentinas e inversões, tumefação, penumbra das personagens mistas, cenas dissonantes, variados níveis de ação, imaginário e linguagem, corpo a corpo entre intenso realismo e flagrante estilização, entre naturalidade, sobriedade, excentricidade e êxtase, entre plasticidade multidimensional e curiosidade antitética, entre fantasia vivificante e mecânica fria. E, junto a isso tudo, o jogo com o ser o parecer,

22. Cf. *Tito Andrônico* de Shakespeare, Ato I, Cena 1.

o motivo da máscara, da loucura, da identidade e do jugo da vontade, as variadas formas de insegurança, o perder-se e o conquistar-se a si próprio, e, por fim, a construção fugada, o espelhamento, a graduação, a atecnia e a assimetria[23].

Para Lüthi, *Tito* e *Timão* são particularmente "maneiristas". E, como o mais forte exemplo de maneirismo – no sentido em que, "com mãos fortes, empurra-se elementos opostos rumo à unidade" –, Lüthi cita acertadamente o conflito entre Ricardo III e Lady Anne, a conflituosa transição da inimizade mortal em direção ao... casamento. Com relação a tais passagens, Lüthi emprega uma expressão de Victor Hugo com vistas às cenas de Shakespeare desse tipo: *harmonie des contraires*. E resume ainda:

> A obra de juventude de Shakespeare colocava-se amplamente na trilha do maneirismo, algo que, mais tarde, também não se perdeu; no período intermediário, ele apenas cede terreno a um barroco altamente plástico[24].

Numa discussão dessa obra, Rudolf Stamm escreve que a "afinidade eletiva que nós percebemos em muitas obras dos séculos XVI e XVII não tem nada a ver com o estilo barroco, mas com o maneirista"[25].

Já nos referimos às dificuldades vistas, aqui, por Rudolf Stamm na tentativa da literatura inglesa de operar com o conceito de barroco[26]. Alguns dos já citados traços do maneirismo shakespeariano também são trazidos à baila sob a designação dos trabalhos de Schücking e Kleinschmidt von Lengefeld. Em Shakespeare, uma "maneira em sentido negativo transmuda-se numa maneira em todos os sentidos no mais alto grau". Em suas tragédias, a certeza aparente da renascença transformar-se-ia em processo. Em função de

---

23. *Shakespeares Dramen*, p. 385 e s.
24. Idem, p. 275.
25. *Der Bund*, n. 63.
26. Englischer Literaturbarock, em R. Stramm (ed.), *Die Kunstformen des Barockzeitalters*, p. 381 e s.

sua nova inclinação classicista, o "gosto do barroco tardio" teria reagido negativamente face a esse "elevado estilo maneirista". - Através de Christian Janetzki, "normas, medida e equilíbrio" são perdidos no mundo de Shakespeare. Não há nada a partir do qual o homem pudesse se orientar. Haveria uma carência de valores "suprassensíveis", sendo que os ideais seriam meras "ficções". O mundo cênico de Shakespeare teria a marca da "vitalidade pura e simples do alógico sem normas". Não haveria círculo algum nos desenvolvimentos individuais. Quanto a isso, o belo dito: Hamlet é um "trágico do trágico negado"[27]. Lembremo-nos igualmente da imagem de T. S. Eliot: "Hamlet é a Mona Lisa da literatura"[28].

O "Teatro Alquímico" de Shakespeare

Maneirismos formais sobre o palco! Já atestamos uma série deles com base na pesquisa contemporânea, mas não podemos contentar-nos com isso. A partir de um outro lado da pesquisa – e a fim de tomar Shakespeare como exemplo lapidar do "maneirismo em todos os sentidos no mais alto grau" –, temos em conta outros elementos para associar tais "formalismos" teatrais maneiristas a uma "ordenação" especificamente maneirista. A tese de Janetzkis segundo a qual faltaria ao mundo de Shakespeare "valores mais elevados" é correta apenas sob certas condições. Ela é pertinente quando se leva em consideração – tal como Sypher – *apenas* as evoluções cênicas, *apenas* a caracterização das figuras. Encontramos a ordem *sui generis* do "maneirismo no sentido mais elevado" nos "maneirismos conceituais" de Shakespeare, no esoterismo alquímico e mágico que fascinou Shakespeare, assim como muitos de

---

27. Cf. Die Ernte, *Abhandlung zur Literatu-Wissenschaft*, 1946.
28. Acerca do estilo *concettista* de Shakespeare, vide também L. L. Schücking, *Der Sinn des Hamlet*, assim como *Shakespeare und der Tragödenstil seiner Zeit*.

seus contemporâneos[29]. Muitos maneirismos *formais* de Shakespeare mostram-se como expressão imediata de tais maneirismos "conceituais" esotéricos, sendo que conheceremos mais acerca de Shakespeare se ambos os elementos forem, futuramente, unificados no bojo da pesquisa, já que a crítica shakespeariana de cunho acadêmico negligencia esses maneirismos "conceituais" de Shakespeare, ao passo que crítica shakespeariana de cunho "esotérico" não leva suficientemente em conta seus maneirismos formais e tampouco chega a considerá-los crítico-empiricamente enquanto expressão de sua "alquimia". Esperamos ter fornecido alguns elementos com vistas a uma identificação. Por isso, se dá em seguida, com a brevidade necessária, um resumo dos resultados da pesquisa no que diz respeito ao "teatro alquímico" de Shakespeare[30].

Com base nas análises de texto, deve-se tomar como comprovado o fato de que Shakespeare conheceu as ideias que culminaram no movimento dos rosa-cruzes, ideias que se alastraram pela Europa antes de Andreae ter publicado seu *Matrimônio Químico* em 1616, isto é, no ano da morte de Shakespeare. No entanto, tal como já indicamos, há muito que se tratava de um renascimento do hermetismo greco-oriental. Obras de Shakespeare particularmente difíceis de serem interpretadas tais como, por exemplo, *O Mercador de Veneza, Trabalhos de Amor Perdidos, Cymbeline, Contos de Inverno, A Tempestade, Sonho de Uma Noite de Verão* vêm à tona sob uma nova luz, quando se lhes associam específicas doutrinas esotéricas de salvação, isto é, a assim chamada magia[31].

À grandeza de Shakespeare pertence o fato de ele ter tomado distância da magia "negra" a tempo. Próspero

29. Cf. P. Arnold, *Esoterik im Werke Shakespeares*.
30. Cf. J. Paris, *W. Shakespeare in Selbstzeugnissen und Bilddokumenten*. Um dos capítulos intitula-se: Das alchimistische Theater. Em que pese o fato de J. Paris ser muito dependente de P. Arnold no que diz respeito a esse tema.
31. Cf. C. G. Jung, Die Erlösungsvorstellungen in der Alchimie, *Eranos-Jahrbuch*, p. 13 e s, assim como R. Bernoulli, Seelische Entwicklung im Spiegel der Alchimie, *Eranos-Jahruch*, p. 231 e s.

renuncia explicitamente à magia "grosseira". Através dele somos levamos a "uma escatologia apocalíptica e ocultista"[32]. Próspero, o mágico, é guiado por "uma razão superior". Teria então Shakespeare, em virtude dos *secret studies* (de Próspero), desejado superar a secularização dos mitos – que ameaçava por meio dos princípios de uma nova ciência – e tentar uma re-mitologização através da "magia branca"? Pode-se igualar Próspero a John Dee, quer dizer, ao astrólogo de Elisabeth? Certo é que, nessa última obra conhecida de Shakespeare, uma notória simbólica *salvífica* se faz notar, tal como no *Fausto* de Goethe, que, nesse sentido, também parte da magia negra em direção à magia branca, indo de Mefistófeles ao mistério salvífico do "eterno feminino". Em função de tais investigações, supõe-se que Shakespeare deve ter conhecido os escritos de Johannes Trittenheim, Agrippa von Nettesheim e Paracelso. Ele também deve ter estudado escritos cabalísticos, caso se pretenda compreender o significado mais profundo de seus "jogos de palavras" nesse mesmo sentido[33]. Os maneirismos "formais" de Shakespeare decerto são expressão da crise epocal posterior a 1520, mas seus maneirismos meditativos também atestam que ele próprio buscava, com o auxílio de tais hermetismos, uma libertação da crise pura e simples, visando, pois, a uma nova "unidade":

E quando exigi música celestial, algo que faço agora mesmo, para perambular sobre seus sentidos tal como permite o encanto aérico[34].

Lá onde qualquer coisa, estando fundida entre si, converte-se num caos de nada, depreende-se a alegria, de modo expresso ou não expresso[35].

---

32. Cf. P. Arnold, op. cit., p. 203.
33. Acerca da técnica da Gematria e do Temurá nos escritos da época de Shakespeare, ver também K. Seligmann, *Le Miroir de la magie*, p. 264 e s; e supra p. 76-78.
34. *A Tempestade*, Ato v, Cena 1.
35. *O Mercador de Veneza*, Ato III, Cena 2.

Shakespeare tinha conhecimento, pois, do núcleo "salvífico" no interior do labirinto, que corresponde ao associado hermetismo mítico. No *Amphitheatrum Aeternae Sapientiae* de Heinrich Kunrath (Hanau, 1609), acha-se um emblema para uma fortaleza da verdade de Hermes Trimegistos. Aquele que conhece o "caminho certo" é capaz de alcançar, através de descaminhos físicos e espirituais, a ponte levadiça guardada por Hermes. Abre-se então o caminho para a espiritualização mística, para a pedra filosofal do espírito. Essa caminhada labiríntica conduz, pois, à remitologização – tal como na *Oferenda Musical* de Bach e na caminhada infernal de Dante.

"Spiriti Innovatori"

Essa relação misteriosa entre formas irregulares e pensamento heterodoxo caracteriza profundas rotundas da cultura teatral entre meados de 1560 até a conversão de Pascal (1654). Para além de Shakespeare, ela atinge um ápice artístico tão somente em Calderón, que há muito já havia amadurecido para a problemática maneirista no sentido espiritual. Na Itália e na Alemanha, um grupo de *moderni* e *spiriti innovatori* – todos, no entanto, *poetae minores* – também se rende a essa dialética oculta, mas sem se aproximar de suas fontes, de sorte que, em pouco tempo, o teatro barroco conformista e renovadamente ortodoxo terminaria por vencer. Que sejam mencionadas, ao menos, as comédias do "mago" G. B. della Porta[36], Francesco d'Isas e Orazio Vecchis, G. B. Andreinis na Itália[37] e, em especial, na Alemanha[38], as peças de Andréas Gryphius, amigo de Athanasius Kircher, admirador de Monteverdi e

36. Cf. MML, p. 71-73.
37. Cf. G. P. Bellori, *Vite de'pittori, scultori ed architetto moderni*, p. 344 e s.
38. Cf. R. Newald, *Die deutsche literature vom Spathumanismus zur Empfindsamkeit*, p. 273. Ver também a respeito dos "dramas jesuíticos".

Sêneca, Shakespeare e Jost van der Vondel. Sobretudo suas comédias constituem um manancial de maneirismos, tais como, por exemplo, as peças: *Absurda Cômica* ou *Senhor Peter Squentz, O Fantasma Apaixonado, A Apaixonada Rosa de Espinhos* e o mais conhecido *Horribiliscribrifax* ou *O Amante Seletivo*. (Sátiras sobre o cultismo, jogos de linguagem poliglotas e seres enigmáticos!)[39]

No ano de 1610, o vice-rei espanhol de Nápoles, Don Pietro Fernando de Castro, escreveu uma tragicomédia intitulada *La casa confusa*. Um representante espanhol superior, contemporâneo de Gracián, escreveu, pois, uma peça labiríntica mais ou menos no mesmo período em que Shakespeare compusera sua peça arquilabiríntica *Cimbelino*. Também em Nápoles, à época, dissolveu-se o sentido temporal aticista: a unidade de tempo e ação. A partir desse pano de fundo, compreenderemos melhor as imagens de Monsù Desiderios: trata-se de casas emaranhadas, símbolos da inabitabilidade. Uma moderna história do espírito atinente à capital de ambas as Sicílias desse período ainda nos está para ser escrita. Ela tornaria mais clara a então excepcional posição da cidade partenopeia no maneirismo de cunho elevado, isto é, o singular encontro entre o espírito oriental, espanhol e latino nessa metrópole europeia que, em grande medida, ainda permanece desconhecida.

---

39. Isso tudo remonta, igualmente, aos "ornamentos de cartilagem" de Punzenstecher – entre 1550 e 1650. Acerca das consequências "modernas", ver. D. Sternberger, *Über den Jugendstil*, bem como MML, p. 266-267.

23. O ROMANCE LABIRÍNTICO

Escrever nos Extremos

O romance maneirista, último nível do maneirismo na "ficção", já possuía, no século XVII, o caráter de uma enviesada excursão labiríntica através de rompimentos aventureiros da realidade, apresentando, no século XX, o caráter semelhante a esse por meio de rompimentos da realidade *e* de ideias. Em ambos os casos, trata-se de tentativas eventualmente hipertensas e amiúde estranhamente brandas de abdicar do tipo de conto épico primordialmente simples, descomplicado, correto e corretivo – em função de um excesso de problemática literária e espiritual –, a fim de manter-se em silêncio por motivos piores. O contato sedutor com materiais mundanos imediatos levou ao "trabalho" – e não ao "sonho" –, conduzindo a experimentos com a reprodução, descrição e apresentação, nas quais não só o lugar comum, mas também todo imediatismo é evitado. A realidade sensível, simples e

343

reduzida de maneira totalmente diferente (seja a de Homero ou a de Balzac) possui nitidamente – para o romancista maneirista – um efeito que nos remonta a um leproso na África. Tudo é passageiro! Aquele que não é capaz de acertar as contas com a brutal efetividade procura salvar-se no excêntrico paraépico, nas virtuosas máquinas de palavras épicas, nas charlatanices narrativas fantasticamente geometrizadoras. O romance é, a esse propósito, um gênero particularmente apropriado, já que ele não impele – devido a sua amplitude – a nobre concisão *concettista*. Em todo caso, o romancista maneirista é precisamente aquele que tipifica o maneirismo enquanto fenômeno existencial. Por um momento, ele se coloca frente às imensas cataratas da vida, mas, ao fazê-lo – em seu ritmo de vida –, põe-se diante da necessidade de apreender esse ruidoso "naturalismo"... a partir de fórmulas preciosas e engenhosas. O romance oferece um campo apropriado a esse "experimentar", uma estepe primordial para o experimentar perigoso e ousado, para experimentos praticamente lítero-físicos – bem distante do público banal. "Sentei-me à beira da costa, pescando com a árida planície às minhas costas" – "Não sei se homem ou mulher" – "Twit, twit, twit / Jug, jug, jug, jug, jug / Forçado tão rudemente". Esses são versos da *Waste Land* (Terra Devastada) de T. S. Eliot. "Forçado tão rudemente"... com vistas ao experimento... Eis como surge a poesia para os poetas, bem como a literatura para os literatos. Eis como o trabalho *prévio* absolutizado adquire completude. Nessa media, o romancista maneirista relaciona-se com absoluto do mesmo modo que o teórico do conhecimento relaciona-se com a metafísica. A teoria do conhecimento é absolutizada, de sorte que, com frequência, a metafísica já não constitui sequer um motivo. A relação com a cabalística tardia é evidente. Laboratórios do maximalismo linguístico lítero-teórico-epistêmico! Mundo sem humor (Dédalo), mundo sem crianças (Ariadne)! Um mundo com incesto e perversão contra um mundo com inescrutáveis olhos infantis postos sobre o ínfimo fogo primordial na lareira, um mundo da complexidade sempre centrada no eu contra um mundo de harmonia entre as criaturas.

Pouca coisa impende o público, os pobres de espírito – e isso diz respeito a todos nós, tendo em vista tais engenhosos labirintos do nada – de pôr-se à mercê das fábricas de sonhos da técnica. Também eles são "forçados rudemente". Sem esperança... Enquanto os chefes de Estado das superpotências nos tranquilizam placidamente, eles poderiam, apertando um simples botão, mandar continentes inteiros pelos ares! A nova paisagem de crise é igualmente exemplar. Um mundo sem crianças e sem risada, mas, ainda assim, relativamente alegre e com crianças sem demasiada esperança, haja vista o insano botão atômico... Mais do que nunca, ambos os mundos possuem hoje não só uma "árida planície às costas"... Pior ainda – para ambos: um árido futuro diante dos olhos. Ambos os "gestos primordiais" aproximam-se, pois, na incerteza total de hoje. Então a integração desses dois gestos primordiais, ainda que mal possamos acreditar nisso, permite pensar que ela – essa união – poderia servir como algo redentor? Quando tivermos encerrado a nossa incursão pela caverna e vislumbrarmos uma vez mais a luz... então iremos senti-la, ao menos, enquanto calor salvífico? Sigamos em frente, antes de mais nada, pela última senda de nosso *mundus subterraneus*.

Vossler denomina o romance – uma criação dos romanos – um gênero "rígido e infame". Espíritos sadios e fortes o teriam reprovado em qualquer época, tal como, por exemplo, o jansenista Pierre Nicole (1625-1695), quando ele chamou os *faiseurs de romans* de *empoisonneurs publics*[1]. Uma concepção limitada e puritana! Ela poderia ser confirmada através do desenvolvimento de tal gênero no século XVIII e, em especial, no século XIX[2]. Recipiente extremamente elástico, o romance é empregado com êxito – no sentido de um efeito artístico bem-logrado – tão só pelos aticistas,

---

1. Cf. *Die Dichtungsformen der Romanen*, p. 291 e s.
2. Cf. M. Praz, *La carne, la morte e il diavolo nella letteratura romantica*. Cf. MML.

como sublimação dessa forma mista, através da mais rígida arquitetônica *à la Princesse de Clève*, ou, então, por meio de gênios da vitalidade tais como, por exemplo, Dickens, Balzac, Tolstói e Dostoiévski. Aqui, distanciamo-nos do romance noutro sentido. No que diz respeito à sua função imediatamente narrativa, ele é, enquanto gênero, tão pouco maneirista como o épico e a ópera[3]. Os maneiristas de todas as épocas recolhem do épico o poema em verso e do romance, no usual "sentido realista", um gênero de prosa que lhes é apropriado, algo que, de imediato, contamos caracterizar, para seguir aqui as nossas delimitações, como pararromance intelectual – sobretudo, tendo em vista Franz Kafka, Marcel Proust, James Joyce, Italo Svevo, Hermann Broch, Robert Musil e Ernst Jünger. Esteticamente, Vossler considera o romance como algo subalterno, já que ele teria o propósito de eliminar o tédio. Paradoxalmente, podemos dizer a esse respeito que, para os maneiristas, o tédio conduz, em grande medida, a deliciosas vivências da alma, quer dizer, na medida em que presente o desejo de eliminar essa propriedade por meio de duros direcionamentos e de acordo com o famigerado modelo: "A marquesa bateu à porta, abriu-a, franziu a testa e disse: 'bom dia'"[4]. Por mais geniais que possam ser, os maneiristas são tediosos quando escrevem romances, prescindindo da normal técnica de eliminação do tédio através de efeitos de tensão lógico--realistas. Os maneiristas encontraram satisfação num só tipo "instigante" de romance – para além do pararromance –, a saber, no romance criminal, por conta de seu caráter enigmático, suas trocas de identidade, sua artificialidade e sua irrealidade[5]. Os últimos romances de Thomas Mann são casos-limites tensos entre os romances "burguês-realista" e maneirista-"intelectual".

---

3. Daí o sucesso de público deficitário da maioria das atuais óperas "modernas".
4. Os surrealistas caracterizaram o romance narrativo como uma manifestação infame da burguesia. Tal como Vossler.
5. Cf. MML.

Podemos encerrar, pois, nosso experimento em torno da "problemática do homem moderno" ao final desta nossa apresentação dos maneirismos estéticos através de um voo rasante sobre esse gênero supostamente inferior do ponto de vista artístico. Por certo, não é acidental o fato de que o *Dom Quixote* de Cervantes, o maior romance maneirista de todos os tempos, tenha sido escrito a fim de conduzir *ad absurdum* centenas de romances – produtos de malditas fábricas oníricas. A partir de um certo ponto de vista – e justamente no que diz respeito ao seu caráter fundamental, isto é, na possibilidade de um espelhamento infinito de *todas* as possibilidades – o romance "moderno" é um produto da época maneirista central da Europa dos séculos XVI e XVII. Foi tão só no século XVIII que – na Inglaterra "realista" – ele encontrou os caminhos que caracterizam sua técnica mimética num sentido habitual.

24. MONSTROS ÉPICOS

Roman-fleuve

O romance precioso, galante do século XVII francês aparenta pálido em face de Aretino[1], até mesmo incolor em face de Brantôme[2], opaco em face de Marino e certamente inconsistente em face de Cervantes[3]. No entanto, os *romans-fleuves* de Honoré d'Urfé (romance-chave *Astrée* com vinte madrigais, de 1610) e de Scudéry (*Artamène ou le Grand Cyrus*, 1649-1653) não são menos maneiristas do que *Polexandre* de Gomberville (1632) e *Cassandra* de La Calprenède (1644-1650). Tudo, tanto o homem quanto a paisagem, movimenta-se, aqui, em

---

1. A. Foschini, *L'Aretino*, e P. Bertani, *Aretino e le sue opere*.
2. Cf. F. Crucy, *Brantôme*.
3. A propósito do romance helênico enquanto junção entre aventura e erotismo, artificialidade e sofismo, bem como a respeito da ancestralidade do romance como gênero independente, e, em especial, do tipo maneirista, vide E. Rohde, *Der griechische Roman*.

349

cifras características, aventuras intelectuais, singularidades intrincadas, desvios sem saída, enfim, num ambiente labiríntico praticamente sem fundamento. Contudo, o elemento labiríntico de tais romances assenta-se, antes de mais nada, na infinitude, e não exatamente no calculado desvio do alvo. Os acontecimentos decorrem numa paisagem sem resistência. Se nos deparamos com uma montanha, convertemo-nos em planície; com um rio, convertemo-nos em ponte; com um morto, transformamo-nos num vivente. O "mágico" pertence às principais figuras desses monstros de romance, sem falar no bizarro adocicado, no singular, na *meraviglia* açucarada, no grotesco precioso, na esnobe alquimia. Apenas Gracián criou uma obra prima, o *Criticón*[4], com esses requisitos maneiristas. Os contornos de tais monstros mundanos encaixam-se mais com Arcimboldi do que com Monsù Desiderio. Eles não têm nada a ver com Greco. No final das contas, os autores dessa massa de papéis impressos constituem tão só herdeiros decadentes do certamente precioso, mas bem mais conciso Boccaccio, assim como do sagaz John Lyly (*Euphues*, 1579). Na pré-forma do romance maneirista, a *discordia concors* converte-se, pois, praticamente num meio estilístico escolar e trivial, mas a ela se juntam todos os alexandrinismos que agora nos são conhecidos[5].

Patos d'Água = Galeras

Ainda que numa forma datada, os simbólicos *romans d'idées* de Rabelais, Fischart e Cervantes são romances maneiristas. Rabelais faz menção a Brueghel e Cervantes, de seu lado, a Callot e Goya. Mas, segundo Friedrich Schlegel, Cervantes é "o verdadeiro mestre da prosa maneirista", ao menos no que diz respeito à artificialidade das figuras do romance ao ducto irregular do conto. Também para Dom Quixote

4. Cf. MML, p. 168 e s.
5. Cf. E. Norden, *Die antike Kunstprosa*, v. II, p. 783 e s. Sobre o "asiaticismo" no romance helênico, ver o v. I, p. 434 e s.

tudo se transmuda em tudo – em tudo aquilo que ele pensa, deseja e sonha. Um taberneiro de espeluncas torna-se um conde, de patos d'água convertem-se em galeras e criminosos transformam-se em protótipo da inocência perseguida. Todavia, esse metaforismo extremo que agora nos é familiar passa a ser amansado por meio de uma arte de descrição do homem que, à época, era incomparável, um realismo primordialmente salubre por intermédio do qual Cervantes superou o dualismo dos "dois estilos" e com o qual passou a constar dos grandes criadores integradores da Europa. Mas, para F. Schlegel, Cervantes é o precursor de uma "poesia romântica" na prosa[6]. Tal como Goethe em *Wilhelm Meister* – no entender de Schlegel –, ele fez do romance a "quintessência da mais maravilhosa matéria mista" (Herder). O *Dom Quixote* constitui o "gênero do arbítrio". Schlegel, tal como se sabe apenas há pouco, denominou a prosa de Cervantes "a única moderna"[7]. O que distinguiria Cervantes seria "o descomunal elemento artificial, a profundidade e a deliberação". O *Dom Quixote* seria "um dos mais inescrutáveis e profundos produtos do chiste fantástico". Em função de suas intrigas ardilosamente fabuladas, os espanhóis chamaram-no de *el conceptuoso*. Cervantes estaria situado no mesmo patamar de Lope de Vega: "são os mais coloridos e musicais padrões silábicos, e, ao mesmo tempo, um concerto nas mais bem tramadas formas, que poderiam ocorrer na poesia. Trata-se de um labirinto de complexidades dedálicas e encantamentos fantásticos". Schlegel fornece-nos, uma vez mais, a palavra-chave de

---

6. Cf. H. Eichner, Friedrich Schlegel und wir, *Deutsche Rundschau*. Ver, a propósito da Itália, um ápice equivalente: D. Bartoli, *Dell' huomo di lettere, difeso et emendato*; e *L'huomo al punto*. Ele era considerado, na Itália, como o "Alexandre da literatura" – sobretudo em virtude de suas obras *concettistas*. Frugoni, um literato de sua época, denominou-o um grande defensor do *stilo asiatico*. Na Itália, Bartoli é o "Marino da prosa".

7. Cf. E. Behler, Friedrich Schlegels Wissenschaft der europäischen Literatur, com um ensaio inédito de F. Schlegel, Die spanisch-portugiesische Literatur, *Hochland*, n. 5.

nosso motivo central: o labirinto; sendo que tal presente deve nos livrar da acusação de que também nós seríamos escravos de algo "artificial", da mera construção de traços simbólicos na história europeia do espírito.

James Joyce e Dédalo

Encerramos, porém, o nosso voo panorâmico sobre o gênero "astucioso", o mesmo é dizer, sobre o romance, com um salto por sobre os séculos[8]. No maneirismo de nosso presente, o *roman-fleuve* converte-se em *roman d'idées*. Com isso, ele atinge novas profundidades, logrando para si um brilho formal que suas pré-formas preciosistas nos séculos XVI e XVII (com a exceção de Cervantes) raramente puderam adquirir. Com James Joyce, o romance maneirista experimenta sua última e mais elevada consequência. Transformou-se num romance de aventuras intelectual, "transformação da 'imagem interior' em 'imagem exterior'"[9], convertendo-se numa engenhosa obra de arte dedálica, bem como numa imagem exemplar da insanidade metódica.

Em seu *Retrato do Artista Quando Jovem* (1916), Joyce chama a personagem principal de Dédalo. Sendo que ele evoca seus antigos xarás: "Velhos antepassados, antigos artesões, permaneçam ao meu lado para todo sempre"[10]. Dédalo é o artista legendário do passado. Tornar-se um símbolo do artista-artífice. Mistérios greco-orientais renovam-se. Bloom, a personagem principal de *Ulisses*, é "um judeu grego ou um grego judaico, extremos que se tocaram"[11]. Todos são redimidos através do atuar de uma mulher... através de Ariadne.

Esse romance de James Joyce também é, em termos compositivos, "construído" segundo princípios do peram-

8. Já fizemos alusão a Jean Paul, bem como a E.T.A. Hoffmann.
9. Cf. D. H. Kahnweiler, *Juán Gris*.
10. Cf. J. Paris, *James Joyce par lui-même*, p. 101.
11. Idem, p. 103.

bular labiríntico. A temática segue todos os símbolos que se tornaram conhecidos a partir do mito Teseu-Ariadne--Dédalo. O labirinto converte-se numa alegoria da "existência" humana, numa imagem sensível daquilo que é infraconsciente. Aqui, encontrar a saída equivale a estar redimido. Todavia, o labirinto é um "corredor" sem fim[12]. Sua força sinistra é mais forte do que a esperança da maioria. Dublin, a cidade, a vida, o homem, enfim, tudo é labirinto. Perdemo-nos quando julgamos ter encontrado o centro ou a saída. O minotauro encontra-se, porém, à espreita no centro. O que ocorrerá, pois, se lograrmos atingir a intrincada profundeza? Os infernos de Homero, Virgílio, Dante, Rabelais, Grimmelshausen, Goethe, Kafka[13] e de Sartre parecem inofensivos diante do inferno labiríntico de Dédalo. Nele, sofre-se pela falta de saída e de si mesmo, pois todas as possíveis e, em todo caso, inencontráveis saídas estão rodeadas por muros[14]. James Joyce descreve o horror: "Toda imundice do mundo, toda mistura, todo pântano reúnem-se ali [no labirinto], tal como numa cloaca fumegante"[15]. "Nele, cada danado converte-se, ele próprio, num inferno". Todos os sentidos são atormentados, e, sobretudo, o espírito, que se acha condenado a saber eternamente da falta de saída[16]. Apenas através de astúcia e invenção engenhosa poder-se-ia escapar do labirinto, tal como Dédalo procurou fazer com seu filho Ícaro.

Aqui, o poder do entendimento inventivo contrapõe-se rebeldemente à maldição da condenação, tal como Fausto

---

12. Cf. também *Theseus* de André Gide. Teseu diz: "Tu não podes imaginar quão complicado um labirinto é. O próprio Dédalo, seu construtor, já não encontra a saída". Cf. também M. Brion, Hofmannsthal et l'expérience du labyrinthe, *Cahiers du Sud*, n. 333. Em um romance intitulado *Le Corridor*, J. Reverzy retomou as variantes labirínticas de "corredor".
13. Acerca de Kafka, ver MML, p. 168.
14. Cf. o final de *O Processo* de Kafka.
15. J. Paris, op. cit., p. 116.
16. Essa descrição corresponde ao relato de Heródoto sobre o mais "interessante" labirinto do mundo no antigo Egito – que já foi, aqui, amiúde mencionado.

já havia tentado realizar. Todavia, o *Fausto* de Goethe encontra uma "saída": ao final da segunda parte, Fausto transforma-se na figura re-mitizada do "engenheiro": ele escapa à dúvida do inferno. A caridade social converte-se no supremo sentido da vida: posicionar pântanos a seco, "de livre vontade, colocando-se ao lado do povo livre". Eis a precondição da redenção de Fausto, de seu mítico voo redentor, ao passo que as criações de Joyce permanecem incuráveis no inferno. Tal como Dante, Shakespeare e Bach, Goethe abrange todas as esferas:

> E, de cima, o amor tomou parte dele,
> Cruzando-lhe o caminho o bando sagrado
> Com saudosas boas-vindas[17]

---

17. *Fausto*, II, versos 11191-11194.

Conclusão:
O HOMEM ENQUANTO
TEMA MANEIRISTA

25. O LADO NOTURNO DA DIVINDADE

Mística Fantástica

Tensão! Hipertensão: ela rege o extremo ducto da gestualidade maneirista. Um ímpeto expressivo apaixonado e irracional é construído por meio de tal tensão – artificialmente em sua segunda fase expressiva – de modo não inocente, figurando como expressão de um cálculo, um plano excêntrico. Daí o *duplo* caráter desse gesto primordial da humanidade, sua ambivalência, seu misto de vitalidade e intelectualidade, vontade demoníaca de ultrapassar fronteiras e espelhamento da consciência. Na primeira fase de tal gesto acha-se o elementar. A segunda fase consiste num gesto frente ao espelho. Donde o irritante duplo sentido de toda forma superior de maneirismo. A imagem de um gesto "hiper"-tenso nesse sentido também resolve, pois, esse enigma. A remissão do maneirismo a um tal tenso gesto primordial não dissolve, em absoluto, sua peculiaridade. Ao contrário. Na tensa linha que separa o ponto de partida elementar (Dioniso) e o refletido ímpeto final (Dédalo) se encontram multifárias nuances, acham-se presentes os muitos pontos graduais singulares de elevada peculiaridade individual[1].

Demiurgos e Paranóicos

O mundo talvez seja um labirinto indeslindável. Mas seria facultado, ao menos uma vez, a um hipergênio ou a um ultravisionário presentear, não apenas ao herói Teseu, mas à inteira humanidade com o salvífico fio de Ariadne? Esse louco apego por fórmulas universais visionárias e salvíficas, essa ilusão demiúrgica, constitui, para o "problemático" – entendido enquanto arquétipo psíquico dos maneiristas –, um dos tipos de gesto que corresponde a seus mais profundos impulsos expressivos. Apenas alguns sobrevivem à provação dilacerante entre a indelimitação dionisíaca e a dedálica busca pela circunscrição[2]. Há um reino das sombras maneirista do qual constam inúmeros fracassados: inventores, artistas, poetas, filósofos, políticos, e, em sua maioria, paranóicos, descobridores obcecados e hipomaníacos da quadratura do círculo. Ao ávido esforço em busca da derradeira fórmula universal corresponde a impiedosa consequência do contínuo fracasso, sendo que deste se desenvolvem a melancolia

---

1. Cf. W. Sypher, *Four Stages of Renaissance Style*. Ele também se refere a "dois modos" [two modes] do maneirismo; um "técnico" e um "psicológico". Ele vê, de um lado, *technical ingenuities* e, de outro, *personal unrest* (p. 116). E salienta, em todo caso, o elemento de "tensão", assim como a elasticidade (individual) das formas (extensão). As raízes da antinomia *num* gesto já nos são conhecidas. Cícero fez menção, porém, a dois tipos (*genus*) de estilo asiaticista: "*Genera Asiaticae dictionis duo sunt: unum sententiosum et argutum, sententiis non tam crebris et severis quam concinnis* [artificial] *et venustis* [preciosista]... *Aliud autem genus est non tam sententiis frequentatum quam verbis, volucre* [fantasioso] *atque incitatum* [instigante]". *Brutus* 325 cf. E. Norden, *Die antike Kunstprosa*, p. 134.

2. Perdrix, o sobrinho de Dédalo – por ele assassinado por inveja –, havia descoberto o círculo.

e a dúvida, o defeito saturnino *par excellence*. A dúvida! Ela impede o surgimento de símbolos *vivos* às vésperas de seu nascimento. Aqui, pretende-se apanhar o vir-a-ser na lente ustória do intelecto para, a partir daí, fazer flamejar uma verdade mágica. Mas o vir-a-ser desafia as engenhosas artes de Dédalo. Dioniso sempre escapa à sua fixidez circular, de sorte que o mundo sempre aparece a Dédalo, ávido por uma fórmula universal salvífica e por fórmulas universais libertadoras, de modo labiríntico.

O que motiva continuamente a tensão do gesto maneirista primordial é essa ambivalência fatal presente numa grandiosa ânsia pela unidade do mundo. Dessa ambivalência decorre não apenas a tensão, mas também a dupla vida atuante na arte, na música e na literatura maneiristas, presente em cada distinto demiurgo maneirista, isto é, "mestre obreiro" e "criador do mundo" (mundano). Elas permanecem submetidas ao dionisíaco: ao sonho, que é quebrado pelo delírio vital e volta a perecer no tédio onírico; à visão, que degenera em meditação melancólica; à fantasia surreal, que descansa no pansexualismo sub-real; e, sobretudo, à embriaguez. As lembranças a esse respeito incitam o *taedium vitae*, o asco pela vida, impelindo, aí então, a construções artificiais. Por meio de uma intelectualidade abstrusa do elemento dedálico, reage-se diante da racionalidade alógica do dionisíaco.

Paraísos Artificiais

Para os maneiristas não-"redimidos", quer dizer, àqueles que não puderam penetrar no âmago "mítico", talvez exista, de vez em quando, além do inferno, um "paraíso", mas tão somente um paraíso artificial. Em seus *Paraísos Artificiais*, Charles Baudelaire descreveu a possibilidade artificial de redenção do declínio numa embriaguez intelectualmente articulada, isto é, na embriaguez do vinho, ópio e haxixe[3]. Trata-se de uma

---

3. Cf. *Oeuvres complètes*, p. 411 e s.

obra valiosa. Como poucos antes dele, Baudelaire "circunscreveu" os efeitos venenosos da embriaguez. O que vivencia o felizardo presente nos paraísos artificiais? *"Incompreensível falta de limite, jogos de palavras irresolúveis, gestos barrocos"*[4]. Ele vê perpétuas "cabeças bizarras"[5]. Ele experimenta "as mais singulares ambiguidades (*équivoques*), as mais incompreensíveis transposições de pensamento". "Os sons convertem-se em cores e as cores em sons". "As proporções de tempo e espaço deslocadas"[6]. Tornamo-nos, aqui, partícipes de um mundo maravilhoso (*merveilleux*) e fantástico[7]. Desfrutamos de um "paraíso intelectual" com "combinações barrocas"[8]. Tais são as benesses que recebemos de um *idéal artificiel*[9]. O haxixe é um "espelho convexo"[10]. Nele, tudo é disposto sob a forma de "analogias" e "correspondências" à la Swedenborg[11]. "Os sofismas do haxixe são inúmeros e maravilhosos". A embriaguez do haxixe equipara-se à embriaguez poética[12]. Em tais confusões (*abérrations*), o homem assemelha-se a Deus[13]. Através do encantamento evocativo, o mundo transforma-se numa alegoria mágica[14].

Como se percebe, a embriaguez é sistematizada. Baudelaire afirma-o explicitamente: apenas o "supereminente", o "espiritualizado" pode, por meio do veneno da embriaguez, engendrar legítimos paraísos artificiais; através de drogas, o homem animalizado verá sua natureza animalesca simplesmente intensificada.

Tensão! Não há ponto de repouso! Lembremo-nos: Marino comparou o saltimbanco (imagem sensível dele

---

4. Idem, p. 424.
5. Idem, p. 425
6. Idem, p. 426.
7. Idem, p. 427.
8. Idem, p. 428.
9. Idem, p. 439.
10. Idem, p. 445.
11. Idem, p. 455, 466 e 468.
12. Idem, p. 460.
13. Idem, p. 463.
14. Idem, p. 466.

próprio) com um "novo Dédalo"[15]. E chamou a dança de *geometria meravigliosa*[16]. O gesto expressivo condizente com tais tensões do sentimento *deve* ser extremo, *deve* tremer no *Furore* vital, assim como na gélida frieza intelectual, *deve*, enfim, pôr-se num plano superior. Ninguém pode suportar ininterruptamente tais elevadas relações de pressão com equilíbrio estável. Todos os grandes maneiristas conhecem a condição de esgotamento vital atinente ao "sentido embotado" ou ao "tédio", próprio à inépcia interior, bem como ao seu equivalente: a *skepsis* meditativa, a dúvida, o indomável ímpeto à heterodoxia total, ao selvático anticonformismo, ao colocar-em-questão toda sorte de absoluto. Por isso, os maneiristas inscrevem toda "sociedade fechada"[17] em listas negras, e arrolam toda "sociedade aberta" da mudança em suas cartotecas promitentes. Em seu vínculo com o dionisíaco, o maneirismo submete-se ao fantástico. Em sua maldição dedálica[18]: à sempiterna analítica existencialista, ao espelhamento distorcido do absoluto na casuística.

Com isso, temos aqui dois elementos derradeiros, a fim de explicar, por fim, a estrutura existencial de demiurgos maneiristas enquanto engenhosos mestres obreiros e fantásticos "criadores seculares do mundo": o fantástico e a casuística.

O "fantástico especificamente demiúrgico" dos maneiristas conduz (em sua maioria devido a incitações mágicas) à mística, ao passo que a dúvida específica (haurida do fracasso) leva à moral pseudológica da casuística existencial. Mas, ambos interferem na mística maneirista: o fantástico e a casuística. O agente que as une consiste num paradoxal erotismo religioso[19].

15. Cf. Marino, *Adônis*, p. 292.
16. Cf. Idem, p. 302.
17. Cf. H. Bergson, *Les Deux sources de la morale et de la religion*.
18. Lembramo-nos de que Dédalo amaldiçoou sua arte no momento do fracasso (a morte de Ícaro).
19. Cf. MML, p. 288 e s., e W. Kayser, *Das Groteske*. Além disso, E. Gradmann, *Phantastik und Komik* W. Hofmann, *Die Karikatur*; A. M. Vogt, *Grünewald*.

Congelamento no Pícaro

O fantástico traz "em si abertamente as contradições da tensão". "As contradições comprovam-se numa tensão para cima, engendradas, essencialmente, pelo sentimento religioso" (supressão da consciência na mística e no êxtase), "bem como numa tensão para baixo, em direção ao anatural, anti- e infranatural, ao declínio do anímico na letargia, melancolia, na indiferença, enfim, ao declínio do entendimento na absurdidade, na loucura, no alógico e no terrível"[20]. Esse fixado impulso ao fantástico é, por certo, "a força criativa *kat'exochen*"[21]. Esse fantástico, enquanto um estímulo ao místico, possui caráter de insânia no sentido dionisíaco, e, em especial, tal como foi dito, no sentido de um erotismo religioso[22]. Quando o poeta inglês Spenser compara o ato sexual com o mistério do sangue atinente ao sacramento cristão, quando Santo Inácio diz que se deveria cheirar a divindade, quando John Donne diz à sua "senhora" que "nossos corpos nos pertencem, mas não nos constituímos neles, senão que somos as inteligências e eles, por sua vez, as esferas", então temos, com isso, algumas formas diferenciadas dessa mística fantástica, que se intelectualiza na expressão imagética[23]. O êxtase místico solidifica-se praticamente em seu cume. Na situação do perder-se a si mesmo no divino vem à luz, então, a "procurada" definição metafórica. Típico disso é, pois, o famoso poema de Richard Crashaw intitulado *Hino à Santa Teresa*[24]: "Scarce hath she blood enough, to make/ A guilty sword blush for her sake". Um verso fantástico-horripilante próprio da mística marinista aplicada: "Mal tinha ela sangue suficiente, para fazer ruborizar uma espada culpada a seu favor".

20. E. Gradmann, op. cit., p. 22.
21. Idem, p. 23.
22. Cf. *MML*, p. 288 e s.
23. Cf. H. Gardner, *The Metaphysical Poets*, p. 206; a esse respeito, ver também M. Praz, *Richard Crashaw*, p. 72 e s.
24. Cf. I. Husain, *The Mystical Element in the Metaphysical Poets of the Seventeenth Century*.

Marinista? Num poema de Marino sobre uma Madona de Rafael, afirma-se que a mãe de Deus teria "retirado seu leite das belas estrelas [via láctea]"[25]. Poder-se-ia dizer: com a mão esquerda, apreende-se o "elementar", e, através da direita, ele é artificialmente circundado, isto é, no sentido do círculo de Perdrix – de que Dédalo era tão cioso. Os escritos dos místicos greco-orientais da Antiguidade, dos padres da Igreja, dos grandes místicos dos séculos XVI e XVII – tais como, por exemplo, Santa Teresa (1515-1582), Juán de la Cruz (1542-1591), Miguel de Molino (1640-1697), Franz von Sales (1567-1622), Bérulle (1575-1629), Angelus Silesius (Johann Scheffler 1624-1677)[26], para citar, aqui, apenas alguns dos maiores que operaram um aprofundamento, até então insuperável, da vida contemplativa[27] através da energia da atividade *pessoal* atuante igualmente na crença –, deveriam ser investigados, no mínimo, em termos de seus maneirismos *linguísticos*. Com isso, teríamos uma grande e nova árvore genealógica do maneirismo – da Antiguidade até a atual modernidade.

Amor a Jesus

Contamos ainda dar mais alguns poucos exemplos a respeito desse tema, e, em especial, exemplos alemães. Quirinus Kuhlmann em *Companheira de Jesus na Alma*: "Assim jogam juntos os amáveis namorados / aumentando, no jogo, a flama celestial / um aumenta o desejo do outro / e ambos não sabem senão do amor / ele canta, ela joga; ele beija, ela sente..."[28]. Mas já podemos encontrar o fantástico "surrealmente" abstruso e místico, sobretudo,

25. *Marino e i marinisti*, p. 581.
26. K. Bihlmeyer, *Kirchengeschichte*.
27. Cf. Brémond, *Histoire littéraire du Sentiment religiuex en France*, Scholem, *Die jüdische Mystik in ihren Hauptströmungen*. (Trad. bras., *As Grandes Correntes da Mística Judaica*).
28. Cf. G. Thürer, em R. Stamm (ed.), *Die Kunstformen des Barockzeitalters*, p. 358.

numa obra de Angelus Silesius de título revelador: *Sinnliche Beschreibung der vier letzten Dinge* (Descrição Sensível das Quatro Últimas Coisas): "Para o salutar terror e incitamento de todos os homens"[29]. Um *concetto* sobre o paraíso: "Lá se colore a cornácea, ali brincam os jacintos, aqui é possível ver com nitidez a crisopa, / bem como a topa ali atrás! / Como o azul celestial aparece lindamente/ as valiosas safiras / como verdeja o campo de esmaragdita/ como o berílio pode adorná-los." – "De longe, ele [Jesus] lhes predispõe / a claridade de sua alma / e lhes eleva ainda mais / na supereminente caverna; / por fim, ele deixa a confeição / advir de sua divindade / ali a tábua permanece continuamente coberta / e nunca é removida". – Um *concetto* sobre a beatitude: "Ali, eles se encontram em solo obscuro/ pela riqueza extasiado / e, pela mais doce boca, / o eterno amor engolido; / Ali, cai por terra a alteridade / Ali, pressente-se tão só o que é igual a si mesmo / Ali, deve-se, por prazer, *perder-se* / na eternidade".

No Amor a Jesus europeu, a mística fantástico-reflexiva do maneirismo eleva-se. Eis alguns exemplos a esse respeito retirados do *Heilige Seelen-Lust oder geistliche Hirten-Lieder der in ihren Jesum verliebten Psyche* (Sagrado Prazer da Alma ou Espirituais Canções Pastoris da Psique Apaixonada por seu Jesus, 1675)[30]. Psique afugenta Cupido, o "tolo"; com avidez, ela anseia tão somente por Cristo: "Ah, como é doce o Teu gosto/ Bendito aquele que pode saborear-te! / Ah, como é mais altivo, puro e claro / o Teu eflúvio, tuas fontes / Ah, quanto consolo e prazer plenos/ jorram de Teu suave seio". – "Ah, corra rapidamente/ para o meu coração e confie em mim! / Adentre-o / que eu bebo / e contigo em Deus afundo / Até a eternidade, saboreio, ali, tua doçura". – Para Psique, a amante de Cristo, a saudade torna-se indomável, fantástica – "dionisíaca": "Somos atraídos por ti, / então corremos/ para beijar seu mais adorável coração / bem como para saborear, da melhor maneira possível, sua seiva/ com

---

29. Cf. *Sämtliche poetische Werke*, p. 317 e s.
30. Idem, v. II, p. 1 e s.

toda força". Paroxismo "dionisíaco" do amor a Jesus, mística maneiristamente fantástica sob forma *concettista*! – "Leve-me para dentro de ti / e alimente-me / Tu, óleo derramado / derrame-se no santuário/ do meu coração / e refresque tua alma". – "Deixe-me, pois, depois dessa união,/ alcançar sua boca rósea; / eleve-me/ para que eu possa beijar-lhe/ e saborear seu mel / Para que finde minha saudade / que me aprisiona desde a infância". – "Como é doce / estar contigo / e seus seios têm gosto de vinho!" – "Como é doce sentir, em seus braços, / o benefício de teu espírito/ e, junto a ti, teu brilho sagrado, / aquecer-se do quente calor amoroso". – "Extasie-me, extasie-me / meu Jesus / totalmente em ti". –

Se Johannes Scheffler, conhecido como Angelus Silesius, não tivesse, em que pese todos esses maneirismos, dado um tom inconfundível de fábula infantilmente devocional, estaríamos tentados, aqui, a tremer de medo, rir, ou, então, lançar mão de instrumentos meramente psicanalíticos. Tudo isso seria banal. O que nos impede, aqui – nas quentes orações de Psique a Jesus –, de escutar a ressonância dos dionisíacos coros de Ariadne, a reverberação dos cânticos que acompanham as danças oferecidas à Ariadne por Dédalo para seu culto dionisíaco? O êxtase pietista do Amor a Jesus decerto tem pouco do vermelho sangue arterial das mênades dionisíacas, mas o erotismo demiúrgico é inconfundível... na irritação mesma, na irritação através do fantástico místico concebido enquanto "tensão para cima e tensão para baixo". No que diz respeito aos traços legítimos desse tipo na Europa de seu tempo, Angelus Silesius permanece, tanto como místico quanto como maneirista, singularmente próximo aos mistérios cristãos. Ele pertence aos excepcionais maneiristas que, a seu modo, pretendem contribuir para a re-mitificação do mundo num ambiente espiritualmente atrofiante, com métodos que, por certo, são "surpreendentes" e "discutíveis", mas, no que tange ao elemento demiúrgico-"asiaticista" atuante por meio do erotismo, são mais antigos do que qualquer forma "aticista" de adoração a Deus.

Deus e Elefante

Assim como as sentenças oraculares da Antiguidade são, para Tesauro, as fontes do *concettismo* "obscuro", os mistérios da Antiguidade constituem, para a mística fantástica dos maneiristas, estímulo e incentivo. A própria palavra *mysterion* (grego) não tem origem europeia. Ela remonta à raiz sânscrita *mush* (levar, roubar)[31]. No que se refere aos "mistérios" da mística fantástica do maneirismo, estamos às voltas, aqui, com uma espécie de *clair-obscur intellectuel*[32]. "A escuridão é mantida para a luz"[33]. O obscuro é Dioniso. Dédalo quer clarificá-lo, apreendê-lo, limitá-lo. Já na Antiguidade o fantástico *clair-obscur* forma as cores básicas do maneirismo[34].

E o que é religião? Lancemos um olhar sobre uma alegoria "fantástica" de Cesare Ripa! Uma matrona tem um rosto velado, pois, na religião, Deus aparece, tal como Ripa esclarece com base num dito de Paulo, *per speculum in aenigmate*. De acordo com sua essência, a religião é sempre *segreta*, "secreta". A cruz simboliza Cristo, o livro a revelação e o fogo a devoção. Junto a isso há, porém, um elefante! Para Ripa, ele é pura e simplesmente o hieróglifo da religião! Por qual motivo? Esse animal "incomum" louva, segundo Plínio, os sóis e as estrelas. Quando doente, ele lança ervas campestres para o céu pedindo cura. Agora, a *Iconologia* de Cesare Ripa nos serve menos como "alegoria" do que como "ícono-mística" emblemática. Eis aqui, uma vez mais, um quiasma histórico-espiritual![35].

---

31. Cf. J. Scheeben, *Aprecio y Estima de la divina Gratia*, p. 6.
32. Cf. R. Garrigou-Lagrange, *Der Sinn für das Geheimnis und das Hell--Dunkel des Geistes*.
33. J. Scheeben, op. cit., p. 7; a esse propósito, os dizeres de Scheeben: o segredo da teologia cristã? "Onde se acha seu lugar próprio senão que nas doutrinas secretas?", p. 17. "De um local entrevemos o outro", p. 39. Acerca da mística e da linguagem cabalística, ver G. Scholem, op. cit., p. 11 e s. (Trad. bras., p. 12).
34. Cf. Eurípides, Sêneca e os sofistas.
35. Cf. MML, p. 87-88.

Se nos fosse dada a chance de propor a Angelus Silesius, que recusava todo "paganismo", a interpretação de tal alegoria, ele muito provavelmente não teria levado-a a bom termo, assim como Plínio, da mesma forma, teria ficado perplexo, se lhe fosse pedido para desvendar o hieróglifo do Amor a Jesus de Angelus Silesius. E, no entanto, *todos* os místicos "fantásticos" correspondem-se num só: no conceito de divindade enquanto *speculum in aenigmate*[36]. Há apenas que se aprender a interpretar os símbolos – atinentes a cada época – como expressão de um cifrado gesto primordial correspondente. Um afortunado e reconciliador fio de Ariadne nos salva das aparentemente nebulosas referências da história. A metáfora "fantástica" e "paralógica" converte-se, na mística maneirista, num fascinante código de Deus. De um metaforismo unicamente literário, vem à baila um metaforismo do inominável[37].

Contudo, reiteramos: o tenso gesto do maneirismo movimenta-se sobre um indicador amplo e diferenciado. Em prol da força criativa individual, o maneirismo desenvolveu-se enquanto levante contra a obrigatoriedade das regras já na Antiguidade. Onde falta essa "ingenuidade", tem lugar frequentemente uma falta de gosto insuportável e patética – na fantástica mística espelhante, inclusive. Sintomáticos são os títulos aventureiros de alguns livros místico-fantásticos, que se deixam apreender em seitas contemporâneas nas atuais América e Europa: "A dose de tabaco espiritual que ajuda a alma devota cheirar a senhor". "A doce marca, a imersão dos santos e dos ossos suculentos do advento". "Introjeção mística para salvar a alma que sofre de constipação religiosa"[38].

---

36. Sobre "espelho" e "maneirsimo", ver MML, p. 14, e nossas observações sobre Pascal, infra p. 391 e s.
37. Acerca da mística, visão e êxtase nas artes plásticas dos séculos XVI e XVII, ver também E. Male, *L'Art religieux après le Concile de Trente*, p. 151 e s.
38. Sobre exemplos emblemáticos a esse respeito, ver M. Praz, *Studi sul concettismo*, p. 175 e s.

26. MÍSTICA BRANCA E NEGRA

Satanismo

Segundo Jean Paul, "se há uma magia da imaginação", então ela se refere sempre à magia "branca" ou "negra", mas também, poder-se-ia dizer, às místicas branca e negra. O pane-rótico *Amor a Jesus* de Angelus Silesius pertence à mística branca; trata-se de uma sublimação cristã da magia branca. Sendo que há, do mesmo modo, uma adaptação mística da magia negra, a saber, a mística negra do Marquês de Sade, que, como é sabido, pode ser considerado um ancestral dos surrealistas. Aqui, a secularização (da mística fantástica) sob a forma de mística negra converte-se, de uma maneira paranoico-abaladora, num acontecimento histórico-espiritual. Nos livros de Donatien Alphonse François de Sade (1740 até 1814), dá-se uma reversão total do credo cristão rumo ao satânico. O místico erotismo branco de Teresa de Ávila, de Angelus Silesius etc. transforma-se numa mística obscenidade negra. Os livros de Sade não são, nem de longe, apenas pornográficos. O mundo é explicado enquanto uma analogia da escuridão satânica. No romance *Juliette ou les prospérités du vice* (1798), um monstro satânico criou o mundo "bizarro"[1]. O deus-satã é o mal primordial. O mal é bom. O crime possui um sentido cósmico primordial. O crime é "sublime", já que desvela a efetividade mais profunda do mundo. Casas de luta, bordéis e galerias psicopáticas viram motivos artísticos. As monstruosidades de Sêneca e Shakespeare veem à baila não só como exagero "heteróclito"; elas são comentadas com símbolos litúrgicos de missas místicas negras. A heterodoxia transmuda-se em blasfêmia. Destruição conduz ao "êxtase". Ela é uma "infâmia divina". O gênio não vive no "reino das mães, mas no reino das bruxas".

No subsolo da literatura europeia, e, em especial, na literatura que, através dos romantismos francês e inglês, conduz à primeira fase do surrealismo francês, o "divino Marquês" exerceu uma influência maior do que Voltaire. Ele causou um pandemônio inteiro de mística negra. Baudelaire exorta: "Deve-se sempre recorrer a Sade"[2]. Pode-se encontrar arautos literários da mística negra nos estudos de Mario Praz. Tencionamos mencionar aqui *Os Bandoleiros* de Schiller, *Childe Harold* de Byron, *Tentação de Santo Antonio* de Flaubert, *Cantos de Maldoror* de Lautréamont, *Uma Noite de Cleópatra* de Gautier, *Cleópatra* de Swinburne, *Sphinx* de O. Wilde e *Éthopée* de Joséphin Péladan.

Espíritos dos Mortos

Deveríamos arrolar em grandes listas os poetas contemporâneos da Europa ocidental que exaltam o "assassinato" e o "crime" como supremos acontecimentos, bem como seus entusiasmados críticos "humanistas" atuantes no mesmo

1. Cf. M. Praz, *La Carne, la morte e il diavolo nella letteratura romantica*, p. 105 e s; e O. Flake, *Der Marquis de Sade*.
2. Cf. *Oeuvres complètes*, p. 407.

"ocidente". Algumas poucas assombrações devem bastar (para uma floresta mal-assombrada). Que poetas que buscam tão somente o fantasmagórico podem transformar-se em fantasma, eis um tema que seria apropriado a E.T.A. Hoffmann (lêmures do latim *lemures* = espíritos dos mortos). Melhor ainda: fantasma do nascimento-morte de Ariadne! O palco de Samuel Beckett não é um espelho do mundo! É um espelho escaldante de todos os pseudopoetas fantasmagóricos! Beckett era secretário de James Joyce: dança dos mortos dos falecidos ultramaneiristas sobre a escrivaninha do senhor "secretarius", daquele que conhece os segredos. Falta aos nossos livros de "cavalaria" atuais um Cervantes!

Cabe a Mario Praz o mérito de ter encerrado a história da literatura nesse âmbito. Seria infrutífero ir de encontro a isso, sendo que toda essa coleção de seres errantes teria muito pouco sentido, já que, aqui, haveria pouca ou nenhuma obra de arte. O fato é que, sem o conhecimento desse subsolo da mística negra, não se pode entender corretamente e mesmo apreciar poetas da magnitude de Byron, Baudelaire, Joyce etc. A moderna crítica literária europeia, bem como a teoria literária, incorporou – comparativamente – algo dos métodos da arqueologia empírica. A efetividade da existência humana não é circunscrita apenas por meio da investigação e apresentação de perfeitos monumentos artísticos antigos. O selo sobre um tijolo, um resto de mosaico e um gomo de uma coluna podem ter, pois, um valor "revelador" para a reconstrução espiritual de todas as relações do homem. Com isso, a teoria e crítica literárias mais recentes do Ocidente impelem nosso olhar em direção a novos horizontes históricos. Elas ampliam nossa consciência valorativa por intermédio da formulação de novos critérios de medida. Isso se fez possível através de uma recepção objetiva do já histórico vanguardismo "moderno" de nossos antepassados.

Isso foi incitado por meio do conhecimento de que o cânone classicista e humanista do idealismo, ou, então, do empirismo "realista", também é tão somente a expressão de uma experiência de mundo igualmente limitada e estilizada. Por conseguinte, épocas difamadas e noturnas são trazidas à benévola luz diante de nossos olhos. Os exageros estilísticos "asiaticistas", produtos das culturas grega e semita do antigo Oriente, criticadas por Cícero em prol de um renascimento, de um novo aticismo latino, valiam tão pouco enquanto "confusão" estilística ou estilo "bárbaro" quanto as formas expressivas literárias revolucionárias da Europa na época do nascimento de Shakespeare até a conversão de Pascal. Devido a essa desenvoltura, a estética literária classicista do idealismo mostra-se tão insuficiente quanto os critérios "racionais" das assim chamadas escolas liberais. Mas, por meio de inúmeros princípios heurísticos inovadores, os métodos categoriais de conhecimento, atinentes às novas teorias e críticas literárias, realizaram-se no inteiro âmbito das ciências do espírito, e, sobretudo, através de conhecimentos da psicologia profunda e da filosofia existencialista, da sociologia e do folclore – em especial, com a pesquisa da mentalidade dos povos primitivos. No ápice desse processo, as antigas tábuas de valor começam a dissolver-se, mas os contornos de novos e mais ricos sistemas críticos já se tornam visíveis. Aos poucos, eles adquirem uma dimensão profunda. A vanguarda produtiva e o academicismo crítico se encontram numa encruzilhada formada pela história e pela modernidade. Dois parceiros que há muito se estranhavam deveriam rapidamente sentir, com isso, um ganho crescente.

Os "Poètes Fous"

O panerótico-fantástico, a mística negra[3] dos séculos XVI e XVII foi ultrapassada por aqueles *bizzarres* insanos do século XIX, que agora são retirados das remotas estantes das bibliotecas. Assim é que o francês Paulin Gagne (1806-1876)

3. Cf. MML.

escreveu uma série inteira de obras místico-fantásticas e que, agora, voltam a ser moda – tais como as imagens abstrusas de Arcimboldi e Monsù Desiderio[4]. Uma de suas obras chama-se: *La Gagne-monopanglotte ou la langue unique et universelle, formée de la réunion radicale et substantielle des mots usuels de toutes les langues mères, mortes et vivantes* (1843). E, uma outra, intitula-se: *La Luxéide, ou les deux Luxes des hommes et des femmes. Drame prostitutionnicide et luxicide em trois éclats* (1865)[5]. Em tais elaborações paranóicas, o fantástico atinente à mística negra já não conhece limites. Nelas, tudo culmina em *éclats infernaux*. Consequentemente, há que se ter um "guia para os perdidos"; um Baedeker* para os que andam pelo labirinto. O príncipe Kalixt Corab d'Orzesko (nascido em 1866) escreveu a esse propósito. Há pouco tempo existe uma bibliografia dos *poètes fous* místicos[6]. O cérebro dilata-se sobre o crânio do poeta "amalucado". Recordemos as palavras de *Os Cadernos de Malte Laurids Brigge* de Rilke: "Agora estava lá. Agora crescia ele sobre mim tal como um tumor, qual uma segunda cabeça, sendo que era uma parte de mim, embora não pudesse pertencer-me, porque era muito grande".

Vivência do Pânico – o Choque da Dúvida

Como explicar a reversão em direção à mística negra? Como se manifesta, nos maneirismos reflexivos, o segundo elemento maneirista que coexiste com o "dionisíaco" (mística fantástica), a saber, o elemento dedálico? Lembremo-nos de que, no início desta parte, falamos sobre "indelimitação dionisíaca" e "busca dedálica pela circunscrição", isto é, sobre uma busca construtiva, uma tensão entre o fantástico e a casuística.

---

4. Cf. *Bizarre*, n. IV, p. 92 e s.
5. Idem, p. 103 e s.
* Karl Baedeker, editor do século XIX famoso por editar guias de viagens e que se tornou sinônimo para guias (N. da T.).
6. Cf. *Bizarre*, n. IV, p. 103 e s.

Expusemos o elemento fantástico. Antes de discutirmos a casuística, segundo essa complementaridade "dionisíaca" do maneirismo, devemos referir-nos à raiz existencial dessa típica discrepância. Trata-se de uma disposição constitutiva para o pânico, uma mentalidade religiosamente desabrigada de "medo do mundo". Mesmo em todas as confusões "bizarras", o fantástico pode ter uma origem vital. A "casuística" do "pirronismo" maneirista é, pois, um sintoma da catástrofe continuamente apercebida. Por isso, podemos tornar patente aqui o motivo pelo qual o gesto maneirista constitui um gesto da crise, da peripécia, do medo do mundo, mas combinado com uma tendência rumo ao domínio desses estigmatismos demoníacos. O eixo central dessa gestualidade é a dúvida sobre a ordenação harmônica do mundo, que dá ocasião a uma hesitação, a uma paralisação do gesto originariamente vital. Tem lugar então a "reversão" intelectualmente corretiva, quer dizer, a tendência a circunscrever o demoníaco através de construções artificiais em dominantes figuras – ainda que igualmente bizarras – da álgebra racional[7]. Mas justamente nessa obstrutiva hesitação cética torna-se atuante o saber pressagioso de que também ela estaria, há muito, condenada ao fracasso. Com isso, temos a inteira escala expressiva desse gesto. Ela descerra a estrutura de uma desarmonia mental, de um tipo determinado de homem: impulso de uma excitação elementar; os poderosos impulsos vitais conduzem ao excesso da primeira inserção gestual. Donde – através da obstaculização constitutiva – a hesitação, o choque da dúvida, o medo. Segue-se então o gesto calculado, artificial, que, com o círculo (Perdrix!) e com "máquinas" intelectuais – novamente duvidosas –, deseja apanhar, amansar, circunscrever, dominar (Dédalo) o impulso primordial.

---

7. Sobre a "adoração da geometria" e da "magia", ver também as observações de Hans Sedlmayr sobre a "geometria" enquanto "um dos mais importantes conteúdos da francomaçonaria, assim como da pansofia". Referência a esse respeito, cf. W. E. Peuckert, *Geheimkult*. Heidelberg; e sobre a afirmação de uma "adoração da geometria" na arte moderna, cf. H. Sedlmayer, *Die Revolution der modernen Kunst*, v. 1, p. 101 e s.

Humana (e artificialmente), sucede, então, aqui, algo tão elementar quanto postiço: a interferência ímpar da hipérbole e da elipse, pertencente ao segredo do maneirismo, a união entre frio e calor, embriaguez e cautela, paixão e cálculo, avidez e dieta, vontade de decifração e hieróglifo, tudo dizer e tornar enigmático, vício e recato, vontade de vida e medo da morte, concupiscência e mística, demoníaco e pietismo, compaixão e egocentrismo, ardor e languidez, loucura e logicismo, busca por Deus e antirreligiosidade, autorrevelação biográfica e autoencobrimento enigmático, obscenidade gnóstica e castidade saudosa, subjetivismo estético e culto à forma extremo. Se o oximoro (a neve vermelha – a laranja negra) constitui um dos mais importantes elementos estilísticos da poesia maneirista, então esse tipo de homem problemático vem à luz justamente como incorporação do oximoro, dos contrários reunidos entre si.

O Ceticismo do "Malcontent"

O "eixo" da dúvida entre os extremos desse gesto humano primordial diante do segredo decorre, pois, do medo, do pânico, pavor da perda de todas as coisas: de si mesmo, do amor e daquilo que se possui. Seu reflexo literário na época de Shakespeare deveria ser o *malcontent*[8], o infeliz na e pela melancolia. O *malcontent à la Hamlet* torna-se um tipo dessa época (e não só dessa época). John Fletcher escreve (1634) que não haveria nada mais doce do que a melancolia adorável. O *malcontent* é um produto da dúvida, uma cisão entre vitalidade e consciência de si demasiadamente elevada.

Desde cedo, a literatura da "dúvida" da Antiguidade virou moda na Europa, tal como, por exemplo, o *Hyponeion* de Sexto Empírico[9]. A partir dele, Montaigne criou motivações

---

8. Título de um dos dramas de John Marston (1575-1634), e caráter de Malevole, o alter-ego do cínico Altofronto.
9. Traduzido para o latim em 1559.

para seu ceticismo, contra o qual Pascal, com esforços de re-mitificação, lutou brilhantemente. Para os *libertins* (lit. "livres-viventes", libertinos) e os tardios *libres-penseurs* (livres-pensadores), o Montaigne cético transformara-se num símbolo do subjetivismo anticristão da Renascença[10]. Shakespeare enalteceu-o. O "eu" de Montaigne, odioso – *haissable* – para Pascal, conduz ao hiperindividualismo dos modernos. André Gide preferia de longe Montaigne a Pascal.

Da mesma forma John Donne, situado no vaivém entre o "fantástico" e a "casuística", retoma, a fim de operar a caracterização das "crises" de sua época, a Sexto Empírico (cerca de 200 d. C.), o pós-socrático alexandrino, incentivador do neopirronismo sofístico no período da Renascença[11], cuja propagação também deve ser explicada com a divulgação da astronomia heliocêntrica. Com a renovação das escolas neoplatônicas da Antiguidade, também foram absorvidos estímulos advindos do ceticismo metafísico helênico, e, em especial, das doutrinas de Arcesilau de Pitane (315-241 a.C.), promotor da assim chamada Academia Média, além disso não validava o saber acerca do não-saber e orientou a secularização das ideias platônicas. Com vistas à prática vital, dever-se-ia e ter-se-ia que se contentar com o aparente. A esse probabilismo sofístico corresponde metodicamente a casuística probabilística dos jesuítas do século XVII. A história do ceticismo na época de Shakespeare apresenta muita semelhança com aquele atinente ao ceticismo helênico, e também no que se refere aos períodos de crise, catástrofes políticas, mudanças sociais e reações subjetivantes. E, tal como ainda iremos ver, também o existencialismo moderno tem suas raízes históricas no pirronismo e na casuística.

John Donne escreve: "Uma nova filosofia põe tudo em dúvida / O elemento ígneo se apagou; / Perdeu-se o sol e a

---

10. Cf. L. Derome, Préface, em *Oeuvres de Pascal: Lettres écrites à un Provincial*, p. LXXII e s.
11. Pirro de Éllida (365 – 275 a.C.) era considerado o mais antigo cético.

Terra, sendo que nenhum chiste humano / pode dirigir o olhar de qualquer pessoa para algum lugar"[12]. Para John Donne, bem como para muitos outros, a imagem externa do mundo é tão só uma "ilusão" (*fallacies*)[13]. Hamlet assevera: "Nada há de bom ou mal, senão o que o pensar assim o torna". O marinista Meninni (século XVII) escreve um soneto chamado "A Mentira Tudo Comanda" e afirma: "o mundo reflete apenas milhares de falsidades"[14]. "O que é a vida? Furiosidade! / O que é a vida? Aparência e espuma! / Um *como se*, um se e quase, / pequena àquilo que se tem, grande ao morrer, / essa inteira vida é sonho/ e os sonhos são um sonho". Isso é a famosa quintessência de Calderón[15]. Visão da vida? Na conhecida canção eclesial de Johann Rist (1607-1667), encontram-se os versos: "Meu coração totalmente apavorado treme / eis que a língua me gruda no céu da boca". Uma imagem digna de nota! Tensão no medo! "Desde Copérnico, o homem gira a partir do centro em direção a um x", escreve Nietzsche em *Vontade de Potência*. E completa: "Desde Copérnico, o homem apequenou-se".

---

12. Anatomy of the World, *The Poems of John Donne*.
13. The Second Anniversary, *The Poems of John Donne*. Ver, a esse respeito, o conceito de *fallacia* em Tesauro, *Il cannocchiale aristotelico*.
14. G. Getto. *Opere scelte di G. B. Marini e dei Marinisti*, p. 70.
15. Citado de *A Vida é Sonho*, II, 18.

27. CASUÍSTICA E LAXISMO

O Homem Enquanto Tema Maneirista

Na problemática atinente ao tempo histórico, o homem teria se tornado tão somente um x que gira em torno de seu próprio eixo, escreveu Ernst Robert Curtius num manifesto[1]. Desde o início da modernidade, o *homo absconditus* decerto surgiu, de uma nova maneira, ao lado do *deus absconditus*, isto é, o homem desconhecido ao lado do deus desconhecido. O homem enquanto uma grandeza desconhecida! O homem enquanto o X enigmático! Havia ainda pontos de comparação? Faziam-se necessárias "invenções", a fim de encerrar essa grandeza desconhecida numa equação hipotética cristã. No final da era maneirista, no período subsequente a Shakespeare, a engenhosidade da época assenta, consequentemente, suas pequenas e grandes alavancas artísticas,

1. *Deutscher Geist in Gefahr.*

seus grandes e pequenos círculos ao redor do homem. Isso o conduz, sobretudo, à consequência singular e significativa da casuística. Ela deve ser compreendida como uma das mais questionáveis, ou, melhor ainda, perversas e, uma vez mais, inventivas tendências – no absurdo – do maneirismo rumo à desintegração, à demolição dos valores. Isto já não tem mais nada a ver com arte e literatura. O homem que vive e respira, com seus mais pesados problemas existenciais, converte-se, pois, num objeto da engenhosidade cômica e do calculado fantástico circular.

Casuística! Desde logo, gostaríamos de deixar que nela venha à plena luz o elemento problemático maneirista, o trabalho alquímico de cauterização e a tendência ao homúnculo para, aí então, discutir o medo histórico-mundial desse cáustico processo de desintegração. Tentemos, pois, trazer rapidamente à nossa mente a casuística atinente à época de Pascal. Com isso, também alcançaremos um ponto nevrálgico, que pertence igualmente ao nosso presente "existencialista".

Cálculo da Probabilidade Moral

No sentido histórico, a casuística apresenta-se, em primeiro lugar, enquanto um esforço teológico-moral particular (de alguns padres católicos individualmente) no período entre a morte de Pontormo e Kircher. Ela é caracterizada como uma "moral conciliadora". Uma de suas origens consiste no ceticismo com relação ao caráter absoluto do conhecimento e da ação morais[2]. Casos de consciência são investigados a partir de métodos hauridos de um novo probabilismo, a fim de descerrar caminhos conceituais que permitam passar ao largo da lei rigorosa e absoluta. Esse sistema engenhoso de uma redução dos valores morais absolutos a casos particulares individuais, isto é, específicos, deveria favorecer à suavização

---

2. Cf. J. Mausbach, *Die katholische Moral und ihre Gegner*. Mausbach rechaça as mal-interpretações do laxismo casuístico.

da consciência dos pecados, bem como à simplificação do problema do dia do juízo. Tal como diziam alguns teólogos morais extremistas no interior da Companhia de Jesus nos séculos XVI e XVII – suas doutrinas foram longamente condenadas pela Igreja –, basta apenas, sob determinadas circunstâncias, o temor perante o inferno, ou, então, uma disposição ainda mais inferior para obter a remissão dos pecados. De modo bem "extremado", salientava-se então: uma legítima *contritio* (remorso no sentido de contrição) não seria, pois, sempre necessária. Também só bastava *attritio* (remorso no sentido de um leve desconforto). Tudo dependeria, sobretudo, do caso em questão, assim como das circunstâncias. Por meio de mal-interpretações e abuso, desaguava-se numa moral "oportunista", num "laxismo".

Teólogos católicos também admitem que, na casuística, "emergiam concepções que iam longe demais na condescendência para com os pecados, ou, então, desestabilizavam a verdade nua e crua por intermédio da *sofistaria*"[3]. Advinham fervorosos conflitos, já que alguns "laxistas" – não só no que diz respeito à vida sexual – desenvolveram aquele tipo de labirinto casuístico em que as derradeiras intimidades eram catalogadas e sistematizadas com vistas à confissão – e isso de um modo que, hoje, seria praticamente inimaginável e que ainda pode ser encontrado em algumas sessões de psicanalistas "extremistas". Que se lembre aqui o fato de que, em sua primeira fase, os surrealistas contavam aprender muita coisa de Sigmund Freud. Eles também se aproximam, porém, da casuística, pois, no círculo de amizades praticaram, a título de um jogo de salão, a técnica do desvelamento erótico com sistemática análise detalhada. Os resultados de tal busca mecânica por detalhamento foram parcialmente impressos. Em muitos romances que vieram a lume a partir de 1850, a casuística em torno ao sexto mandamento converteu-se num utensílio naturalmente secularizado. Ápices: Proust e Musil – sem falar em D. H. Lawrence e Henry Miller.

3. J. Mausbach, op. cit., p. 103; K. Bihlmeyer, *Kirchengeschichte*, p. 123.

A casuística do século XVII propicia, ao menos nos textos de seus defensores, já condenados por Alexandre VII e Inocêncio XI (1655 até 1689), inúmeras "absurdidades" morais classificadas. Seus mais importantes e controvertidos defensores são Bartolomeu de Medina (falecido em 1580), que, aliás, não era jesuíta, mas dominicano, Luís de Molina (falecido em 1600), Juan Azor (falecido em 1603), Tomás Sanchez (falecido em 1610), Paul Leymann (falecido em 1635), Domenico Gravina (falecido em 1643) e Antonio de Escobar (falecido em 1669)[4].

Liberdade e Lei

O fervoroso conflito (não só de Pascal)[5] contra o laxismo não remonta apenas a essa nova "cabalística" jurídico-moral, que – tal como já foi salientado – remete metodicamente ao probabilismo dos sofistas do ceticismo antigo. Há algo mais decisivo: o abuso do laxismo casuístico não conduz apenas ao desvelamento. Ele altera a relação entre liberdade e lei. Com meios engenhosos, ele dissolve o direito natural em prol de um desacorrentamento individual não sujeito ao absoluto – e isso é tipicamente maneirista no sentido de Dédalo, desde que nos lembremos das maquinações por meio das quais as leis da natureza deveriam ser (em todo caso) superadas, ou, no mínimo, mais facilmente transpassadas. Enquanto antilei, o laxismo possui, sobretudo, dimensões enciclopédicas, abrangendo e compreendendo a inteira estrutura moral da religião e da sociedade. Por ocasião de alguma promessa, a "reserva interior" pode bastar para fazer com que o voto apareça como não-legalizado.

---

4. Cf. M. Reding, *Philosophische Grundlegung der katholischen Moraltheologie*, v. I, p. 181 e s; e J. B. Vittrant, *Théologie Morale*, p. 5 e s. Além disso, ver L. Derome, Préface, em *Oeuvres de Pascal...*, e, em especial, as observações acerca de sua nova edição das *Provinciales*.

5. Acerca da crítica às *Provinciales* de Pascal, ver R. Guardini, *Christliches Bewusstsein*, p. 249 e s.

Uma leve dúvida a respeito do sentido ou da utilidade de um dever já pode livrar alguém de um dever. "Lex dúbia non obligat." Medina escreve: "Si est opinio probabilis, licet eam sequi, licet opposita probabilior sit"[6]. Com isso, ele praticamente reconhece a opinião *menos* provável como fundamentação de um juízo isentivo.

Prometer não Implica Obrigação...

Veio à luz, então, um ser cartilaginoso composto por conceitos morais no qual, de imediato, sequer os juristas benévolos mais experimentados poderiam fiar-se.

Vejamos, pois, antes de mais nada, o panorama do laxismo casuísta a partir da perspectiva de Pascal, o mesmo é dizer, a partir dos elementos de seu combativo manifesto, isto é, de suas *Lettres Provinciales* (1656-1657) – as quais ele *não* distorceu no fervor do combate. Com ele, esperamos mergulhar num abismo, mas reservemo-nos igualmente o direito de conceder um sentido a essa paisagem lamurienta[7]. Indagações casuísticas:

> Se alguém duvida que tem 21 anos, então há que se jejuar? Não! Mas, se eu fizesse 21 anos de idade uma hora depois da meia-noite e amanhã fosse dia de jejum, devo eu então amanhã jejuar? Não, pois vós podeis comer tanto quanto quereis entre a meia-noite e uma hora da manhã. Ou seja: porque tendes o direito de quebrar o jejum, não estais obrigado a cumpri-lo[8].

Além disso: "É permitido tomar por certa a opinião menos provável, embora seja a menos certa". "Desse modo", assevera Pascal, "alcançamos uma formosa liberdade de consciência"[9]. Matar e roubar também é, cada qual variando

---

6. Cf. J. Mausbach, op. cit.
7. O escrito de Pascal foi proibido em Roma e queimado em Paris – o que, longe de obstaculizá-lo, promoveu ainda mais sua difusão.
8. L. Derome (ed.), op. cit., v. I, p. 119.
9. Idem, p. 128. A frase é de Paul Leymann (1575-1635).

de acordo com o caso e as circunstâncias, permitido ao cristão. Juridicamente, isso é um lugar-comum, mas tudo depende do quão longe foram levadas as fronteiras. Por meio da construção de razões atenuantes sofísticas, dá-se, no final, uma anarquia pseudolegal. Sobretudo a obra de Tomás Sanchez (1551-1610) *De Matrimonio* (Sobre o Casamento) provoca, nesse sentido, a ira de Pascal, sendo que não apenas ele lhe reputava indigna de ser citada. Eis aqui, em virtude disso, alguns exemplos menos delicados, mas, nem por isso, menos reveladores: "Os bens que uma mulher ganha por conta de infidelidade foram adquiridos por caminhos ilegais, mas sua posse é, contudo, legítima"[10]. (Típica confusão entre direito temporal e doutrina moral cristã[!]). "Bens adquiridos através de pecados tais como, por exemplo, assassinato, sentença injusta, ação desonrosa etc., constituem posse legítima. Não é preciso restituí-los"[11]. (Eis aqui uma adaptação à prática jurídica mundana que já não é mais possível). Deve-se comer e beber a bel-prazer até a beira do vômito, "pois o impulso natural tem o direito de encontrar a satisfação que lhe é condizente"[12]. Isso parece "normal", mas visto a partir da doutrina da virtude cristã (moderação), essa frase decerto é uma hiperabsurdidade; precisamente por isso foi ele, em 1679, isto é, 22 anos depois do surgimento do manifesto de Pascal, condenado por Inocêncio XI.

Pascal caracterizou essa frase de Escobar como a *passage le plus complet*, uma fórmula central do laxismo casuístico. Não menos "irregular" é, porém, a infame frase do casuísta Sanchez acerca do juramento:

> Pode-se jurar que não se praticou algo, embora algo tenha sido, de fato, cometido, quando se diz, por exemplo, que não se cometeu tal ato num determinado dia ou mesmo *antes* de *ter nascido*, ou, então, quando, em alguma outra circunstância, mantêm-se secretamente

---

10. Cf. Idem, p. 203. A frase é de Escobar e Lessius, respectivamente.
11. Idem, p. 204. De Escobar.
12. Idem, p. 232. De Escobar.

reservado, atento ao fato de que *as palavras de que aqui nos servimos são tão engenhosas que não se pode pressentir tal circunstância* (em que há reserva). Em muitas situações, isso é *conveniente*, sendo que é muito correto e útil para a saúde, honra e bem-estar.

"Prometer", assevera Escobar maquiavélica e vulgarmente, "não implica obrigação, quando não se tem o propósito de comprometer-se no ato da promessa"[13].

"Hermafroditas Bizarros"

Basta! Lembramo-nos das expressões características de que sempre nos servimos para caracterizar os extremos maneiristas: dis-farce, de-formação. Por ocasião desses casuístas extremista, o próprio Pascal fala de *esprit bizarre* e, por ocasião do laxismo, de *fantasque décision*[14]. O classicista racionalista Boileau, incitado por Pascal, caracterizou o tipo atinente a tais extravagantes juristas morais como *bizarre hermaphrodite*[15]. A esse respeito, Pascal também se vale da palavra *artifice* (artifício). Alguns dos maneiristas literários artificiosos desse período eram, eles mesmos, "casuístas", tais como, por exemplo, Binet (René François) S. J. (falecido em 1639), cuja obra *Ensaio Sobre as Maravilhas da Natureza* (1621) já foi por nós citada; além disso, Pierre Le Moyne (falecido em 1671), autor de um livro altamente bizarro sobre divisas: *De l'art des divises*[16]. Encontramos, nesse livro, uma sentença maneirista nodal acerca das divisas hieroglíficas: *"C'est une poésie, mais une poésie, quin e chante point"*. "Poesia que não canta": lírica casuisticamente *elaborada*, laxismo diante da lei aticista.

Ponderemos, porém, uma vez mais, sobre o probabilismo de Escobar atinente ao juramento. O mero horizonte

---

13. Idem, p. 237.
14. Idem, p. 211.
15. Idem, p. 236 e MML, p. 310 e s.
16. Cf. M. Praz, *Studie sul concettismo*, p. 67.

estético de expressão, relativo ao homem maneirista, problemático, não surge, em contraste, realmente como simples jogo de salão? Já dissemos: desta feita, já não lidamos mais com arte, literatura e música, mas com o homem vivo tomado enquanto objeto do maneirismo, numa sociedade dos homens que é, mais e mais, historicamente simultânea, que, de acordo com Santo Agostinho, deve desenvolver-se na direção de Deus. O probabilismo casuístico – esse ancestral teológico-individual do existencialismo – conduz a uma dissolução bem mais totalizadora de todos os valores e leis do que aquela que se nos aparece nos chamados desenvolvimentos artísticos "modernos" de ontem e de hoje. A ordenação jurídica dos homens, sua segurança primitiva na lei, quer dizer, sua segurança vital empírica, é minada e *fatalmente* relativizada.

O resultado de tais doutrinas é e deve ser: não só o subjetivismo estético, mas o niilismo ético, a liberdade de escolha totalmente subjetivista diante da lei, norma e todos os tipos de convenção, ainda que num jogo de esconde-esconde sempre "escurecedor". O probabilismo desfibrila não somente o rigorismo: ele cria, aos moldes do desejo pessoal, as precondições para o arbítrio, para escolha do direito.

Moral Negra

A moral negra equivale à magia negra e à mística negra. É permitido tudo aquilo que nos agrada – e apenas com um suave mal-estar de arrependimento: então é preferível o arbítrio prazerosamente autoconsciente! Quanto a isso, o probabilismo jurídico-moral coexiste com todas as artes expressamente recomendadas da dissimulação, do mascaramento, da duplicidade da palavra, da linguagem e juramento, bem como do estilo cartilaginoso ornamental atuante na arte da mais extrema expressão histórico-mundial do maneirismo, mas, em cada uma das fases, ele coexiste igualmente com sua agonia. "A dissimulação é unguento para todo sofrimento", escreve Torquato Accetto no ano de 1641[17]. O *gesto* dissimulador seria, pois, tão antigo quanto a humanidade (Adão e Eva). Para bem dissimular é preciso dureza. (Accetto caracterizou o "belo" como "amável dissimulação"). Devemos nos resguardar diante de experiências vitais, aconselha-nos Accetto. Elas dificultam a dissimulação, o que decerto nos mostra o ducto contrário ao dionisíaco, isto é, o ducto dedálico presente no gesto maneirista. Dis-simulação consiste numa "lei primordial da vida mundana, ao contrário da vida supraterrena"[18].

O que é, para Gracián, um "espírito superior"?[19] Aquele que não possui "um discurso demasiadamente claro", "que adula a novidade", "que possui o dom da descoberta" com "um grão de loucura"; "aquele que pode ajustar seu pensamento e sua ação às circunstâncias", "quem não joga com as cartas abertas", que "pode silenciar", quem "se deixa entrever misteriosamente", que se "protege da transcendência", quem tem "entendimento", "o atributo real"; quem sabe "que as coisas não valem por aquilo são, mas por aquilo que parecem ser", quem sabe que "idiota não é aquele que cometeu uma idiotice, mas aquele que, depois de cometê-la, não a oculta", quem "não crê nem ama facilmente", "quem, sem mentir, não diz todas as verdades", "quem pode tirar vantagem das deficiências alheias", quem "pode ser obscuro momentaneamente, para não ser vulgar", quem, "não podendo ser leão", "contenta-se com a pele da raposa". "Contra os arrombadores da alma, o melhor antídoto é deixar a chave da cautela enfiada no ferrolho". Numa palavra: "ser um santo" (!). A fim de "dissimular-se, cumpre valer-se até mesmo da verdade para ludibriar". "A malícia de Píton luta, desse modo, contra o brilho dos penetrantes olhos de Apolo".

---

17. *Della dissimulazione onesta*, p. 63.
18. B. Gracián, *Agudeza y Arte de Ingenio*, p. 40 e s.
19. Cf. *Handorakel*, p. 110, 113, 126, 128, 1, 3, 5, 43, 55, 59, 69, 81, 85, 97, 99, 125, 132, 6.

Apoteose da Infidelidade

O tipo maneirista de homem, protótipo do problemático atinente ao homem moderno, com o qual nos deparamos tão somente agora em termos de suas mais profundas estruturas, no que diz respeito à sua ameaça ontológica, converte-se, pois, em seus impulsos expressivos, incessantemente num engenhoso homem mascarado, num artista dissimulado haurido de todo tipo de "recriação" falha. Uma casuística moral e psicológica desse tipo extremo conduz à adequação a todas as situações, à idealização do instante "existencial". Diante da "rigorosa" lei, exigida pelos jansenistas contra os maneiristas por volta desse período, ela se apresenta como uma decisiva falta de confiança com relação à pedra, às plantas, ao animal, ao homem, à sociedade, ao Estado, aos anjos e a Deus, inclusive. Tudo pode significar companheirismo. As imagens do ser são intercambiáveis – em qualquer oportunidade. A palavra "casuística" decerto tem, aqui, a sua origem. O *casus* (caso) individual é exclusivamente levado em consideração (isto é, com vistas a possíveis escusas engenhosas). A situação subjetiva deve, no mínimo, possuir tanto direito quanto a "lei". Consequentemente – lógica ou paralogicamente –, cada "pecado" subjetivo individual deve ser uma ocasião para se tornar uma medida da lei. E não só a perfídia pode converte-se numa lei imanente. Nos *phantasmai*[20] dos artistas, todo *casus* individual prenhe de esquivas pode, ou, antes ainda, deve igualmente tornar-se um caso normativo, numa visível perversão *à la* Dédalo-Parsifal. Já não há mais autoridade "rigorosa". A re-versão termina por tornar-se em per-versão. Pode-se, porém, construir qualquer "máquina" à per-versão. O laxismo estético corresponde, pois, ao laxismo psicológico, moral, filosófico e metafísico.

O problemático "moderno" (de tipo extremo) desdobra-se em saltos quantitativos intelectuais próprios de

---

20. Quintiliano, *De Institutione Oratória*.

uma existência egocêntrica. Ele já não possui mais qualquer cordão umbilical religioso ou meramente mítico ou metafísico. Ele vive de "caso em caso". Nas atuais transformações vulgares, isso não mais significa, em política, "maquiavelismo". Significa: ameaça praticamente diária – por caminhos "diplomáticos" – de mútua aniquilação atômica, por meio da qual acedemos ao ápice do mais dominador dentre todos os mundos. A "artificialidade" aperfeiçoadora atingiu, sem dúvida, o seu cume. A autoexecração de Dédalo transformou-se, para todos nós, numa perigosa flama primordial.

Apesar de tudo, uma Justificação

Em sua história, a Igreja Católica nunca se aproximou tanto do extremo subjetivismo da Renascença, e, a ser assim, do "problemático" atinente ao homem "moderno", como em sua época casuístico-maneirista, que, temporalmente, coincide com o auge do maneirismo europeu de então. Já repetimos: *todo* tipo de maneirismo movimenta-se, sempre, no fio da navalha. Ao menos em suas manifestações mais relevantes, ele se acha continuamente entre as possibilidades do trancafiamento labiríntico e da esperança de penetrar num centro libertador. Devem, pois, os laxistas, casuístas e probabilistas – que, como sabemos, eram homens bem formados, moralmente libertos – ser avaliados apenas negativamente? Não teria Pascal, na primeira fase de sua luta contra aquilo que ele próprio considerava ser a forma aparente de um novo niilismo, apanhado dos casuísmos apenas o que se lhe apareceu particularmente monstruoso? No fim da Renascença, o subjetivismo maneirista aprofundou o conhecimento humano, tornando visível as intrincadas estruturas do indivíduo. Para os cristãos maduros e inteligentes deve ter ocorrido, aqui, uma nova forma de amor humano: a compreensão para com uma problemática diferenciada do homem em oposição a uma crença em leis transcendentes que, sob várias formas, vinha à luz como algo demasiadamente rigoroso. Conquanto não tomemos apenas suas excrescências "grotescas" como fundamentação de nosso juízo, na casuística surgiu também uma doutrina valorativa do individual, que, até hoje, impulsiona as melhores forças tensivas da Igreja Católica. No ponto central de suas empreitadas, os casuístas traziam, através de suas diferenciações moralistas (operadas justamente por respeitados e modelares jesuítas), um esforço expressivo, histórico e universalmente legítimo: o esforço rumo a um equilíbrio entre coação moral e liberdade pessoal, graça e inadequação subjetiva, harmonia ética preestabelecida e a sofrível aquisição individual de ordenação.

À época, importantes padres tomaram para si a tentativa de adaptarem-se ao "absurdo" do homem enquanto *Deus in terris*[21], ao constitutivo e temporalmente necessário desassossego do melancólico, do *malcontent*, do libertino, do colocar-se-em-si-mesmo. Também no âmbito moral surgiram perspectivas "ilusórias". Para a Igreja, essa adaptação impeliu a resultados frutíferos: ela pôde ultrapassar a unilateralidade da estética medieval, pôde, sobretudo, medir-se rapidamente com o ainda mais forte historicismo relativista, equilibrando-se sabiamente, agora, entre o probabilismo metafísico e o rigorismo. Assenta-se, aqui, a mais vigorosa força temporal da Igreja Católica, a força que ela sempre preservou frente ao sectarismo. Essa força se deve, ao menos, àqueles reverentes casuístas, que, exageros à parte, reconheceram o direito do homem, opondo-se à coação "moralista" de seu criador que, por vezes, era interpretada de modo demasiadamente rigoroso, quer dizer, tal como a teologia católica lhe interpretava. Não era a própria lei divina primordial que deveria ser posta em questão. Dever-se-ia reconhecer o direito do indivíduo, espelhando, nele, as multifárias reações da alma e permitindo ao sujeito iniciar um diálogo "teológico-moral", histórico e mundialmente novo, com tais espelhamentos de uma grandiosidade macroscó-

---

21. Cf. MML, p. 61 e s.

pica numa pequenez microscópica. O homem pecaminoso frente ao espelho! Poderiam os gestos maneiristas permanecer existindo? Também aqui o choque vital leva a correções dedálicas com o artificial. Com isso, porém, descobriu-se o caráter contraditório da alma humana. Apenas muito mais tarde – sobretudo através de Dostoiévski e Freud – a compreensão a esse respeito se converteu num bem espiritual comum das metrópoles civilizadas do século xx.

Tinham então os casuístas, para além de seus exageros, razão num dado momento histórico-mundial? Essa questão é respondida afirmativamente por publicistas católicos contemporâneos[22], ao passo que, hoje, os jesuítas tendem mais fortemente a um novo rigorismo[23]. Em seu livro sobre Pascal, Hermann Platz diz: "O laxismo – no qual se reflete o espírito do humanismo – acentua a liberdade (e, com ela, a dignidade do homem). O rigorismo – no qual está presente o espírito de Augustinus, bem como o do teocentrismo – acentua a lei (e, com ela, a majestade de Deus)"[24]. Também podemos dizer isso de uma outra forma: a casuística é um antropomorfismo teológico-moral contra o heliocentrismo moral-teológico. O "estreito portal" do rigorismo contrapõe-se ao "amplo portal" do laxismo, o irregular "laxista" ao regular "rigoroso", o desespero da deficiência – que leva a uma dúvida legítima – ao perfeccionismo. "Todo homem é probabilístico dez vezes ao dia", escreve o organizador católico da mais nova edição das *Provinciales*[25]. "Não há exercício intelectual mais nobre do que o probabilismo". "Todo o nosso direito atual é probabilístico, na medida em que nossos atos são julgados a partir de seus motivos".

Circunstâncias atenuantes! Quem poderia, hoje, reivindicá-las em sociedades livres, caso não houvesse existido uma

---

22. Cf. H. Platz, *Pascal*, p. 78. Além disso, L. Derome (ed.), op. cit., v. I, p. cxx e v. I, p.165.
23. Ver sobre o conflito da *Civiltà cattolica* romana contra Jacques Maritain.
24. H. Platz, op. cit., p. 80.
25. Cf. L. Derome (ed.), op. cit., p. 105.

casuística teológico-moral? Quem seria capaz de apreender o misto comumente inextricável de bem e mal presente no homem, se, naquele inesgotável século, não houvesse existido teólogos tão inteligentes quanto amistosos, que estariam cientes da natureza "labiríntica" do homem? No que diz respeito a suas *Provinciales*, Pascal atirou precisamente sobre o alvo, e, em breve, veremos o porquê disso. Os "jesuítas" não desejavam, em absoluto, dissolver a ordem, explodir o centro de gravidade do cosmos teológico. Os melhores dentre eles praticavam psicologia – também por caridade, ainda que alguns traíssem o logos por servidão à obrigatoriedade, tal como, hoje, alguns literatos "existencialistas" desvalorizam o absoluto por conta do serviçalismo frente ao atual êxito publicitário. Os casuístas converteram-se nos precursores "maneiristas" da psicologia "complexa", bem como da atual filosofia da "existência", mas também de nossa jurisprudência mundial, que, hoje antes de decidir-se por uma sentença de morte, consulta o psiquiatra[26]. E os exageros e falsidades da casuística de então não devem ser explicados, igualmente, a partir do conhecimento sobre a psicologia do homem daquela época – que ainda era, aliás, altamente insuficiente? O que os "rigorosos" e "laxistas" contemporâneos de Escobar sabiam, pois, sobre etiologia, patologia e terapia "exatas"? Quem compilar uma história objetiva da medicina ficará ainda mais horrorizado com a falta de conhecimento do que com os maquiavelismos praticados por alguns casuístas excessivos.

Consequentemente, vivenciamos uma vez mais: o abandono do ponto médio através de formas maneiristas de pensamento, ou, então, por meio de maneirismos formais não conduzem sempre a uma perda da humanidade. Ele nos ensina a procurar mais e mais, em profundezas sempre novas, o centro no homem e o centro no cosmos, algo que, na crença na harmonia ínsita ao aticismo, deu origem, não

---

[26]. Cf. a problemática do caso Moosbrugger no *Homem sem Qualidades* de Robert Musil.

raro, a uma simplificação desumana e também a ilusões (como foi dito, em seu ódio apaixonado contra os casuístas, Pascal falsificou ocasionalmente citações de seus escritos). Do ponto de vista histórico-mundial, as "secularizações" maneiristas podem levar a um aprofundamento do segredo do mundo, ainda que isso se dê, variegadamente, num ambiente composto por problemáticos, ou, até mesmo, por impostores e trapaceiros, saltimbancos e beberrões, possessos e párias, erotomaníacos e dândis, esnobes e boêmios, assassinos e suicidas. Por que a ação de Deus não deveria tornar-se visível no lado noturno?

Diante dessa revelação no "irregular", a Igreja Católica teria praticamente capitulado entre o Concílio de Trento (1545-1563) e o retraimento da casuística (1665-1690) – no ímpeto desses "maneirismos" que criam a partir de "mitos irregulares" e "heterodoxias", conquanto se tratar de problemas teológico-morais, quer dizer, de problemas humanos particularmente concretos. Se supostamente não havia mais nenhum "ponto médio" no impulso do conhecimento de então, se os estadistas faziam as vezes de piratas "maquiavélicos", os juízes de homens venais, os escritores de prostitutas, os cidadãos, artesões e fazendeiros faziam as vezes de gado de rebanho (*cuius regio, eius religio*), enfim, se a maioria dos homens mostrava-se (no confessionário) terrivelmente diabólica, então não deveria ter ocorrido, aqui, uma situação que poderia ter levado, sorrateiramente, a acomodar a total absurdidade dessa humanidade "universal" e "multifacetadamente" problemática na teologia moral? Havia chegado o momento de reconhecer o "problemático" enquanto tipo humano primordial? Então a Igreja se tornara "maneirista"? Também ela queria degenerar, em consequência da situação de "medo" de então, do choque existencial da dúvida onipresente e, no limite, em função de um gesto expressivo *artificialmente* compensador?

28. O INVENTOR DE DEUS

Integração no Homem

Nesse dramático ponto de mudança, que fora vivenciado pelos europeus de então de modo muito mais intenso do que os atuais residentes desta mesma parte do planeta, a desintegração do núcleo atômico, da humanidade cristã, como disse Johannes Rist, deve ter sido experimentada com aquela espécie de "medo" em que "a língua gruda no céu da boca". À época, tratava-se da continuidade do ser *espiritualmente pleno de sentido*, sendo que hoje trata-se igualmente da continuidade da *existência biológica*. À época, a dissolução do absoluto espiritualizado levou a uma consternação similar à atual ameaça anárquica de nossos fisiológicos aglomerados de células. Ainda que, no fervor do combate, demoniacamente exagerado, Blaise Pascal, o *inventor*, reconheceu *esse* perigo (de então) com *inteligência* profética na Europa daquele período.

Hipérbole do coração e elipse do entendimento! Em situações maneiristas extremas, suas vítimas são monstros do coração e monstros do entendimento. No perigo da dissolução, impõe-se a um dos maiores espíritos integradores da Europa, Blaise Pascal (1623-1662), um novo método de harmonização espiritual: uma sutil teoria do conhecimento de equilíbrio inovador, uma moral metafísico-religiosa, incitada e erigida através das *raisons du coeur*, das razões do coração[1]. Esse novo paradoxismo, antimaneirista de fio a pavio, foi formulado por Pascal depois de sua dramática *conversão* de 1654. Com essa data, gostaríamos de fazer entrar em agonia a inteira época maneirista que vai de Pontormo até Gracián e Kircher, com a consciência de que essa danação, ocorrida por volta de 1654, não se deu de modo simultâneo ou coletivo nas diferentes regiões e províncias da Europa, sem mencionar alguns inerradicáveis cantos intelectualmente intratáveis. Com Pascal, vem à tona um outro "espírito", com a mais elevada concentração – independentemente da maneira que se queira valorá-lo. Com isso, seguimos um último vestígio para a caracterização do "gesto primordial maneirista", do homem "problemático", isto é, do assim chamado homem "moderno". À reversão total contrapõe-se, pois, num sentido dramático histórico-mundial, a "con-versão" total.

A investida de Pascal contra a casuística fortaleceu, antes de mais nada, as tendências "barrocas" da Igreja. Desde cedo, o próprio Pascal defendeu o *persuadere* massivo por meio dos recursos emocionais, quer dizer, contra o "perspectivismo" do intelecto analisador e moralmente cambiante[2]. Com ele, quase simultaneamente, a Igreja levou a cabo sua grande guinada anticasuística. Também Pascal

1. A palavra *coeur* não deve, de modo algum, ser interpretada num sentido romântico-sentimental qualquer. *Coeur* equivale, aqui, à união de entendimento e alma. *Coeur* pode ser entendido enquanto *intelletto d'amore*. Cf. A. Béguin, *Pascal par lui-même*, v. 26, bem como R. Guardini, *Christliches Bewusstsein*.
2. Cf. *Die Kunst zu überzeugen und andere kleinere philosophische Schriften*.

deu à Igreja, por conseguinte, elementos a seu novo e restaurativo gesto de persuasão, que conduziu, então, ao assim chamado barroco elevado. Ele percebera, tal como a Igreja dentro em pouco também faria, que a completa adaptação "casuística" à respectiva "problemática" contemporânea, atinente ao respectivo homem "moderno", poderia ter transformado o mundo num labirinto criminoso (*crimen*, em latim, também significa vício), próprio àquilo que é moralmente inextricável.

Contudo, Pascal não permanece aferrado ao gesto apologético-restaurativo do "barroco". Na segunda-feira, a 23 de novembro de 1654, ele experimenta sua "visão". De modo apaixonado e cristão, ele se colocou, de repente, diante do absoluto. Essa vivência privou-lhe de todas as situações historicamente necessárias da fé. O homem, um homem, achou-se abruptamente num âmbito do supra-histórico. Com isso, fez-se um desafio ao homem, cuja tentativa de resposta é, talvez, empreendida apenas hoje pelos melhores espíritos da Europa. Trata-se aqui da integração dos dois gestos primordiais da humanidade. A propósito do problema atinente aos dois "gestos primordiais", que, tal como salientamos com frequência, podem unir-se num "terceiro" gesto mais rico, livre, maior e mais legítimo, dever-se-ia atentar, aqui, para a raramente citada sentença de Pascal contida em suas cartas: "A verdade que nos ilumina esse segredo é aquela que Deus criou aos homens com dois tipos de amor: com o amor a Deus e o amor a si mesmo; mas é próprio à lei do amor a Deus não ter o amor fim, como se estivesse, pois, no Deus mesmo, ao passo que é próprio à lei do amor do homem por si mesmo ser o amor finito e *referido a Deus*"[3].

Todo tipo de perfeccionismo (*grandeur*) e toda espécie de complexidade subjetiva, quer dizer, toda sorte de miséria (*misère*) pode e deve converter-se num instrumento não apenas de uma re-versão, ou, então, per-versão, mas de uma con-versão ao absoluto. Tanto a obra como a pessoa

---

3. *Briefe*, p. 108 e s.

de Pascal pode ser considerada – e não apenas com vistas à sua época – enquanto alegoria de uma superação, não somente mística e vital, mas também espiritual e *lógica* da "problemática do homem moderno".

"Integração" em um Homem

Antes de sua visão de 1654, Blaise Pascal, o jovem matemático e inventor de proveniência burguesa, correspondia ocasionalmente àquilo que, na Europa de sua época, poderia ser caracterizado, grosso modo, como "maneirista": dândi, espírito livre, *concettista*, preciosista, psicólogo de salão, relativista, cético – enquanto venerador de Montaigne –, inclusive jogador[4], melancólico – por vezes, também no sentido do *mauvais caractère* –, e, por certo, igualmente "inibido" – mas, ao menos desde 1646, sua "conversão" já estava longamente preparada pelo seu forte demônio religioso. Acerca de sua vida erótica, sabe-se apenas que ele admirava uma nobre dama e, por vezes, pensou em casamento. Ele também era enigmático. Adorava jogos de palavras, anagramas criptográficos de todas as espécies, sendo que uma de suas palavras prediletas era "código". O retrato de sua juventude é fascinante: cosmopolita, pródigo e "intelectual", vítima da irascibilidade e amigo dos pobres, e, como inventor de uma das primeiras máquinas de calcular aos dezenove anos de idade, sobretudo "maquinista", ou seja, discípulo de Dédalo, depois de ter escrito, já aos dezesseis anos de idade, um sensacional tratado sobre a secção cônica, bem como, aos 26 anos, uma não menos famosa dissertação sobre o vácuo[5]. Sobre a calculadora de Pascal, sua irmã Gilberte escreve: "Essa obra foi vista como

---

4. A essa suposição somos impelidos não apenas pelo fato de Pascal ter inventado a roleta.
5. Cf. *Die Kunst zu überzeugen und andere kleinere philosophische Schriften*.

algo de novo na natureza"⁶. Pode-se muito bem imaginar Pascal, em sua época, como que diante de um espelho convexo, como um irmão intelectual de Parmigianino. Com os preciosistas, o jovem dândi conhece o *esprit de finesse*, e, enquanto matemático, toma conhecimento do *esprit de géometrie*. Tipos de vida e pensamento levemente intrincados, assim como o método de raciocínio ortodoxo-racional, ser-lhe-ão, em breve, insuportáveis.

"Confusão sem Objetivo"

Justamente depois da conversão, o estilo de Pascal possui muitos elementos maneiristas: oximoros e paradoxos tais como, por exemplo, "reconheces, pois, a verdade da religião na obscuridade da própria religião". "A grandeza e a miséria do homem" etc. Por isso, não nos surpreende o fato de também encontrarmos, nele, a famosa fórmula com a qual tão frequentemente nos deparamos ao passarmos da magia greco-oriental, Tesauro e Gracián até Baudelaire e Breton: "A sempre nova e fantástica união que a natureza, apaixonada pela unidade, estabelece entre as coisas aparentemente mais afastadas entre si". "Seu estilo", lê-se nas novas apresentações francesas, "é um estilo do paradoxismo, da surpresa, da perplexidade, das correspondências bizarras"⁷. Maneirismos desse tipo se encontram, pois, nos últimos dos 924 *pensées* que nos chegaram. Assim é que já no *pensée* n. 373, lê-se: "*Confusão sem objetivo: esta é a verdadeira ordem*, que marcará sempre meu fim pela própria desordem". No entanto, Pascal logo se distancia desses recursos estilísticos paralógicos – em especial, depois da "conversão". Tal como é comum desde a Antiguidade, ele diferencia com mais e mais intensidade "dois estilos", mas, por assim dizer, contra Gracián, que prefere o estilo asiaticista intrincado e "intencional".

6. Cf. *Pensées*, p. 5.
7. Cf. A. Béguin, op. cit., p. 7, 10 e 12.

Há duas *manières* por meio das quais as imagens fortalecem as almas, a saber, a do entendimento e a da vontade. A melhor é a primeira; mas, a mais comum, embora antinatural, é aquela relativa à vontade, pois, em geral, tudo aquilo que se chama homem tende a acreditar mais no que é prazeroso do que naquilo que é racionalmente demonstrável. Esse tipo é baixo, indigno e estranho.

Pascal também odeia, por isso, a comédia e a tragicomédia, respectivamente, um dos gêneros maneiristas *par excellence*. Dever-se-ia, aconselha ele, optar por um estilo "natural", e não caracterizar como grande aquilo que é pequeno nem como pequeno aquilo que é grande[8]. Ou seja, a renúncia tanto da elipse como da hipérbole. "Quando nos deparamos com o estilo natural, maravilhamo-nos e encantamo-nos, pois, acreditando encontrar um autor, defrontamo-nos, no fundo, com um homem". "Homens universais não se chamam nem poetas nem geômetras; eles são ambos simultaneamente". "Renunciamos a propriedades excessivas, assim como o demasiado barulho, demasiada luz, distância, proximidade, grande distância e curteza". "Coisas extremas parecem-nos coisas que não existem". Quem escreve apenas com o entendimento (tal como Descartes) é "inútil e incerto". A mera fantasia (*imagination*) é a "senhora dos erros e das falsidades". "Essa força orgulhosa engendrou uma segunda natureza no homem". (Expressão disso é um dito de Paul Claudel: "A ordem é o deleite da razão, mas a desordem, por sua vez, o encanto da fantasia"[9]. Novamente, e justamente em Claudel, as *phantasiai insanes* de Quintiliano!).

Torna-se patente que, de acordo com sua época, Pascal preferiu o *style naturel* teoricamente enquanto libertino e preciosista, que combateu sobretudo os casuístas, porque enxergava, neles, a corporificação do maneirismo e também da *sképsis* – ainda que tivesse reconhecido e utilizado

8. Cf. Pensées sur l'Esprit et le style, *Pensées*, p. 73 e s.
9. *Le soulier de satin*, Ato 1, Cena 12. Cf. também H. Friedrich, Pascals Paradox. Das Sprachbild einer Denkform, em *Zeitschrift für Rom. Philologie*.

o ceticismo de Montaigne como método para desestabilizar o autodomínio da *raison* em prol dos mistérios cristãos. Ele odiava a casuística, porque esta havia absolutizado a incerteza e a problemática do homem, mas também condenou a mística maneirista dos nossos conhecidos Binet e Le Moyne em função de suas sutilezas preciosas e intencionais[10].

Mas, em Pascal, a relação de tensão, isto é, a tensão entre as *deux manières*, permanece intensa e decisiva. Em sua obra, no entanto, o mero dualismo é ultrapassado por meio de uma nova e absoluta relação diante do ato de expressão e da comunicação, por intermédio de um ato singular de remitificação individual semelhante àquilo que se dá em Dante e Shakespeare, Bach e Goethe, Calderón e Rembrandt.

Essa integração possui uma única raiz: a experiência de uma infância intelectual divina num espírito maduro e, em virtude disso – contra todas as crises –, a reapropriação da segurança, certificação, alegria, ordem, harmonia e autoridade.

"Alegria, Alegria, Alegria"

Pascal foi com elas presenteado através da visão de 1654, que ele, em dramática agitação, conservou em seu célebre Mémorial, numa folha de papel que fora encontrada tão somente após a sua morte, costurada às suas vestes íntimas. Numa aparição flamejante, foi-lhe revelada a única ordem primordial possível: "O Deus de Abraão, o Deus de Isaac, o Deus de Jacó, não o Deus dos filósofos e eruditos". Dá-se aqui então: "Alegria da certeza. Alegria do sentimento. Deus Jesus Cristo […]. Grandeza da alma humana". E, novamente, escritas três vezes, uma depois da outra: "Alegria, alegria, alegria". "Submissão total a Jesus Cristo e ao meu

---

10. Cf. Carta 11 das *Provinciales*, II, p. 1 e s. Le Moyne escrevera uma *Devotion aisée*. O próprio título já é típico. Num livro intitulado *Peintures morales*, ele havia elogiado a "ruborização" como sinal de acanhamento, sugerindo, por isso, que se amasse todas as "coisas vermelhas".

guia espiritual". "Eternamente em alegria por um dia de dureza sobre a Terra". Na vivência da bênção do Deus-Jesus, *todas as contradições se irmanam*. Tem início a integração das contradições entre Deus e homem, grandeza e miséria do homem, alegria e melancolia, ordem e desespero, otimismo e pessimismo, naturalidade e calculabilidade.

Por meio dessa "abundância de luz", torna-se "claro" a Pascal que o homem (tomado em si) é uma "quimera", um "monstrum", um "caos", um "sujeito" de contradições, uma "glória e uma ruína do universo"[11], ou, numa palavra, uma desarmonia, um oximoro, um cruzamento de anjo e animal. Uma *discordia concors* só é possível em Deus, em Cristo. O resto é engano e loucura. "Conheceis, pois, com bravura, o paradoxo que vós próprios sois! Rebaixa-te, razão enfraquecida; cala-te, natureza embotada". Misticamente, experimenta-se, aqui, uma *concordia* religiosa com uma erupção de beatitude, pois ela aparece a esse espírito, um dos mais perspicazes que a Europa já possuiu, enfim, a esse "ingenium" *abençoado*, enquanto o único tipo possível de reapropriação da unidade primordial. Pascal também experimenta um tipo sublime de loucura, e ele sabe que: "Os homens são tão necessariamente loucos que seria ser louco (outro tipo de loucura) não ser louco"[12]. Uma frase digna de nota nesses contextos! A loucura, tal como o problemático, a vivência, só pode advir no trilho certo ("meu supremo guia"), quando a verdade transcendental, através da graça divina, transforma-se em acontecimento no homem.

O Concetto *de "Aposta"*

O drama de Pascal é, porém, mais intrincado. Em nosso entender, prestou-se muito pouca atenção aos primeiros *Pensées* (em francês, *concetti* também significam "pensées")

---

11. *Pensées*, p. 184.
12. Idem, p. 173.

em comparação aos últimos (a partir do n. 547). Contamos com a paciência do leitor ao galgar, aqui, os níveis dessa peripécia ímpar na Europa de então. A primeira reação de Pascal – após o "ímpeto expressivo"[13] de 1654 – consiste num intencional "gesto" persuasivo. Depois de sua convalescença, ele joga com o medo do homem face ao mundo. Ele age tal como se ele ainda sofresse disso. Ele se comporta "maneiristicamente" de modo consciente, mas, se assim o faz, é tão só para melhor *convencer*, isto é, para poder "curar". Aqui, ele se vale igualmente de um método "casuísta" de nível superior. Ele exprime sentimento e desperta simultaneamente *sképsis* – no sentido de Montaigne –, para instilar desconfiança frente à razão imanente. Nessa curta fase dos *Pensées*, ele é tipicamente "barroco". Seu ensaio sobre a "Arte da persuasão" tem um caráter astuciosamente pedagógico e argutamente didático. *Artificiosamente*, ele engendra medo do mundo[14].

A fim de tirar proveito disso, ele ainda se vale – o inventor da roleta –, na primeira metade dos *Pensées*, de um truque desportivo, maneirista: o famoso e igualmente infame *concetto* de "aposta", de *pari*. Dito de modo simplificado: ele faz uma aposta teológica a um libertino maneirista. Ponto de partida: o resultado final é totalmente incerto segundo princípios racionais. Objeto da aposta: Deus. Pergunta: ele existe ou não? Para o libertino, não há *provas* para existência de Deus. Afinal, há algum sentido em dar provas para a não existência do "desconhecido", "escondido", do *Deus absconditus*, do Deus enigmático e eternamente oculto? Pascal torna patente ao seu interlocutor fictício, ao cético genérico, que seria mais *útil* apostar na existência de Deus, pois, no fim das contas, poder-se-ia somente perder ou vencer a aposta. Ainda que se aposte contra Deus, sobreviverá – no âmbito da vida mundana –, de qualquer forma, a certeza racional de que Deus existe

---

13. Cf. MML.
14. Cf. A. Béguin, op. cit., p. 46 e s.

efetivamente. Recrudesce-se ainda mais na "problemática", no "desespero", na existência abstrusa do *malcontent*. "Apostando-se" em Deus, *poder-se-ia* – depois da morte – adquirir a certeza de sua existência, e, aí então, ganhar-se-ia tudo. O que acontece, porém, caso tenhamos apostado *em* Deus e não nos contentemos com a ideia de que sua existência factual só será experimentada depois a morte? Pascal diz: "A fim de vencer com incerteza, cada jogador cobra do acaso com crença segura". Quando se aposta em Deus, o homem que assim se colocou se tornará: "fiel, honesto, humilde, reconhecido, bom, amigo sincero, verdadeiro"[15]. Noutras palavras, diz-nos Pascal, na própria "vida regulada", reconheceremos, em nós mesmos, que nos posicionamos bem. O espírito livre heterodoxo-maneirista que fora assim convocado, responderá, segundo Pascal, da seguinte forma: "O discurso me transporta, me encanta".

Deve-se caracterizar o *concetto* teológico de aposta consoante a Pascal como o mais famoso *concetto* da literatura maneirista. Todavia, ele significa mais do que isso. Ele pressupõe "*abêtir*" (estupefação), a renúncia ao mandato da "razão" engenhosa, isto é, a renúncia à correção pseudorracionalista do "ser" *à la* Dédalo. "*Abêtir*" possibilita, porém, a sublevação de outras forças internas, aquelas relativas à descomplicada conexão dionisíaco-irracional com o ser de todas as coisas. Pascal, o "inventor", o gênio intelectual, conecta, uma vez mais, o apolíneo com o dionisíaco. Relega-se Dédalo, que havia amaldiçoado sua própria arte, a certos limites. Isso não foi fácil para Pascal. Numa passagem das *Pensées*, ele enaltece o inventor Arquimedes quase tanto quanto Cristo: "Arquimedes, sem brilho, teria a mesma veneração. Ele não deu batalhas para os olhos, mas forneceu a todos os espíritos as suas invenções"[16]. A essa altura (*Pensée* n. 794), Pascal decerto já ultrapassou por completo seu passado dedálico. Já, antes dessa renúncia altiva e plan-

15. *Pensées*, p. 451.
16. Idem, p. 294.

gente ao invento artificial, ele havia tomado conhecimento da razão pela qual Cristo podia revelar-se tão somente em "figuras"[17], enfim, de que ele representava a mais universal "*clef du chiffre*" (chave do código)[18].

Isso pressupõe algo: o comprometimento com as "*raisons du coeur*", com as razões do coração, mas não no sentido da mística sentimental, senão que no sentido do "espírito que sente", do "*intelletto d'amore*", do "intelecto que ama", do "sentimento de valor"[19]. "O coração tem suas razões, que a razão não conhece. Digo que o coração ama o ser universal *naturalmente*"[20]. "O coração tem sua ordem; o espírito tem a sua, através de princípios e demonstrações; o coração tem outra. Não se prova que se deve ser amado expondo por ordem as causas do amor: seria ridículo"[21]. Isso consiste numa profecia com relação à metodologia: a arte combinatória intelectual só pode conduzir ao erro. Quem conhece o âmago do coração, não precisa penetrar nos *fictícios* espaços de salvação por meio do labirinto, por sendas perdidas através da floresta errática. O labirinto desfaz a consciência, que se tornou, aliás, partícipe da graça divina. "O homem é, em si mesmo, o acontecimento mais prodigioso na natureza; pois não pode conceber nem o que é corpo nem, menos ainda, o que é espírito e, ainda menos, de que modo pode um corpo unir-se a um espírito"[22]. Para um pensador da altura de Pascal, o mistério atinente ao problema corpo-alma conduziu a embaraços labirínticos. A "prolemática" de todos os homens "modernos" decorre do "problema" primordial da duplicidade da matéria e do espírito. Nessa medida, o labirinto constitui uma *imagem sensível* dessa dramática arquiantinomia do gênero humano. Não pretendemos, porém, antecipar nossos derradeiros resultados. O

---

17. Idem, p. 295.
18. Idem, p. 254.
19. Cf. R. Guardini, op. cit.
20. *Pensées*, p. 147.
21. Idem, p. 148.
22. Idem, p. 92.

fio de Ariadne de Pascal fornece-nos surpresas ainda maiores do que aquelas relativas a Novalis.

O próprio homem contém, pois, em si, "dois estilos", ele é dois estilos, a saber, corpo e espírito[23]. Por isso, não podemos, nesse ou noutro sentido, reconhecer a inverdade velada de modo imediato. Apenas Cristo, enquanto homem-Deus, encarnação do dualismo corpo-alma, é a imagem de união metafisicamente válida. A cruz! A união entre vertical e horizontal. O mais elevado oximoro = alegria sofrente. Consequentemente, não há "história" do gênero humano. Para a integração dos dois gestos primordiais há apenas um homem: "A inteira série de homens no decorrer dos séculos deve ser considerada *tal como um único homem*, que, constantemente, e sem variações, vive"[24]. Complementamos: *um* homem adâmico com *dois* impulsos expressivos, que o induz a um duplo gesto expressivo detentor de uma infinita escala de possibilidades individuais de variação. Mas, por vezes, pode decorrer de *ambos* – raros momentos elevados na história do espírito humano – um quiasma desses gestos, uma integração, contaminação, enfim, uma interferência. Consequentemente, o maneirismo seria, segundo os conceitos de Toynbees, uma exigência histórico-mundial, uma resposta histórico-mundial ao classicismo, mas de elevadíssimo nível: na integração. Pascal denomina esse gesto para-humano a verdadeira *belle manière* (bela maneira). Ela só se torna possível, quando se ultrapassa não apenas a problemática individual, mas também a problemática da dimensão histórica, quer dizer, somente quando cria a partir de si... diante de Deus. "Jesus irá morrer até o fim do mundo; durante esse período, o homem não deveria dormir"[25]. O que é *belle manière*? "Aceitar a vida e a morte em bom estilo, com tudo o que há de bom e de ruim"[26].

23. *Pensées*, p. 92.
24. Idem, p. 224.
25. Idem, p. 236.
26. Idem, p. 206. A propósito do problema acerca de dois ou três estilos na literatura mundial, ver E. R. Curtius, *Europäische Literatur und*

Nossa Religião: "Sábia e Insana"

Com isso, o primeiro nível da integração está alcançado. Agora, segundo Pascal, ela nos possibilita tomar conhecimento da história – para além da história, para além dos sempre agressivos paradoxos contidos na história do passado. Aquele que consegue unir os antinômicos gestos primordiais da humanidade pode, então, compreender o enigma primordial, o enigma do "Deus oculto". Cristo une os extremos, sendo que é por isso que "nossa religião é sábia e insana"[27]. Assim é que Pascal – comumente acusado de anti-historicismo sem que se compreenda, muitas vezes, as razões de tal animosidade para com ele – descerra, a seu modo, a história mítica da religião.

Há "*dois* tipos de homens em toda religião: os pagãos adoram os animais, ao passo que os demais um Deus próprio". "Os judeus carnais situam-se entre os cristãos e os pagãos. Os pagãos não conhecem Deus e só amam a terra. Os judeus conhecem o verdadeiro Deus e só amam a terra"[28]. "Abraão estava cercado de idólatras, quando Deus lhe revelou o mistério do Messias"[29]. "Os egípcios estavam infectados de idolatria e magia". Mas o próprio Moisés acreditava "naquilo que ele não enxergava"[30]. Os gregos e os romanos, em contrapartida, prostravam-se diante das falsas divindades. Para Pascal, a origem de uma crença num deus invisível acha-se no coração da "Judeia asiaticista", a qual ele admirava e louvava, mas cuja intencional situação

Lateinisches Mittelalter (o problemático desde a Antiguidade). Além disso: J. Miles, *Eras and Modes in English Poetry*. Aqui – tal como em Quintiliano –, trata-se de *three modes* (três modos). Aproxima-se, porém, do princípio antagônico e integrador que deve ser diferenciado, pois, da dialética hegeliana. A solução que nos é apropriada é oferecida – além de Pascal – por G. M. Hopkins, quando este distingue (antagonicamente) um estilo "parnasiano" de um estilo "castaliano", mas situando sua mais elevada "integração" no estilo "délfico". *Gedichte, Schriften, Briefe*, p. 235.
27. *Pensées*, p. 225.
28. Idem, p. 230.
29. Idem, p. 233.
30. Idem, p. 233.

"enigmática" logo se lhe apresenta, contra a incompreensibilidade do Novo Testamento, como sendo apenas um estágio preliminar da *clara* revelação.

Concordância Para-Histórica

Esses últimos experimentos de pensamento de Pascal nos possibilitam entrever uma explicação igualmente meta-histórica do dualismo entre asiaticismo e aticismo, em especial, porque Pascal considerava ambos, o Antigo e o Novo Testamento, enquanto componentes *necessários* para uma "integração" universal. As testemunhas do Antigo Testamento são, para Pascal, "admiráveis, completa e incomparavelmente divinas"[31]. "No povo judeu, revela-se a primeira lei universal"[32]. A autoconfiança religiosa dos judeus é ímpar. O Antigo Testamento é o "mais autêntico livro do mundo"[33]. Em contrapartida, Homero escreveu tão somente um "romance de entretenimento"[34]. As tradições judaicas tardias também são reveladoras, tais como, por exemplo, o *Talmud* e a Cabala[35]. Todavia, os Judeus tiveram a prudência de revelar Deus apenas através de "enigmas". "O Antigo Testamento contém as figuras da alegria futura e o Novo contém os meios de alcançá-la"[36]. Trata-se aqui – do ponto de vista histórico-religioso – de interpretações temerárias, mas elas dão mostras, tal como iremos ver, de uma vontade de integração mais elevada, de um esforço em direção a uma *concordância* para-histórica entre "asiaticismo" e "aticismo".

Deus revelava-se aos Judeus em "códigos", sendo que, por isso mesmo, eles tiveram que negar Cristo de acordo com

31. Idem, p. 234, 325.
32. Idem, p. 237.
33. Idem, p. 238.
34. Idem, p. 329.
35. Idem, p. 242 e s.
36. Idem, p. 249.

a providência divina. Eles, os judeus, adoravam aquelas espécies de *choses figurantes*, de coisas imagéticas, "a partir das quais começaram a mal compreender a realidade"[37]. Nesse sentido, os cristãos são "filhos ilegítimos dos judeus"[38]. A verdade sempre é, para os judeus, apenas "imagética". "No céu, ela é desvelada. Na igreja, ela é encoberta no que se refere à imagem"[39]. Todavia: "A imagem é um código ambíguo"[40]. "Um retrato traz ausência e presença, prazer e desprazer. *A realidade exclui a ausência e o desprazer*"[41]. Porque "cifrado", o Antigo Testamento é, pois, como todo código, ambíguo[42]. O Novo Testamento, porém, forneceu a *clef du chiffre*, quer dizer, a chave para esse segredo[43]. Cristo e os Apóstolos solucionaram todos os enigmas do Antigo Testamento, "removeram o lacre", "rasgaram o véu", "descortinaram o espírito"[44]. Consequentemente, há "dois adventos: um da miséria, para rebaixar o homem soberbo, e outro da glória, para elevar o homem humilhado"[45]. Cristo não criou, pois, explicitamente, apenas todas as contradições, todos os paradoxos, enigmas, códigos e encobrimentos de todos os gêneros. Ele também decifrou, por meio de sua encarnação, todos os criptogramas. Por isso, todos os mistérios são, segundo ele, tão só: "letras", letras "mortas". Depois da conversão humana de Cristo, há apenas um criptograma primordial: Deus – homem = homem –Deus. Em Cristo, todos os opostos são "conciliados"[46]. *No entanto, permanece verdade o fato de que "o mistério se completa" tão somente no "acaso" da transitoriedade*[47]. Reside aqui a *manière* necessária de revelação

---

37. Idem, p. 251.
38. Idem, p. 251.
39. Idem, p. 251.
40. Idem, p. 253.
41. Idem, p. 253.
42. Idem, p. 253.
43. Idem, p. 254.
44. Idem, p. 254.
45. Idem, p. 254.
46. Idem, p. 255.
47. Idem, p. 285.

de Cristo[48]. Ao revelar-se, Deus desintegra-se, esperando por aquele a quem se revela, integração. Como é possível esta última – enquanto gesto unificado?

Como seu "Íntimo Dá Provas"

O grande crítico Sainte-Beuve chamou Pascal de o "último dos grandes santos" em seu estudo sobre Port-Royal – o mosteiro jansenista ao qual Pascal deve tantas incitações religiosas. ("Santo" no sentido da origem etimológica da palavra alemã; "como seu íntimo dá provas", isto é, Deus dá provas de si mesmo, mas o que também é válido para Deus enquanto homem, que dá mostras de sua mais profunda ipseidade)[49]. Por certo, coloca-se diante de nós a mais fascinante corporificação da nobreza intelectual europeia. Atinge-se, aqui, mais do que uma remitificação. A *encarnação* é experimentada, uma vez mais, como a única realidade possível, a única união possível entre mundo e além-mundo, homem e logos.

Pascal é o *gênio* europeu *da reintegração* do elemento mítico em tempos decadenciais – de maneira intelectual. Em que pese sua ingenuidade especulativa, Jakob Böhme equipara-se a ele, revelando uma surpreendente semelhança. Em Pascal e Böhme, os mais elevados esforços teosóficos da França e da Alemanha põem-se em contato, sendo que, nessa "concordância", a tão frutífera dialética franco-alemã se consuma de uma maneira igualmente misteriosa e harmônica. Pascal tentou reatar "posicionamentos" desconexos, ao passo que Böhme pretendeu regenerar a língua secularizada, quando, por exemplo, almejou renovar toda *vogal* como um "estágio e posição no eterno autonascimento de

---

48. Idem, p. 287.
49. A propósito das consequências disso para Pascal, bem como sua avaliação a esse respeito, cf. H. Platz, *Pascal*, p. 158 e s. Além disso: M. Laros, *Pascal Pensées*; H. Lützeler, *Pascals religiöse Schriften*; P. L. Landsberg, *Pascals Berufung*.

Deus". E Leibniz? Ele se coloca ao lado de outra insanidade, não a religiosa, mas a insanidade filosófica pertencente ao mesmo nível, quando escreve que cada mônada ou alma individual expressaria, a seu modo, o inteiro universo... "Tout l'univers à sa manière". A alma é – novamente – um espelho individual no qual se reflete a totalidade do universo. Leibniz deseja "unidade e ordem universais". Visa a encontrar "enfermidades espirituais epidêmicas". Procura a *ultima realitas entis* e almeja a realização da "harmonia preestabelecia". "A ideia mecânica entra em colapso, quando é aplicada na esfera da alma e do espírito". "Ambas as esferas emanam de uma *única* fonte". "O criador de todas as coisas comporta-se tal como o fabricante de *dois* relógios que são construídos de maneira idêntica e que, por isso, indicam continuamente a mesma hora"[50]. E Angelus Silesius? Escutemos seu poema oracional – que, agora, parece ser não-maneirista de ponta a ponta:

> Se agora devo encontrar meu derradeiro fim e meu primeiríssimo começo,
> Então preciso fundar-me em Deus e fundar Deus em mim.
> E tornar-me aquilo que ele é: devo ser uma aparência na aparência,
> *Ser uma* palavra na palavra, um Deus em Deus[51].

---

50. Cf. H. Barth, Barock und die Philosophie von Leibniz, em R. Stamm (ed.), *Die Kunstformen des Barockzeitalters*, p. 413 e s.
51. Cf. Angelus Silesius, *Sämtliche poetische Werke*, I, 6.

29. *SIGNUM CRUCIS*

Condenados de Deus

"Integrações" dessa espécie só são possíveis, porém, por meio do mais profundo drama interior de todos maneiristas, através de suas mais recônditas tensões, por intermédio de sua fascinante compulsão desarrazoada pela oposição, e, em especial, pela oposição entre espírito e matéria... *no homem*. Num dado momento, eles procuram a verdade no espiritual extremo, nas *phantasiai*, e, noutro, procuram-na então no extremo corpóreo, no sensualismo desenfreado. Eles vivem nessa tensão. A seu ver, a *maioria* dos homens não são sequer *anjos* decaídos, mas tão somente seguidores de Adão, do *homem* decaído. O tragicômico no espelho: desde então, tais seres, que já foram "puras" naturezas espirituais, são obrigados, para poder sobreviver, a devorar e digerir diariamente matéria e animais abatidos. Mas, nessa mais abominável dentre todas as humilhações, restou-lhes a centelha divina: a força combinatória e cognitiva. Essa oposição entre uma máquina devoradora de matéria e consciência repulsiva no homem, supostamente a encruzilhada ínsita a todas as criaturas, não é justamente – enquanto oposição universal trágico-grotesca – insuportável aos "problemáticos"? Sua melancolia, bem como afetação ou mania, parece despertar uma alergia frente a esse quimismo biopsíquico. Num esforço fanático, muitos deles terminam por superar dualismos arcaicos dessa espécie, seja na loucura, seja na prisão, no vício ou na miséria, cometendo suicídio, ou, pior ainda (para eles): no fulminante esquecimento antecipado. Eles sofrem, pois, muito mais intensamente com a maldição lançada sobre Adão do que os bem-dotados de avultado apetite, os hipócritas, os fariseus e firmemente saudáveis. Por isso, muitos dentre eles se tomam por seletos condenados de Deus. Diariamente, eles se dão conta de que, por causa de tal maldição, isto é, do incontável hectolitro de sangue animal que fora derramado igualmente com vistas à conservação de sua vida corpórea, eles foram animalizados em função não apenas de uma "resolução imperscrutável", mas que também foram obrigados a incorporar pedaços de corpos de animais. Por orgulho intelectual deve-se, então, tomar por alimento pedaços de animais mortos!?[1] Mas, para a esperteza madura de engenhosos maneiristas renomados, uma "vivência combativa" metafísica torna-se muito mais excitante: o fato de que a punição – tal como a de devorar – possa ser sentida como punição tão só em *pensamento*, e não no âmbito dos instintos. Pois, tal punição é abrandada, tornada agradável, enfim, tornada terrivelmente enigmática, pela inata busca por prazer. No homem, a vontade de comer mortos é mantida desperta por intermédio da sensação de prazer. Por ocasião da assimilação daquilo que, de modo variegadamente saboroso, pode tornar-se

---

1. Uma investigação sobre "maneirismo" nas seitas da Europa e da Ásia, dos vegetarianos aos nudistas, seria reveladora – no que se refere igualmente aos fenômenos linguísticos. Ver, entre outros, o diário de Pontormo. Cf. MML, p. 28 e s.

refeição, sente-se alegria, sendo que os maneiristas são, com frequência, gastrônomos talentosos, ou, no mínimo, sábios *gourmands*, por mais que passem ao largo de tudo o que é "material". Neles, as fronteiras entre esse tipo de desespero saturnino e o prazer epicurista são praticamente tão imprecisas quanto as fronteiras das regiões polares, e, por certo, mais "dramáticas" do que nos bem mais decaídos *types digestifs* de nossos atuais fariseus "cristãos". Mas, desde cedo, maneiristas epigonais contentaram-se em perceber o ser como um paradoxo, conservando-lhe desta forma. A última harmonização do que é complicado não foi concedida, ao menos, aos inúmeros *minores*.

Dentro e Fora

Apolo compreende o ser integral, o ser que, assentado em si, está além de todas as relatividades, conquanto se tratar da cópia dos mistérios na beleza. Também em sua antagônica relação com a "natureza" e o "espírito" (ambos desejando, ao mesmo tempo, existir em plenitude), os maneiristas pertencem, inebriada e desejosamente, prazerosa e enojadamente, aos grupos dionisíacos. Entre a doce e prazerosa impotência e a ávida interpretação, eles continuam impelidos ao vir-a-ser da aparência. Ser e vir-a-ser aparecem-lhes enquanto estados agregados. Se é, pois, esteticamente verdadeiro que Apolo, imagem sensível aticista, soluciona "harmonicamente" o super-enigma do ser, então o dito de Nietzsche está correto: a mais elevada criação da arte decorre da união do apolíneo e do dionisíaco. Do encontro entre Dioniso e Dédalo nos são dadas, porém, todas as agitações, todas as malícias espirituosas, todas as dúvidas, todas as torturas, todos os tremores e questionamentos através dos quais, pela primeira vez, foi dada a chance a épocas espiritualmente medianas de compreender, uma vez mais, o labiríntico como aquilo que ele é originariamente – segundo o mito babilônico primordial –, isto é, enquanto uma imagem primordial do ser, como corpo do mundo que se estende para fora sob o vivo e imutavelmente eterno brilho apolíneo, em cujo interior, porém, os astuciosos descaminhos viscerais nos fazem lembrar de que, enquanto aparência, somos lodo e putrefação, danação e transitoriedade, fedor e morte. *Em sua ordenação exterior, o labirinto abrange o ser, e, em sua desorientação interna, o vir-a-ser.* Na superfície externa, tornam-se possíveis caminhos claros e visíveis, ao passo que, na caverna, há apenas "desarranjos", "conversões", "descaminhos"[2]. Visto a partir do mito primordial labiríntico, o recôndito exclusivamente maneirista do labirinto permanece ligado ao classicista, cuja pele brilha no celestial céu apolíneo... do "corpo do mundo" exterior.

No sentido pascaliano, o gênio integrante possui sua própria perspectiva: ele vê a *unidade* desse fenômeno, a unidade entre a "bela" forma exterior e o "complicado" conteúdo. O gênio integrante encontra *uma* resposta a essa antinomia da existência: beleza! Beleza paramaneirista e paraclassicista. *Beleza cuja resposta ao enigma é, pura e simplesmente, mais obscura do que a mais insana de todas as perguntas enigmáticas, porque está na graça de Deus.*

O oximoro homem-Deus torna-se, pois, pálido diante da impertinência Deus-homem, e o par Dioniso-Apolo empalidece diante dela [da beleza] tal como a cisão Dioniso-Dédalo. A trindade, a superação dos "dois estilos" através do terceiro estilo "integrador": pai, filho *e* espírito santo.

O fio de Ariadne é um símbolo da heterodoxia europeia. O sinal da cruz é o sinal salvífico da ortodoxia. Não há um sinal mais completo do que o sinal da cruz. Em seu gesto abrangente, ele designa completude, força criativa, incomensurabilidade (pai)... algo assimilável, acessível, compreensível, condizente (filho)... compreensão da verdade, do sentido e do contexto... (espírito). Da força

---

[2]. Athanasius Kircher concebia o inteiro subsolo de nosso planeta enquanto labirinto; cf. *Mundus subterraneus*.

e do sentido advém o fruto, a criança redentora – e, por certo, não o declínio da *hybris* dedálica antes mesmo do "nascimento"[3].

Doença Secreta

"Bem no alto uma coluna se rompeu", escreve um dos maiores poetas no início do hodierno neomaneirismo, "e suas *duas* extremidades se deslocam. Mas, nada foi destruído. Não consigo reencontrar a saída. Subo e desço novamente. Uma torre. *Labirinto*. Jamais teria conseguido *sair*. Para sempre resido num edifício que precisa ser destruído, um edifício que é operado por uma doença *secreta*". Eis, pois, o que diz Charles Baudelaire[4]. Para Kafka, "enxergamos com o olho mundanamente turvado na situação de viagens de trem em que, acidentalmente, achamo-nos num longo túnel, isto é, numa posição em que já não vemos a luz inicial e a luz do fim é tão exígua que perdemos mais e mais a visão, de sorte que início e fim não são jamais visíveis. À nossa volta, porém, temos o emaranhado dos sentidos, ou, na mais elevada sensitividade, monstruosidades maiores, dependendo do humor, bem como do ferimento do singular jogo encantador ou exaustivo à maneira do caleidoscópio". Doença secreta! Tal como a doença secreta dos maneiristas. Eles *acreditam* estar presos num "labirinto animalesco"[5], quando, com frequência, eles há muito já haviam fugido dele, ao contrário daqueles que acreditam estar há tempos no lado ensolarado de sua superfície exterior. O mais potente e impactante efeito dos maneiristas criativos não se assenta, pois, no medo face ao nascimento morto, à vida que poderia existir mesmo antes da consumação da morte sem sentido? Através deles, lançamos um olhar sobre o terrível vazio, mas, nesse vazio, talvez alguém nos veja, alguém

---

3. Que é o destino da gravidez de Ariadne.
4. Cf. *Oeuvres complètes*, p. 1281.
5. Título de um dos quadros de André Masson, 1956.

doente, saturnino, sempre iluminado pela espasmódica luz sulfurosa: *o lado noturno* da divindade. E não apenas ele: por seu intermédio, vivenciamos o suposto lado iluminado de nossa terra, numa escuridão que é, não raro, *legitimada*. Por experiência cotidiana, seu espelho distorcedor também põe em questão o "sentido" do lado diurno de nosso planeta. Eles, os maneiristas, pressentem o possível e insensato autoaniquilamento da humanidade sobre a terra, porque se acham, pois, ligados ao lado noturno da divindade. A contrariedade do mundo "político" que os circunda – justamente o mundo de hoje – começa a exceder qualquer complexidade daquilo que é da ordem do fantástico. A absurdidade coletiva na Europa, o absurdo enquanto conceito principal de toda sorte de fantástico, começa a ir além do desregramento maneirista individual e de todo tipo de artificiosidade maneirista no interior de âmbitos unicamente estéticos. Na medida em que se trata de um gesto expressivo atuante *tão só* na arte, música e literatura, o abstruso consoante à sociedade mundial do século xx já não excedeu o absurdo do "maneirismo"? O "fantástico" atinente aos "sonhadores" maneiristas parece converter-se em algo inofensivo frente aos afazeres grotescos dos atuais homens supostamente – politicamente – responsáveis por suas ações.

O estado do mundo atual decerto não conduz o "problemático", que vê apenas *este* mundo, à exortação de Pascal: "alegria, alegria, alegria!". Ele – o problemático – pode chegar a pressentir o além-mundo, inclusive reconhecê-lo, mas que religioso – eclesiástico ou não – dá ao drama de nossa época aquela expressão capaz de fazer com que um libertino pudesse indagar: "Estou arrebatado?" Os maneiristas importantes, aqueles que, no sentido teológico, sobretudo perduram, possuem uma nova função em sua história: uma função anticompromissada, a tarefa de despertar a consciência por meio da "negação", a fim de evitar a maior catástrofe humana de todos os tempos: a morte em bloco do espírito e da natureza?

Cruzamento de Luz e Escuridão

No sinal da cruz, céu e terra, espaço e tempo, são cindidos. A cisão dedálica da matéria será então mais intensa? "Por estar indefesamente suspenso em sua cruz, o último Adão clama aos céus – em vão – no mais extremo suplício de morte: 'meu Deus, por que me abandonastes?'". Por que hoje e aqui? A interseção axial da geometria finalista suprimiu o sinal da cruz. O espaço que se cria na cruz cristã resulta em onipresença, ao passo que interseção geométrica ocasiona destruição total. *Et trinitatis speculum/ Illustravit saeculum*[6]. A cruz também é um cruzamento de luz e escuridão, tal como as mãos da Madalena suplicante de Grünewald. Nossa época precisa, como poucas antes dela, apostar numa ou noutra com igual dedicação. A feliz pretensão aqui exigida seria dada, novamente, tão só a um santo? Irá ele nos despertar em meio a atual aridez? A *signatura crucis* se nos tornou, hoje, um símbolo de simples apelo.

---

6. Cf. L. Ziegler, *Überlieferung*, p. 380 e 501 e s.

Anexo:
CONCETTI EUROPEUS:
UMA ANTOLOGIA MINIATURIZADA

Para encerrar, uma antologia miniaturizada de *concetti* europeus* que confrontam duas épocas maneiristas, a saber, o período entre 1520 e 1650, bem como o período entre 1850 e 1950. Nossas primeira e terceira partes fornecem elementos suficientes para a compreensão e interpretação, respectivamente. Quanto à ordenação, seguimos o mesmo princípio vigente na disposição de nossos exemplos metafóricos na segunda parte, isto é, iniciamos com os espanhóis e assim por diante. Naturalmente, essa pequena reunião deixar-se-ia completar ilimitadamente. A falta de espaço obriga-nos à concisão. Não se exige aqui, portanto, nenhuma completude. Textos já traduzidos são indicados nas notas de rodapé. Todos os outros foram por nós traduzidos – no sentido de tentativas flexíveis de "interpretação".

* Tendo em vista que o autor apresenta essa coletânea de poesias maneiristas a partir de versões feitas para o alemão por ele ou outros tradutores, como registram as anotações de rodapé nos poemas, a versão para o português louvou-se apenas nos textos alemães sem levar em conta os originais nos diferentes idiomas. (N.da E.)

Infelizmente, a falta de espaço não permite que, junto às traduções, sejam oferecidos igualmente os textos originais em língua estrangeira. Aquele que desejar ler os originais encontrará, no final desta reunião, as respectivas referências.

I. ESPANHA

Luis de Góngora (1561-1627)[1]

O Mar

Nada ajuda o mar no recrutamento de exércitos
De focas, leões marinhos e baleias gigantes,
Nada o auxilia a branquejar sua areia costeira
Com tantos mal augúrios de loucura primal
Que os abutres mesmos pagam como tributo da compaixão,
Nada que acumule montanhas de espuma
– Porque sequer a imagem assustadora de um morrer tão mal
Pode evitar uma outra loucura.

Adentra-se o mar num riacho
Que, qual um ávido beberrão,
Contra ele precipitado desde uma fonte mais elevada,
Bebe do pequeno cálice
Não apenas muita corrente salgada; não, sua perdição

1. Traduções de H. Brunn, p. 115, 139, 107 e 161.

425

Parece estar no fato de ser ele uma borboleta
– Suas asas nas ondas –
quer ele morrer no lusco-fusco do mar.

O Rio

Envolvendo edifícios em sua prata
E apetrechado com ranchos, ele então se dilata amplamente
Numa densidade majestática,
Em membros divididos
De ilhas que parênteses frondosos
Ao período são de sua corrente de demasiada dimensão
Ele cambia então sua natureza
Da alta gruta de onde se desata,
Até os jaspes líquidos, em cujo regaço
Dissipa-se seu fogo e perde-se seu nome.

O Palácio

Tu estimulas, pois, nosso conviva em palácios
Nos quais, nas grandiosas salas,
A sublime vista só pode apelar
Para sua formosura
E que se rebela contra ordem e medida
Calçada de jaspes e vestida de pórfiras!

Gerardo Diego (nascido em 1896)

Guitarra

O silêncio verde dominará
Produzido por guitarras entrelaçadas
A guitarra é uma fonte
De vento em vez de água.

Federico García Lorca (1809-1936)

A Sombra de Minha Alma

Sombra de minha alma
esvoaça no crepúsculo dos alfabetos
na neblina dos livros
e das palavras

O Mar

O mar é
O Lúcifer do azul celestial
Céu decaído
A ser luz no âmbito da vontade.

Meu Sonho

Labirinto confuso
De estrelas negras
Minha ilusão parte-se em dois
Quase como algo apodrecido

II. ITÁLIA

Giambattista Marino (1569-1625)

Narciso

Ele a vê, a imagem (na fonte) do tolo, e cria,
A partir de uma falsa semelhança, uma sensação verdadeira.
Ele, o amante, o amado, une fria e brilhantemente
Flecha e alvo, arco e tiro
Com malemolência, dá à umidade fugidia e transitória
Os contornos macios e a altiva figura ilusória;
Tenta ombrear com os valores de que se livra
Na margem, seu rival chama o rio.

Figura Dançante

Quando o ímpeto solidifica-se abruptamente, esmorece-se o
                                               movimento,
num instante, o gênero transmuda-se rapidamente:
com uma admirável mensuração terrestre

Os dançarinos abrem gentilmente o círculo de seus pés, que,
até então,
Vagueavam indeterminadamente.

Antes da Justa

Mal retirara Vênus o cabelo louro do Ganges,
abandonando Apolo em seus refúgios dourados
e, subtraídas as fronteiras da Índia,
ela chicoteou o lombo do veloz cavalo
e, de pronto, refletia-se no metal laminado
de elmos estendidos e couraças cintilantes
de sorte que, nos raios da luz da manhã,
o campo apareceu, de imediato, inteiramente coberto pelo sol.

Marco Valério Marcial

Ele é campina, mar e céu
quantas flores, pérolas e estrelas
escondem-se, como doutrinas secretas,
em Teus escritos coloridos, sagaz ibérico.
jovial e austero
pode ser seu espírito, seu estilo
no qual estão misturados açúcar e sal, qual a abelha
que aferroa e, do ferimento, suga o mel.

Meu Retrato
(Que Deveria Ser Pintado por B. Schidoni)

Tome a austeridade do gelo e da chama,
o tremor da noite assombrada,
a palidez da morte e reúna isso tudo;
se puder, faça disso uma mistura rara;

tome toda a escuridão da tristeza,
tormento e escuridão eterna
o que há de amargo no amor, de falho na alegria
de trêmulo e miserável na natureza;

selecione, junto com isso, o veneno da hidra, as tormentas
do golfo líbio, e misture, aí então,
suas cores com suspiro e lágrimas.

Schidoni, tu farás, assim, minha imagem fiel e confiantemente.
se quiseres, pois,
Tê-la viva, não dê vida a ela.

O Maravilhoso

O alvo do poeta é o maravilhoso.
(Tenho em mente o alvo do mestre, não do incapacitado)
Aquele que não conseguir maravilhar, deve deixar-se golpear.

Giacomo Lubrano (1619-1693)

Vagalume

Centelhas vivas e tochas errantes
Com luminosidade, afrontam a mais cega sombra
Quase mágicos alados
Transformam fuga em lampejo e voo em raio.

O Peixe-Elétrico

Na letargia obscena do ópio escamoso,
Com sincopes vivas de um humor escamoso,
Uma monstruosidade do mar, epilepsia
Avidamente gélida exalada do trêmulo inverno.

Cedros Fantásticos

Frenesis do campo, sonhos que desabrocham
Delírios de plantas perfumadas
Humores de jardim, próteas folhadas,
Cedros desordenados numa ilusão adorável

Plantas tais como Cadmo,
Que presenteiam o outono com altas florestas bélicas,
Ou jogos adúlteros de Pomona
Que, no solo, engendram monstros enganosos.

Giuseppe Artale (1628-1679)

A Amada no Jogo de Dados

O que tu chacoalhas são relíquias errantes,
Ossos e pontos, números eloquentes;
Em jogadas confiantes e ataques de lágrimas
Eles anunciam em ti um jogo desconhecido e trágico.

Lidia, eles entoam uma missa fúnebre em homenagem à sua
aparência,
Notas negras, sinais de morte, ossos rangendo.
Tu jogas ou estás a morrer? Por vezes, tu vences, mas perdes
Diariamente; tu vives durante horas, mas morres por instantes.

Giuseppe Ungaretti (nascido em 1888)[1]

O Carpete

Cada cor derrama-se e adiciona-se
às demais cores
para existir ainda mais isoladamente para si mesma
quando tu a contemplas.

Consciência

– – – hoje à noite
irei rastrear a mordida da consciência
tal como um veleiro
que se perdeu no deserto.

Hoje à noite

Parapeito de vento frio
Para esfriar minha melancolia
Hoje à noite

---

1. Retirado do volume de poesias *L'allegria*. Tradução de Otto von Taube.

Edoardo Cacciatore (nascido em 1912)

O Olho

O olho cujo amor é cristal entre cílios
Não o que, nele, é dentro ou fora
Nada sabe de obstáculo, século, milhas
Ele encontra, no escuro, a mais fulgurante rede

Passado e Futuro

Um instante alcança movimento no templo
Contra ti o resto de tal religiosidade
Passado e futuro têm mãos dobradas
Mas, nada é devoto e nada é ímpio.

Ilusão

Toda parede é ilusão
O horizonte é trapaceado
O corpo não se sente, aqui, enojado
Toda troça dele escarnece
De quatro, as escadas irão ascender rumo ao mar aberto.

III. FRANÇA

Amadis Jamyn (1538-1592)

Peixes no Ar

O verão há de tornar-se inverno e a primavera outono
o ar pesado e o chumbo leve
peixes irão viajar no ar
Mudos terão boas vozes
a água tornar-se-á fogo e fogo água
devo, antes, apaixonar-me novamente.

Agrippa d'Aubigné (1552-1630)[1]

Diana

O tipo ousado e casto de sua ascensão, sua escolha –
confessai, quando tu, meu coração, vês seu semblante, sua roupa
e, sobre sua testa, a incandescência da pálida foice
seu olho desenfreado, que doma tudo e fere!
confessai como tu és tão bela e meiga:
Diana mata-nos, nós que nos reputávamos mortos.

Théophile de Viau (1590-1626)

Compensação

O zéfiro deu-se às marés
as marés consagraram-se à lua
os navios aos marinheiros
tudo aquilo que tudo recebe
nos devolve tudo o que foi dado.

Saint-Amant (1594-1661)

Despertar ao Lado da Flora

A relva ri com lascívia contra o ar
desse opulento e retorcido terraço
vejo o delicado fogo solar acariciar o seio das ondas.

Retirado do "Ballett du Landy". Paris, 1627

Centauro Voador

Vós vereis um monstro
um centauro voador, e, aí então, uma criança
que é mais velha que sua mãe
com uma escama brilhante dada por elefantes.

1. Traduzido por Friedhelm Kemp. Cf. *Jahresring*, p. 49

Louis de Neufgermain (1574-1662)

À Senhorita Dinton

Toda devota odeia o insignificante
que vai rumo a Charenton ao sermão;
também não gosta do mundano
do mal, do coração artificial
soando-lhe a garganta, sua boca faz 'din'
e, com sua flauta, ela faz 'ton'
pela consonância de 'ton' e 'din'
a dama harmonia gera: 'Dinton'.
sua flauta fazendo 'dre lin din din'
e sua voz sussurrando 'ton ton ton'.

Claude Cherrier (nascido em 1713)

Homem-Quimera
(à la Arcimboldi)

Ele tem um guarda-corpo (corpo)
membros periódicos
uma cabeça-de-ponte
uma fachada teatral (rosto)
traços de xadrez
a testa (fronte) de um batalhão
olhos de boi (claraboia)
uma boca-Danúbio
dentes serrotes...
uma garganta em forma de garrafa
braços de mar
veias de mármore
espírito-de-vinho etc.

Arthur Rimbaud (1854-1891)

Vogais

A negro, E branco, I vermelho, U verde, O azul, vogais,
Ainda desvendarei seus mistérios latentes:
A, velado voar de moscas reluzentes
Que zumbem ao redor dos acres lodaçais;

E, nívea candidez de tendas areais,
Lanças de gelo, reis brancos, flores trementes;
I, escarro carmim, rubis a rir nos dentes
Da ira ou da ilusão em tristes bacanais;

U, curvas, vibrações verdes dos oceanos,
Paz de verduras, pás dos pastos, paz dos anos
Que as rugas vão urdindo entre brumas e escolhos;

O, supremo Clamor cheio de estranhos versos,
Silêncios assombrados de anjos e universos;
– Ó! Ômega, o sol violeta dos Seus olhos!*

Stéphane Mallarmé (1842-1898)[2]

O Céu Está Morto

O azul está morto – quero ir ter rapidamente contigo, oh matéria primordial
   o esquecimento do ideal cruel e do pecado
   a esse mártir que vem dividir a liteira
   sobre a qual dormiu o feliz gado dos homens.

Cheiro de Tristeza

Foi no abençoado dia de teu primeiro beijo
frequentemente, meu devaneio adora martirizar-me
e, embevecido sabiamente do cheiro da tristeza,

---

* Tradução de Augusto de Campos. [N. da T.].
2. Traduzido por Remigius Netzer (St. Mallarmé, *Poemas*)

deixa, sem remorso tardio ou dor,
a colheita de um sonho no coração, que o colhe.

Guillaume Apollinaire (1880-1918)

Travessia

Para as belas embarcações de Port-Vendres
seus olhos eram os marinheiros
e quão delicadas eram as ondas
nos arredores de Palos

Quantos submarinos nadam e roçam calmamente
na minha alma
o altivo navio no qual ressoa tão alto
o coro de seu olhar queimante.

História

Destino, impenetrável destino
ervilhas vibradas pela loucura
e essas estrelas cintilantes
de falsas mulheres em vossas camas
desertos empurrados pela história.

Paul Eluard (1895-1952)

Tolice e Amor

A terra é azul como uma laranja
jamais um erro, as palavras não mentem
já não lhes dão mais nada para cantar
os beijos prestam-se à compreensão
as tolices do amor
ele e sua boca de harmonia
todos os segredos de cada sorriso
e aquele vestido negligente
a mostrá-lo inteiramente despido.

Iwan Goll (1891-1950)

Os Ovos do Rouxinol

Adormeci nos campos da premiação
e provei dos ovos do rouxinol
o unicórnio mágico foi por mim despedaçado
e devorei o pássaro sem digerir a asa.

André Breton (nascido em 1896)

Relógio de Pulso

Mas o tempo de que ela (a mulher) fala permanece um muro
que se debate num túmulo tal como uma vela no vento do norte
a eternidade procura um relógio de pulso
um pouco antes da meia-noite no píer.

Pierre Reverdy (nascido em 1889)

Diante do Espelho

Diante do espelho não se está sozinho
escuta-se, com efeito, uma só voz
e duas bocas, que riem
os prisioneiros no quarto ao lado
não poderiam estar mais tristes.

Henri Michaux (nascido em 1899)

No Escuro

No escuro, irmãos, veremos tudo com clareza
no labirinto, encontraremos o caminho certo
carcaça, recipiente irritante, fedorento e quebradiço
qual o seu lugar?

barril rangente, como tu irás perceber as cordas tensionadas
em quatro mundos!
como cortar-lhe-ei em pedaços[3].

Raymond Queneau (nascido em 1903)

Cruz e Agrião

Suresne Asnière, vai-se de lá para cá
ao longo do rio, no sinuoso bosque
arrasta-se a pedra, late um cão
sobre sendas tenramente suculentas
Saint-Cloud Croissy, cruz e agrião
que se misturam no rio
as flores no campo de cogumelo
e o pântano, que se acomoda.

Lucien Becker (nascido em 1911)

Qual Uma Mão Amputada

Sozinho, tu segues num espaço sem parada
a trilha de seu passado mudo
nenhum morto te vê, nenhum morto te procura
os mundos estão sozinhos tais como mãos amputadas
a eternidade te importuna, inflando-te em sua fuga
tu deves medir de estrela a estrela aquilo que delas te aparta.

---

3. Daniel C. von Lohenstein escreve: "Aquele que errar sensatamente pela construção [labirinto], encontrará seu caminho sagrado, o fio condutor da verdade".

IV. INGLATERRA

William Shakespeare (1564-1616)[1]

Discordia Concors

Breve e enfadonho? Divertido e trágico!
isso decerto é gelo em brasa e neve fervente.
quem pode mostrar-me a harmonia de tal discórdia?

Amor

Oh, amor turbulento! Ódio amoroso!
Oh, tu, que crias primeiramente do nada!
Oh, leveza pesada! Futilidade austera!
caos mal conformado de formas brilhantes!
pena de chumbo, fumaça luzente e fogo gelado!
contínuo sono acordado! Teu próprio contra-jogo!
sinto eu, pois, esse amor, odiando o que sinto!

---

1. Traduzido por W. v. Schlegel.

Conselho

O que dizes tu? podes amar esse homem?
Essa noite, tu deverás contemplá-lo em nossa festa.
Depois, leia no livro de seu rosto
e encontre o deleite ali escrito com a pena da beleza:
observe seus traços de amabilidade
e veja como um empresta contentamento ao outro
e aquilo que permanece obscuro nesse autêntico volume
acha-se escrito na margem de seus olhos.
Esse precioso livro de amor, esse amante ilimitado
carece apenas de uma capa, para embelezá-lo:
o peixe vive no mar, e duplamente orgulho
pois é autenticamente belo sem ter que velar a autêntica beleza
 interior:
o livro reluz gloriosamente no olho de todo mundo
a dourada doutrina contida em dourados fechos
assim tu irás saborear tudo aquilo que ele contém,
quando possuí-lo, sem nada perder.

Tu és o Marte dos mal contentes…

O Mundo

O mundo é, então, minha ostra
a qual quero abrir com a espada.

Labirintos Exóticos

O rebanho permanece vazio no campo encharcado
e os corvos empanturram-se com os flocos do rebanho;
a pista de boliche está repleta de lama
e, porque ninguém distingue seus trilhos,
os labirintos exóticos são irreconhecíveis no abundante verde.

Lábios

Teus lábios, aquelas cerejas beijadoras, crescem tentadoramente!
e aquele branco puro e espesso, neve de Taurus,
ventilado pelo vento do leste, transforma-se num corvo.
quando tu ergues tua mão: Oh, deixe-me beijar
essa princesa de brancura pura, espelho de toda pureza.

Baía da Morte

O contínuo uso do rancor amansa o rancor selvagem,
minha língua não deverá dizer a seus ouvidos o nome dos meus garotos
até que minhas unhas estejam ancoradas em teus olhos
e eu, em tal desesperadora baía da morte, qual um pobre barco, privado de cordas e velas,
despedaço-me em teu seio de pedras.

Apaixonada por sua Cadência

A barca na qual ela se sentou, qual um trono em chamas,
queimou sobre a água: a popa era de ouro trabalhado;
púrpuras, as velas eram tão perfumadas
que o vento as amava doentiamente; os remos eram de prata
e mantinham o ritmo sob o som de flautas,
que faziam com que a água na qual os remos batiam os seguisse mais depressa
como se estivesse apaixonada por sua cadência.

John Donne (1572-1631)

O Círculo

Quando eles são dois, dois eles são
assim como um círculo rígido é dois;
tua alma, de pé firme, sem movimentar nenhum vestígio,
mas lhe dói, quando a outra alma se move.

Assim, embora ela esteja no centro,
quando o outro pé do círculo segue adiante,
ela se inclina e lhe persegue
esticando-se para cima, quando ele se volta, pois, rumo à casa

Assim tu serás para mim,
que, inclinado, devo mover-me como o outro pé;
sua firmeza acerta meu entorno,
deixando-me terminar lá onde comecei.

Alquimia do Amor

E como nenhum alquimista ainda encontrou o elixir da vida,
mas glorifica seu pote de destilações,
se a ele acontece de encontrar, acidentalmente, alguma novidade
  odorífica ou medicinal,
os amantes sonham, imediatamente, um deleite longo e rico,
mas, com isso, ganham somente uma noite de verão invernal.

Richard Crashaw (1612-1649)

Aquele que Chora

Tuas lágrimas correm para cima
o seio do céu agora bebe a doce torrente;
lá onde a corrente de leite se arrasta
a sua própria corrente eleva-se qual um creme.
O que é úmido sobre o céu,
agora sabemos através de tuas lágrimas, através de ti.

Cristo-Rei

Quem é esse rei
que tomou para si a Tua coroa;
que pode, pois, vangloriar-se
de ter escoltado uma mina de prata errante,
uma casa da moeda original
que derrama uma quente e prateada comoção por toda parte.

Gerard Manley Hopkins (1844-1889)[2]

O Céu da Saudade

Pois, como o deleite do coração,
paira o cinza declinantemente amamentado e plenamente aca
lentado
vindo à luz os céus azuis verdejantes
do maio pintalgado e despelado!

2. Tradução de Ursula Clemen.

Cume azul palpitante e alvamente brilhante; ou, então, noite ainda mais alta,
com fogo bramante e a Via Láctea suavemente desgastada
que, à sua medida, é o céu da saudade
o tesouro que um olho jamais viu e que nenhum ouvido jamais pressentiu?

Preocupações de Cristo

Preocupações de Cristo; interesse de Cristo, algo a se reconhecer ou a a ser emendado
lá, de olho neles, o coração deseja, o zelo assombra, o pé segue amavelmente
seu resgate, seu salvamento, bem como seu primeiro, mais íntimo e último amigo

Folhas da Sibila

Deixe a vida extinguir-se, ah, deixe a vida desenrolar sua multiplicidade outrora confusa, manchada e variegada, tudo em dois carretéis; separa, encurrala e encerra
Seu todo em dois rebanhos, duas manadas – preto; branco;
certo, errado; levar em consideração, fazer pouco caso, preocupar-se
esses dois apenas; ciente de um mundo no qual somente esses dois
contam, um rejeitando o outro; um aparelho de martírio
onde, autocomprimido, autoamarrado, protegido e desprotegido
pensamentos contra pensamentos rangem aos gemidos.

William B. Yeats (1865-1939)

O Rato

Quadro e livro permanecem
uma manhã de verdejante relva
ao ar e à peregrinação
agora o corpo despende força;
meia-noite, uma casa antiga
na qual, além de um rato, ninguém está atarefado.

James Joyce (1882-1941)

Escuto um Exército

Eles berram o seu grito de guerra noite adentro:
gemo durante o sono, quando, de longe,
escuto sua risada vertiginosa.
Eles cindem a escuridão da noite com chamas ofuscantes
tinindo, eles retumbam
tinindo sobre o coração tal como sobre um púlpito.

Edith Sitwell (nascida em 1887)

Árvore de Noz-Moscada

A lua ofertou-me moedas de prata
o sol deu-me ouro
e ambos assopraram de leve
esfriando, pois, meu mingau.
Mas o rei da filha da China
agiu como se não visse
o modo como eu colocava
capa e algema em sua árvore de noz-moscada.

T. S. Eliot (nascido em 1888)

Tam-tam

No sussurro dos violinos
em ritmos faceiros
de explosivos instrumentos de sopro
inicia-se, no meu cérebro, um surdo tam-tam
e, de maneira absurda, ele martela para si um prelúdio
um *capriccio* monofônico:
trata-se de um 'som errado' unívoca e derradeiramente.

Canção para Simeon

Senhor, os jacintos romanos desabrocham em invólucros e
o sol invernal rasteja sobre a colina de neve
a obstinada estação do ano permaneceu de pé
minha vida é leve, aguardando o vento dos mortos
como uma pluma na palma de minha mão.
Pó em meio a luz do sol e lembranças em recantos
esperam pelo vento que nos gela na terra dos mortos.

Ronald Bottral (nascido em 1906)

Cubos

Sob lápide, sob a terra
sob a cruz, sob a coroa
vida é morte é
morte é vida é

sobre o arvoredo, sobre o crânio
sobre a avidez, sobre o ferimento
esperança é assombro é
assombro é esperança é

em meio ao trigo, em meio ao grito
em meio ao presente, em meio ao pacto
amor é ódio é
ódio é amor é.

W. H. Auden (nascido 1907)

Edward Lear

Na alva costa italiana, deixado sozinho pelo amigo por ocasião
 do café da manhã,
ergueu-se seu terrível demônio
detrás de seu ombro; para si, ele chorou na noite,
pintores de paisagem baratos que odiavam o seu nariz.

Edward Lear (1812-1888)

Jovem Dama de Branco

Era uma vez uma jovem dama de branco
que olha para a profundeza da noite;
mas, as aves do ar
sentiam o seu coração com desespero
e terminaram por afligir essa jovem dama de branco.

Um Senhor Diz: "Uh"

Era uma vez um senhor que disse: "Uh!
Eu vejo um pássaro numa moita".
Quando perguntaram: "ele é pequeno?"
Ele então respondeu: "Não, de modo algum!
Ele é bem maior do que o arbusto".

V. EUA

Edgar Allan Poe (1809-1849)

Ulalume

Um certo dia, através de uma alameda titânica
de ciprestes, perambulei com minha alma –
de ciprestes, com psique, minha alma.
Eram dias em que meu coração era vulcânico
como rios escoriados que fluem
como a lava que incansavelmente turva
com suas correntes sulfurosas rumo a Yaanek
nas derradeiras regiões do polo
que emitem grunhidos ao alcançarem a montanha Yaanek
nas áreas do polo boreal

Ezra Pound (nascido em 1885)

Phlegethon

Do Phlegethon!
Do Phlegethon,
Gerhard,
Tu saíste mesmo de lá?
Com Buxtehude e Klages em tua pasta escolar,
com o álbum de Sachs em tua
mala – não apenas de um pássaro, mas de muitos...

Início da Catedral de Colônia

Charter Oak em Connecticut
ou no início da catedral de Colônia
dos leões de Thorwaldsen e Paolo Ucello
e, aí então, Al Hambra, o pátio dos leões e el
Mirador de la reina Linderaja.

Allan Tate (nascido em 1889)

Zero

Estações nas quais o tempo inverte suas suaves passagens
a fim de trilhar caminhos duplos, a fim de ir para frente e para trás
cujas longas coordenadas consistem em nascimento e morte
e no zero, origem da respiração.

Archibald Macleish (nascido em 1902)

Voo de Pássaro

Um poema deveria existir sem palavras
Como o voo dos pássaros.

Um poema deve ser semelhante:
não verdadeiro.

Um poema não deveria significar nada:
mas apenas ser.

VI. RÚSSIA[1]

Serguéi Iessiênin (1895-1925)

Ácer

Lá, onde o sol nascente
borrifou água de rosas no canteiro de repolhos,
suga um pequeno ácer
no verde seio da mãe.

Estrela Madura

No ramo de uma nuvem, amarelece
uma estrela madura como uma ameixa.

---

1. Os exemplos russos foram por nós "reconstruídos" a partir das traduções alemã, francesa e italiana.

Vladímir Maiakóvski (1893-1930)

Porto

Panos de linho aquáticos esticar-se-ão sobre o ventre do barco
um dente branco tritura-os ondulantemente
grunhiram as chaminés, amor e desejo
elevam-se através do cobre das fornalhas.
nos berços da foz, barcas adaptam-se
aos mamilos de mães férreas;
nos ouvidos atordoados dos navios
brilhavam os brincos das âncoras.

Andréi Biéli (1880-1934)

Máscaras

Sou tão saudosamente quieto
nas palavras.
Máscaras são minhas sentenças.

Aleksandr Blok (1880-1921)

Muros Cegos

Símbolos obscuros soltam labaredas
sobre profundos muros cegos
Papoulas douradas e vermelhas
sobrecarregam meus sonhos.

VII. ALEMANHA

Daniel Caspar von Lohenstein (1635-1683)

Inscrição de um Labirinto

Como errais vós mortais, que veem o labirinto
como uma aberração que irá apenas desencaminhá-los.
Uma trilha semelhante a essa também parece distorcida aos olhos do cego,
mas um sábio não pode, aqui, perder a trilha.

A Bússola é Beleza

Nossa vida é o mar
as ondas de amor são o medo no qual balançamos,
sendo que a vela sobre a qual sopra o apetente vento
é o lençol do pensamento. Saudade e esperança são
as âncoras. A bússola é a beleza. Nossos redemoinhos são
banhos. O vinho e o excesso são nossos orgulhos.
A estrela, na qual nos fiamos para manter estável a navegação,
É uma boca bulbosa.

Chr. Hofmann von Hofmannswaldau (1617-1679)

Metalúrgica

Irmanaste-me aos espinhos nas rosas,
transformando cascalho em cristal;
tua bênção consumiu-me a tansvaloração
e fez metalúrgicas do mesmo minério.
Associaste-me aos números enquanto zero;
a ostentação do mundo começa depois de ter agradado a Deus.

Daniel von Czepko (1605-1660)

Receber: Perder

Aquele que é recebido por Deus também termina por perdê-lo. Quem de Deus põe-se totalmente à parte pode apreendê-lo – e nada mais havendo senão isso, pois Deus é Deus.
Visão divina:
O Deus vê, vê um nada. Algo sobre o qual ele nada pode dizer,
Ele vê o mesmo nada, sendo que todos podem vê-lo.

Catherina R. v. Greiffenberg (1633-1694)

Ao Frutífero Período Outonal

Afetuoso, frutífero e afortunado repasto anual,
alvo periódico verdejante e florescente, impressa ânsia desejosa!
Grande esperança foi posta em ti na colheita.
Sem ti apenas se contempla, mas nada se saboreia.

Oh recreador amavelmente doce, refresque simultaneamente nosso espírito:
ergue-se então, com seus frutos, o célebre aroma.
Cria os tempos anelados no reino do comando!

Ao Espírito Santo

Tu, colorido olhar especular, tu brilho de cor maravilhosamente vivaz!

Tu brilhas aqui e acolá até tornares inapreensivelmente claro;
o voo de pomba do espírito a brilhar no sol da verdade.
O lago movimentado por Deus também é turvamente claro!
Sobre sua superfície, ele espera fazer brilhar o filho de Deus, a lua; aí
então dá as costas, mas, a partir daí, torna-se cara também a terra.

Christian Knorr von Rosenroth (1636-1689)

Circunferência

Podes tu, pois, cortar teu coração numa interseção
apta a separar as arestas de acordo com a dimensão angular,
impossibilitando sua mútua distinção enquanto linhas retas:
o espírito de Deus sabe ampliar isso ainda mais,
sendo capaz, através de seu impulso, de estender as linhas
de sorte a formar, diante da perfeição, um circulo anular.

Paul Fleming (1609-1640)

O Tempo É Aquilo que Vós Sois

O tempo é aquilo que vós sois e vós sois aquilo que o tempo é,
mas vós sois, pois, um pouco menos do que aquilo que o tempo é.
Ah, mas se viesse à tona aquele tempo que existe sem tempo,
e, para além deste tempo, carregasse-nos em seus tempos,
subtraindo-nos a nós mesmos, de sorte que pudéssemos ser iguais
ao instante atual daquele tempo que já não põe em marcha tempo
algum.

Karl Krolow (nascido em 1915)

Deus-Tubarão

Triste é sua boca de morte,
do amarelo deus-tubarão;
braços e quadris a gingar
qual um animal de Heródoto.

Georg Heym (1887-1912)

Na Mão Negra

Levantou-se aquele que dormira longamente;
profundamente, levantou-se sob arcos.
Encontra-se no crepúsculo, grande e desconhecido;
e agora ele esmaga a lua na mão negra.

Else Lasker-Schüler (1876-1945)

Doce Filho do Lama

Doce filho do lama no trono feito de árvore almiscarada,
quanto tempo sua boca beijou a minha.
E, de rostos colados, quantos longos períodos brilhantemente unidos.

Oskar Loerke (1884-1941)

Aleijados dos Ventos

As relvas riscadas erguem-se e declinam,
quando aleijados dos ventos mancam.
Estes passam ao largo, pois não têm bengalas
para despertar a juventude das ruínas.

Wilhelm Lehmann (nascido em 1882)

Em Forma de Tenda

A terra fala, gafanhoto, sua boca,
dias azuis-verdejantes em forma de tenda.

Elisabeth Langgässer (1899-1950)

Animal Silvestre

Onde estávamos?
Em florestas de orquídeas,

em bosques de licopódio, rabo-de-cavalo ou samambaia?
Um animal silvestre
andou por entre os campos de lírios
e glaciais medraram vagarosamente
até as marés frias. Sangue e urina cresceram. –

O grupo de folhas,
tal como lanças petrificadas,
deu origem de maneira bem silenciosa à semente inteiriça.
O cabelo da deusa
suspendia-se conaturalmente no vazio,
e, sem procriação, o pesado hermafrodita encerrou em si a rima criativa.

Paul Celan (nascido em 1920)

Vozes

Vozes no verde
da arranhada superfície da água.
Quando o pássaro de gelo submerge,
seguem os segundos:
o que se lhe apresentou
em qualquer uma das margens,
vem à baila
como que cortado numa outra imagem.

FONTES BIBLIOGRÁFICAS ATINENTES À REUNIÃO DE *CONCETTI*

Góngora: Span. *Soledades,* p. 645, 663, 639, 681 ; Diego : Span. Guanda, p. 239; Lorca: Span. Guanda, p. 239, 257, 251; Marino: *Marino e i Marinisti,* op. cit., p. 1036, 1040; Artale: *Enciclopedia Poetica,* Nápoles, 1672, p. 66; Ungaretti: *L'Allegria,* 1954, trad. (p/ alemão) por Otto von Taube; Cacciatore: *Restituizione,* Florença, 1955; Jamyn: Eluard-Anthol., op. cit., 77; d'Aubigné: *Printemps,* Paris, 1875. (Vide F. Kemp, op. cit.); Viau: Eluard-Anthol., op. cit., p. 169; Saint-Amant: Eluard-Anthol., p. 208; Ballet du Landy: Rousset, op. cit., p. 26 ; Neufgermain: Bizarre IV, op. cit., p. 61 ; Cherrier: Eluard Anthol., op. cit., p. 303; Rimbaud: *Poésies,* 1926, p. 142; Mallarmé: *Apparition* e *L'Azur;* Appolinaire: *Le Bestiaire,* in: Oeuvres poétiques, Paris, 1956, p. 279 e *Textes inédits,* Paris, 1952, p. 13; Eluard: Franz. Anthol. Guanda, op. cit., p. 220; Goll: *Panorama crit. d. Nouv. poètes franc.,* Paris, 1952, p. 55; Breton: Franz.

Anth. Guanda, op. cit., p. 195; Reverdy: Franz. Guanda, op. cit., p. 184; Michaux: Franz. Guanda, op. cit., p. 316; Queneau : Franz. Guanda, op. cit., p. 316 ; Becker: *Panorama Crit. d. Nouv. poètes franc.*, op. cit., p. 274 ; Shakespeare: *Sommernachtstraum* v 1, *Romeo und Julia* I, 1, I, 3 ; *Die lustigen Weiber von Windsor* I, 3 ; II, 2 ; *Sommernachtstraum* II, 1, III, 2 ; *Richard III* : IV, 4 ; *Antonius und Cleopatra* II, 3 ; Donne : *The Metaphysical Poets*, London, 1957, p. 72, ebda., p. 68 ; Crashaw: ebda., p. 196, 199 ; Hopkins: *The Wreck of Deutschland* (26), in : *Gedichte, Schriften, Briefe*, org. por U. Clemen, op. cit., p. 47, *The Lantern out of Doors*, ebda., p. 61, *Spelt from Sibyl's Leaves*, ebda., p. 141; Yeats: *An Acre of green Grass*, Engl. Guanda, op. cit., p. 66; Joyce: *Chamber Music*, XXXVI, London, 1950, p. 40; Sitwell: Engl. Guanda, op. cit., p. 190; Eliot: *Collected Poems*, New York, 1930, p. 19, p. 127; Bottral: Engl. Guanda, op. cit., p. 340; Auden: Engl. Guanda, op. cit., p. 359; Lear: *The Penguin Book of Comic and Curious Verse*, London, 1952, p. 29, p. 237; Poe: *Ulalume*, in: *Selected Poems*, New York, 1951, p. 38; Pound: *Canti Pisani*, Ausg. Guanda, Bologna, 1953, p. 52, p. 47; Tate: S. Raiziss, *Metaphysical Passion*, op. cit., p. 190; Macleish: Amerik. Guanda, op. cit., p. 293; Esénin: Russ. Guanda, op. cit., p. 397, 402; Maiakóvski: ebda., p. 245; Bélyj: ebda., p. 112; Blok: ebda., p. 118; D. Casper von Lohenstein: *Deutsche Dichtung des Barock* (Hederer-Ausg.), op. cit., p. 219 e *Deutsche Barock-Lyrik* (Edição Cysarz), op. cit., p. 59; Hofmann von Hofmannswaldau: *Deutsche Gedichte des XVI. u. XVII Jahrhunderts* (Edição Milch), op. cit., p. 176; D. v. Czepko: ebda., p. 257; C. R. V. Greiffenberg: *Deutsche Barock-Lyrik* (Edição Cysarz), op. Cit., p. 31 e *Dichtug des Barock*, op. cit., p. 127; Knorr von Rosenroth: *Deutsche Barock-Lyrik*, op. cit., p. 139; Paul Fleming: *Kunstformen des Barockzeitalters*, op. cit., p. 364; Krolow: *Die Zeichen der Welt*, Stuttgart, 1952, p. 40; Heym: *Ergriffenes Dasein* (Deutsche Lyrik 1900-1950), Ebenhausen, 1953, p. 150; Lasker-Schüler: ebda., p. 256; Langgässer: ebda. p. 263; Celan: *Jahresring 1958/59*, op. cit., p. 198.

INDICAÇÕES BIBLIOGRÁFICAS

As obras já mencionadas nas notas são, em geral, novamente arroladas. As fontes atinentes à reunião dos *concetti* acham-se no final desta mini-antologia. A literatura citada neste volume, bem como aquela que surge no primeiro, constitui uma contribuição a uma bibliografia geral sobre o maneirismo, tomado como um fenômeno histórico que vem à tona periodicamente, levando em consideração tanto seus pressupostos sociológicos e psicológicos como seus aspectos filosóficos e teológicos. Pelo cuidadoso índice temático e onomástico devo agradecer à equipe de redação da *Rowohlts Deutsche Enzyklopädie*.

Além das personalidades já mencionadas no primeiro livro, neste segundo volume também devo agradecer novamente à minha mulher, Effenberger (nome de batismo), pela incansável e maravilhosa colaboração, ao prof. dr. Ernesto Grassi pela clara correção, assim como à equipe de redação da *Rowohlts Deutsche Enzyklopädie* e ao dr.

Werner Ross pelas leituras de revisão. Guardei, por fim, os estímulos dignos de agradecimento do dr. Werner Doede, Paul Elbogen, dr. Magnus Enzensberger, prof. dr. Arnold Gehlen, prof. Gustav F. Hartlaub, prof. dr. Josef Höfer, Dr. Hans Jessen, Daniel H. Kahnweiler, prof. dr. Max Lüthi, dr. Heinz Holldack, dr. Reinherd Raffalt, prof. Wolf Steidle, dr. Karl Troost, dr. Adolf Max Vogt, dr. Werner Weber e prof. dr. Wilhelm Weischedel.

Primeira Parte

ACCETTO, Torquato. *Della dissimulazione onesta* 1641. Edição Bari, 1928.
ALTHEIM, Franz. Klassik und Barock in der römischen Geschichte. In: CASTELLI, Enrico (ed.). *Atti del III Congresso Internazionale di Studi Umanistici*. Roma, 1955.
APOLLINAIRE, Guillaume. *Alcools*. Paris, 1913.
_____. *Oeuvres Poétiques*. Paris, 1956.
BACON, Lord Francis. *Of the Advancement of Learning*. Oxford, Nova edição, 1906.
_____. *De Augmentis scientiarum*. London, 1623.
BALL, Hugo. *Die Flucht aus der Zeit*. 1927. Nova edição 1946.
BELLONI, Antonio. *Il seicento*. Milano, 1929. Storia letteraria d'Italia.
BENN, Gottfried. *Probleme der Lyrik*. Wiesbaden, 1951.
BINSWANGER, Ludwig. *Drei Formen missglückten Daseins*. Tübingen, 1956.
BO, Carlo (org.). *Nuova poesia francese*. Bologna: Guanda, 1955.
BOCHÉNSKY, J. M. *Geschichte der logik*. Freiburg/Münch, 1956.
BORGES, Jorge Luís. *El Aleph*. 1949. (Parte dele sob o título de Der Garden der verschungenen Pfade. In: *Merkur*. Münche, Julho de 1958)
_____. *Ficciones*. Buenos Aires, 1944.
BOUISSON, Maurice, *La magie*. Paris, 1958.
BRAY, René. *La Préciosité et les précieux*. Paris, 1948.
BRETON, André. *Anthologie d'humour noir*. Paris, 1950.
BROCK, J. *Kotflügel-Wortkonzert in durchgeführter Sprache*. Itzehoe, 1957.
BROCKHAUS, Ernst. *Góngoras Sonnettendichtung*. Bonn, 1935.
BROOKS, Cleanth. *Modern Poetry and Tradition*. Chapel Hill, 1939.
BRUNO, Giordano. *Degli eroici furori*. 1585. Edição alemã: Clássicos Rowohlt, v. 16, 1957.
CACCIATORE, Edoardo. *La restituzione*. Firenze, 1953.
CARBONELLI, Giovanni. *Sulle fonti storiche della chimica dell' alchimia*. Roma, 1925.
CARMELO, Ottaviano. *L'Ars compendiosa di R. Lulle*. Com edição de texto. Paris, 1930.
CHOCHOD, Louis. *Histoire de la magie et de ses dogmes*. Paris, 1949.

CURTIUS, Ernst Robert. *Europäische Literatur und Lateinisches Mittelalter.* Berna, 1948. (Trad. bras.: *Literatura Europeia e Idade Média Latina.* Paulo Rónai e Teodoro Cabral. São Paulo: Edusp/Hucitec, 1996.)
DE NEUFGERMAIN, Louis. *Poésies et rencontres.* Paris, 1630.
DOEDE, Werner. *Schönschreiben, eine Kunst. Johann Neudörffer und seine Schule im 16. und 17. Jahrhundert.* München, 1957.
_____. *Die deutschen Schreibmeister von Neudörffer bis 1800.* Hamburg, 1958.
DOERING, Oskar. *Christliche Symbole.* Freiburg, 1940.
DORNSEIFF, Franz. *Das Alphabet in Mystik und Magie.* Leipzig, 1925.
_____. *Der deutsche Wortschatz nach Sachgruppen.* Berlin, 1934.
ELIOT, T. S. *Selected Essays.* London, 1932.
ENZENSBERGER, Hans Magnus. "Spur der Zukunft". In: *Jahresring 1958/59.* Stuttgart, 1958.
_____. *Über das dichterische Verfahren in Clemens Brentanos lyrischem Werk.* Erlangen, 1955; *Transit*, Frankfurt, 1956.
_____. *Verteidigung der Wölfe.* Frankfurt, 1957.
FISCHER-DÖBELN, Oskar. *Orientalische und griechische Zahlensymbolic.* Leipzig, 1918.
FREUND, A. *Modernus und andere Zeitbegriffe des Mittelalters.* Catedral. Contr. à pesquisa hist. v. 4. Köln/Graz, 1957.
FRIEDMAN, William F. ; FRIEDMAN, Elizabeth S. *The Shakespearian Ciphers Examined.* Cambridge, 1952.
FRIEDRICH, Hugo. *Die Struktur der modernen Lyrik.* Rowohlts Deutsche Enzyklopädie. v. 25, Hamburg, 1956. (terceira edição, 1959)
FULCANELLI. *Le mystère des cathédrales.* Paris, 1957.
GAUTIER, Théophile. *Les grotesques.* Paris, 1873.
GEHLEN, Arnold. *Sociologischer Kommentar zur modernen Malerei.* Merkur, Münche, 1958.
GRACIÁN, Baltasar. *Agudeza y Arte de Ingenio.* Buenos Aires, 1945.
GRASSI, Ernesto. *Kunst und Mythos.* Rowohlts Deutsche Enzyklopädie. v. 36. Hamburg, 1957.
GROTO, Luigi. *Rime.* Venezia, 1587.
HARSDÖRFFER, Georg Philipp. *Frauenzimmer-Gerprächsspiele.* Nürnberg, 1620.
_____. *Poetischer trichter, Die Teutsche Dicht-und Reimkunst ohne Behuf der lateinischen Sprache in sechs Stunden einzugiesen.* 1647, 1648, 1653. Edição Nürnberg, 1653.
HAUSER, Arnold. *Sozialgeschichte der mittelalterlichen Kunst.* Rowohlts Deutsche Enzyklopädie. v. 45. Hamburg, 1957.
HERBIG, Reinhard. *Zwei Strömungen späthellenisticher Malerei.* In: *Die Antike.* Berlin, [s. l.], 1931.
HEYM, Gérard. *Le Système magique de John Dee.* In: *La Tour Saint-Jacques* 11/12. Paris, julho-dezembro, 1957.
HOCKE, Gustav René. *Die Welt als Labyrinth.* Rowohlts Deutsche Enzyklopädie. v. 50/51. Hamburg, 1957.
HÖLLERER, Walter. *Transit: Lyribuch der Jahrundermitte.* Frankfurt am Main: Suhrkamp, 1956

HOLTHUSEN, Hans Egon. *Labyrinthische Jahre.* Münche, 1957.
HOPKINS, Gerard Manley. *Gedichte, Schriften, Briefe.* Münche, 1954.
HUIZINGA, Johan. *Homo ludens.* Rowohlts Deutsche Enzyklopädie. V. 21. Hamburg, 1956. (Trad. bras.: *Homo Ludens.* 5. ed. São Paulo: Perspectiva, 2001).
ISOÙ, Isidore. Qu'est ce que le letttrisme. Bilan lettriste. In: *Fontaine,* n. 62. Paris, out., 1947.
JASPERS, Karl. *Metaphysik.* Berlin, 1932.
JEAN PAUL. *Vorschule der Asthetik.* 1804 (edição Leipzig, 1923).
KASSNER, Rudolf. *Physiognomik.* Wiesbaden, 1952.
KAYSER, Wolfgang. *Die Klangmalerei bei Harsdörffer.* Berlin, 1932.
_____. *Das sprachliche Kunstwerk.* Bern, 1956.
_____. *Das Groteske. Seine Gestaltung in Malerei und Dichtung.* Oldenburg, 1957. (Trad. bras.: *O Grotesco: Configuração na Pintura e na Literatura.* São Paulo: Perspectiva, 2003).
KIRCHER, Athanasius. *Ars magna sciendi sive combinatoria.* Amsterdã, 1669.
_____. *Iter extaticum.* Würzburg, 1660.
_____. *Oedipus aegyptiacus.* Roma, 1652.
_____. *Polygraphia nova et universalis.* Roma, 1663.
KLAGES, Ludwig. *Ausdrucksbewegung und Gestaltungskraft.* Leipzig, 1921.
KLAJ, Johann. *Deutsche Barock-Lyrik.* Stuttgart, 1954.
KLUGE, E. *Gedichte von Porfyrius.* Leipzig, 1926.
LEPOREO, Lodovico. *Decadario Trimetro.* Roma, 1634.
_____. *Centena dística, dactila...* Roma, 1652.
LOUVIER, *Chiffre u. Kabbla in Goethes Faust.* Berlin, 1897.
MÄNNLING, Joh. Christoph. *Der Europäische Helikon.* 1704.
MENÉNDEZ PELAYO, Marcelino. *Historia de las Ideas Esteticas en España.* Santander, 1940.
NIEREMBERG, Eusebius. *Occulta philosophia de la sympatia y antipatia.* Madrid, 1651.
NIETZSCHE, Friedrich. *Götzendämmerung* (1888). (Trad. bras. *Crepúsculo dos Deuses.*)
NORDEN, Eduard. *Die antike Kunstprosa.* Leipzig/Berlin, 1908.
NOVALIS. *Schriften, Fragmente.* Jena, 1923.
PAPUS. *Traité elémentaire de Science Occulte.* Edição Paris, 1926.
PARIS, Jean. W. *Shakpeare in Selbstzeugnissen und Bilddokumenten.* Monografias Rowohlt, v. 2, Hamburg, 1958.
POE, Edgar Allan. *Selected Poems.* New York, 1951.
PRAZ, Mario. *La Poesia metafísica inglese del Seicento.* Roma, 1945.
_____. *Studi sul concettismo.* Firenze, 1946.
QUINTILLIAN, M. F. Qu. *De Institutione Oratoria.* Paris: Garnier, 1954.
RAIZISS, Sona. *The Metaphysical Passion: Seven Modern Poets and the Seventeenth-Century Tradition.* Philadelphia, 1952.
RASTRELLI, Tolosani. *Storia dell' enigmistica.* Milano, 1926.
RIMBAUD, Arthur. Alchimie du Verbe In: *Oeuvres complètes.* Paris: Labiche, [s. d].
ROUSSELOT, Jean. *Panorama critique des nouveaux poètes français.* Paris, 1952.

SABAS, P. *Muséon*. Ed. por Hebbelynck, 1900.
SALIS, A. von *Die Kunst der Griechen*. Zürich: [S. l], 1953.
_____. *Aprecio y Estima de la divina Gratia*. Madri, 1638. (Tradução alemã de Josef Scheeben: *Dier Herrlichkeit der göttlichen Gnade*. Nova edição, Freiburg, 1941)
SCHEEBEN, Joseph. *Die Mysterien des Christentums*. Org. por Josef Höfer. Freiburg, 1941.
SCHERER, Jacques. *Le livre de Mallarmé*. Paris, 1957.
SCHLEGEL, Friedrich. *Schriften und Fragmente*. Ernst Behler (org.). Stuttgart, 1956.
SCHNEEGANS, Heinrich. *Geschichte der grotesken Satire*. 1894.
SCHOLEM, Gershom. *Die jüdische Mystik in ihren Hauptströmungen*. Frankfurt, 1958. (Trad. bras. As Grandes Correntes da Mística Judaica. 3. ed. São Paulo: Perspectiva, 1995).
SCHOTT, Gaspar. *Schola Stenographia*. Nürnberg, 1665.
SCHULZ-HENCKE, Harald. *Der gehemmte Mensch*. Leipzig, 1940.
SCHWEITZER, Bernhard. *Der bildende Künstler und der Begriff des Küntlerischen in der Antike*. In. *Neuen Heildelberger Jahrbüchen*, 1925.
SELIGMANN, Kurt. *Le Miroir de la magie*. Paris, 1956.
STOMMEL, Eduard. *Beiträge zur Ikonographie der konstantinischen Sarkophagenplastik*. Bonn, 1954.
STRAWINSKY, Igor. *Poétique musicale*. Paris, 1952.
STÜCKEN, Eduard. *Der Ursprung des Alphabets und die Mondstationen*. Leipzig, 1913.
TESAURO, Emanuele. *Il cannocchiale aristotelico: o sai idea dell' arguta e ingegniosa elocutione...* Edição Venedig, 1682.
THOMAS, Dylan. *Collected Poems*. London, 1952.
TRENDELENBURG, Adolf. *Phantasiai*. [s. l.], Berlin, 1910.
VALÉRY, Paul. Questions de poésie. In: *Variété* III. Paris 1930.
_____. *Méthode de Léonard da Vinci*. Paris, 1930.
WAIS, Kurt. *Mallarmé*. Munique, 1938.
WALLENSTEIN, M. *Some Unpublished Piyyutim*. Manchester, 1956.
WIESER, André. *Der sentimentale Mensch*. Stuttgart, 1924.
WILPERT, Gero von. *Sachwörterbuch der Literatur*. Stuttgart, 1955.
WITTGENSTEIN, Ludwig. *Tractatus logico-philosophicus*. 1922.
_____. *Philosophische Untersuchungen*. 1956.
_____. *Bemerkungen über die Grundlage der Mathematik*. 1956.
ZIEGLER, Leopold. *Überlieferung*. Leipzig, 1936.

Segunda Parte

ALONSO, D. *Góngora y la Literatura Comtemporanea*. Santander, 1932.
_____. *La lingua poetica di Góngora*. Madrid, 1935.
ANGYAL, Andreas. *Die slawische Barockwelt*. Leipzig, 1959.
APOLLINAIRE, Guillaume. *Textes Inédits*. Paris, 1952.

ARMSTRONG, Edward A. *Shakespeare's Imagination*. London, 1946.
ARP, Hans. *Auf einem Bein*. Wiesbaden, 1955.
BACHMANN, Ingeborg. *Anrufung des grossen Bären*. Münche, 1956.
_____. *Gestundete Zeit*. Frankfurt, 1953.
BALDENSPERGER, F. *Bibliography of Comparative Literature*. North Carolina Press, 1950.
BENN, Gottfried. *Ausgewählte Briefe, mit einem Nachwort von Max Rychner*. Wiesbaden, 1957.
_____ (ed.). *Lyrik des expressionistischen Jahrzehnts*. Wiesbaden, 1955.
_____. *Trunkene Flut*. Wiesbaden, 1949.
_____. *Probleme der Lyrik*. Wiesbaden, 1951.
BLÖCKER, Günther. *Die neuen Wirklichkeiten*. Berlin, 1958.
BRETON, André. *Manifeste du surréalisme*. Paris, 1924.
_____. *Les vases communicants*. Paris, 1952.
_____. *L'Amour fou*. Paris, 1937.
BRAY, René. *La Préciosité et les précieux*. Paris, 1948.
BUSH, Douglas. *English Literature in Earlier Seventeenth Century (1600-1660)*. Oxford, 1945.
CAHIERS du Sud. Marseille, 1955, n.332.
CALCATERRA, Carlo. Il lirici del seicento. In: *Storia Letteraria d'Italia*. Milano, 1936.
CELAN, Paul. *Mohn und Gedächtnis*. Stuttgart, 1952.
_____. *Il parnaso in rivolta*. Milano, 1940.
CITATI, Pietro. La Poesia e il caso. In: *Paragone*, n. 92, 1957.
COCTEAU, Jean. *Poèmes*. Paris, 1956.
CLEMEN, Wolfgang. *The Development of Shakespeare's Imagery*. London, 1951.
COHEN, J. M. (ed.). *More Comic and Curious Verse*. London: Penguin, 1956.
CROCE, Benedetto. *Storia dell'età barroca in Italia*. Bari, 1953.
_____. *Saggi sulla Letteratura Italiana del Seicento*. Bari, 1948.
CURTIUS, Ludwig. Die Rankengöttin. In: *Torso*. Stuttgart, 1957.
CYSARZ, Herbert. *Deutsche Barocklyrik*. Wiesbaden, Reclam, 1954.
DE GÓNGORA, Luis. *Soledades*. Tradução alemã de Hermann Brunn. Münche, 1954.
_____. *Obras Completas*. Madrid, 1951.
DE VIAU, Théophile. *Oeuvres poétiques*. Paris, edição de 1951.
ELIOT, T. S. *Collected Poems*. London, 1934.
_____. *Selected Essays*. London, 1932
ELUARD, Paul. *Première anthologie vivante de la poésie du passé*. Paris, 1951.
FERRERO, G. F. *Marino i marinisti*. Milano/Napoli, 1954.
FRANÇOIS, René. *Essay des merveilles*. Paris, 1639.
GARNER, H. (org.). *The Metaphysical Poets*. London, 1957.
GETTO, Giovanni. *Opere scelte di G. B. Marino e dei Marinisti*. Torino, 1954.
GILBERT, Stuart. *James Joyce's Ulysses: A Study*. London: Faber and Faber, 1930.
GRIESON, H. (org.). *The Poems of John Donne*. Oxford, 1933.
GUESMER, Carl. *Ereignis und Eisamkeit*. Stierstadt, 1955.
HEDERER, Edgar. *Deutsche Dichtung dês Barock*. Munique, 1956.

HEGEL, Georg W. F. *Ästhetik*. Berlin, 1955.

HERDER, Johann Gottfried. "Anmerkungen über das griechische Epigramm". In: *Ges. Werke*. Stuttgart. v. 50, 1928.

HÖLLERER, Walter. *Zwischen Klassik und Moderne*. Stuttgart, 1958.

HOLMES, Elisabeth. *Aspects of Shakespeare's Imagery*. Oxford, 1920.

HOHOFF, Curt. *Geist und Ursprung*. Münche, 1957.

HORST, Karl August. *Die deutsche Literatur der Gegenwart*. Münche, 1957.

HUSAIN, Itrat. *The Mystical Element in the Metaphysical Poets of the Seventeenth Century*. Edinburg/London, 1948.

IZZO, Carlo (ed.). *Poesia inglese contemporanea: da Thomas Hardy agli apocalittici*. Bologna, 1950.

JAECKLE, Erwin. *Glück im Glas*. Zürich, 1957.

JASPERS, Karl. *Philosophische Logik*. Münche, 1947.

JENS, Walter. *Statt einer Literaturgeschichte*. Pfullingen, 1957, 2. ed.

KANT, Immanuel. *Beobachtungen über das Gefühl des Shönen und Erhabenen*. Edição Göttingen/Hamburg, 1949.

_____. *Kritik der Urteilskraft*. Edição Hamburg, 1954.

KAYSER, Wolfgang. *Das sprachliche Kunstwerk*. Bern, 1956.

KLEIST, Heinrich von. *Über das Marionettentheater*. Leipzig: Bong, [s.d.].

KROLOW, Karl. *Mein Gedicht ist mein Messer*. Heidelberg, 1953.

LEO, Ulrich. *Torquato Tasso: Studien zur Vorgeschuchte des Secentismo*. Bern, 1951.

LÜTHI, Max. *Shakespeares Dramen*. Berlin, 1957.

MAHOOD, M. M. *Shakespeare's Wordplay*. London, 1957.

MARINO, G. B. *Lettere*. Venezia, 1673.

MEOZZI, Antero. *Il secentismo europeo*. Pisa, 1936.

MILCH, Werner. *Deutsche Gedichte des 16. und 17. Jahrhunderts*. Heidelberg, 1954.

MORGENSTERN, Christian. *Alle Galgenlieder*. Berlin, 1935.

MUSCHG, Walter. *Die Zerstörung der deutschen Literatur*. Berlin, 1956.

NARZISS, G. A. *Studien zu den Frauenzimmer-Gesprächsspielen von G. P. Harsdörffer*. Leipzig, 1938.

NESTLE, Wilhelm. *Die Vorsokratiker*. Jena, 1922; nova edição, Düsseldorf, 1956.

NEWALD, Richard. *Die deutsche Literatur vom Späthumanismus zur Empfindsamkeit (1570-1750)*. Münche, 1951.

PAUL, Jean. *Vorschule der Ästhetik*. (1804). Leipzig, 1923.

PEREGRINI, Matteo. *Delle acutezze*. Bologna, 1639.

PERROTTA, Gennaro. *Disegno storico della letteratura greca*. Milano, 1958.

PICHON, René. *Histoire de la littérature latine*. Paris, 1947.

POETHEN, Johanes. *Risse des Himmels*. Esslingen, 1956.

PRAZ, Mario. *Secentismo e marinismo in Inglaterra*. Firenze, 1925.

_____. *Richard Crashaw*. Brescia, 1946.

RAEBER, Kuno. *Die verwandelten Schiffe*. Darmstadt, 1957.

RIPELLINO, Angelo Maria (ed.). *Poesia russa del Novecento*. Bologna: Guanda, 1954

RYCHNER, Max. "Vom Umgang mit Göttern". In: *Zeitgenössische Literatur*. Zürich, 1952.

_____. "Wiedergeburt der deutschen Barocklyrik". In: Sparen der Bücherwelt. Zürich, 1952.
_____. Der unzeitgemässe Jean Paul In: Arachne. Zürich, 1957.
ROUSSET, Jean. La Littérature de l' âge baroque en France. Paris, 1954.
SIEBURG, Friedrich. Nur für Leser. Stuttgart, 1955.
STAMM, Rudolf. Englischer Literaturbarock. In: STAMM, R. (ed.). Die Kunstformem des Barockzeitalters. Bern, 1956.
SCHLEGEL, Friedrich. Kritische Schriften. Münche, 1956.
SCHÜCKING, Levin L. Charakterprobleme bei Shakespeare. Leipzig, 1927.
_____. Shakespeare und der Tragödenstil seiner Zeit. Bern, 1947.
STRUVE, Gleb. Geschichte der Sowjetliteratur. Münche, 1957.
TABOURET, Étienne. Bigarrures. Paris, 1586.
TAPIÉ, Victor L. Baroque et classicisme. Paris, 1957.
THOMAS, Lucien Paul. Étude su Góngora et le gongorisme consideres dans leurs rapports avec la marinisme. In: Mémoires de L'Ac. Roy. De Belgique. Bruxelas, 1910. Tomo VII. O LIRISMO e o preciosismo cultista na Espanha. Anexo da Zeitschr f. Romam Philologie. Halle, 1909.
TSCHIZEWSKIJ, Dmitrij. Formalistische Dichtung bei den Slaven. Wiesbaden, 1958.
UNGARETTI, Giuseppe. Góngora ao lume d'oggi. In: Panorama dell' Arte italiana. Torino, 1950.
WEBER, Werner. Vom deutsche Literatur der Gegenwart. In: Neue Zürcher Zeitung, 1958, n. 505, 576, 655.
WEIDLÉ, Wladimir. Les Abeilles d'Aristée. Paris, 1954. (Edição alemã: Die Sterblichkeit der Musen. Stuttgart, 1959)
WEISCHEDEL, Wilhelm. Abschied vom Bild. In: Erziehung zur Menschilichkeit. Tübingen, 1957.
WERNER, Heinz. Der Ursprünge der Metapher. Leipzig, 1919.
WINNY, James. The Descent of Euphues. Cambridge, 1957.
WINTHUIS, J. Das Zweigeschlechter-Wesen. Leipzig, 1928.

Terceira Parte

ARGAN, G. C. La Retórica e l' art barroca. In: CASTELLI, Enrico (ed.). Atti del III Congresso Internazionale di Studi Umanistici. Roma, 1955.
BATTLORI, Miguel. Gracián y el Barocco. Roma, 1958.
BAUDELAIRE, Charles. Mein entblösstes Herz. Münche, 1946.
BELL, A. F. G. Baltazar Gracián. Oxford, 1921.
BENI, Paolo. Aristotelis poeticam commentarii. [s.l.s.n.], 1613.
_____. Anticrusca. 1612.
BENJAMIN, Walter. Schriften. Frankfurt, 1955.
BENN, Gottfried. Ausgewählte Briefe. Wiesbaden, 1957.
BERGSON, Henri. Extraits de Lucrèce. Paris, 1924.
BERNOULLI, R. Seelische Entwicklung im Spiegel der Alchimie. Eranos--Jahrbuch (1935). Zürich, 1936.
BORINSKI, Karl. Gracián und die Hofliteratur in Deutschland. Halle, 1894.

BORZELLI, Angelo. *Il cavalieri G. B. Marino*. Napoli, 1898. (Camillo Pellegrini, Del Concetto Poetico 1. impressão 1598)
BOSQUET, Alain. *Surrealismus*. Berlin, 1950.
BOUHOURS, P. Dominique. *La manieri de bien penser*. Paris, 1668.
_____. *Pensées ingénieuses*. Paris, 1688.
BRÉMOND, H. *Histoire littéraire du sentiment religiuex en France*. Paris, [s. l.] 1916-1928.
BRETON, André. *L'Art magique*. Paris, 1957.
BRISCHAR, Karl. *P. A. Kircher*. Würzburg, 1877.
BURCKHARDT, Jacob. *Griechische Kulturgeschichte*. Leipzig, 1929.
BUSH, Douglas. *English Literature in the Earlier 17. Century*. Oxford, [s. l.] 1945.
CAMPANELLA, Thomas. *De sensu rerum et magia*. Frankfurt, 1620.
CASSIRER, Ernst. *Individuum und Kosmos in der Philosophie der Renaissance*. Berlin, 1927.
CIRLOT, Juán-Eduardo. Lettre de Barcelone. In: *Le surréalisme-même*. Paris, 1956, n. 1.
COLONNA, Francesco. *Hypnerotomachia Poliphili*. Venezia, 1499.
CROCE, Benedetto. *Problemi di estetica*. Bari, 1954.
_____. I trattatisti italiani del concettismo. In: *Problemi di Estetica*. Bari, 1954.
D'ORS, Eugenio. *Lo Barocco*. Madrid, 1943.
DILTHEY, Wilhelm. *Weltanschauung und Analyse des Menschen seit Renaissance und reformation*. In: *Obras Completas*, 1923, v. 2.
DOCKHORN, Klaus. Die Retorik als Quelle des vorromantischen Irrationalismus in der Literatur – und Geistesgeschichte. *Nachrichten der Akademie der Wissenschaften in Göttingen*, 1949, n. 5.
DRUMMOND, Henry. *P. Judaeus*. London, 1888.
ECKERTZ, E. *Nietzsche als Künstler*. Münche, 1910.
ELIOT, T. S. The Metaphysical Poets. In: *Selected Essays*. London, 1932.
FERGER, N. *Magie und Mystik*. Zürich, 1935.
FRAZER, James. *The Golden Bough*. London, 1915.
GAL, Hans. *J. S. Bachs Musikalisches Opfer*. London, 1952.
GARIN, Eugenio. Considerazioni sulla magia del rinascimento. In: CASTELLI, Enrico (ed.). *Atti del II Congresso Internazionale di Studi Umanistici*. Roma/Milano, 1953.
GAVALDA, Berthe. La magie dans le Judaisme. *"La Tour Saint Jacques"*. Paris, jul./dez. de 1957, edição especial 11-12.
GERIMBERTO, Girolamo. *Concetti divinissimi*. Venezia, 1562.
GOMPERZ, H. *Sophistik und Rhetorik*. 1913.
GRACIÁN, Baltasar. *Handrakel*. Eileitung Kerl Vosaler. Stuttgart: Alfred Kröner, 1951.
GRADMANN, Erwin. *Phantastik und Komik*. Berlin, 1957.
GRATTAN FLOOD, W. H. *Early Tudor Composers*. London, 1925.
GURLITT, Wilibald. Vom Klangbild der Barock-Musik. In: STAMM, Rudolf (ed.). *Die Kunstformen des Barockzeitalters*. Bern, 1956.
HAAS, Robert. Die Musik des Barocks. Potsdam, 1928. *Handbuch der Musikwissenschaft*.

HAGEMANN, Georg Dyroff. *Logik und Noetik*. Freiburg, 1924.

HANKAMMER, Paul. *Die Sprache, ihr Begriff und ihre Deutung im 16. und 17. Jahrhundert*. Bonn, 1927.

HARTLAUB, G. F. *Giorgiones Geheimnis*. Münche, 1925.

_____. *Hamlet und das Jenseits*. *Euphorion*. v. 48, 1954.

_____. Zu den Bildmotiven des Giorgione, In: *Zeitschrift für Kunst und Wissenschaft*. Berlin, 1953, v. 7.

_____. Tizians Liebesorakel und seine "Kristallseherin" *Zeitschrift f. Kunst*, n. 1. Leipzig, 1950.

HAZARD, Paul. *Die Krise des europäischen Geistes (1680-1715)*. Hamburg, 1939.

HEER, Friedrich. *Europäische Geistesgeschichte*. Stuttgart, 1953.

HOCKE, Gustav René. *Über Manierismus in Tradition und Moderne*. *Merkur*, 1956, n. 4.

HUTIN, Serge. *L'Alchimie*. Paris, 1951.

KAUFFMANN, Fritz Alexander. *Roms Ewiges Antlitz*, Murnau, 1940.

KAYSER, Wolfgang. *Böhmes Natursprachenlehre und ihre Grundlagen*. *Euphorion*, v. 31, 1930.

KIRCHER, Athanasius. *Mundus subterraneus*. Amsterdā, [s. l.] 1665.

_____. *Chinae monumentis*. Roma, [s. l.] 1667.

KOYRÉ, Alexandre. *Mystiques, Spirituels et Alchimistes de XVI. Siècles Allemand*. Paris, 1955.

LAYARD, John. *Stone Men of Malekula: Vao*. London, 1942.

LE MOYNE. *Divises héroiques et morales*. Paris, 1649.

_____. *Entretiens poétiques*. Paris, 1665.

LUSCHNAT, Otto. *Die atomistische Eidola-Poroi-Theorie in Philodems Schrift De Morte*. Prolegomena II.

MÂLE, Emile. *L'Art religieux après le concile de trente*. Paris, 1932.

NESTLE, Wilhelm. *Vom Mythos zum Logos*. Stuttgart, 1942.

NETTESHEIM, Agrippa von. *De occulta philosophia*. 1510, 1530/1531. Edição London, 1755.

PASCAL, Blaise. *Les Pensées*. Nova edição de Ch. M. de Granges. Paris, 1955

PELLEGRINI, Camillo. Del concetto poetico. Napoli, 1898. In: BORZELLI, Angelo. *Il cavalieri G. B. Marino*. (primeira edição 1598)

_____. *Il caraffa ovvero del épica poesia* (1584). In: *Opere di Tasso XVIII*. Pisa, 1821-1832.

PEREGRINI, Matteo. *Delle acutezze che altrimenti spiriti, Vivezze e Concetti si appellano*. Bologna/Genova, 1639.

_____. *Fonti del Ingegno*. Bologna, 1650.

PEUCKERT, Will Erich. *Pansophie*. Stuttgart, 1936.

PICO DELLA MIRANDOLA, Giovanni. *Etaplo*. Tradução italiana. Firenze, 1942.

RABELAIS, François. *Gargantua*. Edição Paris, 1929.

REUCHLIN, Johannes. *De verbo mirifico*. Basel, 1494.

ROUVEYRE, André. *Pages caractéristiques de B. Gracián*. Paris, 1925.

RUBEL, L. *Poetic Diction in the English Renaissance*. New York/London, 1941.

SCHALK, Fritz. *B. B. Gracián und das Ende des Siglo d'oro*. *Zeitschrift f. Rom*. 1940, 1941.

SCHLOSSER, Julius von. *Die Kunst- und Wunderkammern der Spätrenaissance*. 1908.

SCHOPENHAUER, Arthur. *Die Welt als Wille und Vorstellung*. Edição Brockhaus. Leipzig, 1938. (Trad. bras.: *O Mundo como Vontade e Representação*.)

SEDLMAYR, Hans. Art du démoniaque et démonie de l' Art. In: CASTELLI, Enrico (ed.). *Atti del II Congresso Internazionale di Studi Umanistici*. Roma/Milano, 1952.

_____. Allegorie und Architektur. In: CASTELLI, Enrico (ed.). *Atti del III Congresso Internazionale di Studi Umanistici*. Roma, 1955.

_____. *Die Revolution der modernen Kunst*. Rowohlts Deutsche Enzyklopädie, Hamburg, 1955, volume 1 (8° edição 1958).

STUCKENSCHMIDT, H. H. Strawinsky oder die Vereinegung dês Unvereinbaren. In: *Anbruch*. Praga, XIV, 4.

TAGLIABUE, G. M. Aristotelismo e Barroco. In: CASTELLI, Enrico (ed.). *Atti del III Congresso Internazionale di Studi Umanistici*. Roma, 1955.

TASSO, Torquato. *Poesie*. Milano, 1934.

TINTELNOT, Hans. Zur Gewinnung unserer Barockbegriffe. In: STAMM. Rudolf (ed.). *Die Kunstformen des Barockzeitalters*. Bern, 1956.

TRUNZ, Erich. Weltbild und Dichtung im deutschen Barock. In: ALEWYN, Richard et al. (eds.). *Aus der Welt des Barock*. Stuttgart, 1957.

TUVE, Rosamund. *Elizabethan and Metaphysical Imagery*. Chicago, 1947.

VICO, G. B. *Scienza nuova*. Edição Nicolini. Bari, 1914-1941.

VIËTOR, Karl. "Stil und Geist der deutschen Barockdichtung". *Germanisch-Romanische Monatsschrift* XIV, 1926.

VOLKMANN, Ludwig. *Bilderschriften der Renaissance*. Leipzig, 1923.

VOSSLER, Karl. Einleitung zum *Handorakel*. In: GRACIÁN, Baltasar. *Handrakel*. Stuttgart: Alfred Kröner, 1951.

WAETZOLD, Wilhelm. *Deutsche Kunsthistoriker*. Leipzig, 1921.

WALTZ, Pierre. *Anthologie Grecque*. Paris, 1928.

WEHRLI, Fritz. Die antike Kunsttheorie und das Schöpferische. *Museum Helveticum*, 14, 1957.

WOLFF, Erich. *Die Heldensagen der Griechen*. Berlin, 1936.

WÖLFFLIN, Heinrich. *Renaissance und Barock*. Münche, 1888.

YATES, Frances A. *The Emblematic Conceit in Giordano Bruno's "Degli Eroici Furori" and in the Elizabethan Sequences* London, 1943.

ZUCCARI, Frederico. *L'idea de pittori, scultori ed architetti*. 1607.

Quarta Parte

ADORNO, Theodor W. *Philosophie der neuen Musik*. Tübingen, 1949. (Trad. bras.: *Filosofia da Nova Música*. São Paulo: Perspectiva, 3. ed., 2002).

ARNOLD, Paul. *Esoterik im Werke Shakespeares*. Berlin, 1957.

BARTOLI, Daniello. *Dell' huomo di lettere, difeso et emendato*. Veneza, 1635.

_____. *L'huomo al punto*. Nova edição, Torino, 1930.

BAUDELAIRE, Charles. *Oeuvres complètes*. Paris, 1954.

BAUMANN, H. *Das doppelte Geschlecht*. Berlin, 1955.

BEHLER, Ernst. Friedrich Schlegels Wissenschaft der europäischen Literatur. In: *Hochland*. Münche, 1958, n. 5.

BENSE, Max. In: *Katalog zu einer Ausstellung Francis Ponge*. Stuttgart, 1958.

BERNOULLI, R. Seelische Entwicklung im Spiegel der Alchimie. *Eranos-Jahrbuch*. Zürich, 1935.

BESSELER, Heinrich. Handbuch der Musikwissenschaft. *Die Musik des Mittelalters und der Renaissance*. Potsdam, 1931.

BRION, Marcel. Hofmannsthal et l'expérience du labyrinthe. *Cahiers du Sud*. 1955, n. 333.

BUKAFZER, Manfred. Allegorie in Barockmusik. *Journ. Of the Warburg and Courtauld-Institute*. London, 1939-1940.

CERONE, Pedro. *El melopeo*. Napoli, 1613.

CLERX, S. *Le Baroque et la Musique*. Bruxelas, 1948.

CRUCY, François. *Brantôme*. Paris, 1934.

DON JUAN IV. *Defensa de la musica moderna*. 1649. (nova ed. Lisboa, 1900)

DORNSEIFF, Franz. *Antike und Orient*. Leipzig, 1956.

EGGEBRECHT, Hans Egon. Barock als musikgeschichtliche Epoche. In: ALEWYN, Richard et al. (eds.). *Aus der Welt de Barock*. Stuttgart, 1957.

EICHNER, Hans. "Schlegel und wir". *Deutsche Rundschau*, 1952.

EILMANN, Richard. *Labyrinthos*. Diss. Atenas, 1931.

EINSTEIN, A. Augenmusik im Madrigal. *Zeitschrift für Int. Musikgesch*, XIV, 1912-1913.

FOSCHINI, Antonio. *L'Aretino*. Milano, 1951.

FREY, Dagobert. Mensch, Dämon und Gott. In: CASTELLI, Enrico (ed.). *Atti del II Congresso Internazionale di Studi Umanistici*. Roma/Milano, 1952.

HENRICH, H. *John Wilbye in seinen Madrigalen*. Augsburg, 1931.

HOFMANN, Werner. *Die Karikatur von Leonardo bis Picasso*. Viena, 1956.

HOLTHUSEN, H. E. *Já und nein*. Münche, 1955.

HOMANN-WEDEKING, Ernst. *Die Anfänge der griechischen Grossplastik*. Berlin, 1950.

HUIZINGA, Johan. *Herbst des Mittelalters*. Stuttgart, 1953.

JOYCE, James. *Portrait of the Artist as a Young Man*. New York, 1916.

JUNG, C. G. Die Erlösungsvorstellungen in der Alchimie. *Eranos-Jahrbuch* (1936). Zürich, 1937.

KAHNWEILER, Daniel-Henry. *Juán Gris*. Paris, 1946.

KIRCHER, Athanasius. *Musurgia Universalis*. Roma, 1650.

_____. *Obeliscus Pamphilius*. Roma, 1650.

LAUTRÉAMONT, Isidore Ducasse. *Oeuvres complètes*. Paris, 1953.

METTE, Alexander. *Die psychologischen Wurzeln des Dionysischen und Apollinischen*. Berlin, 1940.

NEUMANN, Erich. *Die grosse Mutter*. Zürich, 1956.

NIETZSCHE, Friedrich. *Die Geburt der Tragödie aus dem Geiste der Musik*. 1871. (Trad. bras. *O Nascimento da Tragédia*)

OTTO, Walter F. *Dionysos. Mythos und Kultus.* Frankfurt, 1933.
PARIS, Jean. *James Joyce par lui-même.* Paris, 1957.
PRAZ, Mario. *Gusto neo-classico.* Napoli, 1959, 2. ed.
PRUNIÈRES, Henri. *La vie et l'oeuvre de Monteverdi.* Paris, 1924.
PRZYWARA, Erich. "Schön, Sakral, Christlich". In: *La filosofia dell'arte sacra.* Pádua, 1957.
RADERMACHER, Ludwig. *Mythos und Sage bei den Griechen.* Leipzig/ Baden/ Viena, 1938.
REVERZY, J. *Le corridor.* Paris, 1958.
ROBERT, Fernand. *Thymélè.* Paris, 1939.
ROHDE, Erwin. *Der griechische Roman.* 1876.
ROYÈRE, Jean. *Le musicisme.* Paris, 1929.
SALIS, A. von. *Theseus und Ariadne.* Berlin, 1930.
SCHLEGEL, Friedrich. Die spanisch-portugiesische. In: *Hochland.* Munique, 1958, n. 5.
SCHMITZ, Eugen. Zur musikgeschichtlichen Bedeutung der Harsdörfferschen Gesprächsspiele. *Liliencron-Festschrift.* 1910.
SCHNABEL, Ernst. *Ich und die Könige.*Frankfurt, 1958.
SCHÜCKING, Levin. L. *Der Sinn de Hamlet.* Leipzig, 1942.
SCHWEITZER, Bernhard. *Xenokrates von Athen.* Halle, 1932.
STAMM, Rudolf. Über "Maneirismus" bei Shakespeare. In: *Der Bund.* Zürich, 1958, n. 3.
STERNBERGER, Dolf. *Über den Jugenstil.* Hamburg, 1956.
STUCKENSCHMIDT, H. H. Die dritte Romantik. In: *Jahresring* 1958-1959. Stuttgart, 1958.
TRAUMANN-STEINITZ, Käthe. Les Décors deThéâtre de Léonard de Vinci Paradis et Enfer. In : *Bibliothèque d'Humanisme et de la Renaissance.* V. xx. Genf, 1958.
VLAD, Roman. *Modernità e tradizione nella musica contemporanea.* Turim, 1955.
_____. *Stravinsky.* Torino, 1958.
VOSSLER, Karl. *Die Dichtungsformem der Romanen.* Stuttgart, 1951.
_____. *Der Trobador Marcabru und die Anfänge des gekünstelten Stils.* Münche, 1913.
WINTER, Richard. "Zum Labyrinth-Tanz des Daidalos". In: *Neue Jahrbüchern für Wissenschaft und Jugendbildung.* Leipzig/Berlin, 1929.

Conclusão

ANGELUS SILESIUS. *Sämtliche poetische Werke.* Berlin, 1923.
BAUDELAIRE, Charles. Paradis Artificiels. In: *Oeuvres complètes.* Paris, 1954.
BÉGUIN, Albert. *Pascal par lui-même.* Paris, 1952. (Edição alemã: Monografias Rowohlt, v. 26, 1959)
BERGSON, Henri. *Les deux sources de la morale et de la religion.* Paris, 1932.

BIHLMEYER, Karl. *Kirchengeschichte*. Paderborn, 1938.
CURTIUS, Ernst Robert. *Deutscher Geist in Gefahr*. Stuttgart, 1932.
DEROME, L. (ed.). *Oeuvres de Pascal*. Paris, 1956.
FLAKE, Otto. *Der Marquis de Sade*. 1930.
FRIEDRICH, Hugo. Pascals Paradox. Das Sprachbild einer Denkform. *Zeitschrift für Rom. Philologie*. 1936.
GARRIGOU-LAGRANGE, R. *Der Sinn für das Geheimnis und das Hell-Dunkel des Geistes*. Paderborn, 1937.
GUARDINI, Romano. *Christliches Bewusstsein*. Münche, 1956.
LANDSBERG, Paul Ludwig. *Pascals Berufung*. Bonn, 1929.
LAROS, Matthias. *Pascals Pensées*. Krempten, 1913.
LE MOYNE, Pierre. *De L'Art des devises*. Paris, 1666.
LÜTZELER, Heinrich. *Pascals religiöse Schriften*. Köhn, 1924.
MALE, Emile. *L'art Religieux après le concile de trente*. Paris, 1932.
MALLARMÉ. *Poemas*. Münche, 1946
MAUSBACH, Josef. *Die katholische Moral und ihre Gegener*. Köhn, 1913.
MILES, J. *Eras and Modes in English Poetry*. London, 1958.
PASCAL, Blaise. *Die Kunst zu überzeugen und andere kleinere philosophische Schriften*. Berlin, 1938.
_____. *Briefe*. Leipzig, 1935.
_____. *Pensamentos*. Trad. de Sérgio Milliet. In: Os Pensadores. São Paulo: Nova Cultural, 1988.
_____. *Pensées*. Paris: Edição Garnier, 1955.
PEUCKERT, W. E. *Geheimkult*. Heidelberg, 1951.
PLATZ, Hermann. *Pascal*. Dülman, 1937.
REDING, Marcel. *Philosophische Grundlegung der katholischen. Moraltheologie*. Münche, 1953.
SYPHER, Wylie. *Four Stages of Renaissance Style*. New York, 1955.
UNGARETTI, Giuseppe. *L'allegria*. Milano, 1954.
VITTRANT, Jean Benoit. *Théologie Morale*. Paris, 1953.
VOGT, Adolf Max. *Grünewald*. Zürich/Stuttgart, 1957.
ZIEGLER, Leopold. *Überlieferung*. Leipzig, 1936.

SOBRE O AUTOR

Filho do comerciante alemão Josef Hocke e de Anna de Nèves, filha de Gustave Nève, pintor cortesão belga de procedência francesa, Gustav René Hocke nasceu no dia 1º de março de 1908, em Bruxelas. Os ancestrais paternos de Hocke são oriundos da Boêmia alemã. Depois do retorno dos pais da Primeira Guerra Mundial, a família assenta-se em Rheinland. Após o curso preparatório, em 1929, Hocke frequentou a Universidade de Berlim. Assistiu às conferências proferidas por Wechssler, Petersen, Stumpf e Waetzoldt. Depois dos primeiros exames intermediários, foi então agraciado pela *Studienstiftung des Deutschen Volkes* (Fundação de Amparo aos Estudos do Povo Alemão). Incitado pela leitura do livro de Ernst Robert Curtius, *Die literarischen Wegbereiter des Neuen Frankreich* (Guia Literário da Nova França), transferiu-se então para a Universidade de Bonn. Durante quatro anos pertenceu ao pequeno círculo de estudantes de Ernst Robert Curtius e travou amizade com Paul

Landsberg, aluno de Scheler. Outros inesquecíveis professores em Bonn foram Erich Rothacker e Paul Clemen. Ernst Robert Curtius incentivou Hocke a fazer uma dissertação sobre o tema "Lucrécio na França". Coube a uma longa estadia de pesquisa em Paris formar a base do mencionado trabalho, com o qual, em 1934, Hocke promovera-se a PHD. sob a orientação de Ernst Robert Curtius.

No mesmo ano, Hocke empregou-se como "voluntário" no Jornal de Colônia, no qual, enquanto seguidor de Max Rychner, ele passou prontamente a organizar o suplemento dominical *Geist der Gegenwart* (Espírito do Presente), no qual se procurava reunir os defensores do humanismo europeu na Alemanha – com o propósito de unir os valores da tradição e do espírito moderno europeu contra as ideologias extremistas, consoantes tanto ao materialismo biológico como ao materialismo histórico. No ano de 1937, Hocke publicou *Das geistige Paris* (A Paris Espiritual), uma interpretação da vida espiritual contemporânea na capital francesa que repercutiu tanto na Alemanha como na França, trazendo a lume uma reunião de ensaios magistrais da literatura francesa – de Montaigne a Giraudoux. Viagens à Inglaterra conduziram-no ainda a uma penetração mais profunda no mundo de Shakespeare, James Joyce e T. S. Eliot.

A primeira viagem à Itália deu-se em 1937. Ela o levou então a conhecer, sobretudo, as antigas paisagens helênicas do sul da Itália, lugares em que atuaram os eleatas e os pitagóricos. Tal experiência fora-lhe determinante: mudança para Itália e estudos sobre a cultura helênica. Seus primeiros contornos vieram a lume no livro *Das verschwundene Gesicht* (1939) (A Face Desaparecida). Deve ter sido, então, uma mudança significativa para Hocke, quando, em 1940, fora enviado à cidade de Roma como correspondente do Jornal de Colônia. Lá, junto com o trabalho profissional, ele então se dedicou, ao longo de oito anos, à preparação e ao esboço do romance *Der tanzende Gott* (O Deus que Dança), que veio à luz em 1948 – depois que a atividade em Roma fora interrompida e, por fim, encerrada pelas vicissitudes da guerra.

Já no ano de 1949 regressou ele a Roma como primeiro correspondente alemão de uma série de jornais e revistas alemãs. Desde então, lá ele atuou como editor e escritor. Hocke foi, desde 1950, membro da Academia Alemã de Língua e Literatura. Em 1952, recebeu o Prêmio Internacional de Crítica de Arte da Bienal de Veneza, e, em 1956, uma menção honrosa da cidade de Roma pelo mérito nas exposições da Cidade Eterna, sendo que, em 1957, devido a méritos literários, foi-lhe dada a Comenda da República Italiana. Em 1959, foi então condecorado com o Prêmio de Honra do Círculo Cultural da Liga da Indústria Alemã.

Publicações importantes: *Das geistige Paris* (A Paris Espiritual), 1937; *Das verschwundene Gesicht* (A Face Desaparecida), 1939; *Der tanzende Gott* (O Deus que Dança), 1948; *Die Welt als Labyrinth* (O Mundo como Labirinto), 1957; *Der französiche Geist* (O Espírito Francês [org.]), 1938; *Europäische Künstlerbriefe* (Cartas Artísticas Europeias [org.]), 1939; *Deutsche Satiren des 18. Jahrhunderts* (Sátiras Alemãs do Século XVIII [org.])

Impresso em Guarulhos, em janeiro de 2011,
nas oficinas da Cherma Indústria da Arte Gráfica Ltda.,
para a Editora Perspectiva S.A.